国家出版基金项目
NATIONAL PUBLICATION FOUNDATION

U0717509

抗日战争专题研究

张宪文 | 主
朱庆葆 | 编

第十辑
日军暴行
与审判

侵华日军无差别轰炸重大惨案研究

吴光会　著

江苏人民出版社

图书在版编目(CIP)数据

侵华日军无差别轰炸重大惨案研究/吴光会著. 一
南京:江苏人民出版社,2022.1
(抗日战争专题研究/张宪文,朱庆葆主编)
ISBN 978 - 7 - 214 - 26016 - 1

Ⅰ. ①侵… Ⅱ. ①吴… Ⅲ. ①日本-侵华事件-史料
-研究 Ⅳ. ①K265.606

中国版本图书馆 CIP 数据核字(2021)第 057220 号

书　　　名	侵华日军无差别轰炸重大惨案研究
著　　　者	吴光会
责 任 编 辑	洪　扬
助 理 编 辑	陆诗濛
装 帧 设 计	刘葶葶
责 任 监 制	王　娟
出 版 发 行	江苏人民出版社
地　　　址	南京市湖南路 1 号 A 楼,邮编:210009
照　　　排	江苏凤凰制版有限公司
印　　　刷	苏州市越洋印刷有限公司
开　　　本	652 毫米×960 毫米　1/16
印　　　张	28.25　插页 4
字　　　数	332 千字
版　　　次	2022 年 1 月第 1 版
印　　　次	2022 年 1 月第 1 次印刷
标 准 书 号	ISBN 978 - 7 - 214 - 26016 - 1
定　　　价	108.00 元

(江苏人民出版社图书凡印装错误可向承印厂调换)

教育部哲学社会科学研究重大委托项目
2021年度国家出版基金资助项目
南京大学"双一流"建设卓越计划项目

—————— 合作单位 ——————

南京大学　北京大学　南开大学　武汉大学
复旦大学　浙江大学　山东大学
台湾中国近代史学会

—————— 学术顾问 ——————

金冲及　章开沅　魏宏运　张玉法　张海鹏
姜义华　杨冬权　胡德坤　吕芳上　王建朗

总　序

张宪文　朱庆葆

日本侵华与中国抗日战争是近代中国最重大的历史事件。中国人民经过 14 年艰苦卓绝的英勇奋战，付出惨重的生命和财产的代价，终于取得伟大的胜利。

自 1945 年抗日战争结束至 2015 年，度过了漫长的 70 年。对这一影响中国和世界历史进程的重大事件，国内外历史学界已经做过大量的学术研究，出版了许多论著。2015 年 7 月 30 日，在抗日战争胜利 70 周年前夕，中共中央政治局就中国人民抗日战争的回顾和思考进行集体学习，习近平总书记发表重要讲话，指示学术界应该广为搜集整理历史资料，大力加强对抗日战争历史的研究。半个月后，中共中央宣传部迅速制定抗日战争研究的专项规划。8 月下旬，时任中共中央宣传部部长刘奇葆召开中央各有关部委、国家科研机构和部分高校代表出席的专题会议，动员全面贯彻习总书记的讲话精神，武汉大学和南京大学的代表出席该会。

在这一形势下，教育部部领导和社会科学司决定推动全国高校积极投入抗战历史研究，积极支持南京大学联合有关高校建立抗战研究协同创新中心，并于南京中央饭店召开了由数十所高校的百余位教授、学者参加的抗战历史研讨会。台湾中国近代史学会也派出十多位学者，在吕芳上、陈立文教授率领下出席会议，共同协商在新时代深入开展抗战历史研究的具体方案。台湾著名资深教授蒋永敬在会议上发表了热情洋溢的讲话。经过几个月的酝酿和准备，南京大学决定牵头联合我国在抗战历史研究方面有深厚学术基础的北京大学、南开大学、武汉大学、复旦大学、浙江大学、山东大学及台湾中国近代史学会，组织两岸历史学者共同组建编纂委员会，深入开展抗日战争专题研究。中央档案馆和中国第二历史档案馆也积极支持。在南京中央饭店学术会议基础上，编纂委员会初步筛选出130个备选课题。

南京大学多次举行党政联席会议和校学术委员会会议，专门研究支持这一重大学术工程。学校两届领导班子均提出具体措施支持本项工作，还派出时任校党委副书记朱庆葆教授直接领导，校社科处也做了大量工作。南京大学将本项目纳入学校"双一流"建设卓越计划，并陆续提供大量经费支持。

江苏省委、省政府以及江苏省委宣传部，均曾批示支持抗战历史研究项目。国家教育部社科司将本项研究列为哲学社会科学研究重大委托项目，并要求项目完成和出版后，努力成为高等学校代表性、标志性的优秀成果。

本项目编纂委员会考察了抗战历史研究的学术史和已有的成果状况，坚持把学术创新放在第一位，坚持填补以往学术研究的空白，不做重复性、整体性的发展史研究，以此推动抗战历史研究在已有基础上不断向前发展。

本项目坚持学术创新，扩大研究方向和范围。从以往十分关注的九一八事变向前延伸至日本国内，研究日本为什么发动侵华战争，日本在早期做了哪些战争准备，其中包括思想、政治、物质、军事、人力等方面的准备。而在战争进入中国南方之后，日本开始实施一号作战,将战争引出中国国境,即引向亚太地区,对东南亚各国及东南亚地区的西方盟国势力发动残酷战争。特别是日军偷袭美军重要海军基地珍珠港,不仅给美军造成严重的军事损失,也引发了日本法西斯逐步走向灭亡的太平洋战争。由此,美国转变为支援中国抗战的主要盟国。拓展研究范围,研究日本战争准备和研究亚太地区的抗日战争,有利于进一步揭露日本妄图占领中国、侵占亚洲、独霸世界的阴谋。

本项目以民族战争、全民抗战、敌后和正面战场相互支持相互依靠的抗战整体,来分析和认识中国抗日战争全局。课题以国共两党合作为基础,运用大量史实,明确两党在抗日战争中的地位和作用,正确认识各民族、各阶级对抗日战争的贡献。本项目内容涉及中日双方战争准备、战时军事斗争、战时政治外交、战时经济文化、战时社会变迁、中共抗战、敌后根据地建设以及日本在华统治和暴行等方面,从不同视角和不同层面,深入阐明抗日战争的曲折艰难历程,以深刻说明中国抗日战争的重大意义,进一步促进中华民族的伟大复兴。

对于学界已经研究得甚为完善的课题,本项目进一步开拓新的研究角度和深化研究内容。如对山西抗战的研究更加侧重于国共合作抗战;对武汉会战的研究将进一步厘清抗战中期中国政治、经济、社会的变迁及国共之间新的友好关系。抗战前期国民党军队丢失大片国土,而中国共产党在十分艰难的状况下,在敌后逐步收复失地,建立抗日根据地。本项目要求各根据地相关研究课题,应在以往学界成果基础上,着力考察根据地在社会改造、经济、政治、人才培养等方面,如何探索和积累经验,为1949年后的新中国建设提供有益的借鉴。抗战时期文学艺术界以其特有的文化功能,在揭露日军罪行、动员广大民众投入抗战方面,发挥了重要作用。我们尝试与艺术界合作，动员南京艺术学院的教授撰写了与抗日战争相关的电影、美术、音乐等方面的著作。

本项目编纂委员会坚持鼓励各位作者努力挖掘、搜集第一手历史资料，为建立创新性的学术观点打下坚实基础。编纂委员会要求全体作者坚决贯彻严谨的治学作风，坚持严肃的学术道德，恪守学术规范，不得出现任何抄袭行为。对此，编纂委员会对全部书稿进行了两次"查重"，以争取各个研究课题达到较高的学术水平，减少学术差错。同时，还聘请了数十位资深专家，对每部书稿从不同角度进行了五轮审稿。

本项目自2015年酝酿、启动，至2021年开始编辑出版，是一项巨大的学术工程，它是教育部重点研究基地南京大学中华民国史研究中心一直坚持的重大学术方向。百余位学者、教授，六年时间里付出了艰辛的劳动，对抗战历史研究做出了重要贡献！编纂委员会向全体作者，向教育部、江苏省委省政府以及各学术合作院校，向江苏凤凰出版传媒集团暨江苏人民出版社，向全体编辑人员，表示最崇高的敬意和诚挚的感谢！

目　录

导　论

一、选题缘起和意义

1911 年意大利首次使用飞艇对土耳其的军事目标进行侦查和轰炸。第一次世界大战期间，德国的齐柏林飞艇对英国伦敦、法国巴黎等地的军事目标和普通平民进行了空袭，造成大量的平民伤亡，引起人们的极大恐慌。随后，英国出动大量空军对德国进行报复。第一次世界大战揭开了人类历史上无差别轰炸的序幕，因轰炸而丧生的无辜平民不计其数。此后，无差别轰炸战略被国际社会无限滥用。无论是发动侵略战争实施的无差别轰炸，还是为制止侵略战争而进行的反轰炸，都给大量的无辜平民带来了巨大的伤害。

抗日战争期间，为了摧毁中国人民和中华民族坚持抗战的物质力量和精神意志，侵华日军对中国，除新疆、西藏外，进行了旷日持久的无差别轰炸，屠杀了大量无辜平民，制造了众多惨绝人寰的重大惨案，犯下了滔天的反人道罪行。这是对无辜平民生命的一场浩劫，这种无差别轰炸暴行同纳粹大屠杀、南京大屠杀等暴行同样残酷。但是，由于历史和社会原因，这种暴行一度被国际国内社会集体遗忘。进入 21 世纪后，日本军国主义有所抬头，政府右翼倾向明显，他们质疑、甚至否认战争罪行。此外，当今世界，轰炸平民的行为仍时有发生。因此，加强侵华日军无差别轰炸重大惨案的研究具有重大的学术和现实意义。

第一，有助于还原历史事实、揭露历史真相。二战结束后，基于"同罪不究"的原则，侵华日军无差别轰炸暴行没有受到应有的审判。因此，长期以来，对国内社会而言，大部分人仅知道南京大屠杀和 731 部队细菌战暴行。对国际社会而言，他们大多数关注二战中的纳粹暴行和广岛、长崎原子弹爆炸。因此，本研究有助于还原历史事实，揭露事实真相。

第二，有助于深化抗日战争史研究。侵华日军无差别轰炸重大惨案研究，属于侵华日军暴行研究的重要组成部分。自 20 世纪八九十年代开始，日军在二战期间的罪行逐渐受到国际国内社会的关注，其关注重心聚焦于慰安妇问题、劳工问题、被俘军人问题等。进入 21 世纪以来，侵华日军无差别轰炸受到学界高度关注，并取得了丰硕成果。然而，学界对侵华日军无差别轰炸重大惨案的研究重视程度不够，目前尚无相关系统性学术成果。因此，本研究有助于深化抗日战争史的研究。

第三，有助于揭示罪行、警示未来。侵华日军无差别轰炸与南京大屠杀一样，都是日本军国主义在中国犯下的惨无人道的罪行。日军飞机狂轰滥炸制造重大惨案，严重违反国际法、破坏人类和平、违背人类道德，给中国人民带来了极大的身心伤害。然而，对比德国对战争罪行的积极反省，日本却淡化战争罪行，甚至为战争罪责开脱、诡辩。"以史为鉴"是历史学基本的社会功能。因此，本研究有助于揭示日本军国主义在中国犯下的滔天罪行，警示世人铭记历史，维护和平，继往开来。

二、相关概念的界定

概念是人们认识事物的逻辑起点。对本课题的研究,最重要是把握"无差别轰炸""惨案"和"重大惨案"等概念。

1. 无差别轰炸

界定"无差别轰炸"概念的内涵,首先需要从辞源学角度加以考察。在中文中,无差别轰炸由"无""差别"和"轰炸"三个字或词构成。"无",解释为"没有""不"。① "差别",指"形式或内容上的不同"。② "轰炸",指"从飞机上对地面或水上各种目标投掷炸弹"。③因此,"无差别轰炸",是指从飞机上对地面或水上各种目标不加区别地投掷炸弹。在西文中,无差别轰炸由"indiscrimination"和"bomb"两个单词构成。"indiscrimination",即"lack of discrimination",汉语意思是"没有区别"。"bomb",即"to attack with or as if with bombs:bombard",汉语意思是"用炸弹攻击或类似于炸弹的物质攻击:轰炸"。因此,"indiscrimination bomb",就是从航空器上用炸弹或类似炸弹的物质没有区别地攻击目标。通过辞源学考察,可以把"无差别轰炸"概念界定为:从飞机上用炸弹或类似炸弹的物质不加区别地攻击地面或水上的各类目标。

改革开放以来,随着抗日战争史,特别是侵华日军暴行史研究的不断深入,有学者对"无差别轰炸"的概念进行了界定。日本学者前田哲男,把"无差别轰炸"等同于"战略轰炸",界定"无差别轰炸"为:"违背国际法规、对于不具有军事性质的目标,以破坏、损毁

① 中国社会科学院语言研究所词典编辑室编:《现代汉语词典》第6版,北京:商务印书馆2015年版,第1372页。
② 中国社会科学院语言研究所词典编辑室编:《现代汉语词典》第6版,第133页。
③ 中国社会科学院语言研究所词典编辑室编:《现代汉语词典》第6版,第535页。

私有财产、造成非战斗人员伤亡为目的的反人道的罪行。"①前田哲男以国际法规为依据,从侵华日军暴行史的角度界定"无差别轰炸"概念,强调其违法性和反人道本质。因此,可以把前田的研究概括为"性质说"。徐勇在吸收前田哲男的研究成果基础上,把"无差别轰炸"界定为:"在摧毁敌方军事目标的常规'军事'轰炸之外,以故意杀伤敌方非战斗人员,并以破坏、损毁敌方居民私有财产为目的的轰炸行动,是违背国际法规、反人道的战争罪行。"②在徐勇的界定中,不仅强调了无差别轰炸的违法性和反人道性,而且还特别强调它的蓄意性特征。因此,可以把徐勇的研究概括为"性质特征说"。潘洵在已有研究成果之上,把无差别轰炸界定为:"它是一种以摧毁军事与经济实力、瓦解作战意志为目的,不区别军事设施和民间地区、军队活动和市民生活的","残暴的非人道的战略轰炸"。③ 在潘洵的界定中,突出强调无差别轰炸的目的性、无区别性和反人道性。因此,可以把潘洵的研究概括为"综合说"。

通过词源学考察和学界成果梳理,所谓无差别轰炸,就是指为摧毁敌国军事和经济力量、瓦解作战意志和信心,从飞机上用炸弹或类似炸弹的物质向地面或水上进行不区分军事和民用目标的攻击,造成非战斗人员伤亡及其财产破坏、损毁的违法、反人道的战争罪行。

2. 惨案

关于"惨案",在古汉语中,"惨案"由"惨"和"案"两个字组成。

---

① ［日］前田哲男著,王希亮译:《从重庆通往伦敦、东京、广岛的道路:二战时期的战略大轰炸》,"前言",重庆:重庆出版社 2015 年版,第 3 页。

② 徐勇:《侵华日军无差别轰炸述论》,北京大学日本研究中心编:《日本学》第 13 辑,北京:世界知识出版社 2006 年版,第 194—195 页。

③ 潘洵等:《抗日战争时期重庆大轰炸研究》,北京:商务印书馆 2013 年版,第 17 页。

《说文解字》把"惨"释义为"毒也","从心参声"①；把"案"诠释为"几属","从木安声"。② 不难看出，《说文解字》把"惨案"阐释为残酷或狠毒的事件。现代汉语把"惨案"作为词条。《现代汉语词典》指出，"惨案"是指"反动统治者或外国侵略者制造的屠杀人民的事件"，"造成人员大量死伤的事件"。③《100 年汉语新词新语大辞典（1912 年—2011 年）》指出，"惨案"是指后果严重、影响重大、令人惨痛的恶性事件。例如，五卅惨案。④《汉语大词典（缩印本）》强调，"惨案"是残杀事件。例如，1919 年的山东惨案、福建惨案。⑤《两岸常用词典》提出，"惨案"指凶狠残酷的杀人事件。例如，灭门惨案。⑥《实用现代汉语规范词典》则认为"惨案"包括两层含义：一是惨痛的事件，多指革命的人民在解放斗争中被敌人伤害的事件。例如，五卅惨案。二是造成人员大量死伤的事件。⑦ 综上所述，"惨案"主要包括两类事件：一是造成人员伤亡且产生重大社会影响的事件；二是造成伤亡人数众多的惨烈事件。但在不同历史时期和语境中，学界对惨案伤亡人数的界定不尽相同。

　　3. 重大惨案

　　"重大"指大而重要，其含义比较抽象，在程度上没有特定的标

① 许慎：《说文解字》（附检字），北京：中华书局 1979 年版，第 222 页。

② 许慎：《说文解字》（附检字），第 122 页。

③ 中国社会科学院语言研究所词典编辑室编：《现代汉语词典》第 6 版，第 125 页。

④ 宋子然主编：《100 年汉语新词新语大辞典（1912 年—2011 年）》，上海：上海辞书出版社 2014 年版，第 45 页。

⑤ 罗竹风主编：《汉语大词典（缩印本）》中卷，上海：汉语大词典出版社 1997 年版，第 4370 页。

⑥ 李行健主编：《两岸常用词典》，北京：高等教育出版社 2012 年版，第 120 页。

⑦《实用现代汉语规范词典》，长春：吉林大学出版社 2004 年版，第 96 页。

准。目前学界尚未专门形成"重大惨案"的衡量标准。湖南省课题组《湖南省抗战时期人口伤亡和财产损失》一书,把惨案分为三个层级:特大惨案,日军屠杀1000人以上的惨案;大惨案,日军屠杀1000人以下100人以上的惨案;一般惨案,日军屠杀100人以下的惨案。① 显然,编者把屠杀100人以上的惨案列入"大"这一范畴。此外,中央党史研究室第一研究部《抗日战争时期全国重大惨案》,将"重大惨案"的衡量标准规定为:死伤平民(或者以平民为主)800人以上的惨案。② 这套资料性的丛书收录了日军在中国制造的各类暴行,比如枪击、刀砍、活埋、毒气、轰炸等,因为各类暴行造成的惨案数量较大,故编者取舍重大惨案时以伤亡800人为界。本书仅以轰炸暴行为研究对象,相对所有暴行而言,惨案范围和数量相对缩小。加之,国内外大量文献资料统计侵华日军无差别轰炸造成的人员伤亡时,尚未将"受伤"和"死亡"人数明确分开统计。因此,本书借鉴《湖南省抗战时期人口伤亡和财产损失》一书对大惨案的界定标准,即屠杀100人以上;同时借鉴《抗日战争时期全国重大惨案》中"死伤"人员不分开统计的方法进行取舍。基于此,本书收录的"重大惨案"范围为:侵华日军在某一天或者连续几天,对某个相对集中的地域进行轰炸,造成死亡100人及以上或者死伤500人及以上的惨案。

---

① 湖南省课题组编:《湖南省抗战时期人口伤亡和财产损失》,北京:中共党史出版社 2010年版,第107—132页。

② 中央党史研究室第一研究部编:《抗日战争时期全国重大惨案》1,"总序",北京:中共党史出版社2014年版,第8页。

三、学术回顾①

自 1931 年至 1945 年,日本公然违背国际空战条例规定的"禁止以非战斗人员为目标的空中轰炸",悍然对南京、上海、北平、天津、青岛、重庆等直辖市;察哈尔、绥远、内蒙古、河北、山西、山东、河南、江苏、浙江、安徽、湖北、湖南、江西、福建、广东、广西、陕西、甘肃、青海、云南、贵州、四川和西康等 23 个省和地区实施无差别轰炸,在 5 个直辖市和 19 个省制造了国际国内社会影响重大、伤亡人数众多的惨案,给中国人民带来了深重的灾难。据防空总监部统计,仅从 1937 年 8 月起至 1941 年底,全国因日军空袭而造成的死亡人数达 335 934 人,受伤人数为 426 249 人,总计伤亡人数达762 183 人②。抗战爆发以后,特别是改革开放以来,学界对侵华日军无差别轰炸惨案逐渐予以关注,并取得了丰硕的研究成果。

1. 国际方面

国际社会的关注点集中在慰安妇问题、劳工问题、被俘军人问题等;相对而言,对侵华日军无差别轰炸惨案的关注较少。据笔者眼力所及,尚未发现国外关于侵华日军无差别轰炸重大惨案的专题研究。但是,在通史类著作或其他成果中,部分涉及本研究的相关内容。

从日本方面看,在通史类著作中,日本防卫厅防卫研究所战史室《中国事变陆军作战史》(中华书局,1979 年),堀场一雄《日本对华战争指导史》(内部发行)(军事科学出版社,1988 年),日本防卫

---

① 此内容与本人撰写的《近 40 年来侵华日军无差别轰炸惨案研究的回顾与展望》,《抗日战争研究》2017 年第 2 期,第 137—144 页,有一定的相关度。

② 韩启桐编著:《中国对日战事损失之估计(1937—1943)》,北京:中华书局 1946 年版,第 22 页。

厅防卫研究所战史室著、天津市政协编译委员会译《日本海军在中国作战》(中华书局,1991 年)对侵华日军无差别轰炸重大惨案问题有少量提及。此外,在相关专题研究中,部分著作也涉及重大惨案。例如,三島助治『重慶の死相』(国民政治経済研究所,1941年)、難波三十四『防空』(钻石社,1942 年)、前田哲男《重庆大轰炸》(成都科技大学出版社,1990 年)和《从重庆通往伦敦、东京、广岛的道路:二战时期的战略大轰炸》(重庆出版社,2015 年)、沢田猛『空襲に追われた被害者たちの戦後』(岩波書店,2009)等提及部分重庆的重大惨案。论文方面:伊香俊哉《无差别轰炸的战争犯罪》和一瀬敬一郎《重庆大轰炸与中国战争被害者的对日索赔》(《给世界以和平——重庆大轰炸暨日军侵华暴行国际学术研讨会论文集》,重庆出版社,2008 年)中也涉及重大惨案的相关问题。

从欧美方面看,学界对侵华日军无差别轰炸重大惨案的研究更为薄弱。美国学者 Mark Peattie,Edward J. Drea 和 Hans van de Ven 编撰的论文集 *The Battle for China：essay on the military history of the Sino-Japanese War of* 1937—1945 (Stanford University Press,2011)对重庆大轰炸中的惨案进行了介绍。英国学者拉纳·米特(Rana Mitter)《中国,被遗忘的盟友:西方人眼中的抗日战争全史》(中译本,新世界出版社,2015 年)一书对重庆"五三""五四"惨案进行了论述。此外,美国学者白修德(Theodore Harold White)和贾安娜(Annalee Jacoby)《中国的惊雷》(新华出版社,1988 年),卡尔逊(Evans Fordyce Carlson)《中国的双星》(新华出版社,1988 年)和英国学者方德万(Hans Van de Ven)《中国的民族主义和战争(1925—1945)》(三联书店,2007 年)等也少量涉及侵华日军无差别轰炸重大惨案。

2. 国内方面

全面抗战爆发以后，日军实施无差别轰炸制造的重大惨案就受到学界关注。特别是改革开放以来，学界更为关注这些重大惨案，并取得可喜的研究成果。学界对本专题的研究大致可分为四个历史阶段：

第一，萌芽阶段：抗战全面爆发至改革开放前（1937—1978年）。改革开放以前，学界的研究多为调查统计和资料整理，研究成果大多属于纪实性描述。

在资料方面，《贵州省执行委员会[二四]敌机轰炸后救灾工作报告》（《怒吼周刊》1937年第1期）记录了1939年贵阳"二四"惨案后，贵州执行委员会、抗敌后援会及县党部等部门的救灾工作；检讨了过去防空的缺点，提出今后改善的意见，是研究贵阳"二四"惨案的重要史料。航空委员会防空总监部《全国空袭状况之检讨》（民国二十八年度、民国二十九年度、民国三十年度、民国三十一年度）检讨了1939年贵阳"二四"大惨案、重庆"五三""五四"大惨案、成都"六一一"大惨案、湘阴"六二三"大惨案、乐山"八一九"大惨案、泸县"九一一"大惨案；1940年南充"九一三"大惨案、襄樊"五四"大惨案、方城"五六"大惨案；1941年重庆"大隧道惨案"、松潘"六二三"大惨案、成都"七二七"大惨案；1942年保山"五四"大惨案等重大惨案的人员伤亡情况及原因。这些文献由国民政府部门编写，出版于战时，是研究侵华日军无差别轰炸重大惨案的宝贵资料。此外，云南防空司令部《云南防空实录》（1945年12月）、湖南省政府统计室《湖南省抗战损失统计》（中国第二历史档案馆藏，1946年12月）以及复旦大学历史系《日本帝国主义对外侵略史料选编（1931—1945）》（上海人民出版社，1975年）等，也在不同程度上涉及侵华日军无差别轰炸重大惨案。

与此同时,学界开始对侵华日军无差别轰炸重大惨案进行初步研究。曹聚仁等《轰炸下的南中国》(战时出版社,1938 年)以文学形式描述了日军在上海、苏州等火车站对无辜平民制造的轰炸惨案。运公《敌机狂炸广州市》(《东方杂志》1938 年第 35 卷第 10期)记录了日机从 1938 年 5 月 28 日起连续 3 天滥炸广州,造成数千人伤亡的惨案。平平《烽火中的衡阳——敌机狂炸衡阳记》(《反攻》1939 年第 5 卷第 4 期)分析了 1939 年 4 月 6 日,日机轰炸衡阳,造成重大惨案的背景、经过及惨状。赵幼民《由[六卅]西安遭敌滥炸说到防护团员职责》(《陕西防空月刊》1940 年第 1 卷第 11—12 期)对日机轰炸西安、投掷毒气弹造成 300 多人死亡,数十人受伤的惨案原因进行分析,特别强调防护团员的问题及职责。刘川等《敌机狂炸西安回胞速写》(《西北论衡》1938 年第 6 卷第 24 期)记录了 1938 年西安“二二三”惨案的经过及其灾后应对。薛光前《抗战以来各路空袭状况之研究》(《中央周刊》1938 年第 1 卷第 1期)和侯宗卫《日机轰炸下之四川人口伤亡损失分析》(《四川统计月刊》1946 年第 5 号)也对部分惨案进行了梳理和考察。

第二,起步阶段:改革开放至抗战胜利 50 周年(1978—1995年)。改革开放极大地推动了中国抗战史的研究。侵华日军无差别轰炸重大惨案作为中国抗日战争史研究的重要组成部分,逐步受到学界关注,相关资料搜集整理进展明显,但是研究成果大多属于宏观研究。

在资料方面,学界整理并出版了大量民国史,特别是抗日战争史的文献资料,这些史料不同程度地涉及侵华日军无差别轰炸重大惨案。军事科学院外国军事研究部《日本侵略军在中国的暴行》(解放军出版社,1986 年)、梅剑等《惨烈人寰——侵华日军暴行实录》(京华出版社,1994 年)、《近代史资料》编辑部《日军侵华暴行实录》(北京出版社,1995 年)、章伯锋等《血证——侵华日军暴行纪实日志》(成都出版社,1995 年)和李秉新《侵华日军暴行总录》(河北人民出版社,1995 年)等,从宏观视角对各地侵华日军无差别轰炸重大惨案的发生过程、惨状、伤亡人数等进行概述。此外,学界还对上海、河南、山东、浙江、安徽等地区的惨案进行了梳理。比如:中共河南省委党史工作委员会《侵华日军在河南的暴行》(河南人民出版社,1989 年)、方正《日本侵略军在山东的暴行》(山东人民出版社,1989 年)、浙江省档案馆等《日军侵略浙江实录:1937—1945》(中共党史出版社,1995 年)、浙江省政协文史资料委员会《浙江文史资料》第 56 辑《铁证——侵华日军在浙江暴行纪实》(浙江人民出版社,1995 年)、中共安徽省委党史工作委员会《侵华日军在皖罪行录》(安徽人民出版社,1995 年)。综上,侵华日军无差别轰炸惨案史料仅从属于日军暴行史料,学界尚未搜集和整理专题性的重大惨案资料。

20 世纪八九十年代,各地政协整理出版的文史资料,刊载了大量亲历者对侵华日军无差别轰炸重大惨案的回忆性文章,这是研究重大惨案的重要资料。宋述湘《日机"二·四"轰炸贵阳的惨状》(政协贵州省贵阳市委员会文史资料研究委员会《贵阳文史资料选辑》第 6 辑,1982 年)、蔡林久《"二·四"轰炸给贵阳人民造成的损失和灾难》(政协贵州省贵阳市委员会文史资料研究委员会《贵阳文史资料选辑》第 6 辑,1982 年)、李大光《贵阳"二·四"空袭亲历记》(政协贵州省贵阳市委员会文史资料研究委员会《贵阳文史资料选辑》第 6 辑,1982 年)、彭国桢等《"二·四"轰炸目击记》(政协贵阳市云岩区委员会文史资料研究委员会《云岩文史资料选辑》第 3 辑,1985 年)和杜适《难忘的贵阳"二·四"轰炸》(政协贵阳市南明区委员会文史办公室《南明文史资料选辑》第 3 辑,1985 年)等,较为详细地回忆了 1939 年贵阳"二四"惨案的损失和惨状。胡同如等《难忘的"八·一九"——记 1939 年日机轰炸乐山》(政协四川省委员会文史资料研究委员会《四川文史资料选辑》第 32 辑,1984 年)、徐雨深《"八·一九"日机轰炸乐山城的前前后后》(政协乐山市委员会文史资料委员会《乐山文史选辑》第 3 辑,1987 年)、邓铣《"七·二七"敌机轰炸成都目击记》(政协四川省成都市委员会文史资料研究委员会《成都文史资料选辑》第 12 辑,1985 年)、夏守玉《日机轰炸泸州之惨状》(政协四川省泸县委员会文史资料委员会《泸县文史资料选辑》第 2 辑,1989 年)和吴汝成《"五·三"、"五·四"重庆大轰炸的回忆》(政协四川省射洪县委员会文史资料研究委员会《射洪文史资料》第 4 辑,1985 年)等,以亲身经历和亲眼所见再现乐山、成都、泸州、重庆等地惨案的过程和惨状。段国富等《保山"五·四"被炸惨案见闻》(政协云南省保山市委员会文史资料研究委员会《保山市文史资料选辑》第 2 辑,1985 年)、李德洪《保山"五·四"目睹》(政协云南省保山市委员会文史资料研究委员会《保山市文史资料选辑》第 2 辑,1985 年)、田惠龄《保山"五·四"被炸见闻》(政协云南省保山市委员会文史资料研究委员会《保山市文史资料选辑》第 4 辑,1987 年)和姬兰阶《保山"五·四"被炸前后笔记数则》(政协云南省保山市委员会文史资料研究委员会《保山市文史资料选辑》第 5 辑,1987 年)等,记述了保山"五四"惨案的经过和惨状。此外,甘肃省档案馆《日本侵略军轰炸甘肃的罪行史料》(《档案》1985 年第 5 期)、张全盛等《日军侵晋重大暴行记》(《山西文史资料》1995 年 Z1 期)、沈祥龙《五十多年前日机轰炸广州之惨状》(《岭南文史》1995 年第 3 期)和聂寅生《日寇首次空袭南京目击记》(《江淮文史》1995 年第 6 期)等,详实地回忆了云南、甘肃、山西、广州及南京等地重大惨案的惨状。

在著作方面,黄淑君《重庆大轰炸》(重庆出版社,1992 年)、西南师范大学历史系和重庆市档案馆《重庆大轰炸(1938—1943)》(重庆出版社,1992 年)以及唐守荣《抗战时期重庆的防空》(重庆出版社,1995 年)等专门研究了侵华日军对重庆的大轰炸,其中对1939 年重庆"五三""五四"大惨案和 1941 年重庆"大隧道惨案"都有所论述。

在论文方面,学界重点关注了侵华日军在重庆、上海、南京和贵州等地的无差别轰炸重大惨案。比如:唐守荣《日机对重庆的大轰炸》(《民国春秋》1985 年第 4 期)、陈立文《抗战时期日军对重庆的轰炸暴行》(《近代中国》1989 年第 72 期)、胡远杰《南京路上的轰炸事件》(《上海档案》1987 年第 1 期)、《日军轰炸南京路》(《中国档案》1995 年第 8 期)、邓德礼《抗战初期的贵州防空》(《贵州社会科学》1995 年第 5 期)。

第三,推进阶段:抗战胜利 50 周年后至抗战胜利 60 周年(1996—2005 年)。21 世纪之交,随着中国抗战史研究的稳步推进,学界对侵华日军无差别轰炸重大惨案的关注明显增加,在资料搜集、整理和研究上取得突破性进展。研究成果突破以往记述性、宏观的研究模式,出现了对 1941 年重庆"大隧道惨案"的深度分析,其专题性凸显、研究质量明显提高。

在资料方面,中国人民抗日战争纪念馆《日军侵华暴行实录》(1—4)(北京出版社,1995、1997 年)、韩信夫等《中华民国大事记(四)》(中国文史出版社,1997 年)、章伯锋等《抗日战争第七卷侵华日军暴行日志》(四川大学出版社,1997 年)和常任侠《战云纪事》(海天出版社,1999 年)等均从宏观角度对侵华日军无差别轰炸重大惨案有所概述。此外,肖银章等《抗战期间日本飞机轰炸陕西实录》(陕西师范大学出版社,1996 年)、上海市档案馆《日本帝国主义侵略上海罪行史料汇编(上、下)》(上海人民出版社,1997 年)、罗泰琪《重庆大轰炸纪实》(内蒙古人民出版社,1998 年)、中共江苏省委党史工作办公室《侵华日军在江苏的暴行》(中共党史出版社,2000 年)、经盛鸿等《南京大屠杀史料集 1·战前的南京与日机的空袭》(江苏人民出版社,2005 年)、云南省档案馆《日军侵华罪行实录·云南部分(1937—1945)》(云南人民出版社,2005 年)、四川省档案馆《川魂:四川抗战档案史料选编》(西南交通大学出版社,2005 年)、张中华《日军侵略广东档案史料选编》(中国档案出版社,2005 年)和中央档案馆等《侵华日军在湖北暴行史料》(中国档案出版社,2005 年)等搜集整理了日军无差别轰炸陕西、重庆、江苏、云南、四川、广东和湖北等地的重大惨案。此外,各地人民政协出版的文史资料也收录了部分侵华日军无差别轰炸惨案的口述资料。比如,彭鸿书《1939 年日机"2·4"轰炸贵阳印象》(《贵阳文史》2004 年第 2 期)。

在著作方面,有学者对侵华日军在浙江、湖北和广东等地无差别轰炸重大惨案有所提及。比如:袁成毅《浙江抗战损失初步研究》(陕西人民出版社,2003 年)、陈先初《人道的颠覆——日军侵湘暴行研究》(社会科学文献出版社,2004 年)、黄菊艳《抗战时期广东经济损失研究》(广东人民出版社,2005 年)。值得注意的是,本阶段侵华日军在重庆的无差别轰炸重大惨案成为学界关注的重点。这些成果是:杨益言《雾都空劫——侵华日军重庆大轰炸》(花山文艺出版社,1998 年)、重庆市政协学习及文史委员会等《重庆大轰炸》(西南师范大学出版社,2002 年)、李金荣《烽火岁月:重庆大轰炸》(重庆出版社,2005 年)、曾小勇等《1938—1943:重庆大轰炸》(湖北人民出版社,2005 年)和谢世廉《川渝大轰炸:抗战时期日机轰炸四川史实研究》(西南交通大学出版社,2005 年)等。这些著作都不同程度地对 1939 年重庆"五三""五四"大惨案和 1941 年重庆"大隧道惨案"进行考察和研究。

在论文方面,学界对侵华日军无差别轰炸重大惨案的关注在深度和广度上都有了明显突破,学者们对广东、江苏、广西、福建、甘肃和湖北等侵华日军无差别轰炸惨案进行了考察,揭露了日军制造惨案的违法性及其反人道主义的本质。这些成果包括:曾庆榴等《侵华战争时期日军轰炸广东罪行述略》(《抗日战争研究》1998 年第 1 期)、高晓星《日本航空队空袭南京的暴行》(《南京史志》1997 年第 6 期)、王晓军《日军航空队袭击广西暴行述评》(《抗日战争研究》2003 年第 4 期)、陈惠芳《日寇侵略福建罪行录》(《福建党史月刊》2005 年第 S1 期)、王禄明等《日军轰炸兰州及甘肃各地实录》(《档案》2005 年第 2 期)和焦光生等《日寇轰炸武汉实录》(《湖北档案》2005 年第 7 期)。值得注意的是,学界尤为重视对四川和重庆的惨案进行考察和研究。这些成果包括:李泽民《哭泣的焦土——日机轰炸四川乐山追记》(《四川档案》2002 年第 6 期)、沈涛《档案为凭　侵略者罪责难逃——日本飞机轰炸自贡纪实》(《四川档案》2003 年第 1 期)、常崇宜《日本军国主义对四川的空中大屠杀》(《文史杂志》2005 年第 4 期)、侯文俸《日本飞机对南充城区的三次野蛮轰炸》(《四川档案》2005 年第 5 期)、张洁梅等《抗日战争时期日寇轰炸四川始末》(《四川档案》2005 年第 3 期)以及潘洵等《论重庆大轰炸对重庆市民社会心理的影响》(《重庆师范大学学报》2005 年第 4 期)和《抗战时期重庆大轰炸的损失及其遗留问题》(《纪念中国人民抗日战争暨世界反法西斯战争胜利 60 周年学术研讨会论文集》〔上〕,中共党史出版社,2006 年)。

在此阶段,学界对侵华日军无差别轰炸重大惨案研究还呈现专题化的研究趋势。尤其是对重庆"大隧道惨案"的个案专题研究,堪称硕果累累。林川《重庆大隧道惨案》(《国防》1995年第8期)、欧阳平《陪都大隧道惨案调查赈恤亲历记》(《红岩春秋》1995年第3期)、赵子云《重庆大隧道惨案揭秘》(《文史月刊》2003年第5期)和高键文《亲历重庆大隧道惨案》(《世纪》2005年5期)等,从亲历者角度对重庆"大隧道惨案"的过程及其惨状进行了纪实描述。程雨辰《重庆大隧道惨案死亡人数辨析》(《民国档案》1996年第4期)、杨筱《关于重庆"大隧道窒息惨案"两个问题的补充讨论》(《抗日战争研究》2000年第2期)、徐建明《重庆"大隧道窒息惨案"死亡人数考析》(《抗日战争研究》2001年第3期)和张守广《重庆大隧道惨案始末》(《直面血与火——国际殖民主义教育文化论集》2003年12月),从学理角度对重庆"大隧道惨案"发生的原因、过程及政府救护等进行了研究,特别是对伤亡人数进行了分析考证。

第四,繁荣阶段:抗战胜利60周年以来(2006年至今)。抗战胜利60周年以来,随着中国抗战史研究学术化进程的加快,学界对侵华日军无差别轰炸惨案的资料搜集整理和研究取得长足进展。资料搜集整理在类型、数量和质量上实现新的突破,专题化考察打破1941年重庆"大隧道惨案"一枝独秀的研究现状,1939年乐山"八一九"惨案、1937年广州特大惨案的专题分析不断问世。

在资料方面,为了揭露日本军国主义在中国犯下的滔天罪行,2004年中共中央党史研究室作出开展"抗日战争时期中国人口伤亡和财产损失调查"的决定,各地中共党史研究室以及档案局(馆)根据决定精神整理出版了大批抗战损失文献资料,其包括大量侵华日军无差别轰炸惨案文献资料。自治区、直辖市和省范围的惨案资料包括:《中华民国战时首都档案文献》(重庆出版社,2008年)、《重庆市抗战时期人口伤亡和财产损失》(中共党史出版社,2011年)、《重庆大轰炸档案文献:轰炸经过与人员伤亡》(上、中、下）（重庆出版社,2015 年）;《甘肃省抗战时期人口伤亡和财产损失》（中共党史出版社,2010 年）;《湖南省抗战时期人口伤亡和财产损失》（中共党史出版社,2010 年）;《江苏见证——抗战时期人口伤亡和财产损失调研》（中共党史出版社,2010 年）;《江西省抗战时期人口伤亡和财产损失》（中共党史出版社,2010 年）;《广东省抗战时期人口伤亡和财产损失》（中共党史出版社,2010 年）;《安徽省抗战时期人口伤亡和财产损失·重要档案卷》（中共党史出版社,2010 年）、《安徽省抗战时期人口伤亡和财产损失》（中共党史出版社,2012 年）;《浙江省抗战时期人口伤亡和财产损失》（中共党史出版社,2011 年）;《广西抗战时期人口伤亡和财产损失》（中共党史出版社,2010 年）;《云南省抗战时期人口伤亡和财产损失文献资料选辑》（中共党史出版社,2011 年）、《云南省抗战时期人口伤亡和财产损失历史简编》（中共党史出版社,2013 年）;《贵州省抗战损失调查》（中共党史出版社,2010 年）。地市级和县级的惨案资料包括:《日军轰炸西安纪实》（西安市档案馆,2007 年）;《梁平县抗战资料选编》（中国文史出版社,2008 年）;《抗日战争时期成都市人口伤亡和财产损失资料选编》（内部资料,2010 年）;《金华市抗战时期人口伤亡和财产损失资料汇编》（中共党史出版社,2010 年）;《衢州市抗战时期人口伤亡和财产损失资料汇编》（中共党史出版社,2010 年）;《绍兴县抗战时期人口伤亡和财产损失资料汇编》（浙江人民出版社,2013 年）;《上海市闸北区抗战时期人口伤亡和财产损失》（中共党史出版社,2011 年）;《重庆大轰炸档案文献:轰炸经过与人员伤亡（区县部分）》（上、下）（重庆出版社,2015 年）。

此阶段,学界还特别重视口述史料和影像资料的搜集整理。口述史料包括:周勇《重庆大轰炸档案文献:证人证言》（重庆出版社,2011 年）、谭松《血火与堡垒:重庆大轰炸采访录》（暨南大学出版社,2015 年)。这些史料从亲历者的视角,再现了侵华日军无差别轰炸惨案给普通百姓带来的深重灾难,包括严重的心理创伤。此外,《日军宿州大轰炸影像史料》(中国文史出版社,2015 年)一书以大量珍贵的"影像资料",真实再现了侵华日军宿州大轰炸惨案的惨状。2015 年,中共重庆市委宣传部和重庆中国抗战大后方研究协同创新中心从美方引进的奥斯卡获奖纪录片《苦干》和重庆抗战大后方研究协同创新中心、中国教育电视台等联合摄制纪录片《大后方》,通过影像的形式重现了侵华日军重庆大轰炸中部分惨案的真实镜头。

在著作方面,成都市人民防空办公室和成都市国防教育学会《成都大轰炸》(中国和平出版社,2009 年)以翔实的史实,揭露了日本侵略者在成都犯下的惨无人道的罪行。孙官生《昆明大轰炸祭》(云南教育出版社,2013 年)记录了侵华日军在昆明轰炸制造的触目惊心的惨案。这一阶段,学界对重庆大轰炸惨案的研究更为深入。王川平《英雄之城——大轰炸下的重庆》(重庆出版社,2011 年)、潘洵等《抗日战争时期重庆大轰炸研究》(商务印书馆,2013 年)运用国内外档案以及报刊、口述等资料,对重庆 1939 年"五三""五四"大惨案以及 1941 年重庆"大隧道惨案"进行了学理性分析,深刻揭露了侵华日军在重庆犯下的滔天罪行。李桂芳《四川抗战全史·防御空袭》第二章对四川地区的重大惨案有所涉及。

在论文方面,学界较为关注侵华日军无差别轰炸重大惨案的原因、应对措施及影响等问题的研究。孙仁中《101 作战计划与重庆大轰炸》(《重庆大学学报》〔社会科学版〕2006 年第 3 期)探讨了侵华日军轰炸战略与惨案的内在关联。张瑞德《在轰炸的阴影下——抗战时期重庆民众对空袭的心理反应》(《给世界以和平——重庆大轰炸暨日军侵华暴行国际学术讨论会论文集》,重庆出版社,2008 年)分析了侵华日军无差别轰炸惨案对民众造成的心理影响。常云平等《论重庆大轰炸期间的人口变迁》(《重庆师范大学学报》2007 年第 6 期)考察了侵华日军无差别轰炸惨案与国民政府人口变迁的辩证关系。肖寒等《日军空袭重庆及国民政府对重庆难民的救济》(《衡阳师范学院学报》2007 年第 1 期)、张玲《四川大轰炸中的医疗救护(1938—1944)》(《重庆师范大学学报》2013 年第 4 期),探讨了国民政府对侵华日军无差别轰炸惨案的因应。杨夏鸣《美国〈时代周刊〉1937—1941 年有关日军轰炸南京和大屠杀的报道》(《民国档案》2006 年第 4 期)、杨夏鸣等《日军南京暴行与罗斯福的反应》(《历史研究》2015 年第 5 期),探讨了侵华日军无差别轰炸惨案的国际反应及其应对。

　　在此阶段,学界对侵华日军无差别轰炸惨案的专题化研究进一步彰显,重庆、四川和广州惨案个案的专题研究不断出现。刘凤凌《抗战时期重庆大隧道惨案研究》(重庆师范大学硕士论文,2010 年)和杨筱《1941 年 6 月 5 日夜"重庆大隧道窒息惨案"的再讨论》(《给世界以和平——重庆大轰炸暨日军侵华暴行国际学术讨论会论文集》,重庆出版社,2008 年),系统分析了重庆"大隧道惨案"的背景、经过、抢救过程、善后工作、惨案人数、原因等。聂丽琴《世界空袭史上的大惨案:日寇 1939 年"五四"重庆大轰炸》(《老年人》2015 年第 10 期)详细叙述了重庆"五四"大惨案的经过、伤亡人数以及政府的应对,强调日军轰炸不但未达其目的,反而引来了国际社会的谴责,增强了中国人民的抗战意志。魏奕雄《日军"八一九"轰炸乐山的惨况及其原因探讨》和杨追奔《追究侵华日军乐山"八一九"无区别大轰炸罪责的国际法理初探》(《给世界以和平——重庆大轰炸暨日军侵华暴行国际学术讨论会论文集》,重庆出版社,2008 年)分别考察了乐山"八一九"惨案的概况、原因和罪证、罪责。

官丽珍《广州大轰炸中的特大惨案》(《红广角》2010 年第 10 期)考察了广州大轰炸中特大惨案的发生过程及其人员伤亡。

综上,学界主要围绕侵华日军无差别轰炸重大惨案产生的缘由、受害群体、伤亡人数、国际国内因应措施及现实关怀等问题进行研究,研究成果主要体现在以下几个方面:

第一,惨案发生的缘由。从施害方看,侵华日军违背国际公约、实施无差别轰炸,这是惨案发生的根本原因。有学者从侵华日军战略轰炸的视角探讨了惨案发生原因。董兴林指出,日军不区别军事设施与民间地区、军队活动与市民生活,不附带任何借口,纯粹的彻底的"无区别轰炸",这必然带来无辜百姓的重大伤亡,并列举 1939 年重庆"五三""五四"大惨案进行分析说明。① 孙仁中认为,日军的全方位、无差别、地毯式、连续猛烈的 101 号作战计划,导致了重庆大量的人员伤亡,尤其是 1940 年"八一九""八二〇"大轰炸,造成 314 人死亡,280 人受伤。② 古林晖认为,1937 年至 1944 年,日军无差别轰炸的实施,造成了大量的平民伤亡,并以 1939 年重庆"五三""五四"惨案为例进行说明。③ 此外,部分学者从日军轰炸战术的角度探讨了惨案发生的原因。朱纪新认为,1938 年 8 月 29 日,日机轰炸武汉外围的京山县城造成 5 000 余人伤亡,就是因为日本间谍的情报,该情报把京山县县长、抗战后援委员会委员长蒋少瑗(当地人简称"蒋委员长")当成蒋介石。为此,日机对京山

---

① 董兴林:《撩开军事史的帷幕——剖析日本帝国主义所谓"战略轰炸"的实质》,《潍坊教育学院学报》1995 年第 1、2 期合刊,第 6—8 页。

② 孙仁中:《101 作战计划与重庆大轰炸》,《重庆大学学报》(社会科学版)2006 年第 3 期,第 82—85 页。

③ 古琳晖:《日本全面侵华战争中的无差别轰炸及其罪行之探究》,《南京社会科学》2015 年第 10 期,第 151—156 页。

进行了 3 个多小时的狂轰滥炸。① 此外,选择在圩日、斋日等人群
集中的日子进行轰炸也是日军的轰炸战术。蔡宪銮等指出,日机
对龙南的 5 次轰炸中就有 4 次选择在圩日进行轰炸,时间都是圩日
人群高度密集的晌午,所以伤亡人数巨大。② 冯顺全也多次强调日
军的轰炸恰好是在圩日,如 1941 年 9 月 23 日青塘圩日,300 多人
被炸死。③ 杨志平等分析了斋日被炸的惨案,指出 1938 年 11 月 23
日为穆斯林开斋节,日军趁回民齐集清真寺而实施轰炸,造成大量
的无辜平民伤亡。④

　　从受害方看,惨案发生是中国主客观因素作用的结果。有学
者认为,中国薄弱的防空力量是惨案发生的重要原因。邓德礼认
为,1939 年贵阳“二四”惨案中死亡人数甚多,缘于积极防空方
面,贵阳高射炮太少,火力太弱;消极防空方面,防空司令部工作
不广泛、不深入、不细致,民众不理解、不信任、不合作。因此,贵
阳“二四”轰炸前,居民疏散者极少。⑤ 防空洞质量问题也是消极
防空不可回避的问题。杨志平等指出,1939 年双十节,西安城西
香米园的防空洞被炸毁,躲在洞中的百余名回汉群众全部遇难,
其中回民 60 余人。⑥ 此外,有学者认为,政府施救措施不力和民
众防空意识淡薄是惨案发生的重要主观因素。白木等指出,重庆

---

① 朱纪新:《日本人轰炸蒋委员长》,《文史博览》2013 年第 6 期,第 20—21 页。
② 蔡宪銮、菊辉、启达:《日军侵略龙南的暴行及龙南军民抗日纪实》,《党史文苑》1995
　　年第 4 期,第 13—15 页。
③ 冯顺全:《日军侵略清远罪行简录》,《广东党史》2005 年第 5 期,第 44—45 页。
④ 杨志平、海万玲:《西北回族抗日史研究》,《西北民族大学学报》(哲学社会科学版)
　　2015 年第 5 期,第 15—23 页。
⑤ 邓德礼:《抗战初期的贵州防空》,《贵州社会科学》1995 年第 5 期,第 92—96 页。
⑥ 杨志平、海万玲:《西北回族抗日史研究》,《西北民族大学学报》(哲学社会科学版)
　　2015 年第 5 期,第 15—23 页。

"大隧道惨案"后,营救中的担架营多为扒手组成,结果营救人员不是忙着救人而是忙于敛财,使因窒息而处于假死状态中的受难者未得到及时抢救而丧生,有的甚至为了抢夺受害者的财物,因受害者挣扎而将其掐死灭口。① 邓德礼指出,1939 年贵阳"二四"惨案后,当局阻止群众救援,而官方营救中出人不出力、趁火打劫者较多,这些都大大削弱了消防、营救的效率。② 彭鸿书认为,贵阳市民"疲"于防空演习,对真正的警报掉以轻心,惨案当天疏散的人员不多,这是造成 1939 年贵阳"二四"惨案伤亡惨重的重要原因。③

第二,受害社会群体与伤亡人数。侵华日军实施的无差别狂轰滥炸,给不同的社会群体带来了严重的损失与伤害。学界围绕侵华日军无差别轰炸学生、医护人员、媒体工作者及第三国人员进行了研究。徐东考察了 1940 年 5 月 29 日,日机轰炸四川省立教育学院,制造了"血肉模糊,惨不忍睹"的惨案,分析了惨案后学院上报教育厅、致电死难者家属、发放救济金、安葬死亡学生、清理死者遗物、送重伤学生到歌乐山中央医院治疗等举措。此外,日机对学生群体的轰炸还引起了社会各界的关注、谴责,并对遇难学生进行慰问。④ 朱江考察了 1937 年 8 月 17 日,日机轰炸南通基督医院,医师、护士、工友、病员及避难者共 24 人罹难的始末,医院的善后,

---

① 白木、周洁:《重庆较场口防空大隧道惨案》,《健康与安全》2003 年 8 期,第 53—55 页。

② 邓德礼:《抗战初期的贵州防空》,《贵州社会科学》1995 年第 5 期,第 92—96 页。

③ 彭鸿书:《1939 年日机"2·4"轰炸贵阳印象》,《贵阳文史》2004 年第 2 期,第 21—22 页。

④ 徐东:《铁证:重庆大轰炸中死难大学生一例》,《兰台世界》2012 年第 22 期,第 47—48 页。

国内外的反应以及美日的赔偿交涉。① 杨夏鸣梳理了美国《时代周刊》的报道,指出日机轰炸屋顶上有巨大的红十字标志的南京洛克菲勒中央医院,造成 150 名病人被炸身亡,200 名医务工作者和其他人员受伤,伤亡总人数超过 500 人的重大惨案,揭露了日机轰炸的无差别性。② 明监考察了 1938 年 10 月 23 日,八路军武汉办事处和《新华日报》总馆的 25 名同志,在燕子窝惨遭日机轰炸而壮烈牺牲的经过,以及惨案后媒体的报道和人们的反应。③ 杨夏鸣等考察了 1937 年 12 月 12 日,日军炸沉美军"帕奈号"炮舰、轰炸美国侨民的"帕奈号"事件,又称"巴纳号"事件,认为罗斯福(Franklin Delano Roosevelt)以此事件为契机,制定了封锁日本,对其禁运的战略,逐步对日本实行石油、废钢铁等物资禁运及冻结日本在美国的财产。④ 崔巍叙述了日机炸伤英国驻华大使许阁森(Sir Hughe Montgomery)一案,分析了事后英日两国的交涉经过,指出交涉中英国的被动以及最起码的要求未得到满足的原因,认为交涉的结果助长了日本的有恃无恐及日后的变本加厉。⑤

日军的狂轰滥炸造成了大量无辜平民的伤亡,但是不同的部门出于不同的利益考量,加之调查时间的不同,得出的伤亡数据自然不同,甚至大相径庭。学界根据国内外文献资料,对惨案中的伤亡人数进行了深入考证。程雨辰对重庆"大隧道惨案"死亡 650

---

① 朱江:《日机轰炸南通基督医院始末》,《档案与建设》2008 年第 7 期,第 35—40 页。

② 杨夏鸣:《美国〈时代周刊〉1937—1941 年有关日军轰炸南京和大屠杀的报道》,《民国档案》2006 年第 4 期,第 51—55 页。

③ 明监:《震惊全国的燕子窝惨案》,《武汉文史资料》1995 年第 4 期,第 163—165 页。

④ 杨夏鸣、王卫星:《日军南京暴行与罗斯福的反应》,《历史研究》2015 年第 5 期,第 39—55 页。

⑤ 崔巍:《1937 年英日就英国驻华大使被炸事件进行的外交博弈》,《学海》2015 年第 6 期,第 198—204 页。

人、992 人、近万人、万余人等说法进行考证,对以上统计数据一一
进行驳斥,认为实际死亡人数应该在 2 000 多人。① 杨筱考察了重
庆"大隧道惨案"发生的原因,提出惨案死亡人数应为 992 人。② 徐
建明在分析档案和文献资料的基础上重新考证重庆"大隧道惨案"
的伤亡人数,认为死亡人数为 1 200 人左右。③ 魏奕雄结合档案资
料对 1939 年乐山"八一九"大惨案中伤亡人数为 1 000 多人、2 000
多人和 4 000 多人三种说法进行分析比对,认为伤亡 1 000 多人更
合乎事实。④

　　第三,惨案后各界的因应。日军无差别轰炸惨案给中国人民
带来了严重的伤害,社会各界不同程度地采取应急施救举措。政
府方面,处理死者、救济伤者是重要的挽救措施。黄河等指出,面
对日军轰炸后伤亡的市民,国民政府不仅要救济伤者,更须妥善处
理好遇难者遗体以慰藉死伤者及其家属,并考察了抗战时期重庆
市空袭遇难者遗体的实际处置情况。⑤ 丁斌指出,1939 年重庆"五
三""五四"惨案发生后,陪都空袭救护委员会在市区设立 12 处治
疗队,免费治疗受伤市民,截至 1939 年 8 月,救护重、轻伤员共计
5 633 人。同时,重庆市民医院、中医救护医院等医疗机构都增设免

① 程雨辰:《重庆大隧道惨案死亡人数辨析》,《民国档案》1996 年 4 期,第 114—120 页。
② 杨筱:《关于重庆"大隧道窒息惨案"两个问题的补充讨论》,《抗日战争研究》2000 年
　　第 2 期,第 153—159 页。
③ 徐建明:《重庆"大隧道窒息惨案"死亡人数考析》,《抗日战争研究》2001 年第 3 期,
　　第 128—137 页。
④ 魏奕雄:《日军"八一九"轰炸乐山的惨况及其原因探讨》,周勇、陈国平主编:《给世界
　　以和平:重庆大轰炸暨日军侵华暴行国际学术讨论会论文集》,重庆:重庆出版社
　　2008 年版,第 350 页。
⑤ 黄河、龚燕杰:《抗战时期重庆市遭日军空袭遇难者遗体处置工作之探讨》,《中华文化
　　论坛》2015 年 5 期,第 5—12 页。

费病床，为难民免费诊治。① 黄虹指出，面对空袭惨案，重庆成立了
防护团紧急救护大队，其主要任务是为空袭时被炸市民提供急救
和每日换药治疗。② 常云平等指出，1939 年是日军轰炸造成重庆
人员伤亡最惨重的一年，对此，11 月 27 日国民参政会 21 名参议员
联名提出《奖励生育，确立人口政策以维国本案》，以保持人口数量
和性别平衡。③ 此外，有学者专门研究了政府应急措施中存在的问
题。刘向上分析了 1939 年重庆"五三""五四"惨案中部队没有及
时救火，在挑 1 担水 1 元钱的利益驱动下才调动数万军队救火，结
果延误时机，造成更大的人员伤亡。1941 年 6 月 4 日，重庆两路口
一个防空洞被炸毁，百余人死亡，大石头堵住洞口，两个幸存者被
困在洞内，附近的外国使馆人员给防空司令部打电话，防空司令部
才派人去施救，结果指挥人员得知被困者中有一独子时，便向家属
索取巨款，因得不到满足，便在施救过程中"磨洋工"，最后两人因
未被及时营救而死在洞内。1941 年重庆"大隧道惨案"发生后，防
空司令部调担架营去抢运伤员，结果他们到防空洞内首先搜捡死
者身上财物，大大耽误了抢运时间。④ 白木等指出，1941 年重庆
"大隧道惨案"发生后，对于主管部门工作的疏漏，蒋介石下令特别
法庭进行审理，刘峙行贿后竟没有出庭，最后只将胡伯翰 1 人撤
职，刘峙仅受到撤职留任的假处罚而不了了之。⑤ 政党、学校也积

---

① 丁斌：《浅析重庆大轰炸时期的消极防空》，《当代小说》（下）2010 年第 7 期，第 68—
　　69 页。
② 黄虹：《试论"重庆大轰炸"中的卫生应急机制》，《重庆师范大学学报》（哲学社会科学
　　版）2008 年第 1 期，第 55—60 页。
③ 常云平、何多奇：《论重庆大轰炸期间的人口变迁》，《重庆师范大学学报》（哲学社会科
　　学版）2007 年第 6 期，第 38—43 页。
④ 刘向上：《重庆大轰炸中的防空黑幕》，《民防苑》2008 年第 4 期，第 21 页。
⑤ 白木、周洁：《重庆较场口防空大隧道惨案》，《健康与安全》2003 年 8 期，第 53—55 页。

极应对。吕文浩指出，西南联大被空袭之后，西南联大常委会决定：本校教职员因为空袭受伤，所需的治疗费用，由学校设法补助；学生因为空袭受伤，从学生空袭救济金中拨付。①

　　防范是预防惨案重演的重要举措。张国松指出，针对 1931 年 10 月 8 日锦州轰炸中数十人的伤亡及 1932 年上海"一·二八"事变中 2 000 多人的伤亡，南京党、政、军、警机构联合，构建专门的防空组织，对民众进行防空常识灌输，组织与训练消除空袭后果的民间防空队伍，对减少人员伤亡起了一定的作用。② 聂丽琴指出，1939 年重庆"五四"惨案发生后，为了有效地开展防空工作，蒋介石下令改组防空机构，扩大重庆防空司令部的防空区域，增设规模更大、形式多样的防空洞，以便市民空袭避难。③ 丁斌指出，1939 年重庆"五三""五四"惨案促使国民政府开始了更大规模的防空洞建设，鼓励开凿私人防空洞。④ 汪荣指出，侵华日军的大轰炸使重庆人民的生命和财产遭受到空前的浩劫。对此，国民政府先后制定了一系列的防卫对策，采取了诸多措施，有效地减少了日机轰炸给重庆人民带来的生命与财产损失。⑤ 徐涛等指出，1938 年昆明"九二八"大惨案发生后，政府加大对城区机关市民的疏散、

---

① 吕文浩：《日军空袭威胁下的西南联大日常生活》，《抗日战争研究》2002 年第 4 期，第 103—128 页。

② 张国松：《抗战初期南京国民防空教育述略》，《档案与建设》2014 年第 5 期，第 60—64 页。

③ 聂丽琴：《世界空袭史上的大惨案：日寇 1939 年"五四"重庆大轰炸》，《老年人》2015 年第 10 期，第 35 页。

④ 丁斌：《浅析重庆大轰炸时期的消极防空》，《当代小说》（下）2010 年第 7 期，第 68—69 页。

⑤ 汪荣：《浅析"重庆大轰炸"中国民政府的防卫对策及法制措施》，《重庆师范大学学报》（哲学社会科学版）2008 年第 1 期，第 49—55 页。

设立防护团以及呼吁社会救助等减少人员伤亡。[1]

从国际看,日机在锦州、广州、南京、重庆等地制造惨案后,国际社会反响十分强烈。袁成毅强调,基于一战的痛苦回忆,日军轰炸锦州造成平民伤亡后,美国、英国等国际社会对此反响非常强烈。[2] 日机在广州制造惨案后,国际联盟于1937年9月在日内瓦召开大会,通过了中国问题咨询委员会提出的谴责日本空军暴行的决议。法国各党派众议员组织了"同情中国委员会"抗议日本轰炸广州等城市。美国总统罗斯福在日机大肆轰炸广州时,于1938年6月11日发表了"制止美机售日"的讲话。1938年7月,国际反侵略运动总会在巴黎召开了反轰炸会议,严厉谴责法西斯轰炸普通居民。[3] 潘洵强调,1939年重庆"五三""五四"大惨案发生后,6月13日美国国务院发表声明,谴责日军滥炸重庆。随后,美国宣布废除《日美通商航海条约》。针对日机滥炸重庆市郊及文化区平民的行为,在华的美国传教士费吴生(Fitch,George Ashmore)等于1940年5月致电罗斯福总统,呼吁立即对日禁运煤油废铁。[4]

第四,惨案的社会影响。侵华日军无差别轰炸惨案给民众的日常生活、社会心理造成了极大的影响。有学者指出,1939年乐山"八一九"惨案造成许多人家破人亡,骨肉离散,财产罄尽,栖身失所;不少人流落他乡,乡间房租陡然提高,一般穷人生活无着,只得

[1] 徐涛、闫玉联:《抗战时期云南应对日军空袭之历史研究》,《淮海工学院学报》(人文社会科学版)2015年第12期,第72—77页。

[2] 袁成毅:《日军空袭锦州与国际社会反响再探讨》,《民国档案》2013年第4期,第100—106页。

[3] 曾庆榴、官丽珍:《侵华战争时期日军轰炸广东罪行述略》,《抗日战争研究》1998年第1期,第109—121页。

[4] 潘洵:《抗争中的嬗变:重庆大轰炸的国际影响》,《史学集刊》2012年第3期,第51—57页。

靠拾破烂为生。① 夏蓓从心理伤害角度指出,惨案发生后百姓充满恐惧、无奈、无助,甚至面对家破人亡而选择自尽。② 潘洵指出,1939 年重庆的"五三""五四"大惨案中,日机共投爆炸弹 176 枚、燃烧弹 116 枚,炸死市民 3 991 人、重伤 2 323 人,市区数十条街巷的房屋燃烧近 3 天。1940 年,日机对重庆实施了更大规模的地毯式轰炸,特别是 8 月 19 日和 20 日,日军先后出动 289 架飞机,对重庆实施了侵华战争时期最为猛烈的轰炸,投下 670 枚爆炸弹和 273 枚燃烧弹,炸死烧死市民 342 人,重伤 332 人,主要繁华街道被烧成一片焦土。如此大规模的恐怖轰炸造成市民严重的心理惊慌、精神压力,有人甚至出现生理失常,有人滋生了听天由命的心理。③ 同时,日军制造的惨案也产生了与他们期望值相反的效果,即越炸越勇。唐润明研究了重庆人民在被炸死 10 808 人、炸伤 11 837 人的情况下,仍然团结一致,毫不屈服,同仇敌忾,坚持抗战到底,以实际行动谱写了一曲反轰炸斗争的胜利凯歌。针对 1940 年重庆"八一九""八二〇"大轰炸,"我市无辜平民,惨遭牺牲"的现状,重庆市临时参议会于 8 月 27 日发表通电,表明拥护抗战到底的国策,坚定坚持抗战直到最后胜利的决心。④ 同时,侵华日军制造的轰炸惨案还引起城市变迁、社会人口流动、男女性别比例失衡等问题。有学者指出,在 1939 年重庆"五三""五四"大惨案中,重庆人民付出了

---

① 《日本帝国主义侵华期间对四川各地的惨重轰炸》,《四川党史》1995 年第 3 期,第 11—16 页。

② 夏蓓:《侵华日军对中国主要城市的毁坏及其影响》,《日本侵华史研究》2015 年第 3 期,第 92—99 页。

③ 潘洵:《论重庆大轰炸对重庆市民社会心理的影响》,《重庆师范大学学报》(哲学社会科学版)2005 年第 4 期,第 50—55 页。

④ 唐润明:《重庆大轰炸与英雄之城》,《世纪》2015 年第 6 期,第 10—15 页。

巨大的牺牲,为了反击日军无差别轰炸,坚定重庆人民抗战到底的信心和决心,5月5日,国民政府宣布重庆升为行政院直辖市。日军101号作战结束后的第二天,国民政府便通令重庆为永久陪都,重庆城市地位进一步提高。① 惨案还导致大量人口流向乡间,男女比例失衡。"五三""五四"大惨案后,政府把疏散市民作为首要任务,在短短的3天内向乡间疏散了25万余人。② 有学者指出,由于妇女、儿童在逃生中的劣势,在轰炸中最易受伤和死亡,加之进城谋生的男性较多,以及遗弃女婴的现象,故在大轰炸期间,重庆男性比例较高,大轰炸结束的1943年性别比例开始有下降趋势。③ 同时,因为尸体不能及时掩埋,常常导致疾病流行。有学者指出,1939年"五三""五四"大惨案后,重庆市区发生了严重的霍乱和痢疾。当时因痢疾流行,驻守机房街的新兵团死亡数十人。6月,重庆化龙桥地区因霍乱流行,死亡200多人。④

第五,惨案的违法性及赔偿。日军制造的无差别轰炸具有明显的违法性。张正德等引用1923年2月海牙会议达成的《空战法规案》第22条"以破坏、损毁私有财产,造成非战斗人员伤亡为目的的空中轰炸应予以禁止"的规定,以法学和历史学的视野,结合重庆1939年"五三""五四"大惨案、1940年"八一九""八二〇"大惨案、1941年"大隧道惨案"的后果,分析了日军无差别轰炸的违法性,论证了民间索赔的法理依据,肯定了重庆大轰炸的诉讼价值和

---

① ② ④ 潘洵:《论重庆大轰炸对重庆市民社会心理的影响》,《重庆师范大学学报》(哲学社会科学版)2005年第4期,第50—55页。

③ 常云平、何多奇:《论重庆大轰炸期间的人口变迁》,《重庆师范大学学报》(哲学社会科学版)2007年第6期,第38—43页。

日本正视历史、清算过去的必要性。① 曾庆榴等以国际法为依据，以 1938 年 6 月 6 日，日军轰炸若瑟医院伤亡 200 多人；6 月 26 日炸毁韶关关帝楼，炸死 107 人，重伤数十人；8 月 8 日轰炸法国天主教堂，炸死妇孺百余人等为例，论证了日军轰炸广东省教育机构、医院、教堂、居民区、商业繁华区等罪行的反人道本质和违法性。② 杨追奔列举了日军制造乐山"八一九"惨案的直接罪证，援引海牙第二、第四、第九条公约的相关规定，论证了日军的罪行，为争取日本政府为乐山"八一九"惨案的谢罪和赔偿提供了法理依据。③

　　日军无差别轰炸的违法性理应受到责任追究。古琳晖指出，日本对民用目标和无辜平民实施无差别轰炸，是与国际法规则相违背的。并以 1939 年重庆"五三""五四"大惨案、1941 年重庆"大隧道惨案"等为例，分析了日军无差别轰炸的残暴性和违法性，指出其破坏和平罪、战争罪、违反人道罪等罪证，强调日本应该对其罪行进行反省和追究。④ 金明等指出，从习惯国际法的角度审视，重庆大轰炸是日本侵华战争中的一次军事战略行动，并以重庆1939 年"五三""五四"大惨案，1941 年"大隧道惨案"为例，指出其违反了二战前后已在国际上确立的一系列战争法规及准则。他还

---

① 张正德：《重庆大轰炸涉讼问题的宏观探讨》，《重庆社会科学》2006 年第 11 期，第104—111 页。茅永怀：《日军暴行罄竹难书——〈抗日战争时期全国重大惨案〉编辑手记》，《党史文汇》2015 年第 8 期，第 14—20 页。

② 曾庆榴、官丽珍：《侵华战争时期日军轰炸广东罪行述略》，《抗日战争研究》1998 年第1 期，第 109—121 页。

③ 杨追奔：《追究侵华日军乐山"八一九"无区别大轰炸罪责的国际法理初探》，周勇、陈国平主编《给世界以和平——重庆大轰炸暨日军侵华暴行国际学术讨论会论文集》，第 493—499 页。

④ 古琳晖：《日本全面侵华战争中的无差别轰炸及其罪行之探究》，《南京社会科学》2015年第 10 期，第 151—156 页。

指出,昭和天皇本人和日本政府作为"国际不法行为"的实施者,对中国及其受害者个人负有国际赔偿责任。① 张珮文梳理了 1939 年贵阳"二四"惨案的过程与惨状,记录了受害者遭受的身心痛苦,以他们当年受伤致残和房屋被炸时的照片和实物为证,强烈声讨日军的侵略罪行。为此,1993 年 4 月,王起华、张承书等 42 户受害者,联合向日本国政府发起了民间索赔运动,向日本政府递交了索赔书,要求日本政府赔偿他们所受的损失。②

第六,惨案的现实关怀。铭记历史是为了开创未来。纪念死难者、关爱幸存者、警示后人是今人的社会责任。历史纪念方面,解生才采访西宁惨案亲历者之后,提出了四点建议:修建 1941 年 6 月 23 日侵华日军炸死西宁回汉 43 个同胞的纪念碑;死难、受难者家属向日本政府正式提出民间索赔;编印由日机轰炸西宁的文献资料、图片、死难名录、悼念文章等组成的纪念册;西宁政府每年 6 月 23 日拉响防空警报,警示市民,勿忘国耻。③ 何廷明也针对侵华日军在文山地区制造的惨案,提出让日军在文山地区犯下的罪行进陈列室、展览馆、图书馆、课堂,让文山人民世世代代记住这段血泪史;文山每年 2 月 21 日或 6 月 16 日鸣放空袭警报,哀悼因日机轰炸被夺去生命的同胞。④ 郭选昌记述了《重庆大轰炸·大隧道惨案》青铜群雕的创作背景、经过和目的,诠释了作品的艺术性和深

---

① 金明、张鲁鲁:《重庆大轰炸与国际法》,《西南大学学报》(社会科学版)2013 年第 4 期,第 136—141 页。

② 张珮文:《罪证如山不容抵赖——日机轰炸贵阳罪行采访记》,《贵州文史丛刊》1995 年第 4 期,第 92—93 页。

③ 解生才:《西宁辛巳血祭—1941 年日机轰炸西宁亲历者采访录》,《中国土族》2015 年第 3 期,第 13—17 页。

④ 何廷明:《试述抗战期间日机对文山地区的几次轰炸》,《文山师范高等专科学校学报》2007 年第 2 期,第 50—52 页。

刻寓意,群雕刻画了数百个人物复杂的形态和情绪,再现了历史场景,以青铜铸就的血肉文本,祭献苦难、英勇、美丽的故土,祭献刚烈、血性、向死而生的父老乡亲。① 凌承纬指出,重庆大轰炸是烧烙在重庆人心中的一段记忆,是中国人用鲜血书写的一部历史。为了警示世界、昭示后人,再现1939年重庆"五三""五四"大惨案和1941年重庆"大隧道惨案"场景,陈列于重庆中国三峡博物馆的《重庆大轰炸》半景画和《大隧道惨案》群雕,在重庆市民尤其是年轻人中引起了强烈反响。他们重新看见了60多年前发生在重庆这块土地上血腥的空中杀戮,了解了日本法西斯在重庆犯下的不赦罪孽,这对年轻一代的心灵震撼是难以言表的,由此引发的思考和警示是极其深远的。同时,人们也在血与火铸就的悲壮中,看到了当中华民族面对强暴时,表现出来的不屈不挠的英雄气概和抗战必胜的信心。②

以史为鉴是历史学的重要功能。谢赐余等针对重庆大轰炸,尤其是重庆1939年"五三""五四"大惨案和1941年"大隧道惨案",提出三点当代启示:第一,掌握制空权是确保战争取得胜利和国家安全的关键;第二,要努力增强国防实力,加强军队的武器装备建设;第三,要增强忧患意识、危机意识、责任意识和使命意识,坚决搞好城市防空工作。③ 何廷明针对侵华日军空袭文山地区造成的生命财产损失,提出增强群众的防空意识,提高群众应对空袭的能

---

① 郭选昌:《再现历史的警示——记〈重庆大轰炸·大隧道惨案〉青铜群雕》,《美术》2005年第8期,第30—37页。

② 凌承纬:《血与火铸就的历史警示——走近〈重庆大轰炸〉半景画和〈大隧道惨案〉群雕》,《美术》2005年第8期,第16—21页。

③ 谢赐余、白忠祥:《论重庆大轰炸的当代启示》,《理论学刊》2009年第7期,第112—114页。

力,需要贯彻《人民防空法》,注重宣传;增强边疆的防空能力,树立边疆也是前线的战略思想,守好祖国的边防大门;用身边的素材加强爱国主义教育,让人们珍惜今天的幸福生活,为维护世界和平作贡献。①

　　总之,通过对研究成果的梳理,可以看出,本课题研究已发展到一个崭新阶段,为今后研究奠定了坚实的学理基础。无庸置疑,本课题研究仍存在以下问题和不足:一是研究主题不够聚焦。大多研究成果从属轰炸主题,以惨案特别是重大惨案为主题的研究成果相对较少。尤为值得注意的是,学界尚未从学理上厘清轰炸与惨案的关联、惨案与重大惨案的差别。二是研究内容不够系统。学界尤为关注重庆、成都等地的重大惨案。在重庆,1939年"五三""五四"大惨案和1941年"六五"大隧道惨案,研究成果较多。在成都,1939年"六一一"大惨案、1940年"一〇二七"大惨案和1941年"七二七"大惨案,倍受学界关注。然而,学界缺乏从整体角度把握重大惨案的研究。换言之,对前线与后方、沦陷区与国统区、大城市和中小城市、城市与乡村等重大惨案缺乏系统梳理。三是低水平重复现象较突出。这些突出问题为深化本课题的研究,提供了较大的创新空间。

---

① 何廷明:《试述抗战期间日机对文山地区的几次轰炸》,《文山师范高等专科学校学报》2007年第2期,第50—52页。

第一章　侵华日军无差别轰炸的战略战术

　　20世纪初期,现代航空器,特别是飞机在战场上的运用,彻底改变了战争的面貌。第一次世界大战期间,飞机在战场上被广泛运用于空中侦察、协助攻击和战略轰炸,极大地影响了战争的进程和结果。正是如此,1921年意大利军事思想家杜黑(Giulio Douhet)在《制空权》一书中提出了"夺取制空权"的著名论断,强调:"一个掌握制空权的国家能保护自己领土不受敌人空中攻击,还能阻止敌人支援其陆海军作战的辅助空中活动无法进行。这种空中进攻不但能切断敌陆海军与其作战基地的联系,还能对敌国内地进行毁灭性的轰炸,使其人民物质和精神的抵抗趋于崩溃。"[①]概言之,"获得制空权就意味着胜利。反之,在空中被击败就是最终失败,将听从敌人摆布,不能保卫自己,将被迫接受敌人认为适当的任何条件"。[②] 为了防止航空力量在战争中被滥用,危及普通民众的生命和财产安全,1923年国际社会初步达成的《海牙空战规

---

① [意]朱里奥·杜黑著,曹毅风、华人杰译:《制空权》,北京:解放军出版社1986年版,第19页。

② [意]朱里奥·杜黑著:《制空权》,第17页。

则草案》第二十二条规定："对一般民众进行威吓,对于不具有军事性质的,以破坏、损毁私有财产、造成非战斗人员伤亡为目的的空中轰炸应予禁止。"①但日本在侵华战争期间违背国际法规,出动侦察机、轰炸机和战斗机,对中国城乡不区分军用目标和民用目标实施狂轰滥炸,制造了一桩桩惨无人道的重大惨案。尽管造成这些重大惨案的原因是多方面的,既有施害方的残忍,又有受害方防空力量薄弱、民众防空意识淡薄等因素的影响,但施害方的残忍才是最根本的原因。本章拟从侵华日军在不同阶段轰炸中国的战略战术与重大惨案关联的视角进行考察。

第一节　无差别轰炸战略的确立及演变

战略是对战争全局的规律性认识。毛泽东在《中国革命战争的战略问题》一文中指出:"只要有战争,就会有战争的全局。""凡属带有要照顾各方面和各阶段的性质的,都是战争的全局。"战争全局是具体的和动态的。"世界可以是战争的一全局,一国可以是战争的一全局,一个独立的游击区、一个大的独立的作战方面,也可以是战争的一全局。"②关于战争全局及其特性,克劳塞维茨(Carl Von Clausewitz)在《战争论》中也有过精辟论断:"战略是为了达到战争目的而对战斗的运用,因此,战略必须为整个军事行动规定一个适应战争目的的目标,也就是拟制战争计划;并且必须把达到这一目标的一系列行动同这个目标联系起来,也就是拟制各

---

① Aerial Bombardment. RG59 Department of State Decimal File:1930 - 1939. Box 3611,
　File Number:700. 00116/325.

②《中国革命战争的战略问题》(1936 年 12 月),《毛泽东选集》第 1 卷,北京:人民出版社
　1991 年版,第 175 页。

个战局的方案和部署其中的战斗。所有这一切,大多只能根据那些与实际并不完全相符的预想来确定,而许多涉及细节的规定根本不能在事先作好。因此很明显,战略也必须到战场上去,以便在现地处理各种问题,并且不断对总的计划作必要的修改。所以,战略在任何时刻都不能停止工作。"①在克氏看来,战略就是实现战争目的的目标问题,但这个目标必须体现整个军事行动的全局。然而,由于战争处于不断变化中,因此,战略必将根据形势作修正和调整。这就是战略发展的动态性问题。这些精辟论述无疑对分析抗战时期日军无差别轰炸战略具有重要的指导意义。

20世纪30年代,日本军国主义为了实现"吞并满蒙,独霸中国,称霸亚洲"的扩张计划,悍然发动对华侵略战争。为了夺取这场战争的胜利,日本军国主义制定了无差别轰炸战略,屡屡出动军机对中国城乡实施狂轰滥炸,制造了大量惨绝人寰的重大惨案。日军提出的无差别轰炸战略经历了一个过程。对此,徐勇教授指出:无差别轰炸战略的提出是伴随着航空技术快速发展而出现的。20世纪20年代至30年代初期,以石原莞尔(Ishiwara Kanji)为代表的日本军国主义理论家提出"最终战争论",主张使用航空器夺取战争的胜利,对无差别轰炸战略进行了论述和构想。因此,石原莞尔可谓是"第二次世界大战中的无差别轰炸的始作俑者"。② 抗战全面爆发后,面对中国军队和中国人民的顽强抵抗,日军无差别轰炸战略在不同阶段体现出不同形态,彰显了日本侵华战争的残酷性和野蛮性。

---

① [德]克劳塞维茨著,中国人民解放军军事科学院译:《战争论》第1卷,北京:商务印书馆1997年版,第175页。

② 徐勇:《侵华日军无差别轰炸述论》,北京大学日本研究中心编:《日本学》第13辑,第195页。

一、协同协助地面作战为重点

1931 年"九一八"事变爆发后,日本军国主义的扩张野心不断膨胀,并企图在较短时间内占领东北全境。为了实现这个目标,同年 10 月 8 日,石原莞尔亲自组织 12 架日机对锦州实施无差别战略轰炸。对锦州无差别轰炸的成功,让日本法西斯认识到空中打击对战争的重要价值。此后,日军逐渐把无差别轰炸确立为侵华战争的重要战法。1935 年 7 月 25 日,日本关东军参谋部制定《对内蒙措施要领》,鼓吹扩大和加强内蒙工作,积极策划内蒙"独立"。关东军参谋部认为,要使内蒙脱离国民政府独立,必须大力加强军事、政治、经济和文化等方面的工作。在谈到交通政策时,关东军参谋部强调:"航空是对内蒙工作的基础,可以及时地联络各个方面,利用它来贯彻我方的意图,团结各部分的有势力分子,威胁在蒙古的中国军队,压服蒙古部队,并且成为帝国在该地区确立制空权的基础。"①也就是说,航空是策划内蒙"独立"的基础工作,要实现既定战略目标必须牢牢地把握制空权。为此,《对内蒙措施要领》提出"努力把航空路线伸展到绥远、包头,使之现实地感到日本的威力"②的战略构想。

1937 年全面侵华战争爆发后,针对中日力量悬殊的现状,日本制定了"速战速决"灭亡中国的狂妄计划。为了确保战争取得决定性胜利,日军把实施无差别轰炸作为一项重要战略方针确定下来。在卢沟桥事变爆发后第四天,即 1937 年 7 月 11 日,日本召开五相

---

① 复旦大学历史系编译:《1931—1945 日本帝国主义对外侵略史料选编》,上海:上海人民出版社 1983 年版,第 176 页。

② 复旦大学历史系编译:《1931—1945 日本帝国主义对外侵略史料选编》,第 172 页。

会议,作出向华北派兵的决定。面对战争形势急剧变化,日本陆军和海军协商签订《陆、海军关于华北作战的航空协定》,规定:"在华北方面消灭敌空军力量主要由陆军担任","在华中、华南方面消灭敌空军力量主要由海军担任";"海军飞机应陆军运输船队的需要,针对空、陆之敌,担任海上护卫和到达登陆地前后的掩护","陆军为自卫而进行航空作战";"在陆军登陆时及陆军航空飞行准备完了前陆军的空中勤务,必要时由海军航空兵担任之"。[①]《协议》明确规定了日本陆军和海军对华作战的地域和目标,同时指出海陆航空力量的主要任务是协同和协助地面作战。针对中日关系的日益恶化,7月15日,日本中国驻屯军在作战计划中指出,在作战行动开始时,日军迅速以武力击败中国第29军,率先占领北平郊外至永定河以南的地区。具体来说,就是在陆军会战之前,率先以航空兵部队主力集中对西苑、八宝山、北苑、长辛店等城镇实施无差别轰炸。总之,"在第一期扫荡作战期间,航空部队要集中威力协助地面作战"。[②] 这里,日本中国驻屯军规定了华北航空部队在侵华战争中的主要职能,即协助地面部队作战,但这尚未上升为日本大本营的统一认识。

　　1937年8月初,在卢沟桥事变的影响下,中日两国在上海地区矛盾不断激化。为了保证战争爆发后日军始终处于绝对优势,8月13日,日本参谋本部和军令部达成陆海军协同作战协定,并通过陆海军《关于华中作战的航空协定》。《航空协定》规定:

---

① 日本防卫厅防卫研究所战史室著,田琪之译:《中国事变陆军作战史》第1卷第1分册,北京:中华书局1979年版,第151—152页。
② 日本防卫厅防卫研究所战史室著:《中国事变陆军作战史》第1卷第1分册,第171页。

（一）消灭华中方面的敌空军势力，主要由海军担任，陆军担负为直接协助该方面陆军部队作战的一部分航空作战。

（二）海军飞机按照需要攻击空中及陆地的敌人，对运送陆军部队的海上护卫及到达登陆地前后进行掩护。

（三）陆军部队登陆时及其作战初期，海军负责对陆军部队进行协助，空中作战主要由海军担任，陆军担任其一部分。①

在这里，《航空协定》规定：在华中作战，日本海军首要任务是消灭国民政府航空力量。在作战过程中，日本海陆军相互配合、协同作战，特别是在陆军登陆和初期作战时，海军航空力量要切实担负起协同协助地面部队作战的职责。

随着侵华战争范围的不断扩大，日军认为加强中国派遣军的统一领导对击败中国政府和中国人民的抵抗，迅速灭亡中国具有重要的战略意义。1937 年 11 月 24 日，大本营首次召开御前会议，商讨对华战争中国派遣军协同作战问题，并对航空作战达成以下一致意见：华北地区，"陆军航空部队与海军航空兵力协力，继续摧毁山东地区及陇海线要地之军事设施及航空势力"；华中地区，"方面军拟以其航空部队和海军航空兵力协力，轰炸南京及其他要地，且不断显示进攻气势，用以消磨敌军战意"；华南地区，"准备将来以一部航空兵力与海军协同切断粤汉、广九铁路"。② 这次会议对日本航空作战的任务做出安排和部署，要求航空力量与地面部队保持协同配合，同时加强对中国战略要地、交通干线进行无差别轰

---

① 日本防卫厅防卫研究所战史室著，齐福霖译：《中国事变陆军作战史》第 1 卷第 2 分册，北京：中华书局 1981 年版，第 8、89 页。

② 日本防卫厅战史室编纂，《大本营陆军部》摘译：《日本军国主义侵华资料长编》上，成都：四川人民出版社 1987 年版，第 384—385 页。

炸达到消灭中国军民抗战意志的目的。攻陷南京后，大本营又制定了更为详细的对华航空作战计划。1938年1月18日，首相近卫文麿(Fumimaro Konoe)在会见记者团时指出：为谋求"促使国民政府崩溃"，今后可以采取"一切手段进行军事行动"。① 这就为日军对国民政府实施无差别战略轰炸提供了政策依据。2月14日，大本营作出的大陆指第59号命令规定：华中派遣军要与中国方面舰队协同作战；华北航空作战主要由陆军担任，华南航空作战主要由海军担任，华中航空作战由陆海军协同担任；航空力量与地面部队密切配合。为了保持华北华中占领区的安定，2月16日，御前会议作出的《中国事变帝国陆军作战指导纲要》要求："对敌人后方可继续进行航空作战。"②换言之，为了巩固战争成果，日军应对占领区周边地区实施无差别轰炸。3月10日，大本营下达的大陆命第75号命令重申："华北方面军司令官除负责确保从胶济沿线及济南经上游黄河左岸现已占据地区的安定外，以航空部队继续攻击敌国内要地，并应极力充实各部队的战斗力。"③徐州会战期间，这一命令得到全面贯彻和执行。正是如此，从徐州会战开始，日军对华实施无差别轰炸制造的重大惨案数量逐渐攀升。

为了彻底摧毁中国军民抗战的意志和信心，日军攻占南京后就开始研究攻占武汉和广州的作战计划。1938年4月上旬，大本营陆军部在汉口作战计划中指出，为了配合地面作战，"华中派遣军应在安庆及寿县附近分别为直接协助两军第一线的飞行团建立

---

① 日本防卫厅防卫研究所战史室著：《中国事变陆军作战史》第1卷第2分册，第151页。

② 日本防卫厅防卫研究所战史室著，田琪之译：《中国事变陆军作战史》第2卷第1分册，北京：中华书局1979年版，第7页、5页。

③ 日本防卫厅防卫研究所战史室著：《中国事变陆军作战史》第2卷第1分册，第9页。

基地,并在蚌埠、庐州附近为空军轰炸部队建立基地"。① 7 月 31
日,华中派遣军制定的《关于攻占汉口作战陆海军协定备忘录》在
谈到航空作战时规定:"陆军航空兵团和海军航空部队要紧密联
络,以期消灭敌空军力量,同时对敌国要地进行攻击。陆军航空兵
团以配合地上作战为主,海军航空部队以配合江上作战为主。"②也
就是说,在攻占汉口作战中,华中派遣军的陆军航空兵团要同海军
航空部队紧密联络,同时航空部队也要同地面部队协同配合。只
有这样,华中派遣军才能实现战略构想,击败中国军队,最终攻占
武汉。8 月 21 日,华中派遣军司令官同中国方面舰队司令长官达
成的《陆海军航空协定》规定:航空兵团的作战方针主要是摧毁中
国航空力量,"同时积极协助陆海军溯江部队,以最大努力攻击敌
要地,直接或间接协助和策应陆军作战"③。在这里,《航空协定》强
调:日本航空兵团的职责不仅是空中作战,同时其重要任务是直接
或间接地策应地面作战,特别强调"以最大努力攻击敌要地"来实
现作战构想。也就是说,为了攻占武汉战略要地,日军航空作战可
以采取各种手段实现其作战目标。正因如此,在武汉会战期间,日
军制造的无差别轰炸重大惨案的数量出现大幅度攀升。

　为切断国际社会从华南地区对国民政府的援助,日军在进攻
武汉的同时也积极部署攻占广州的作战计划。1938 年 9 月 19 日,
大本营下发《广州作战要领》,并制定了《陆海军中央协定》,强调陆

---

① 日本防卫厅防卫研究所战史室著:《中国事变陆军作战史》第 2 卷第 1 分册,第
　111 页。
② 日本防卫厅防卫研究所战史室著:《中国事变陆军作战史》第 2 卷第 1 分册,第
　123 页。
③ 日本防卫厅防卫研究所战史室著:《中国事变陆军作战史》第 2 卷第 1 分册,第
　125 页。

海军协同攻占广州附近要地，加强对华南后方实施大规模战略轰炸。其中《陆海军航空中央协定》规定："负责直接协助陆军作战者，主要是陆军航空部队；其它航空作战，主要由海军航空部队担任。""在陆军部队登陆时及陆军航空部队主力的飞行准备完了之前，海军航空部队也应担任对陆战的直接协助。"①这是对陆海军航空力量作战的主要任务和协同要求作出的具体安排。《广州作战要领》又指出："在广州附近要建设完善的航空基地，陆海协同对华南方面内陆地区连续进行航空作战。"②大本营认为，要取得攻占广州作战的决定性胜利，航空力量必须对华南内陆地区实施连续的无差别战略轰炸，以达到配合前线作战的目的。可见，大本营广州航空作战设想表明：日军在广州作战期间制造的无差别轰炸重大惨案是有计划、有预谋的。

二、攻击政略中枢和战略要地

1938 年 10 月底，日军先后攻陷武汉和广州，但这并没有彻底挫伤中国军民坚持抗战的信心和决心。针对侵华战争相持阶段的到来，日本政府和大本营改弦易辙，相应调整对华策略，提出"政略进攻为主、战略进攻为辅"的战略方针，宣扬"重建东洋道义之文化""结成日满华之善邻"的荒谬论调。日本政府和大本营虽"高举道义战争道义解决的大旗"，但仍强调以暴力方式摧毁中国军民的抗战意志，制定了缜密、周全的无差别轰炸战略，变本加厉地对中国政略中枢、战略要地实施空中打击，制造了众多惨绝人寰的重大

① 日本防卫厅防卫研究所战史室著，田琪之译：《中国事变陆军作战史》第 2 卷第 2 分册，北京：中华书局 1980 年版，第 7 页。
② 日本防卫厅防卫研究所战史室著：《中国事变陆军作战史》第 2 卷第 2 分册，第 4 页。

惨案。

　　1938 年 10 月，武汉和广州沦陷后，日军认为："在已丧失中原逃往内地，以及失去主要水陆交通线、丰富资源和大半人口的情况下，我方如采取适当的施策，即使不能加深其内部崩溃，但至少也可使之沦为地方政权。因此，从战略角度可以认为帝国已经粉碎了抗日的中国政权，今后已进入实施政略进攻、取得美满结果的阶段。"①直至日军对华进攻战略发生重大转变。12 月 2 日，大本营以大陆命第 241 号命令华中派遣军："主要担任华中及华北的航空进攻作战，应在压制和扰乱敌人战略及政略中枢的同时，尽力消灭敌人的航空战斗力量。"同时命令华北方面军及第二十一军："各自所有航空部队适时实施正面航空作战。"②同日，日军大本营又以大陆指第 345 号下达《陆海军中央关于航空的协定》，对陆海军航空作战的方针和要领进行了部署和安排。在谈到作战方针时，《协定》强调："陆海军航空部队协同在全中国各要地果敢地进行战略、政略的航空作战，挫败敌人继续战斗的意志。"在谈到作战要领时，《协定》规定："陆军航空部队以航空兵团主要对华北、华中要地进行战略、政略的航空作战"，"海军航空队主要担任对华中、华南要地战略、政略的航空作战"，但"根据情况不要拘泥于上列区分，陆海军航空兵力可相互增援"。③ 从《航空协定》的内容看，日军航空作战的根本目标仍是摧毁中国军民的抗战意志。为了达到这个战略目标，日军大本营要求陆军航空部队对华北和华中战略和政略

---

① 日本防卫厅战史室编纂，《大本营陆军部》摘译：《日本军国主义侵华资料长编》上，第458 页。

② 日本防卫厅防卫研究所战史室著：《中国事变陆军作战史》第 2 卷第 2 分册，第187 页。

③ 日本防卫厅防卫研究所战史室著：《中国事变陆军作战史》第 2 卷第 2 分册，第 71 页。

要地,实施航空作战;海军航空部队对华中和华南战略和政略要地,实施航空作战,在特殊情况下陆海航空力量可以不区分战区和地域,相互协同、相互配合,对中国战略和政略中枢实施航空作战。以大陆命第241号命令和大陆指第345号命令为界限,标志着日军对华实施无差别轰炸战略做出重大调整,即由全面侵华战争以来航空部队以直接协助地上作战为重点进行作战,转变为在汉口作战结束以后,航空兵团作战重点为攻击中国战略要地和政略中枢。

　　按照大本营的部署和安排,1938年12月,华中派遣军命令航空兵团:"以主力和海军密切配合,主要担任在华北和华中的航空作战,在压制战略及政略中枢的同时,特别要尽力消灭敌人的航空战斗能力。"①12月24日,华中派遣军命令第一飞行团准备攻击重庆,同时命令第三飞行团准备攻击湖南、湖北等的战略要地,以策应对重庆的航空作战。12月26日,日军第一飞行团下达对重庆的第一次攻击命令,但由于云层过密过厚,不能确定重庆的位置,所以没能实施战略轰炸。1939年1月7日、10日,日机对重庆实施第二、三次战略轰炸,其中第三次攻击"投下炸弹为四千五百公斤"②,但尚未造成重大人员伤亡。1月15日,日军对重庆市区和周围要地实施第四次攻击,投下大量重型炸弹,造成严重的人员伤亡。这是日军在陪都重庆制造的第一次重大惨案。为了策应第一飞行团对重庆的战略轰炸,1938年12月下旬至1939年1月,第三飞行团先后对湖南的长沙、常德及湖北的芷江、恩施、襄阳等战略要地实行了空中打击。由于国民政府采取了积极的防空措施,日军对这

---

① 日本防卫厅防卫研究所战史室著:《中国事变陆军作战史》第2卷第2分册,第188页。

② 日本防卫厅防卫研究所战史室著:《中国事变陆军作战史》第2卷第2分册,第190页。

些战略要地实施的战略轰炸尚未造成重大的人员伤亡。此后,日军频繁对重庆、成都及周边地区实施战略轰炸,制造了一桩桩震惊中外的特大惨案。比如,1939 年重庆"五三""五四"大惨案、成都"六一一"大惨案和乐山的"八一九"大惨案等。

兰州作为苏联援助国民政府的根据地,也遭到日本航空部队不断攻击。1938 年 11 月 15 日,日本航空部队从包头起飞,对兰州实施第一次无差别战略轰炸。由于国民政府空军的顽强抵抗,日军对兰州的空中攻击尚未造成严重的人员伤亡。1939 年 1 月 15 日,日军轰炸重庆获胜后,鉴于连日恶劣的天气,日军把战略轰炸由重庆转向天气较好的兰州。日军认为,对兰州实施无差别战略轰炸,"不仅可以收到通过切断补给而消灭中国空军的效果,而且估计更能收到对重庆政权在政略上的效果"①。1 月 21 日,日军航空兵团司令部下达对华北地区实施无差别战略轰炸命令。2 月 6 日,为了掩盖对兰州攻击的战略意图,日军第一飞行团以少量飞机对陕西、甘肃、宁夏等战略要地实施了无差别战略轰炸。2 月 9 日,日机对甘肃平凉实施了无差别战略轰炸,造成大量平民伤亡。这是日军飞机在甘肃制造的第一次无差别轰炸重大惨案。按照日军航空部队司令部的计划,2 月 12 日、20 日和 23 日,日军三次对兰州实施无差别战略轰炸。由于中国空军的英勇抵抗及其有效的防空措施,日军对兰州实施的无差别轰炸未造成重大惨案。

在对中国政略中枢实施空中作战的同时,日军对华中、华南战略要地制定和实施了大规模的战略轰炸。1938 年 10 月,日军攻陷武汉。次年 2 月,日军便开始研究对南昌作战的计划。1939 年 2

---

① 日本防卫厅防卫研究所战史室著:《中国事变陆军作战史》第 2 卷第 2 分册,第 191 页。

月 9 日,日军第十一军和海军航空兵团签订《实施协同作战的要领》,规定航空兵团的主要任务是实施"对战略目标的搜索及轰炸"①。为了迷惑中国军队,防范战略意图暴露,《实施协同作战的要领》还强调:在准备攻击南昌期间,日军应"适当地对长沙和宜昌方面反复实施轰炸"②。1939 年 3 月至 5 月间,日军按照《实施协同作战的要领》对南昌、长沙和宜昌及其周边城镇实施战略轰炸,制造了多起重大惨案。

　　1939 年 9 月 1 日,德国突然袭击波兰,根据英法同波兰签订的安全保障协议,9 月 3 日英法对德宣战,标志着欧洲战场战争爆发。面对国际形势的深刻变化,为了加强中国的政治、军事统辖工作,特别是做好政治诱降工作,9 月 4 日,日军在南京成立中国派遣军总司令部,统帅在华全部陆军部队。9 月 23 日,大本营下达的大陆命第 363 号命令规定:为了适应国际形势变化和迅速处理中国事变,中国派遣军总司令官应"适时进行航空进攻作战,压制和搅乱敌之战略及政治中心"③,削弱和摧毁中国军民坚持抗战的决心和意志。同日,大本营下达大陆指第 554 号命令,对航空作战进行了具体部署,要求继续在全国实施航空作战,"攻击敌之战略及政治中心时,要抓住良机,集中战斗力量,特别要尽力围歼敌之最高统帅及最高政治机关"④。这两道命令表明:面对世界形势的急剧变

① 日本防卫厅防卫研究所战史室著:《中国事变陆军作战史》第 2 卷第 2 分册,第 121 页。

② 日本防卫厅防卫研究所战史室著:《中国事变陆军作战史》第 2 卷第 2 分册,第 122 页。

③ 日本防卫厅防卫研究所战史室著,田琪之译:《中国事变陆军作战史》第 3 卷第 1 分册,北京:中华书局 1981 年版,第 4 页。

④ 日本防卫厅防卫研究所战史室著:《中国事变陆军作战史》第 3 卷第 1 分册,第 5 页。

化,大本营认为,为了迅速处理中国事变,关键一环仍是对国民政府实施航空作战,但航空作战要抓住重点和中心。具体来说,就是积极攻击中国战略及政治中心,即对国民政府最高统帅及最高政治机关实施斩首行动。

进入1940年,日军大本营认为,1939年春季以来对内陆实施的零散战略轰炸尚未达到挫败中国军民抗战的信心和意志。因此,大本营制定和实施了更为毒辣的战略轰炸计划,决定对以重庆和成都为中心的内陆地区实施更大规模的攻击。这个计划被日军称为101号作战。1940年5月13日,日本陆海军制定和达成的《陆海军关于101号作战协定》详细规定了作战的方针、时间、兵力和目标等。关于作战方针,《协定》规定:陆海军航空部队协同作战,对中国内地实施攻击,"以挫伤敌人的抗战意志"。关于作战方针,"首先压制敌之军事、政治中心的航空势力,然后摧毁其重要设施"。关于作战时间,《协定》规定:从5月中旬开始,实施大约三个月的空中打击。第一期主要对重庆实施攻击,第一期攻击时间为5月17日;第二期主要对成都实施攻击。关于作战兵力,《协定》规定:海军联合空袭部队和陆军航空部队,协同对中国内陆实施空中打击。海军联合空袭部队的兵力配备包括:第一联合航空队司令部和第二联合航空队司令部。第一联合航空队司令部由高雄航空队和鹿屋航空队组成。第二联合航空队司令部由第十二航空队、第十三航空队、第十四航空队华中派遣队和第十五航空队组成。陆军航空部队由第三飞行集团司令部等组成。第三飞行集团司令部下辖飞行第六十战队、独立飞行第十六中队、飞行第四十四战队第一中队和独立飞行第十中队等。关于作战目标,《协定》规定:在攻击"重庆、成都及其附近之敌航空势力"的同时,对"重庆及成都市区周围潜在之敌军事及政治重要设施"实施攻击。① 这个作战计划同以前的计划相比,目标明确,重点突出,更有针对性,更加野蛮。5 月 18 日、19 日,日本海军航空力量利用良好的月光条件,对重庆和成都等机场实施战略轰炸。从 5 月 20 日开始,日军把攻击目标转向重庆,不区分军用和民用设施,实施狂轰滥炸。从 6 月起,日本海陆航空兵团协同对重庆、成都实施大规模战略轰炸。在 101 号作战期间,日军对重庆和成都的战略轰炸表现得尤为猛烈和残酷。据统计,陆军攻击日数为 21 日,海军为 50 日(54 次),出动九七重轰炸机 727 架次、司侦机 177 架次、零战机 24 架次,中攻机 3 627 架次,投弹 27 107 枚,合计 2 957 吨。② 日军对以重庆、成都为中心的后方实施的无差别野蛮轰炸,连续制造大批的重大惨案。比如,1940 年重庆"六一二"大惨案、"六一六"大惨案、"八一八"大惨案、"八一九"大惨案、"八二〇"大惨案以及成都"一〇四"大惨案、"一〇一二"大惨案、"一〇二七"大惨案等。此外,在 101 号作战期间,四川地区的泸县、隆昌、自贡、永川、广安、南充、渠县、合川、涪陵、万县等地分别出现大量重大惨案。

　　在对内陆实施战略轰炸的同时,大本营认为:为了摧毁国民政府的抗战意志,必须实施对整个中国,特别是战略中枢地的航空作战。1940 年 7 月 25 日,大本营下达大陆命第 439 号命令:"及时对整个中国进行空中进攻战,压制、扰乱敌人的战略中枢,同时阻止敌人空军的再建。其作战地区是整个中

① 日本防卫厅防卫研究所战史室著,田琪之等译:《中国事变陆军作战史》第 3 卷第 2 分册,北京:中华书局 1983 年版,第 32、33 页。表纸「101 号作战の概要」昭和 15 年 5 月 17 日～9 月 5 日、「JACAR(アジア歴史資料センター)、Ref. C14121078300、101 号作战の概要　昭和 15.5.17～15.9.5(防衛省防衛研究所)」

② 日本防卫厅防卫研究所战史室著:《中国事变陆军作战史》第 3 卷第 2 分册,第 40 页。

国。"①根据这个作战计划,日军对华中、华南地区的战略要地实施无差别轰炸,造成了一系列重大惨案。比如,1940 年湖南衡阳"八一五"大惨案、湖北巴东"九三"大惨案、浙江宁波"一○二七"鼠菌大惨案和广东钦县"一○二五"大惨案等。

　　根据中日战争形势的变化,1940 年 11 月以后,日本改变迅速灭亡中国的战略转而实施长期作战方针。11 月 13 日,御前会议作出《处理中国事变纲要》,确立对华长期作战的方针,强调为了促使国民政府屈服,必须继续实施对华军事打击。按照《处理中国事变纲要》的基本精神,1941 年 1 月 16 日,大本营召开陆军部会议审议并批准《对华长期作战指导纲要》。《指导纲要》强调:侵华战争转入长期持久态势以后,日本要在政治、军事和经济上给中国以强大的压力,其中最重要的举措就是"不要放松空中进攻作战"。② 根据《对华长期作战指导纲要》,1941 年日军对内陆政略中枢、前线战略要地、援华交通要道实施了大规模的战略轰炸,制造了许多重大血案。比如,1941 年重庆"大隧道惨案"、四川松潘"六二三"大惨案、广西桂林"八四"大惨案、湖南常德"一一·四"细菌大惨案以及云南昆明"一二·一八"交三桥大惨案等。

三、空袭防御与协助地面作战

　　1941 年 12 月 8 日(美国时间 12 月 7 日),日军偷袭美国夏威夷军事港口——珍珠港,太平洋战争爆发。次日,美国对日宣战。美国参战大大增强了世界反法西斯阵营的力量,为中国政府和中

① 日本防卫厅防卫研究所战史室著:《中国事变陆军作战史》第 3 卷第 2 分册,第 70 页。
② 日本防卫厅防卫研究所战史室著:《中国事变陆军作战史》第 3 卷第 2 分册,第 101 页。

国人民坚持抗战提供了有利的国际条件。太平洋战争初期，面对日军的强大攻势，为了增强其国民坚持战斗的信心，美国决定对日本本土实施攻击。1942年4月18日，美国陆军航空队杜立特中校（James Harold Doolittle）率16架B-25轰炸机，从距离日本本土600海里的"大黄蜂"号航母上起飞，对日本本土实施首次空中打击。这次空袭虽然没有给日本造成严重的人员伤亡和财产损失，但其战略意义是深远的，日军在对华作战方针上被迫做出了相应调整。4月21日，大本营电令中国派遣军："根据全面形势，务须火速实施炸毁浙江省机场的作战。"①4月22日，参谋总长指出："根据全面形势，必须立即摧毁浙江机场群，为此，立即中止第十三军的十九号作战，迅速转入摧毁机场群作战。"②4月30日，大本营下达大陆命第621号命令："中国派遣军总司令官应尽快开始作战，主要是击溃浙江省方面之敌，摧毁其主要航空基地，粉碎敌利用该地区轰炸帝国本土之企图。"③这些命令表明：从1942年4月开始，日军航空兵作战的重要任务就是防御日本本土遭空袭。5月至8月，日本航空兵对金华、衢州、玉山、上饶、丽水、南城等地区实施不区分军用和民用设施的战略轰炸，甚至违反国际公约投下细菌炸弹，制造了大量重大惨案。比如，1942年浙江丽水"四二三"大惨案、江西余干县"六一五"大惨案、浙江云和县"八二六""八二七"细

---

① 日本防卫厅战史室编纂，《大本营陆军部》摘译：《日本军国主义侵华资料长编》中，成都：四川人民出版社1987年版，第210页。

② 日本政府防卫厅防卫研究所战史室、吉林省社会科学院日本问题研究所著，贾玉芹译：《昭和十七、八（1942、1943）年的中国派遣军》上，北京：中华书局1984年版，第69页。

③ 日本政府防卫厅防卫研究所战史室、吉林省社会科学院日本问题研究所著：《昭和十七、八（1942、1943）年的中国派遣军》上，第77页。

菌大惨案、浙江义乌崇山村"九三"鼠疫大惨案。

1942年底至1943年初，面对世界反法西斯阵营日益壮大，大本营不断调整对华作战方针，主张对航空力量实施猛烈打击。1943年2月27日，大本营下达大陆命第757号命令：为了迅速解决中国事变，夺取大东亚战争的最后胜利，中国派遣军要"努力粉碎敌人继续抗战企图，并扼制敌驻华空军活动"，其中华南作战任务是"严格监视敌在华之航空势力，并适时将其击溃，尽力防止敌空袭帝国本土"。① 大本营在《昭和十八年度帝国陆军对华作战指导计划》中对日军航空作战提出更为明确的战略构想：为了加强航空作战，防御日本本土遭受空袭，在春季以后日军作战任务是"协同南方军，捕捉良机，主要是粉碎中国内地，尤其是中国西南方面的敌航空势力，特别是美国驻华空军势力"②。也就是说，1943年日军航空部队的作战任务就是在协同地面作战的同时，重点加强对美国驻华空军实施攻击，遏制盟军对日本本土的空袭。根据大本营的战略构想和作战意图，1943年日军航空部队重点对华南和西南等战略要地，特别是航空基地实施大规模狂轰滥炸，制造了一系列重大惨案。比如，1943年云南昆明"四二八"大惨案、云南祥云"五二九"大惨案、广东清远"一〇一〇"大惨案和福建永安"一一·四"大惨案。

1943年夏秋以后，随着英美盟军转入战略反攻，日军在太平洋战场上节节溃败，海上交通线面临被切断的困境。针对这种情况，

① 日本政府防卫厅防卫研究所战史室、吉林省社会科学院日本问题研究所著，高书全译：《昭和十七、八（1942、1943）年的中国派遣军》下，北京：中华书局1984年版，第8页。
② 日本政府防卫厅防卫研究所战史室、吉林省社会科学院日本问题研究所著：《昭和十七、八（1942、1943）年的中国派遣军》下，第10页。

中国派遣军提出打通大陆交通线的作战设想,简称"1号作战"。
1943年12月7日,中国派遣军正式提出《纵贯大陆铁路作战指导
大纲》的报告。1944年1月24日,参谋部就"1号作战"上奏日本天
皇并获得批准。参谋部在上奏时指出:"消灭中国西南的敌航空基
地,阻止敌机对本土及中国东海的活动为第一目的。此外,即使将
来海上交通断绝,也可将南方物资经中国大陆运回。在本作战期
间期望努力完成纵贯大陆铁路。"①换言之,日军提出打通大陆交通
线的作战设想,根本目的在于防御日本本土遭空袭,同时也是为了
支援南方作战。同日,日军下达《1号作战纲要》,对中国派遣军作
战的目标、方针及其指导大纲作了详细的安排和部署。关于作战
目的,《1号作战纲要》指出:"击破敌军,占领并确保湘桂、粤汉及平
汉铁路南部沿线要域,覆灭敌空军主要基地,遏止其活动。"关于作
战方针,《1号作战纲要》规定:"中国派遣军于1944年春夏之际首
先自华北,继而自武汉地区及华南地区分别开始进攻作战,击破敌
军,尤其中央军,对黄河以南平汉铁路,以及湘桂、粤汉两铁路沿线
要域,先后予以占领并确保之。"②关于作战指导大纲,《1号作战纲
要》强调:中国派遣军航空力量积极协助和支援地面作战,攻击大
陆交通线上的战略要地。按照《1号作战纲领》,从1944年4月至
12月,中国派遣军航空兵团协同地面部队作战,对河南、湖南和广
西等战略要地进行大规模空中打击,制造了大量重大惨案。这包
括:1944年湖南零陵县"四二五"大惨案、河南新安县"四二八"大惨
案、河南漯河"五五"大惨案、湖南长沙"五一四""五一五"大惨案、

---

① 日本防卫厅战史室编纂,《大本营陆军部》摘译:《日本军国主义侵华资料长编》下,成
　都:四川人民出版社1987年版,第133页。
② 日本防卫厅战史室编纂:《日本军国主义侵华资料长编》下,第135页。

湖南零陵县"六二九"大惨案、湖南零陵县"八一二"大惨案和湖南永明县大惨案(9月27—30日)等。

第二节　航空力量的消长与战术的运用

"任何战斗,都是以一定的兵力、火力为基础,通过一定的机动和突击方式,在一定的时间和空间内进行的。"[①]因此,战术可以看作是对战斗的兵力、火力、机动、突击、时间和空间等运用的谋略与艺术。这一理论对分析侵华日军无差别轰炸战术具有重要的借鉴意义。

侵华战争期间,日军利用现代化的航空力量对中国不区分军用和民用目标实施轰炸,制造了大量的重大惨案。在不同阶段和不同地域,侵华日军制造的无差别轰炸重大惨案呈现鲜明的特征。究其原因,这与日军航空力量消长及其战术运用密切相关。克劳塞维茨在《战争论》中这样说道:"人们必须承认,数量上的优势是决定一次战斗结果的最重要的因素,只不过这种优势必须足以抵销其他同时起作用的条件。"[②]他还强调:"一切行动都是或多或少以出敌不意为基础的,因为没有它,要在决定性的地点上取得优势简直是不可想象的"[③],然而"在战术上,由于涉及的时间和空间的范围都比较小,出敌不意自然就比较容易实现"。[④]在克氏看来,在任何战斗中数量优势总是发挥着至关重要的作用,交战双方谁在数量上占据优势,谁将最有可能成为战斗的最

---

① 总参谋部军训部:《战术学基础》,北京:解放军出版社1987年版,第156页。

② [德]克劳塞维茨著:《战争论》第1卷,第205页。

③ [德]克劳塞维茨著:《战争论》第1卷,第210页。

④ [德]克劳塞维茨著:《战争论》第1卷,第211页。

后胜者。与此同时,战术和技能也是影响战斗结果的重要制约因素,机动灵活无疑能够使战斗收到意想不到的效果。本部分将着力分析日军航空力量消长及战术运用与重大惨案之间的内在逻辑,从学理上揭露日军空中杀戮手段的极端残暴性及其反人道本质。

一、绝对优势中迅猛攻击

日本航空部队隶属陆军和海军。尽管日军航空部队没有单独建制,但其发展起步较早。1904—1905 年日俄战争期间,日军开始编制临时气球队实施空中侦查。1907 年,日军正式成立常备气球队。1914 年,为了夺取德国在中国的租借地青岛,日本陆海军分别组建临时航空队。[①] 第一次世界大战以后,日军陆海军航空力量得到迅速发展。1937 年 7 月抗战全面爆发前,日本陆海空军与中国空军相比在数量和质量上占绝对优势。其陆军"航空兵团编有四个飞行团,下辖十六个飞行联队",[②]作战飞机共计 1 156 架,其中包括战斗机 432 架、侦察机 216 架、轻轰炸机 180 架、重轰炸机 128 架、预备机 200 架[③]。日本海军"陆上部队,计有十三个航空队,下辖六十一中队,与舰载部队,计有航空母舰六艘,水机供应舰三艘,水机补助供应舰三艘"[④],其中编成 37.5 个机队,其中一个队配备常用机和补用机共计 188 架,舰载机预算成立架数 291,实际搭载 182 架(包含航空母舰搭载 130 架和其他军舰搭载

---

① 柳澤潤『日本におけるエア・パワーの誕生と発展 1900〜1945 年』、防衛省、2006年、80—81 頁。

② 周至柔著:《世界空军军备》,北京:青年出版社 1940 年版,第 158 页。

③ 唐学锋著:《中国空军抗战史》,成都:四川大学出版社 2000 年版,第 67 页。

④ 周至柔:《世界空军军备》,第 158—159 页。

52 架）①。南京国民政府成立以后，通过北伐接管了北洋政府的航空组织。1928 年 11 月，成立了军政部航空署。据不完全统计，到 1929 年军政部航空署掌握的飞机约有 60 架；此外，广东有 40 余架、云南 15 架、辽宁 180 余架、福建 12 架、山西 20 架，全国总共 320 余架。但是，国民党内部派系纷争，军阀混战不断，没能统一国内航空力量。到 1937 年，真正能用于实战的飞机只有 220 余架。② 可见，战前日军飞机在数量上占明显优势。此外，中国飞机的性能也存在明显的缺陷。

　　1937 年 7 月 7 日卢沟桥事变爆发，日本航空部队密切配合地面部队作战，然而国民政府的空军主要部署在京沪杭一带，华北地区几乎处于缺失状态，而且中国飞机只有六小时的油量，无法在平津一带往返作战，结果日本陆军航空队在华北前两个月的作战中，几乎连中国飞机的影子都看不到。③ 在京沪杭一带，日军海军除动用在上海的航空队以外，在台北的鹿屋海军航空队于 8 月 14 日派出 9 架飞机；木更津海军航空队 15 日从长崎县派出 20 架飞机；日本海军第二航空战队从韭山群岛派出 45 架飞机进行增援。9 月，原来活动于华北的第二联合航空队，进驻上海，出动了 291 架次飞机轰炸南京。9 月上旬，日本陆军从华北派遣侦察一中队到上海。9 月中旬以后，日本陆军陆续增派第三飞行团到上海作战。中国空军逐渐消耗殆尽，到 11 月以后，中国空军仅

①　日本防卫厅防卫研究所战史室著，天津市政协编译委员会译：《日本海军在中国作战》，北京：中华书局 1991 年版，第 153—154 页。

②　袁成毅：《抗日战争时期国民政府对日防空研究（1931—1945）》，北京：中国社会科学出版社 2016 年版，第 21—22、72 页。

③　《先"总统"蒋公思想言论总集》卷十四，演讲，第 600—601 页。转引自：袁成毅：《抗日战争时期国民政府对日防空研究（1931—1945）》，第 116 页。

剩下 31 架飞机。①　其后,依据《中苏互不侵犯条约》,苏联政府向中国政府提供大量物资援助。据记载,1937 年 10 月至 1938 年底,共有 471 架苏联飞机到达兰州。②　广州、武汉沦陷以后,中国空军飞机数量大为减少。

加之日本航空兵受过严格的专业教育与训练,在制空对抗、陆地协同以及空中投弹等方面远远超过中国。因此,不管是在数量还是在质量上,中日航空实力相差甚远。这种悬殊在战术上体现得尤为明显和充分。

1. 俯冲轰炸和低空扫射。俯冲轰炸,即从高空直线俯冲到低空的轰炸。飞机俯冲过程中,因急速迫降而速度突增,因此,俯冲轰炸既有利于增强轰炸效力又有助于防御地面攻击。俯冲轰炸往往同低空轰炸相依相伴。低空轰炸就是指离地面或水上较低位置的轰炸。意大利美科奇上校把低空轰炸定为一般的轰炸方法。低空轰炸要发挥最大功效,需要"从接近地面作水平飞行之飞机上所投之炸弹,离开投下位置颇远而落下,飞机之速度愈增大而愈甚"。③　此外,"如目标为固定不动者,则驾驶员务将飞机俯冲以攻击目标之前或后或中的某要点为宜"。④　日机常常使用低空轰炸特别是俯冲轰炸和低空扫射攻击目标。1937 年 7 月 29 日,日机对天津实施狂轰滥炸,先是向城区繁荣地段投硫磺弹,随后低空飞行,并以机关枪向无辜市民扫射,造成伤亡上千人的重大惨案。⑤　9 月

---

① 袁成毅著:《抗日战争时期国民政府对日防空研究(1931—1945)》,第 123—128 页。

② 王正华著:《抗战时期外国对华军事援助》,台北:环球书局 1988 年版,第 114 页。

③ 陶鲁书译:《低空轰炸》(上),《航空杂志》1937 年第 7 卷第 7 期,第 104 页。

④ 佚文:《俯冲轰炸之检讨》,《航空杂志》1936 第 6 卷第 11 期,第 49 页。

⑤ 《市民遭难一二千人》,上海《申报》,1937 年 7 月 30 日,第 4 版。《难民流离为状绝惨》,上海《申报》,1937 年 7 月 31 日,第 4 版。

26 日,日军对河北景县实施轰炸。这天恰逢赶集,上午 10 时左右,
3 架日机飞抵县城上空,突然向地面俯冲,接着日机用机关枪向人
群密集射击,然后又向城南繁荣街道投下重磅炸弹。瞬间,100 余
名无辜群众被枪杀、炸死,近 200 人受伤。① 11 月 27 日,日军多架
飞机,从早到晚对江苏镇江实施轮番轰炸、俯冲轰炸。28 日从清晨
到中午,6 架日机对镇江县城、运河及北固山等实施无差别轰炸和
低空扫射,城里、郊外伤亡惨重。② 1938 年 4 月 14 日,日机对山东
峄县老和尚村山谷实施无差别轰炸。中午,两架日机自北向南飞
抵山谷上空,盘旋两圈后,调整好角度,对无辜群众低空扫射,并投
下大量炸弹。由于城市缺乏有效的防空措施,日机对无辜群众低
空扫射和投弹多达十几个来回,造成上千人死伤。③ 5 月 13 日,日
军对河南夏邑县城及周围村庄实施空中攻击。这天,日军出动 13
架飞机,向无辜群众实施轮番轰炸,并且超低空扫射,造成 200 余
人死亡,伤者无数。④ 8 月 13 日,12 架日机对湖北阳新县城实施轰
炸。上午 9 点左右,日机飞抵县城东南上空,分头向人群俯冲,沉
雷似的机声,划破天空,震耳欲聋;日机一边投弹轰炸,一边用机关
枪围绕城区上下扫射,更是对渡船码头进行轮番轰炸扫射,大约经

---

① 《近代史资料》编辑部、中国人民抗日战争纪念馆编:《日军侵华暴行实录》2,北京:北
京出版社 1997 年版,第 42—43 页。

② 江苏省委党史工作办公室编:《江苏省抗日战争时期人口伤亡和财产损失》,北京:中
共党史出版社 2014 年版,第 425 页。李植中:《永世不忘的血债》,政协丹徒县文史资
料研究委员会编:《丹徒文史资料》第 10 辑《纪念抗日战争胜利五十周年》,1995 年
版,第 169—170 页。

③ 《近代史资料》编辑部、中国人民抗日战争纪念馆编:《日军侵华暴行实录》3,北京:北
京出版社 1997 年版,第 243—244 页。

④ 中共河南省委党史研究室编:《河南省抗战损失调查》二,北京:中共党史出版社 2010
年版,第 488 页。

过 1 小时,才离开县城,造成千人以上的伤亡。① 10 月 19 日中午,日军出动 6 架飞机,分两队突然向平江县城进行轰炸。在这次空袭中,日机低飞俯冲,低至距房屋顶不到 100 米的高度,接连投掷炸弹及燃烧弹 200 余枚,并用机枪向无辜群众进行长达半个小时的疯狂扫射,扫射子弹几千发,制造了重大惨案。②

2. 轮番轰炸。轮番轰炸,即不断反复、一次又一次的轰炸。实施轮番轰炸的条件是敌军空中和地面防空力量薄弱。另外,轮番轰炸对轰炸目标的破坏力极大。正是如此,日军常常采用轮番轰炸攻击地面或水上目标。1937 年 8 月 16 日,日机全面空袭江苏苏州城区,第一次 22 架、第二次 9 架,先后对苏州城区商业繁荣、人口密集的街道实施轮番攻击,炸死炸伤居民 500 余人。③ 9 月 25 日,日军出动 96 架飞机空袭国民政府首都南京。从上午 9 时到下午 4 时半,日机 5 次飞抵南京上空,投下炸弹 500 余枚,轰炸中央大学、下关难民所等,造成伤亡达 600 余人。④ 12 月 5 日,日军派出轰炸机和驱逐机各两架,两次轰炸芜湖城区,第一次从江北飞来,第二次从长江下游飞来,各投 6 枚炸弹,造成平民死伤 1 000 余人。⑤ 1938 年 5 月 14 日,日军出动 54 架飞机对江苏徐州市区轮番轰炸。

① 中央档案馆、湖北省档案馆编:《侵华日军在湖北暴行史料》,北京:中国档案出版社 2005 年版,第 153 页。

② 中共平江县委党史办公室编:《平江党史研究专辑》,北京:中国地质大学出版社 1989 年版,第 138 页。

③ 江苏省委党史工作办公室编:《江苏省抗日战争时期人口伤亡和财产损失》,第 417 页。

④ 江苏省委党史工作办公室编:《江苏省抗日战争时期人口伤亡和财产损失》,第 418 页。

⑤ 安徽省委党史研究室编:《安徽省抗日战争时期人口伤亡和财产损失》,北京:中共党史出版社 2014 年版,第 360 页。

从上午 6 时到下午 6 时,日军在徐州投下 280 余枚重磅炸弹,其中包括大量燃烧弹,炸死炸伤和烧死烧伤无辜群众多达七八百人。①5 月 20 日,根据地面日伪汉奸的信号指引,18 架日机分为 6 个小队,依次向商业繁华的羊街、北大街、长寿街、自由街、菜市街俯冲、扫射、投弹。经过 4 次轮番轰炸,喧闹的驻马店瞬间血肉横飞、烟雾弥漫,1 500 余人被炸死。②5 月 24 日,日军出动 9 架飞机对安徽阜阳县城进行轰炸。日机飞抵县城上空,自东向北轮番轰炸,投下重磅炸弹 100 余枚,包括较多燃烧弹。次日,6 架日机再次对县城实施空袭,往复投弹,数十里外亦为震动。这两天,日机对县城的轮番轰炸,炸死 980 余人,伤 460 余人。③5 月 26 日,日机从上午 9 时到下午 3 时,每隔一小时,飞临天长县汉涧镇投弹轰炸,并机枪扫射无辜群众,炸死平民 120 余人,炸伤 60 余人。④5 月 27 日,日机对郑县(今郑州)进行了 5 次轰炸:上午 7 时,日机 1 架;8 时 20 分,日机 10 架;10 时,日机 7 架;下午 2 时 15 分,日机 3 架;4 时 15 分,架数不详。日机在市区投掷炸弹及燃烧弹五六十枚,炸死 100 余人,伤数十人。⑤5 月 28 日,日军出动 71 架飞机对广州城区进行轰炸。从上午 9 时至下午 4 时,日机 3 次飞抵广州城区上空,先后投下炸弹 150 余枚,炸死无辜群众 600 余人,炸伤近千人。⑥5 月

---

① 江苏省委党史工作办公室编:《江苏省抗日战争时期人口伤亡和财产损失》,第437 页。

② 中共河南省委党史工作委员会编:《侵华日军在河南的暴行》,郑州:河南人民出版社1989 年版,第 217—218 页。

③④ 安徽省委党史研究室编:《安徽省抗日战争时期人口伤亡和财产损失》,第 374 页。

⑤《敌机昨袭郑并狂炸粤两铁路》,汉口《申报》,1938 年 5 月 28 日,第 1 版。

⑥《敌机七十余架昨三次狂炸广州死六百余伤者近千》,汉口《申报》,1938 年 5 月 29 日,第 1 版。广州市地方志编纂委员会编纂:《广州市志》卷十三"军事志",广州:广州出版社 1995 年版,第 338 页。

30 日,日军飞机多架,分 5 批再次对广州黄华路、德宣路、西村轮番实施轰炸,投下炸弹 100 余枚,炸死 400 余人,炸伤 700 余人。① 6月 4 日,上午 9 时 20 分,16 架日机经虎门闯入,接着,9 架日机经顺德进入,对广州城实施空袭,投弹超过 2 小时,死伤甚重;下午 2 时30 分,15 架日机再次对广州实施轰炸;下午 4 时,15 架日机,对广州实施第 3 次轰炸;下午 5 时左右,6 架日机再次轰炸广州,全天炸死炸伤市民达 3 000 多人。② 6 月 5 日,日军 1 架侦察机临空侦察之后,接着 3 架轰炸机 5 次对颍上新渡口浮桥、淮河南北两岸轮番轰炸、机枪扫射。霎时,两岸尸体遍地,惨不忍睹。③ 6 月 6 日,日军出动 41 架飞机,再次对广州实施轰炸。上午 8 时左右,16 架日机来袭,9 时左右离开。上午 10 时,10 架飞机再次来袭,在市区往返投弹,并用机枪扫射平民,11 时左右离开。总之,日机来势疯狂,对城区实施轰炸,投下大量重磅炸弹,造成无辜市民死伤两千余人。④ 8 月 29 日,日军制造了"京山大惨案"。日机从上午 7 时左右开始分 3 次来袭,第 1 次 18 架、第 2 次 18 架、第 3 次 20 架,反复轰炸京山县,持续 4 小时,投弹 200 余枚,死伤人口占总人口的一半以上。⑤ 11 月 5 日,日军出动数十架飞机对湖北荆门县沙洋镇进行轰炸。这天正逢沙洋镇赶集,四方群众纷纷汇集于此。上午 9 时

---

① 广州市地方志编纂委员会编纂:《广州市志》卷十三"军事志",第 341 页。

② 张中华主编:《日军侵略广东档案史料选编》,北京:中国档案出版社 2005 年版,第
　57—59 页。

③ 李亚东:《日寇轰炸新渡口》,政协安徽省颍上县委员会文史资料研究委员会编:《慎城
　春秋》(文史资料第一辑),1986 年版,第 19 页。安徽省委党史研究室编:《安徽省抗
　日战争时期人口伤亡和财产损失》,第 377 页。

④ 张中华主编:《日军侵略广东档案史料选编》,第 60—61 页。官丽珍:《广州大轰炸中
　的特大惨案》,《红广角》2010 年 10 期,第 26 页。

⑤ 中央档案馆、湖北省档案馆编:《侵华日军在湖北暴行史料》,第 245—246 页。

许,5架日机飞抵沙洋镇上空,投下多枚炸弹。此后,日机5架、7架、9架、12架不等对沙洋镇进行轰炸。从早到晚,整日不断,日机对这座素有湖北八大镇之称的江汉明珠狂轰滥炸,炸死2 000余人,伤者不计其数。①

3. 威力轰炸。影响轰炸效力的因素,除投弹速度快之外,投弹数量以及投下什么样的炸弹也至关重要。为了增强轰炸的效力,日军飞机往往向目标投下大量炸弹包括重磅炸弹,形成强大的杀伤力,炸死炸伤大量平民。1937年11月29日,上午10时左右,日军1架侦察机来溧水县侦察后,11时左右,9架日机分三组对县城轮番轰炸,投下140余枚重磅炸弹和燃烧弹,上千同胞被炸死。②1938年5月28日,日军出动71架飞机,分三批轰炸广州市区,投掷150余枚300—500磅的重型炸弹,炸毁房屋600余栋,死伤1 600余人。③6月4日,日军出动数十架飞机,对广州市区最繁荣地段实施大规模的空袭,炸死炸伤市民达3 000多人。其中在惠爱西路附近投下1枚重约500磅的炸弹,死伤百余人。在德宣东路都土地巷,投下一巨弹,炸成宽数丈、深2丈余的坑。④7月23日,日军用1枚重型炸弹,命中韶关市内关帝楼,当即炸死107人,炸伤数十人。⑤8月12日,日机对武汉进行疯狂攻击。日军出动飞机36

---

① 中央档案馆、湖北省档案馆编:《侵华日军在湖北暴行史料》,第218—221页。

②《近代史资料》编辑部、中国人民抗日战争纪念馆编:《日军侵华暴行实录》3,第105页。

③ 广州市地方志编纂委员会编纂:《广州市志》卷十三"军事志",第338页。

④ 张中华主编:《日军侵略广东档案史料选编》,第57—58页。广州市地方志编纂委员会编:《广州市志》卷一"大事记",广州:广州出版社1999年版,第240页记载:投重磅炸弹110余枚。

⑤《近代史资料》编辑部、中国人民抗日战争纪念馆编:《日军侵华暴行实录》4,第549—550页。

架对汉口繁华城区实施轰炸,投下 300 余枚巨型炸弹,炸死无辜市民 1 300 余人,炸伤 600 余人。同日,日军出动 72 架飞机分三路袭击武昌,投下 300 余枚重磅炸弹,炸死炸伤无辜市民近 800 人。① 8 月 13 日,日机轰炸阳新县城。事后调查,当天有北门镇公所、中山公园北端、老当铺等 40 多处着弹点。最大的弹坑在中山公园北端靠莲花池附近,坑口直径约 20 多米,深度在 6 米多;贺谦吉老店的弹坑,直径约 5 米多,深度也在 5 米上下,比较坚固的老店全被炸毁。② 8 月 29 日,日军对湖北京山县实施轰炸。从清晨至中午,日军派出轻、重轰炸机共 57 架,对城区进行轮番轰炸,投下炸弹 2 000 余枚,炸死无辜市民 2 000 多人(其中有 96 家绝户),炸伤 3 000 余人,死伤人数约占城区人口的 70%。③ 9 月的一天,日军出动数十架飞机,从潢川飞来对信阳实施轰炸。与以往不同,这次日军采取更为残暴的、灭绝人性的地毯式全天候轮番轰炸,从北向南对城区繁华地段和人口稠密街道,投下数百枚炸弹包括重磅炸弹、燃烧弹,大火经久不息,大半县城沦为废墟,居民伤亡惨重。④

　　4. 游击轰炸。"兵者,诡道也。""攻其无备,出其不意。"也就是说,或东或西的流动攻击,能够达到出其不意、攻其不备的效果。日机常常采用游击作战方式轰炸其目标,造成大量无辜平民死伤。1937 年 11 月 29 日,日军对江苏的重要城市——溧水进行轰炸。

① 中央档案馆、湖北省档案馆编:《侵华日军在湖北暴行史料》,第 18 页。湖北省委党史研究室编:《湖北省抗日战争时期人口伤亡和财产损失》,北京:中共党史出版社 2014 年版,第 397—398 页。

② 中央档案馆、湖北省档案馆编:《侵华日军在湖北暴行史料》,第 152 页。

③ 湖北省委党史研究室编:《湖北省抗日战争时期人口伤亡和财产损失》,第 400 页。

④ 政协信阳市浉河区委员会编:《浉河区文史资料》第 4 辑《纪念抗日战争胜利六十周年专辑》,2005 年版,第 72—74 页。

上午 9 时左右,日军 1 架侦察机从东南方向飞抵县城上空,盘旋两周后离开。中午 12 时左右,9 架轰炸机出现在县城上空,分 3 组对城区中心地段和繁华街道进行轮番轰炸,投下重磅炸弹和燃烧弹 140 余枚,同时以机枪密集扫射,炸死枪杀超 1 000 人,伤者无数。① 1938 年 3 月 27 日,日军出动 5 架飞机,对安徽合肥城区实施长达 1 个多小时的狂轰滥炸,投下 100 余枚炸弹。日军轰炸机刚刚离去,其侦察机又临空低飞盘旋,不时以机枪向地面人们扫射,阻止人们救人救火。这次日机轰炸、扫射造成无辜市民 200 多人死亡,伤者难以计数。② 4 月 13 日,日机两次轰炸含山县城。清晨,日机两架对县城十字街、西门、北门、衙门街先投炸弹,然后投燃烧弹,县城一片火海。日机飞走后,附近农村居民纷纷进城协助救火,然而日机再次飞来,人们来不及躲藏,伤亡惨重。③ 4 月 17 日,日军空袭安徽五河县城。上午,3 架日机飞抵五河县城区上空盘旋片刻后,佯装向泗县方向飞去。不到半小时,这 3 架日机突然从北折返,对五河县城人口稠密街道进行袭击,投下 20 余枚炸弹和燃烧弹,炸死炸伤无辜群众六七百人。④ 5 月 12 日,日机空袭山东日照南湖村。这天正逢南湖村赶集,5 架日机突然从东北方向飞来,接着便向赶集民众狂轰滥炸,并低空扫射,数十枚炸弹在集市中心爆炸,炸弹所炸之处,浓烟滚滚,血流遍地,惨不忍睹。飞机离开后,

① 江苏省政协文史委员会等编:《江苏文史资料》第 71 辑《溧水风情》,1993 年版,第 74—75 页。

② 安徽省委党史研究室编:《安徽省抗日战争时期人口伤亡和财产损失》,第 367 页。

③ 安徽省地方志编纂委员会编:《安徽省志》"军事志",合肥:安徽人民出版社 1995 年版,第 742 页。

④《近代史资料》编辑部、中国人民抗日战争纪念馆编:《日军侵华暴行实录》3,第 347 页。

四处村民纷纷赶到南湖集市寻找亲人。不料此时,日机重返集市上空,朝着慌乱奔逃的人群投下数十枚炸弹,刹时,整个南湖村一片火海。① 7 月 12 日,日机空袭湖北浠水县城。上午 8 时许,1架日军侦察机在浠水上空盘旋两圈后,向南飞去。由于日机机身机翼涂有迷彩(伪装),地面防空监视负责人以为是国民政府飞机,所以迟迟没有拉响防空警报。不料半小时后,日军 9 架双翼轰炸机突然飞抵县城上空,开始投弹,并俯冲扫射。下午 2时许,9 架日机再次来袭,投下炸弹 50 余枚。这两次轰炸造成无辜市民死伤 500 多人。② 11 月 11 日下午 3 时,9 架日机由东侵入公安县城,经过南平上空,向西北飞去。继而突然折返,在县城东门投数枚燃烧弹,几家民房立即燃烧。接着飞机向南飞行数里又转向,对准南门密集投弹,机枪扫射,炸死 150 余人,伤 60余人。③

二、独霸制空权下组拳猛攻

抗战初期的激烈空战导致中国空军力量损失严重。1940 年国民政府空军所有的飞机,加上补充的飞机也只有 160 架④,截至当年年底仅存战机 65 架⑤。

相反,从抗战相持阶段至太平洋战争爆发,日本战机不管在数

---

① 《近代史资料》编辑部、中国人民抗日战争纪念馆编:《日军侵华暴行实录》3,第
　　245—247 页。
② 中央档案馆、湖北省档案馆编:《侵华日军在湖北暴行史料》,第 64—65 页。
③ 政协公安县委员会文史资料研究委员会编:《公安文史资料》第 1 辑,1986 年版,第
　　58 页。
④ 袁成毅著:《抗日战争时期国民政府对日防空研究(1931—1945)》,北京:中国社会科
　　学出版社 2016 年版,第 185 页。
⑤ 程曦华:《抗战时期的空军作战》,《国防杂志》2005 年第 20 卷第 8 期,第 45 页。

量,还是在性能上都与中国战机悬殊。在数量方面,1939 年日军陆军驻华飞机平均约为 900 余架次,1940 年陆军驻华飞机平均约为 840 余架次,1941 年日机在华实施"疲劳轰炸"时总数曾达上千架次。① 在性能方面,以陆军第一飞行团为例,1939 年日机的作战半径:九七式重型轰炸机可携带炸弹 500 公斤,飞行里程约 800 公里;意式(意大利制造)重型轰炸机可携带炸弹 500 公斤,飞行里程约 750 公里;九七式司令部侦察机飞行里程约 900 公里;九七式战斗机飞行里程约 450 公里。为了满足最大打击能力,日军"把意式重轰装载炸弹缩减到三百公斤,延伸了行动半径,并在战斗机续航能力允许的范围内使之制空掩护"。② 不仅如此,日军还不断增强战机的补给能力。据统计,1939 年日本战机生产总量为 4 467 架次,1940 年为 4 768 架次,1941 年增至 5 088 架次。③ 正是如此,凭借强大的制空优势,日军采取各种各样阴险毒辣的轰炸战术,对无辜群众实施杀戮,制造了大量重大惨案。

　　1. 俯冲轰炸和低空扫射。俯冲轰炸的一个重要优点是可以有效避免高射炮的攻击。基于中国薄弱的防空力量,日机肆无忌惮地使用俯冲轰炸和低空扫射攻击地面目标,致使无数平民死伤。1939 年 2 月 9 日,日机首次偷袭甘肃平凉县。上午 11 时左右,大批日机突然飞临县城上空,投下大量炸弹,同时用机枪向地

---

① 航空委员会防空监部编:《民国二十八度全国空袭状况之检讨》,1940 年版,第 4 页。航空委员会防空总监部编:《民国二十九度全国空袭状况之检讨》,出版时间不详,第 1—7 页。航空委员会防空总监部编:《民国三十年度全国空袭状况之检讨》,1942 年版,第 4 页。

② 日本防卫厅防卫研究所战史室著:《中国事变陆军作战史》第 2 卷第 2 分册,第 188 页。

③ 柳澤潤「日本におけるエア・パワーの誕生と発展 1900～1945 年」,防衛省、2006 年、107 頁。

面人群扫射,造成上百人伤亡。① 10 月 17 日,日军轰炸湖北钟祥县长寿店。这天正逢长寿店赶集,街道上到处是赶集的民众。8 架日机突然出现在集市上空,用机枪向赶集的人群疯狂扫射,同时投下大量炸弹,当场炸死炸伤村民 400 余人,其中死亡 150 余人。② 1940 年 5 月 1 日,日军出动 8 架飞机,对湖北江陵县郝穴镇实施空袭。日机飞临郝穴镇上空在繁荣街道投下炸弹,同时用机枪向群众扫射,瞬间炸死炸伤村民 800 余人。③ 5 月 4 日,32 架日机轰炸河南唐河县。日机在不到 20 分钟的时间里,在一平方公里的区域内投下 100 余枚炸弹和约 20 枚燃烧弹。轰炸之后,日机又排成“一”字形折返回来,朝无辜群众猛烈轰炸和扫射,顷刻发射子弹上千发,造成 300 多名无辜群众伤亡。④ 9 月 3 日,日机对川北重镇南充实施轰炸。中午 12 时许,36 架日机出现在城区上空,低空飞行,用机枪向无辜市民轮番扫射,随后分队向人口密集街道投下大批炸弹,制造了死伤上千人的特大惨案。⑤ 1941 年 3 月 24 日,日机轰炸安徽郎溪县城。日机飞临郎溪上空侦察到教堂挤满大量市民,随即向地面轮流俯冲,用机枪对人群扫射,同时投下大量炸弹和硫磺燃烧弹,顷刻,天主教堂浓烟滚滚,血肉横

①《1944 年 1 月 19 日甘肃省政府向国立中央研究院社会科学研究所呈送本省空袭损害等统计表的函》,甘肃省档案馆藏:14 - 2 - 566,第 91—99 页。

② 湖北省委党史研究室编:《湖北省抗日战争时期人口伤亡和财产损失》,第 417 页。

③ 中央档案馆、湖北省档案馆编:《侵华日军在湖北暴行史料》,第 172—173 页。

④ 中共南阳市委党史研究室编著:《中共南阳地方史》第 1 卷,北京:中共党史出版社 1997 年版,第 290—291 页。

⑤ 侯文俸:《日本飞机对南充城区的三次野蛮轰炸》,《四川档案》2005 年第 5 期,第 15 页。

飞,尸体遍地。① 11 月 3 日,日军出动 10 余架飞机对湖南益阳县城,实施大规模轰炸。日机飞临县城上空,低飞盘旋,先向繁华街道投下大量炸弹,接着又用机枪向人群轮番扫射,屠杀市民 1 300余人,伤者无数。②

2. 轮番轰炸。轮番轰炸是日军实施空中杀戮的常用战法。1939 年 3 月 8 日,日军出动 36 架飞机,分四批轰炸湖北宜昌。日机分别于上午 7 时、10 时以及下午 2 时、3 时,对中心城区、人口稠密街道实施狂轰滥炸,炸死炸伤市民近 1 000 人。③ 3 月 15 日,日机对湖南平江县城实施大规模袭击。上午 10 时左右,日军出动 18架飞机,分两批,由东南街向西北街轮番轰炸,历时半小时,投弹100 余枚,炸死普通市民达 300 余人。④ 6 月 28 日,日军出动 27 架飞机,分三批轮番轰炸四川奉节永安镇,投下重型炸弹 129 枚,并用机枪向地面人群扫射,制造了伤亡上千人的特大惨案。⑤ 1940年 2 月 9 日,日军夜间偷袭河南漯河。农历正月初二凌晨,10 余架

---

① 《近代史资料》编辑部、中国人民抗日战争纪念馆编:《日军侵华暴行实录》3,第
　393—394 页。

② 李秉新等主编:《侵华日军暴行总录》,石家庄:河北人民出版社 1995 年版,第 1005
　页。湖南省委党史研究室编:《湖南省抗日战争时期人口伤亡和财产损失》,北京:中
　共党史出版社 2015 年版,第 418 页。此外,益阳县地方志编纂委员会编《益阳县志》
　(长沙:湖南人民出版社 1999 年版)第 29 页和益阳市志编纂委员会编《益阳市志》(北
　京:中国文史出版社 1990 年版)第 14 页,均记载为 11 月 16 日(农历九月二十七日),
　而农历九月二十七日实际为 11 月 15 日。根据史料的权威性判断,11 月 3 日比较
　可信。

③ 中央档案馆、湖北省档案馆编:《侵华日军在湖北暴行史料》,第 324 页。

④ 湖南省委党史研究室编:《湖南省抗日战争时期人口伤亡和财产损失》,北京:中共党
　史出版社 2015 年版,第 40 页。

⑤ 重庆市委党史研究室编:《重庆市抗日战争时期人口伤亡和财产损失》,北京:中共党
　史出版社 2014 年版,第 393 页。

日机对正在欢度春节的熟睡中的市民轮番轰炸,炸死炸伤无辜百姓数百人。① 2月21日,9架日机分数批从早到晚轮番轰炸芦苞,投弹六七百枚,镇内一片火海,200余人被炸死。② 3月10日,日机对安徽太平县仙源镇进行三次轮番轰炸:上午8时,10架日机飞临仙源上空,投下炸弹五六十枚;大约中午12时,又有9架日机飞临城郊上空,先用机枪向人群扫射,随后投下四五十枚炸弹和燃烧弹;下午1时,17架日机再次对城区繁荣街道实施轰炸。此日,日机轮番轰炸炸死100余人。③ 4月6日,上午10时,正是江西进贤县著名集镇——罗溪交易的高峰,4架日机侵入,进行猛烈地轰炸、扫射,从上午10时到下午7时,共往返轰炸47架次。当场炸死100余人,炸伤100余人。④ 6月5日,24架日机分三批轮番夜袭重庆市区,共投炸弹55枚、燃烧弹14枚,这次空袭时间过长,石灰市、小观音岩、演武厅隧道,因空气不足上千市民窒息死亡。⑤ 6月6日,日机三次轮番轰炸湖北江陵县郝穴镇,制造了上百人的重大惨案。⑥ 8月2日,午后1时30分,45架日机分三批对隆昌县城进行轮番轰炸,投下上百枚炸弹、燃烧弹,并用机枪扫射,当场炸死、机枪打死无辜市民166人,伤195人。⑦ 1941年8月16日,27架日

---

① 漯河市地方志编纂委员会编:《漯河市志》,北京:方志出版社1999年版,第363页。
② 《近代史资料》编辑部、中国人民抗日战争纪念馆编:《日军侵华暴行实录》4,第560页。
③ 中共安徽省委党史研究室编:《安徽省抗日战争时期人口伤亡和财产损失》,第400页。
④ 《近代史资料》编辑部、中国人民抗日战争纪念馆编:《日军侵华暴行实录》4,北京:北京出版社1997年版,第210—211页。
⑤ 重庆市委党史研究室编:《重庆市抗日战争时期人口伤亡和财产损失》,第402页。
⑥ 湖北省委党史研究室编:《湖北省抗日战争时期人口伤亡和财产损失》,第421页。
⑦ 李秉新等主编:《侵华日军暴行总录》,第1237页。

机从阆中城西北方向窜来，以三角形编队飞临市区上空，后变为"一"字形呼啸着冲过城区房顶，轮番扫射投弹，留下 150 多个弹坑。①

3. 大编队机群轰炸。众所周知，"一架飞机之炸弹载重有限，关于极严重的天空轰炸，必须利用多数飞机队"，才能做到集中力量。② 日军凭借强大的现代空军，常常利用大编队机群攻击地面目标，造成大量无辜平民死伤。1939 年 4 月 6 日，日军对湖南衡阳县实施空袭。日军派出 108 架飞机，由武汉、南昌等基地起飞，云集衡阳，分三批行动：一批由城北草桥开始炸到城南回雁峰；一批由江东岸飞机场炸到江西岸大、小西门；一批向北正街、司前街、上下长街、大西门正街大量投弹。日军这次轰炸出动飞机之众，造成城区无辜群众近万人死伤。③ 1940 年 6 月 12 日，日军大机群对重庆实施空袭。这次日军出动 117 架飞机（又称 154 架），分四批对城区、新市区和江北大片区进行狂轰滥炸，投下大量炸弹，当场炸死市民 300 余人，炸伤 600 余人。④ 6 月 16 日，117 架日机袭击重庆，在市区多处投弹，炸死炸伤无辜群众近 400 人。⑤ 7 月 28 日，日军派出 80 架飞机分三批轰炸四川万县，在万县投弹 321 枚；25 架袭击南川，投弹 225 枚；在奉节投弹 8 枚。本次轰炸伤亡 800 余人。⑥ 8 月 9 日，日军派出 90 架飞机，分三批轰炸重庆市区，投下爆炸弹

① 李秉新等主编：《侵华日军暴行总录》，第 1233 页。
② 邓松冈：《航空轰炸队作战法则》，《航空杂志》1934 第 4 卷第 10 期，第 39 页。
③ 全兵：《日军犯衡暴行录》，政协湖南省衡阳市委员会文史资料研究委员会编：《衡阳文史资料》第 4 辑《纪念抗日战争胜利四十周年专辑》，1985 年版，第 59—60 页。
④ 重庆市委党史研究室编：《重庆市抗日战争时期人口伤亡和财产损失》，第 396 页。
⑤ 四川省档案局（馆）编：《抗战时期的四川：档案史料汇编》中，重庆：重庆出版集团，重庆出版社 2014 年版，第 1183 页。
⑥ 重庆市委党史研究室编：《重庆市抗日战争时期人口伤亡和财产损失》，第 398 页。

237 枚、燃烧弹 41 枚,当场炸死炸伤近 400 人。[①] 8 月 10 日,日军对湖南衡阳县城进行轰炸。作为日军 101 号作战计划的一部分,日军这次轰炸派出 90 架飞机,分批轰炸城区中心街道,投下炸弹800 余枚,此外还投下大批燃烧弹,炸死炸伤无辜市民 1 400 余人。[②] 8 月 12 日,日军派出 90 架飞机对四川自贡实施空袭,在城区中心区域投下 267 枚炸弹,当场炸死炸伤近 400 人。[③] 1941 年 7 月27 日,日军出动 108 架重型轰炸机,分四批空袭四川成都,对中心街道实施轮番轰炸,制造了伤亡上千人的特大惨案。[④] 8 月 11 日,100 架日军飞机从湖北汉口、孝感机场出发,分四批,每批 25 架,轰炸成都,在西城区繁华街道投下 457 枚炸弹,并用机枪向地面人群扫射,造成市民 500 多人死伤。[⑤] 8 月中旬某日,日军空袭湖南衡阳县城。86 架日军飞机突然飞临城区上空,向地面多处投弹,制造上千无辜平民伤亡。[⑥]

　　4. 威力轰炸。为了提升作战效能,威力轰炸在日机空袭中经常被运用。1939 年 3 月 29 日,18 架日机空袭四川梁山县,投下 60余枚重型炸弹,其中最大的 500 余公斤、中等的 250 公斤、最小的100 余公斤,被炸的大坑深 6 米、直径 7 米,中等的坑深 4 米、直径 5

---

① 重庆市委党史研究室编:《重庆市抗日战争时期人口伤亡和财产损失》,第 398 页。

② 钟启河等编著:《湖南抗日战争日志》,长沙:国防科技大学出版社 2004 年版,第 134—135 页。

③ 谢世廉主编:《川渝大轰炸:抗战时期日机轰炸四川史实研究》,成都:西南交通大学出版社 2005 年版,第 189 页。

④《成都市警备司令部造呈三十年七月二十七日敌机轰炸蓉市被炸武器弹药及被服数目表》,四川省档案馆藏:180 - 1592。

⑤ 成都市人民防空办公室、成都市国防教育学会编著:《成都大轰炸》,北京:中国和平出版社 2009 年版,第 38 页。

⑥ 全兵:《日军犯衡暴行录》,政协湖南省衡阳市委员会文史资料研究委员会编:《衡阳文史资料》第 4 辑《纪念抗日战争胜利四十周年专辑》,1985 年版,第 59 页。

米,小坑深 2 米、直径 3 米。这次威力轰炸炸死 250 人、炸伤 153
人,房屋压死 19 人、压伤 47 人。① 4 月 2 日,日机发动对江西新余
河下镇火车站的攻击,向火车站旁边的油茶林山轰炸时间长达半
小时之久,投下二三十枚重磅炸弹,大的弹坑直径五六米、深度 2
米多,小的直径也有 3 米、深度 1 米多。这次轰炸当场炸死乘客上
百人。② 4 月 6 日,日军出动大量飞机,将衡阳县城东南西北四方
炸得烟雾漫天,最大的炸弹重达 500 磅,弹片在 200 米范围内仍具
有杀伤力,一些没有碰上弹片的人,也会被震荡得七孔流血而死。
这次威力轰炸造成无辜市民伤亡近万人,炸毁房屋约 500 栋。③ 4
月 13 日,19 架日军飞机分两批对云南蒙自县实施空袭,日机先用
机枪扫射城内,然后向城区投下 100 磅至 500 磅的重型炸弹 164
枚、燃烧弹 2 枚,当场炸死炸伤无辜平民 300 余人,其中炸死 186
人。④ 4 月 28 日,日军空袭湖北老河口。36 架日机向城区中心街
道投下大量重磅炸弹,其中有一弹坑深度达 4 米,直径达数十米。
重磅炸弹的杀伤力与破坏力之大,不言而喻。日机这次炸死炸伤
平民千余人。⑤ 1940 年 6 月 12 日,日军上百架飞机轮番轰炸重庆
市区,投下 269 枚炸弹、39 枚燃烧弹,其中不少是 800 公斤的重型

---

① 《梁山县政府为报告 1939 年 3 月 29 日被炸及善后情况给四川省政府的代电(1939 年
　 4 月 4 日)》,四川省档案馆藏:41－6156。

② 政协江西省新余市渝水区委员会文史资料研究文员会编:《渝水文史资料》第 1 辑,
　 1988 年版,第 23—24 页。

③ 全兵:《日军犯衡暴行录》,政协湖南省衡阳市委员会文史资料研究委员会编:《衡阳文
　 史资料》第 4 辑《纪念抗日战争胜利四十周年专辑》,1985 年版,第 59—60 页。

④ 云南省档案馆藏:44－4－297－54,44－4－297－103,11－7－10－86,44－4－317－
　 198,44－4－297－49,77－9－2174－9～11,26－5－93－57,11－7－154－89～109,
　 106－3－1622－4－47,转引自云南省课题组编著:《云南省抗战时期人口伤亡和财产
　 损失调研成果选辑》,北京:中共党史出版社 2010 年版,第 138—139 页。

⑤ 中央档案馆、湖北省档案馆编:《侵华日军在湖北暴行史料》,第 304—305 页。

炸弹。这次轰炸当场炸死炸伤市民近千人。① 6 月 7 日至 10 日,日军轰炸山东沂水县东里店,投下的炸弹中一大半是重达两三千磅的炸弹,大街上有一棵五人合抱粗的千年古树刚好被击中,沿树窝凿下去的弹坑有一丈多深;油坊中 1 000 多斤重的秤砣被掀到空中,当场把两个行人砸成肉饼。这次日军威力轰炸炸死炸伤村民 300 余人。② 8 月 19 日,178 架日机分 5 次轰炸重庆市区,投弹 500 余枚。次日,126 架日机分 5 次轰炸重庆市区,投爆炸弹 216 枚、燃烧弹 206 枚。③ 9 月 3 日,日军 36 架重型轰炸机,分两批对安康市区投掷重磅炸弹和燃烧弹。顿时,全城浓烟滚滚,火光照天,爆炸声、倒塌声响作一团。④ 同日,27 架日机对四川广安县城进行轰炸,共投弹 219 枚。其中,1984 年 6 月 20 日县养路段建房时发现 1 枚,当地公安处请部队派员排除,弹重 61 公斤,长 1.1 米,杀伤范围为 1 500—2 000 平方米,弹上刻有"昭和 14 年"字样。⑤

　　5. 游击轰炸。出没无常、出其不意的攻击有助于增强轰炸的效能。1939 年 4 月 13 日下午,15 架日机从东山方向窜入蒙自县城,低空扫射、俯冲投弹 150 余枚,约半个小时后飞走。居民以为空袭结束,纷纷走出去救死扶伤,不料又有 4 架日机从个旧市方向飞来,低空扫射、俯冲投弹 50 余枚。⑥ 6 月 9 日,日机轰炸萍乡制造

① 重庆市委党史研究室编:《重庆市抗日战争时期人口伤亡和财产损失》,第 396 页。

② 齐元桂、崔维志:《日寇轰炸东里店》,政协沂源县文史资料委员会编:《沂源文史资料》
　　第 5 辑《钟灵毓秀沂河源》,1991 年版,第 122—123 页。

③ 重庆市委党史研究室编:《重庆市抗日战争时期人口伤亡和财产损失》,第 399 页。

④ 《近代史资料》编辑部、中国人民抗日战争纪念馆编:《日军侵华暴行实录》4,第
　　671 页。

⑤ 李秉新等主编:《侵华日军暴行总录》,第 1232—1233 页。

⑥ 张鸿昌:《日机轰炸蒙自实录》,政协云南省蒙自县委员会编:《蒙自文史资料选辑》第
　　1 辑,1996 年版,第 179—180 页。

了惨案。当天晴空万里，上午 9 时左右，日机发出"嗡嗡"的轰鸣声，成品字型排列出现在萍乡上空，环绕一周，骤然离开。人们以为是日机路过，放松警惕。但是，不到一刻钟，日机又返回来投弹，全城烟尘弥漫，血肉横飞，惨不忍睹。① 7 月 26 日，日军出动大量飞机对广西梧州进行轰炸。上午 9 时左右，12 架日机飞临城区上空，盘旋侦察后向东飞去。下午 1 时 30 分左右，18 架日军重型轰炸机突然飞抵城区上空，向中心街道、人口稠密区域和渡船投下大量炸弹，历时 1 个多小时，炸死炸伤市民 800 余人。② 8 月 30 日早上，南宁市区空袭警报拉响后，群众匆匆疏散到郊区的四面八方，紧急警报刚停，1 架日机飞临市区上空，转一圈飞走了。市民以为没事了，加之，当天大多市民来不及吃早餐，纷纷回市内准备吃饭。20 分钟左右，12 架日机突然出现，并投下大量炸弹和燃烧弹，市民来不及躲避，死伤数百人。③ 12 月 11 日，上午约 11 时，1 架日军侦察机飞临湖南安化县烟溪镇上空侦察，盘旋一周后离开。接着，在它的率领下，9 架轰炸机分 3 次空袭烟溪镇，投下大量炸弹，当场炸死居民上百人。④ 1940 年 4 月 5 日，上午 10 时左右，27 架日机，9 架一组，飞抵江西景德镇上空，在市区上空盘旋一圈后离去。看到日机飞走后，大批人群纷纷出来。这 27 架日机突然疾驰折返，向

---

① 程庆麟：《日军轰炸萍乡目击记》，政协萍乡市文史资料研究委员会编：《萍乡文史资料》第 16 辑《血与火的记忆纪念抗日战争胜利五十周年特辑》，1995 年版，第 78 页。程庆麟：《日军轰炸萍乡》，《萍乡日报》，2015 年 8 月 30 日，第 15 版。

② 广西壮族自治区委党史研究室编：《广西抗日战争时期人口伤亡和财产损失》，北京：中共党史出版社 2014 年版，第 139—140 页。

③ 政协南宁市委员会文史资料研究委员会编：《南宁文史资料》第 2 辑，1987 年版，第 49—50 页。

④ 政协湖南省安化县文史资料研究委员会编：《安化文史资料》第 4 辑，1987 年版，第 35 页。

地面目标发动攻击,投下大量炸弹,顷刻炸死平民上百人。① 5 月
14 日,日军出动大批飞机对广西邕宁县坛洛圩进行轰炸。这天为
农历四月初八,传统的农具节圩期,赶集的人很多。上午 11 时许,
1 架日军侦察机出现在集市上空,盘旋侦察后离去。赶集群众以为
没事,继续买卖。不到半个小时,3 架日机出现在集市上空,投下
50 余枚炸弹,同时用机枪向人群轮番扫射,造成上千人死伤。② 9
月 4 日,早上 6 时,27 架日机突然飞临湖南辰溪县城上空,市民纷
纷外出躲避,日机盘旋两周后悄然离去。下午 1 时许,市民因饥饿
难熬,陆续返城。下午 2 时左右,18 架日机突然折返,回家的人拼
命往城外跑,日机突然向地面人群狂轰滥炸和低空扫射,时间长达
1 个小时。日军这次偷袭炸死市民上千人,伤者无数。③ 1941 年 4
月 15 日,适逢广丰县墟日,第一组 3 架日机,侵入县城上空,盘旋侦
察后,向西门外飞去,但随即又返回县城中心,向戊午小学和小北
门石灰塘沿投弹,夏瑞家被炸死 8 人。三组日机共 9 架,炸死平民
130 余人。④

　　6. 队形轰炸。队形差异及其变化在一定程度上影响轰炸效
力。具体来说,队形排列"能构成优势火力",集中攻击目标或防御
来敌。⑤ 队形排列有进攻队形和防御队形之分。进攻队形又可分
为不同种类。日机常常采用"品""一"和"米"等字形的队形攻击地

---

① 中共江西省委党史研究室编著:《江西省抗战时期人口伤亡和财产损失》下卷,南昌:
　　江西人民出版社 2011 年版,第 673 页。

② 卢裕绰:《吞榄四月八惨案身历记》,政协广西南宁市委员会文史学习委员会编:《南宁
　　文史资料》总第 13 辑,1991 年版,第 162 页。

③ 李秉新等主编:《侵华日军暴行总录》,第 1004 页。

④《近代史资料》编辑部、中国人民抗日战争纪念馆编:《日军侵华暴行实录》4,第
　　228 页。

⑤ 郭励善:《轰炸队形之研究》,《航空杂志》1942 第 11 卷第 2 期,第 14 页。

面目标,增强轰炸的杀伤力。1939 年 4 月 21 日,日军出动大量飞机轰炸湖南芷江县。上午 10 时左右,18 架日机,排成 6 个"品"字队形,向中心城区投下 132 枚炸弹,当场炸死居民 201 人,炸伤 126 人,县城一片火海。[①] 8 月 19 日,日本出动大批轰炸机空袭四川乐山。上午 12 时,36 架日机飞临城区上空,由"品"字形改为"一"字形,低空飞行,向地面投下上百枚炸弹和燃烧弹,并用机枪向手无寸铁的人群疯狂扫射,制造了死伤上千人的特大惨案。[②] 10 月 13 日,日军空袭四川南川。正午时分,18 架日机排成"米"字队形,向城区中心街道低飞投弹,并以机枪猛烈扫射,当场炸死和枪杀市民上百人。[③] 1940 年 1 月 24 日,日军空袭江西景德镇。上午 9 时许,9 架日机飞临市区上空,3 架 1 队,排成"品"字队形,平飞投弹,顷刻炸死平民上百人。[④] 同年,9 月 3 日,日军对四川广安进行轰炸。上午 11 时许,36 架日机,分 4 批每批 9 架,排成"品"字形,向南充方向飞去。12 时许,27 架日机由西向北排成"一"字队形,随后又变成 3 架为 1 队,每 3 队为 1 批,共 3 批飞过县城,在协兴乡投弹数枚,并用机枪扫射后折返县城上空,又呈"一"字形交叉低空扫射、撒传单、投炸弹,日机反复轰炸扫射,所过之处,浓烟滚滚,血肉飞溅,尸骨遍地。[⑤] 1941 年 8 月 16 日,日军第二次轰炸四川阆中。上午 11 时 30 分,27 架日军飞机从城西北方向飞来,以三角形编队飞

① 湖南省(怀化市)课题组编:《湖南省抗战时期人口伤亡和财产损失·怀化市综合卷》,2008 年版,第 160—161 页。
② 李秉新等主编:《侵华日军暴行总录》,第 1213—1214 页。
③ 四川省档案局(馆)编:《抗战时期的四川:档案史料汇编》中,第 1086—1089 页。
④ 中共江西省委党史研究室编著:《江西省抗战时期人口伤亡和财产损失》下卷,第 672—673 页。
⑤ 李秉新等主编:《侵华日军暴行总录》,第 1232—1233 页。

临市区上空,然后排成"一"字队形,呼啸着冲过城区房顶,向地面人群俯冲投弹和扫射,伤亡惨重。①

　　7. 疲劳轰炸。疲劳轰炸亦称神经轰炸。神经轰炸战术包括"飘忽的来去""疲劳的威胁""残酷的轰炸""生产的破坏"和"精神的刺激"等要点。其中,"疲劳的威胁是神经轰炸战术最主要的一个意义"。具体而言,在夜间,派出三五架飞机实施袭击,3 架 1 批甚至 1 架 1 批,投弹一两枚便离去,使民众睡不着,精神疲劳;在白天,派出大编队机群实施狂轰滥炸,使民众昼夜躲避,精神疲倦。"残酷的轰炸",即飞机向平民区、医院、学校等实施狂轰滥炸,制造战争恐怖,动摇斗争意志。"精神的刺激",是指以刺激精神为唯一要求,从而达到动摇民众的精神意志。② 神经轰炸战术是侵华日军在战争相持阶段经常使用的战术。1939 年 5 月 3 日、4 日,日军出动大批飞机轰炸重庆市区。3 日,日机 36 架从西阳、南川、綦江进入,对城区人口密集地实施狂轰滥炸,投下 98 枚重磅炸弹和 68 枚燃烧弹。4 日,27 架日机经合川、北碚,再次对市区繁华街道进行疯狂攻击。两天的轰炸,共炸死炸伤六七千名无辜市民。③ 6 月 23 日、24 日,日军对湖南湘阴县城实施空中攻击。23 日,日军出动 18 架飞机,轮番轰炸中心城区,投下炸弹 100 余枚。24 日,日机再次袭击湘阴县城,投下炸弹 40 余枚。日军这两天的轰炸,炸死居民上千人,42 家绝户,伤者无法统计。④ 8 月 28 日至 31 日,日军连续 4 天对福建东山城乡实施狂轰滥炸,炸死

---

① 李秉新等主编:《侵华日军暴行总录》,第 1233 页。

② 向子渔:《如何应付敌寇的神经轰炸战术》,《捍卫》1941 第 1 卷第 5 期,第 21 页。

③ 重庆市委党史研究室编:《重庆市抗日战争时期人口伤亡和财产损失》,第 392 页。

④ 湖南省湘阴县志编纂委员会编:《湘阴县志》,北京:生活·读书·新知三联书店 1995
　　年版,第 35—36 页。

炸伤大量无辜平民。① 1940 年 6 月 1 日至 3 日,日机连续 3 天,21
次轰炸湖北南漳县县城,投下 150 余枚炸弹,包括 20 余枚硫磺弹,
炸死无辜市民 150 余人,伤 70 余人;23 次轰炸武安镇,投弹 150 余
枚,包括数十枚硫磺弹,炸死 180 余人,伤 90 余人。② 6 月 24 日至
29 日,日机连续对重庆市区实施疲劳轰炸。其中 24 日,投炸弹 81
枚、燃烧弹 4 枚;25 日,在浮图关、菜园坝等地投弹 80 余枚;26 日,
再次轰炸市区,苏、德大使馆被炸;27 日,在李子坝、华龙桥等地投
弹多枚;28 日,投弹 111 枚,燃烧弹 6 枚;29 日,投炸弹 20 余枚、燃
烧弹 20 余枚。日机的连续、疲劳轰炸,造成大量无辜百姓的
伤亡。③

　　8. 生化轰炸。生化轰炸,即飞机以细菌弹和毒气弹等攻击地
面目标。生化轰炸具有杀伤力大、威胁性强的特点。国际公约明
确规定在战争中禁止使用生化武器。然而,侵华战争期间,日本
违反国际公约,悍然实施生化轰炸,给无辜平民造成严重的身心
伤害。早在抗战初期,日机就曾使用毒气弹屠杀无辜群众。1938
年 8 月 13 日,日军出动 3 架飞机,轰炸河南商城县城,并在县城
南门外投下 10 余枚糜烂性毒瓦斯炸弹,造成普通民众 500 余人
伤亡。④ 抗战相持阶段,日军更加肆无忌惮地使用毒气弹、细菌
弹屠杀无辜平民。1939 年 8 月 27 日(农历七月十三日),日军出

---

①《近代史资料》编辑部、中国人民抗日战争纪念馆编:《日军侵华暴行实录》4,第
　518 页。
② 中央档案馆、湖北省档案馆编:《侵华日军在湖北暴行史料》,第 284 页。
③ 重庆市委党史研究室编:《重庆市抗日战争时期人口伤亡和财产损失》,第 396—
　397 页。
④ 河南省委党史研究室编:《河南省抗日战争时期人口伤亡和财产损失》,北京:中共党
　史出版社 2014 年版,第 379 页。

动多架飞机轰炸江西高安县伍桥镇,在吴珠岭一带投下大量细菌弹,造成 7 000 多人严重感染,其中夺取 2 000 多人的生命。[①]1940 年 9 月 3 日,日军出动大批飞机对陕西安康县城实施轰炸,投下 200 余枚炸弹,其中包括一些毒气弹。这次毒辣的空袭造成上千无辜市民死伤。[②] 1941 年 11 月 4 日上午,1 架日机在湖南常德城乡投下带有鼠疫细菌的谷、麦、豆等物。8 天之后,鼠疫开始在常德蔓延。这次鼠疫在常德流行长达两年之久,直到 1943 年 3 月疫情才得以控制,波及区域达 13 个县,造成大量人员死亡,有名可查的有 7 643 人。[③]

三、优势丧失后的防御性进攻

1941 年 12 月太平洋战争爆发后,日军从中国战场抽调大量飞机支援"南进"战略。与此同时,为了让国民政府牢牢牵制日军的兵力,减轻太平洋战场的压力,美国加强对中国的军事援助。美国政府作出决定,在维持美国航空自愿队的装备和人员基础之上,把它改编为美国第十航空队,增强中国航空力量。1942 年 4 月 21 日,罗斯福致电蒋介石:在条件允许的情况下,美国将支援中国 456 架飞机,包括轰炸机和运输机。6 月 17 日,5 架运输机交到第十航空队。从 7 月至 12 月,美国政府援华轰炸机 19 架,驱逐机 150 架。为了保证中国战场的空中优势,史迪威(Joseph Stilwell)和蒋介石认为,中美两国的飞机数量应保持在 500 架。

---

① 中共江西省委党史研究室编著:《江西省抗战时期人口伤亡和财产损失》下卷,第691 页。

② 肖银章等编著:《抗战期间日本飞机轰炸陕西实录》,西安:陕西师范大学出版社 1996年版,第 59—61 页。

③ 湖南省课题组:《湖南省抗战时期人口伤亡和财产损失》,第 423 页。

6 月 29 日,中美双方达成保持中国战场一线飞机 500 架的协议,具体架数见下表。

中国战场中美一线飞机数量表

	驱逐机(架)	轰炸机(架)	共计(架)
中国空军	150	50	200
美国空军	200	100	300

数据来源:王正华:《抗战时期外国对华军事援助》,台北:环球书局 1988 年版,第 258—260 页。

实际上,到 1942 年底,美国以租借办法将 19 架 B - 29 型轰炸机、27 架 P - 40 型驱逐机、41 架 P - 43 型驱逐机、82 架 P - 66 型驱逐机授予中国。中国飞机的数量达到 337 架。1943 年,中美空军基本上掌握了中国境内的制空权。[1]

由于日军战线不断拉长,驻扎在中国战场的日机数量不断减少。1942 年日机驻扎中国战场数量平均为 273 架,最多时 371 架。[2] 1943 年,日机每月停在广州天河、白云等机场的最多数量约为 100 架左右,停在武汉各机场最多时超过 200 架,停在其他机场的数量更少。[3] 与此同时,日军飞机的生产能力也大大落后于盟军,特别是美军的飞机生产能力。[4]

---

[1] 袁成毅著:《抗日战争时期国民政府对日防空研究(1931—1945)》,北京:中国社会科学出版社 2016 年版,第 205、207 页。

[2] 航空委员会防空监部编:《民国三十一年度全国空袭状况之检讨》,1943 年版,第 6 页。

[3] 航空委员会防空处编:《民国三十二年度全国空袭状况之检讨》,出版时间不详,第 4—5 页。

[4] 柳澤潤「日本におけるエア・パワーの誕生と発展 1900—1945 年」、防衛省、2006 年、107 頁。

1939—1945 年日美飞机生产情况表

	1939 年	1940 年	1941 年	1942 年	1943 年	1944 年	1945 年
日本	4 467	4 768	5 088	8 861	16 693	28 180	11 066
美国	2 141	6 019	19 433	47 836	85 898	96 318	47 714

数据来源:柳澤潤『日本におけるエア・パワーの誕生と発展 1900—1945 年』、防衛省、2006 年、107 頁。

　　由上表可见,1941 年至 1944 年间,美军飞机生产能力是日本的 3 至 5 倍,数量激增。日军空中优势的丧失严重影响了日机轰炸战术的运用。在防御性进攻中,日机战术逐渐简单化,主要运用轰炸扫射、轮番轰炸和要塞轰炸等实施打击,屠杀中国平民。

　　1. 俯冲轰炸和低空扫射。俯冲轰炸和低空扫射是日机屠杀无辜群众的惯用战术。1942 年 6 月 15 日,日机轰炸江西余干县瑞洪、梅溪、南墩等地,日机投下大量炸弹,并用机枪向惊慌的人群疯狂扫射,当场炸死、枪杀群众 200 多人。[①] 1943 年 1 月 2 日,日军轰炸安徽立煌县杨家滩。上午 8 时许,突然传来飞机声,人们奔向四周山林隐避,有的就地伏下,日机发现目标后,向人群俯冲、扫射和投弹,造成无辜民众伤亡约五六百人。[②] 2 月 11 日,日军出动大批飞机轰炸河南平顶山市褚庄和武庄等。这天恰逢庙会,日机突然飞临集市上空,向地面俯冲,低飞到能碰到树梢,并用机枪向人群疯狂扫射,同时投下大量炸弹和燃烧弹,瞬间炸死平民近 300 人,

---

[①] 中共上饶市委党史工作办公室编著:《中共上饶市地方史(1925—1949)》第 1 卷,南昌:江西人民出版社 2005 年版,第 193 页。余干县志编纂委员会:《余干县志》,北京:新华出版社 1991 年版,第 671 页。

[②]《近代史资料》编辑部、中国人民抗日战争纪念馆编:《日军侵华暴行实录》3,第 375—376 页。

其中 5 户被炸成绝户。① 3 月中旬某日,18 架日机突然对云南驿机场进行袭击,投下大量炸弹,并用机枪向修机场的民工疯狂扫射,造成无辜平民死亡 2 700 多人。②

2. 轮番轰炸。轮番轰炸是日军空中杀戮无辜平民的一种残忍手段。1942 年 5 月 4 日,日军出动 54 架飞机轰炸云南保山。下午 1 时 27 分左右,27 架日机,分 3 队每队 9 架,进入市区狂轰滥炸;半个小时后,第二批 27 架日机再次进入市区轰炸。当日投下炸弹、燃烧弹以及细菌弹三四百枚,并用机枪向无辜市民反复扫射,制造了伤亡近万人的特大惨案。③ 同年 8 月 22 日,17 架日机从上午 8 时开始轰炸建瓯市区,去而复来,轮番肆虐,直到下午 3 时才分批离去,大火到晚上才被扑灭,建瓯商业地区"菁华殆尽,处处焦土,巷巷哭声"。④ 1944 年 4 月 28 日,6 架日机在河南新安县城西向一列疾驰的客运火车实施轮番轰炸,数节车厢中弹起火,造成 500 余名乘客死伤。⑤

3. 威力轰炸。日军偷袭珍珠港以后,其航空兵力需应对太平洋战场和防卫日本本土。因此,用于中国境内的航空兵力大为减弱,留在中国的飞机架数明显减少,对中国的威力轰炸次数相对降低。1942 年 8 月 22 日(农历七月十一日),17 架日机,由 1 架侦察机领头,16 架轰炸机分散到建瓯市区投掷重磅炸弹和燃烧弹,先后

---

① 中共河南省委党史工作委员会编:《侵华日军在河南的暴行》,第 45—46 页。

② 云南省课题组编著:《云南省抗战时期人口伤亡和财产损失调研成果选辑》,第 521 页。

③ 云南省课题组编著:《云南省抗战时期人口伤亡和财产损失历史简编》,北京:中共党史出版社 2013 年版,第 53,57 页。

④《近代史资料》编辑部、中国人民抗日战争纪念馆编:《日军侵华暴行实录》4,第 507—508 页。

⑤ 河南省委党史研究室编:《河南省抗日战争时期人口伤亡和财产损失》,第 396 页。

达数十枚,并低飞以机枪扫射逃难的人群。全城 20 余条街巷被焚烧。① 1943 年 2 月 17 日,80 余架日军飞机大肆轰炸洪湖百子桥、峰口、三官殿等地,投弹 800 余枚,炸死炸伤 1 300 余人,毁民房 1 520 栋。②

4. 要塞轰炸。要塞即险要之地,也常常是兵家必争之地。在现代战争中,要塞主要包括车站、机场和港口等。抗战胜利前夕,面对战争的不利形势,日机把车站和机场等作为攻击目标,造成大量无辜平民伤亡。1944 年,日军对陇海线上的火车站实施攻击,屠杀无辜群众。4 月某日,日机对河南荥阳县一火车站进行轰炸,一辆载满乘客的列车刚好经过车站,500 名乘客被炸死炸伤。③ 湖南零陵县冷水滩车站作为湘桂铁路的交通枢纽,经常遭日机狂轰滥炸,造成无辜平民被大量屠杀。1944 年 4 月 25 日,18 架日机轰炸冷水滩,造成平民死伤 900 余人。④ 7 月 19 日,27 架日机再次轰炸冷水滩,炸死无辜平民近 200 人。⑤ 8 月 13 日,18 架日机又一次轰炸冷水滩,制造了死亡上百人的惨案。⑥ 云南祥云的云南驿机场是驼峰航线上重要的中转站,对保证驼峰航线畅通运行发挥着至关重要的作用。1942 年至 1944 年间,为了切断国际社会对中国抗战的援助,日机经常空袭云南驿机场,屠杀无辜平民。1942 年 3 月某日,日军出动 28 架轰炸机、8 架零式战斗机,轰炸云南驿机场,并用

①《近代史资料》编辑部,中国人民抗日战争纪念馆编:《日军侵华暴行实录》4,第507—508页。

② 洪湖市地方志编纂委员会:《洪湖县志》,武汉:武汉大学出版社 1992 年版,第 436 页。

③ 中共河南省委党史研究室编:《河南省抗战损失调查》二,第 679 页。

④⑤⑥《湖南省零陵县空袭受损调查报表》(1946 年 8 月 20 日),湖南省档案馆藏:46-1-31。

机枪向无辜群众扫射,死亡民工 250 余人。① 6 月 26 日,日机偷袭云南驿机场,投下大量炸弹,炸死民工 300 余人。② 1943 年 5 月 29 日,日军派大量飞机轰炸云南驿机场,投下大量炸弹,并向无辜群众疯狂扫射,伤亡民工 800 余人。③ 1944 年 3 月 26 日,日军出动 54 架重型轰炸机和部分驱逐机空袭云南驿机场,投弹 300 余枚,炸死炸伤民工 1 500 余人。④

1937 年 10 月 1 日,日军作出《处理中国事变纲要》,提出通过采取军事行动"使中国迅速丧失战斗意志",要求对必要地区实施航空作战,从战争全局确立起无差别轰炸战略。侵华战争全面爆发以后,根据战争形势和兵力部署,日军把冀察和上海作为主攻方向,大举向华北、华中地区进攻,试图在较短时间内击败国民政府,实现占领中国的目的。为此,日本航空兵团的主要职责是通过飞机掩护地面部队,协同协助华北、华中陆军作战,以摧毁中国军民的抗战决心。本阶段,日机主要对交战区域实施狂轰滥炸,制造了许多重大惨案。广州武汉沦陷以后,抗战进入相持阶段,面对中国军民的顽强抵抗,日本军国主义调整侵华方针,确立起"政治诱降为主、军事进攻为辅"的政策。根据日本侵华的总方针,为实现以炸迫降的目标,日军航空兵团把攻击中国政略中枢和战略要地作为主要任务。战争恐怖气氛从前线席卷到后方,日机在抗战大后

① 政协祥云县委员会主编:《祥云文史资料》第 1 辑,1991 年版,第 119 页。

②《呈昆明行营鉴核关于云南驿机场被炸伤亡民工抚恤记录案事》(1943 年 7 月 5 日),云南省档案馆藏:106 - 3 - 1549 - 160 - 161。

③ 云南省祥云县志编纂委员会编纂:《祥云县志》,北京:中华书局 1996 年版,第 18 页。

④ 云南省课题组编著:《云南省抗战时期人口伤亡和财产损失调研成果选辑》,第 550 页。

方制造了大量重大惨案。太平洋战争爆发后，日军调动大量航空力量投入"南进"战略。美国对日宣战，中美结成反法西斯同盟，日本空军在中国战场的优势逐渐丧失。此外，美国成功对日本本土实施轰炸。针对这种情况，日军大本营把防御本土空袭，协同地面部队打通中国大陆交通线作为航空作战的指导方针，对中国重点机场和重要交通沿线城市实施空中打击，制造大量重大惨案，以此作最后垂死挣扎。总之，日军无差别轰炸战略的确立及其演进始终都是围绕日军侵华总目标展开的。换言之，日军无差别轰炸战略的"变化"，其本质上体现了日本军国主义为灭亡或殖民中国而采取的不同方式。此外，侵华日军无差别轰炸战略"变化"的原因还包括：日本对华陷入持久作战的泥潭，特别是发动太平洋战争，日军战线拉得太长，无力承担巨大的战争消耗；第二次世界大战的范围不断扩大、强度不断加深，特别是世界反法西斯力量日益增强，使日军对华战争面临的国际形势变得更为复杂和多变；通过精神动员与资源开发，中国战争潜力得到不断挖掘，日军对华方针屡遭失败。这些因素推动了日军无差别轰炸战略的演变。

　　"战术只有以战略、战役法为指导，才能符合全局的要求，使其得到正确地运用和不断地发展。"①日军航空兵团根据大本营无差别轰炸战略实施空中作战。在不同历史阶段，日机轰炸战术呈现显著特征。抗战全面爆发后，日本航空兵团为协助配合地面部队作战，采取俯冲轰炸和低空扫射、轮番轰炸、威力轰炸、游击轰炸等战术，其手段极其残酷。在抗战相持阶段，轰炸中国政略中枢和战略要地成为日军空袭的基本遵循。基于此，日机实施俯冲轰炸和低空扫射、轮番轰炸、大编队机群轰炸、队形轰炸、疲劳轰炸、威力

---

① 总参谋部军训部：《战术学基础》，第5页。

轰炸、游击轰炸和生化轰炸等战术，轰炸战术多样、野蛮。太平洋
战争爆发后，日本航空兵团以防御日本本土被空袭和协助地面部
队作战为中心任务，以俯冲轰炸和低空扫射、轮番轰炸为主，战术
更为简单，重点突袭要塞。通过对阶段性特征梳理和考察，可以清
楚地发现，日军无差别轰炸战术体现"常态"与"变化"的总体特征。
这种"常态"体现出的逻辑：不管是轰炸战略还是轰炸战术都服务
于、服从于日军侵华的总目标。因此，俯冲轰炸、低空扫射和轮番
轰炸等战术贯穿整个抗战时期，在这些战术下，日军屠杀了大量的
无辜群众，制造了许多重大惨案，体现了日本军国主义的残酷和野
蛮。这种"变化"体现：战略战术运用的决定因素在于敌我力量对
比。抗战前期和中期，日军航空兵力在数量和质量上与中国悬殊，
日机在轰炸战术选择上变化多端、狡诈、凶狠。相反，太平洋战争
爆发后，盟军航空力量在中国战场优势明显。因此，日机在战场上
更为被动，轰炸战术很难做到出其不意。

第二章　重大惨案的史实梳理与考察

1931年"九一八"事变的爆发,拉开了日本帝国主义侵略中国的序幕。同年10月8日,日军首次使用飞机对中国锦州实施无差别轰炸,造成平民死伤数十人。自此到抗战胜利,日军飞机对中国1000多个城镇实施无差别轰炸,造成的惨案不计其数。本章根据档案馆馆藏档案、档案馆编辑的档案资料、地方志、文史资料、中共党史出版社出版的各地抗日战争时期人口伤亡和财产损失资料等,梳理出全国的"重大惨案"为394次,并分布在212个县及院辖市。

全面抗战爆发以前,日军无差别轰炸制造的重大惨案有2次。日军占领东北后,为了转移国际视线,1932年1月28日,日机对上海闸北区等地的机关、工厂和居民区进行狂轰滥炸,在闸北、江湾等地炸死平民1208人、炸伤531人、失踪763人。① 1933年1月至5月,日本发动长城战役。为了配合长城战役,4月16日上午8时至9时,日军出动双引擎重型轰炸机18架,轮番轰炸密云县城及附

---

① 张国松:《抗战初期南京国民防空教育述略》,《档案与建设》2014年第5期,第60页。

近村庄,炸死烧死平民 250 余人。①

全面抗战爆发以后,日机在中国各地先后制造了 392 次重大惨案,大体分为三个阶段。本章按照行政大区分阶段对这些重大惨案进行梳理和考察。因为抗战时期中国的行政区划和今天的行政区划相比,变化极大,本书依据任白戈、张冰《中国地理读本第1—4 分册》(华北新华书店,1941—1943 年)和傅林祥、郑宝恒《中国行政区划通史　中华民国卷》(复旦大学出版社,2007 年)的划分标准,将战时中国的行政大区分为:东北地区、西北地区、西北高原地区、华北地区、华中地区、华南地区和西南地区。东北地区包括辽宁、吉林、黑龙江和热河,该区域沦陷较早,没有发生重大惨案。西北高原区包括青海、新疆、西藏和外蒙古,该区域没有遭受日机轰炸。其余大区,即华北地区、西北地区、华中地区、华南地区和西南地区,均有重大惨案发生。

第一节　次数激增、地域拓宽:1937 年 7 月—1938 年 12 月

1937 年 7 月 7 日,日军在北平西南的卢沟桥附近进行军事演习,并以一位士兵"失踪"为借口,发动了震惊中外的"卢沟桥事变",标志着日本侵华战争全面爆发。8 月 15 日,日本政府发表《惩罚中国的暴戾、促使南京政府醒悟的声明》,一面入侵华北、蒙疆,一面进攻上海和南京。② 1938 年 10 月底,广州、武汉沦陷,抗日战

---

① 中共密云县委党史办公室、密云县档案局等编:《密云地区抗日斗争史料选编》下,出版社不详,2005 年版,第 565—567 页。北京市委党史研究室编:《北京市抗日战争时期人口伤亡和财产损失》,北京:中共党史出版社 2014 年版,第 34 页。

② 日本防卫厅防卫研究所战史室著:《中国事变陆军作战史》第 2 卷第 2 分册,第 66—67 页。

争进入了相持阶段。日本"速战速决"灭亡中国的计划破产,被迫调整对华策略,放弃对正面战场进行大规模的军事进攻。大本营也开始积极部署对大后方的政略轰炸。1938 年底,日军开始对大后方进行试探性的轰炸。在本阶段,日军派出大量侦察机、战斗机和轰炸机相互策应,积极配合地面作战部队,对战区及周边地区实施无差别轰炸,制造了 170 次重大惨案。与局部抗战时期的重大惨案相比,本阶段重大惨案的次数急剧增长、涉及地域明显拓宽。

一、华北:较早沦陷,次数有限

抗战时期,华北地区包括绥远省、察哈尔省、河北省、山西省、山东省以及北平市、天津市、青岛市和威海卫行政区。从全面侵华战争开始至 1938 年底,日军在华北地区主要发动了平津战役(1937 年 7 月 25 日—30 日)、太原会战(1937 年 9 月 11 日—11 月 8 日)、台儿庄战役(1938 年 3 月 14 日—4 月 7 日)和徐州会战(1937 年 12 月下旬—1938 年 5 月底)。日军航空队积极配合地面作战部队,对华北地区实施无差别轰炸,制造了 9 次重大惨案。

天津是华北地区的工商业中心,也是日本入侵华北的大本营、日军发动卢沟桥事变的指挥中心。1937 年 7 月 28 日,日军向平津地区的二十九军发起进攻,并在攻占天津的过程中,首先对市区进行无差别狂轰滥炸。7 月 29 日,日机一整天对天津实施滥炸,南开大学被毁,市民死难者达 2 000 人。日军利用空中优势在配合地面部队进攻中发挥了巨大作用,7 月 30 日天津失陷。

天津市重大惨案情况表

序号	名称	地点	日机数及投弹数	伤亡人数	备注
1	1937 年天津"7·29"大惨案	天津市		死亡 2 000 人①	

　　天津沦陷后，日军沿着津浦铁路继续南犯，开始津浦铁路北段作战。景县南靠德州，北邻京津，西近石家庄，地理位置十分重要。1937 年 9 月 26 日，景县城大集，日机肆意轰炸、扫射赶集人群，景县沦陷。

河北省重大惨案情况表

序号	名称	地点	日机数及投弹数	伤亡人数	备注
1	1937 年景县"9·26"大惨案	景县		死亡 110 余人，受伤 190 余人②	此日为景县大集

　　山西省东临河北，西临陕西，南接河南，北连内蒙，省会为太原，汾河贯穿全省。山西雄踞华北西部，俯瞰中原，有重要的战略地位。1937 年 7 月 7 日，日军开始全面侵华战争。同年 8 月开始对山西展开疯狂的进攻，并叫嚣 1 个月占领山西，3 个月灭亡中国。9 月，为夺取太原，日军一路沿同蒲铁路南下，一路沿正太铁路西进，两路日军相互策应。同蒲路、太汾路及介休车站等出现大量难民，日军对其大肆轰炸，酿成惨案。

---

① 刘景山主编：《侵华日军大屠杀暴行》，北京：人民日报出版社 2005 年版，第 19 页。
　《津市被炸惨状》，上海《申报》，1937 年 8 月 9 日，第 4 版。
② 《近代史资料》编辑部、中国人民抗日战争纪念馆编：《日军侵华暴行实录》2，第 42 页。
　景县志编纂委员会编：《景县志》，天津：天津人民出版社 1991 年版，第 32 页。

山西省重大惨案情况表

序号	名称	地点	日机数及投弹数	伤亡人数	备注
1	1937年太原"11·6"大惨案	介休火车站等地		死亡600人①	
2	1938年阳城"2·21"大惨案	阳城	日机2架	死亡270余人②	

　　山东省位于中国东部沿海,包括半岛和内陆。山东半岛伸入渤海、黄海。内陆从北向南分别与河北、河南、安徽、江苏四省接壤,有重要的战略地位,自古以来是兵家必争之地。抗战期间,台儿庄战役、徐州战役均在山东打响,其周边地区也难以幸免。比如,徐州会战后期作战中,日军对峄县、金乡都发起了进攻。日军飞机则积极配合,四处出击,山东地区发生5次重大惨案。

---

① 山西省委党史办公室编:《山西省抗日战争时期人口伤亡和财产损失》,北京:中共党史出版社2017年版,第581页记载:11月初,日机轰炸太汾路汾河边及介休车站,炸死难民五六百人。《空中魔鬼屠我难民》,南京《中央日报》,1937年11月10日,第2版记载:11月1日起,同蒲路和太汾路难民大量涌现,日机肆意向难民轰炸,仅汾河边和介休车站,就有五六百难民惨遭屠杀。张全盛、武胜利:《日军侵晋重大暴行记》,《山西文史资料》编辑部:《山西文史资料全编》第9卷(第97辑—108辑),1998年版,第107页记载:11月9日,日机在汾阳、介休两县一带狂轰滥炸,炸死百姓600多人。山西省介休市志编纂委员会:《介休市志》,北京:海潮出版社1996年版,第522页记载:11月6日,日军飞机轰炸介休火车站和张兰镇。综合以上资料,这次惨案伤亡人数记载一致,惨案发生时间有的模糊记载,仅有地方志和文史资料载有确切日期,笔者认为地方志相对文史资料更为可信。
② 张全盛、武胜利:《日军侵晋重大暴行记》,《山西文史资料》编辑部:《山西文史资料全编》第9卷(第97—108辑),1998年版,第109页。

山东省重大惨案情况表

序号	名称	地点	日机数及投弹数	伤亡人数	备注
1	1937 年朝城"12·10"大惨案	朝城县城		死亡 100 多人①	
2	1938 年峄县"4·14"大惨案	老和尚寺		死亡 600 余人,受伤 1 000 余人②	农历三月十四
3	1938 年金乡"5·11"大惨案	金乡县	日机 1 架,投弹 3 枚	死亡 117 人,受伤 174 人③	农历四月十二,金乡县鸡黍古会
4	1938 年日照"5·12"大惨案	日照县南湖村	日机 5 架	死亡 673 人,受伤 273 人④	南湖村大集,集上:死亡 468 人,受伤无数。庄里:死亡 169 人,受伤 273 人

① 山东省委党史研究室编:《山东省抗日战争时期人口伤亡和财产损失》,北京:中共党史出版社 2017 年版,第 669 页。

② 政协枣庄市峄城区文史资料委员会:《峄城文史资料》第 2 辑,1990 年版,第 117—119 页。《近代史资料》编辑部、中国人民抗日战争纪念馆编:《日军侵华暴行实录》3,第 243—244 页。山东省委党史研究室编:《山东省抗日战争时期人口伤亡和财产损失》,第 16 页。

③《近代史资料》编辑部、中国人民抗日战争纪念馆编:《日军侵华暴行实录》3,第 252 页。中共金乡县委党史资料征集研究委员会编:《中共金乡县党史大事记》(1927 年 5 月—1949 年 9 月),济宁:山东省出版总社济宁分社 1988 年版,第 33—34 页。

④《近代史资料》编辑部、中国人民抗日战争纪念馆编:《日军侵华暴行实录》3,第 245—247 页。山东省档案馆、山东社会科学院历史研究所合编:《山东革命历史档案资料选编》第 17 辑,济南:山东人民出版社 1984 年版,第 200 页。

续表

序号	名称	地点	日机数及投弹数	伤亡人数	备注
5	1938年莒县"5·30"大惨案	刘家庄	日机2架，投弹3枚	死亡283人①	五月初二，刘家庄大集

二、华中：战略要地，数量领先

抗战时期，华中地区包括河南省、湖北省、湖南省、江西省、安徽省、江苏省、浙江省和上海市、南京市、汉口市。九一八事变后，日本帝国主义加紧实施侵占中国的计划。华中地区在中国有重要的政治、经济和军事地位。同时，华中地区北连华北，南接华南，既是日军物资掠夺的主要地区，又是其南进的重要基地。因此，华中地区是侵华日军战略进攻的重点区域，日军飞机在配合该地区地面部队进攻中"功劳卓著"。日军在该区域实施的无差别轰炸造成重大惨案高达138次，占总数的35.03％，具体各省市的重大惨案分布情况如下。

上海位于太平洋西岸，中国南北海岸的中点，长江入海处。上海是近代中国的政治、经济和文化中心，是国民政府行政院直辖市。同时，上海也是日本发动侵略战争的重灾区。早在淞沪会战期间，日军飞机就开始对上海实施无差别轰炸，上海市民、难民，甚至外籍人士都难以幸免。对于1937年上海"八一四"大惨案和上海"八二三"大惨案，中外史料记载不一致，中方档案记载为日军所

① 赵维东等编著：《山东抗战纪事》，济南：山东人民出版社2015年版，第52页。政协莒南县文史资料委员会编：《莒南文史资料》第1辑，济南：山东省出版总社临沂分社1989年版，第123页。《近代史资料》编辑部、中国人民抗日战争纪念馆编：《日军侵华暴行实录》3，第244—245页。

为,美国国家档案馆馆藏资料记载是中国军队所为,真相难以确定,因此本书没有收录。上海本阶段能确定的重大惨案有2次。

上海市重大惨案情况表

序号	名称	地点	日机数及投弹数	伤亡人数	备注
1	1937年上海"8·28"大惨案	上海南北车站	日机12架,投弹8枚	死亡七八百人,受伤无数①	
2	1937年上海"9·5"大惨案	上海	日机晨7时16架,10时2架	死亡100余人,受伤300余人②	

　　南京地处中国东部,长江下游。1927年国民政府成立,设南京为特别市,属中央政府管辖。抗战时期,南京为国民政府的首都,抗战的政治、军事指挥中枢。"一·二八"事变中,日军飞机的轰炸直接威胁到了南京的安全,国民政府高度重视南京的防空问题。为确保指挥中枢的安全,积极防空方面,地面防空部队重点保卫南京,将高射炮、机关枪重点配置在南京;消极防空方面,防空大演习、对民众的防空训练都始于南京。尽管日军飞机对南京实施狂轰滥炸,但是鉴于国民政府对首都南京防空的重视,日军制造的重大惨案相对较少。

----

① 《立报》,1937年8月29日。转引自章伯锋、庄建平主编:《抗日战争·第七卷·侵华日军暴行日志》,成都:四川大学出版社1997年版,第158页。

② 《立报》,1937年9月6日。转引自上海社会科学院历史研究所编:《"八一三"抗战史料选编》,上海:上海人民出版社1986年版,第82—83页。另据上海县县志编纂委员会编:《上海县志》,上海:上海人民出版社1993年版,第334页记载:死伤300人,其统计地点为北新泾和周家桥地区。《立报》除以上两地区外还统计了陈家渡,更为完整。

南京市重大惨案情况表

序号	名称	地点	日机数及投弹数	伤亡人数	备注
1	1937年南京"9·22"大惨案	南京	日机6架，投弹41枚	死亡100余人①	
2	1937年南京"9·25"大惨案	南京	日机96架，投弹500余枚	伤亡600人②	

河南省地处中国中部，东接安徽、山东，北界河北、山西，西接陕西，南临湖北，是连接东南西北的交通枢纽，在抗战中具有重要的战略地位。1937年8月，日军发起平汉铁路北线作战。安阳地处平汉线上，是日军进入河南的要冲，11月4日，日军集中力量进攻安阳。1938年2月，日军发动豫北战役。5月19日，徐州陷落，日本华北方面军集中兵力沿陇海线西进。日军飞机积极配合地面部队，大肆屠杀中国人民。本阶段河南发生重大惨案17次。

河南省重大惨案情况表

序号	名称	地点	日机数及投弹数	伤亡人数	备注
1	1937年安阳"10·13"大惨案	安阳	日机5架	死亡上千人③	

---

① From Nanjing to Washington Telegram（September 22，1937），Relating of Political Relations Between China and Japan，1930—1944，File Number：793.94/10204.《被轰炸者逾三十处下关难民收容所与新住宅区亦被炸》，上海《申报》，1937年9月23日，第1版。记载：第一次日机50余架，第二次15架，第二次轰炸难民收容所，致难民死亡100人以上。

② 江苏省委党史工作办公室编：《江苏省抗日战争时期人口伤亡和财产损失》，第418页。[日]前田哲男著：《从重庆通往伦敦、东京、广岛的道路：二战时期的战略大轰炸》，第35页。

③《近代史资料》编辑部、中国人民抗日战争纪念馆编：《日军侵华暴行实录》2，第473页。安阳县志编纂委员会编：《安阳县志》，北京：中国青年出版社1990年版，第742页。中共河南省委党史工作委员会编：《侵华日军在河南的暴行》，郑州：河南人民出版社1989年版，第21—22页。

续表

序号	名称	地点	日机数及投弹数	伤亡人数	备注
2	1938年郑县"2·14"大惨案	郑县	日机10余架，投弹30余枚	伤亡500余人①	即郑州
3	1938年中牟"3·9"大惨案	中牟白沙火车站	日机8架	死亡200人②	日机2架，随后6架
4	1938年林县"4·15"大惨案	林县	日机6架	死亡300余人③	
5	1938年夏邑"5·13"大惨案	夏邑县	日机13架	死亡203人④	
6	1938年确山"5·20"大惨案	驻马店市区	日机18架	死亡1 500余人⑤	驻马店为确山县辖市

① 《敌机昨狂炸郑州毁屋数百间死伤五百余》，汉口《中央日报》，1938年2月15日，第2版。另据王永川：《日寇首次轰炸郑州目击记》，政协河南省郑州市委员会文史资料研究委员会编：《郑州文史资料》第3辑，1987年版，第35—36页，该文记载正月十六（2月15日），日机18架，死亡千余人，死伤数千人。结合多篇报纸报道，显然当事人回忆的时间是不对的，《中央日报》的伤亡数据是惨案当日统计数据，文史资料为当事者后来回忆数据，两者相比，报纸相对可信。

② 河南省中牟县地方志编纂委员会编：《中牟县志》，北京：生活·读书·新知三联书店1999年版，第275页。

③ 《近代史资料》编辑部、中国人民抗日战争纪念馆编：《日军侵华暴行实录》2，第538页。中共林县县委党史资料征编委员会编：《中共林县党史资料》第7辑，1987年版，第205页。

④ 中共河南省委党史研究室编：《河南省抗战损失调查》二，第488页。中共河南省委党史工作委员会编：《侵华日军在河南的暴行》，第128页记载：200余人被炸死。一者统计伤亡数据，一者统计死亡数据，两者不矛盾。

⑤ 河南省驻马店市史志编纂委员会编：《驻马店市志》，郑州：河南人民出版社1989年版，第15页。中共河南省委党史工作委员会编：《侵华日军在河南的暴行》，第217—218页。

续表

序号	名称	地点	日机数及投弹数	伤亡人数	备注
7	1938 年确山"5·21"大惨案	驻马店	日机 24 架	伤亡 500 余人①	
8	1938 年确山"5·22"大惨案	驻马店机场、段庄	日机 18 架	死亡 200 余人②	
9	1938 年郑县"5·27"大惨案	郑县	上午 7 时许,日机 1 架;8 时许,10 架;10 时许,7 架;下午 2 时许,3 架;4 时架数不详。投弹五六十枚	死亡 100 余人,伤数十人③	即郑州
10	1938 年中牟 5 月某日大惨案	中牟火车站		死亡 100 余人④	

---

① 《驻马店砀山难民遍野》,汉口《申报》,1938 年 5 月 25 日,第 2 版。《驻马店美教堂被炸》,汉口《申报》,1938 年 5 月 29 日,第 1 版。

② 河南省驻马店市史志编纂委员会编:《驻马店市志》,第 15 页。中共河南省委党史研究室编:《河南省抗战损失调查》三,北京:中共党史出版社 2010 年版,第 532 页。

③ 《敌机昨袭郑并狂炸粤两铁路》,汉口《申报》,1938 年 5 月 28 日,第 1 版。

④ 中牟县地方志编纂委员会编:《中牟县志》,第 275 页。中共河南省委党史研究室编:《河南省抗战损失调查》二,第 674 页。

续表

序号	名称	地点	日机数及投弹数	伤亡人数	备注
11	1938 年中牟夏季大惨案	中牟陇海铁路及白沙车站	日机 7 架	死亡 505 人①	死难民乘客 500 人、村民 5 人
12	1938 年信阳"7·6"大惨案	信阳县火车站	日机 9 架	死伤乘客 800 余人，居民数百人②	
13	1938 年商城"8·13"大惨案	商城	日机 3 架，毒瓦斯炸弹 10 枚	死亡 30 余人，中毒 500 余人③	
14	1938 年漯河"9·10"大惨案	漯河火车站附近荾白坑	日机 9 架	死亡 200 余人，受伤 50 余人④	

① 中共河南省委党史研究室编:《河南省抗战损失调查》二,第 674 页。中牟县地方志编纂委员会编:《中牟县志》,第 20 页记载:炸死难民、乘客数百人。两组数据并不矛盾,第一组数据更为精确。

② 彭明生主编:《倭戮略:侵华日军制造的大屠杀事件罪行辑录》,广州:中山大学出版社2015 年版,第 242 页。

③ 河南省委党史研究室编:《河南省抗日战争时期人口伤亡和财产损失》,第 379 页。

④ 河南省委党史研究室编:《河南省抗日战争时期人口伤亡和财产损失》,第 380 页。政协漯河市委员会文史资料委员会编:《漯河文史资料》第 6 辑《抗日战争专辑》,1995年版,第 1—3 页。此年闰七月,农历前七月初七为 8 月 12 日,闰七月初七为 9 月 10日,作者考证采纳农历闰七月初七,即 9 月 10 日。

序号	名称	地点	日机数及投弹数	伤亡人数	备注
15	1938 年信阳"9·29"大惨案	信阳	日机 200 余架次,投弹千余枚	伤亡 1 000 人①	
16	1938 年光山"10·6"大惨案	光山县城	日机 18 架	死亡 400 余人②	
17	1938 年桐柏"10·13"大惨案	桐柏县城、月河	日机数架	县城死亡 100 余人、月河村民死亡 100 余人③	

　　湖北位于长江中游,东连安徽,南邻江西、湖南,西连重庆,西北邻陕西,北接河南,是连接东南西北的交通枢纽。省会武汉堪称"东方芝加哥",长期为日本所觊觎。全面抗战爆发以后,日军飞机开始轰炸湖北,自 1937 年 8 月 20 日,日机轰炸孝感等地开始,至 1938 年 7 月 19 日,日军地面部队入侵黄梅县境止,为日军单纯轰炸阶段。其后,日军地面部队自西向东进攻湖北,占领武汉,此阶段,日军飞机积极配合地面作战部队,对湖北狂轰滥炸,制造了 50

---

① 中央党史研究室第一研究部编:《抗日战争时期全国重大惨案》6,北京:中共党史出版社 2014 年版,第 159 页。河南省委党史研究室编:《河南省抗日战争时期人口伤亡和财产损失》,第 42 页。

② 河南省委党史研究室编:《河南省抗日战争时期人口伤亡和财产损失》,第 380 页。

③ 桐柏县地方史志编纂委员会编:《桐柏县志》,郑州:中州古籍出版社 1995 年版,第 30—31 页。《近代史资料》编辑部、中国人民抗日战争纪念馆编:《日军侵华暴行实录》2,第 588—589 页。

次重大惨案,其中 37 次重大惨案发生在武汉会战阶段。

湖北省重大惨案情况表

序号	名称	地点	日机数及投弹数	伤亡人数	备注
1	1937 年汉阳"9·14"大惨案	汉阳	日机数十架,投燃烧弹数十枚	死亡 2 000 人,受伤 350 余人①	
2	1937 年武昌"9·17"大惨案	武昌	日机 100 余架,投弹 80 余枚	死亡 800 余人,受伤 1 000 余人②	
3	1937 年武汉"9·24"大惨案	汉口、汉阳		汉口死亡 112 人,受伤 112 人;汉阳死亡 189 人,受伤 378 人③	
4	1937 年汉阳 11 月大惨案	汉阳	日机 10 余架	死亡 300 余人,受伤 90 余人④	11 月某日

---

① 中央档案馆、湖北省档案馆编:《侵华日军在湖北暴行史料》,第 31—32 页。

② 中央档案馆、湖北省档案馆编:《侵华日军在湖北暴行史料》,第 24 页。

③ 湖北省委党史研究室编:《湖北省抗日战争时期人口伤亡和财产损失》,第 391—392 页。武汉地方志编纂委员会主编:《武汉市志》"大事记",武汉:武汉大学出版社 1990 年版,第 120 页记载,死伤 800 余人。两者数据一致,取精确数据。

④ 中央档案馆、湖北省档案馆编:《侵华日军在湖北暴行史料》,第 32 页。

序号	名称	地点	日机数及投弹数	伤亡人数	备注
5	1938 年武汉"3·27"大惨案	武昌、汉口	日机 70 架，投弹 141 枚	死亡 100 余人，受伤 156 人①	
6	1938 年汉阳"3·29"大惨案	汉阳大别镇、鹦鹉镇	大别镇：日机 5 架，投弹 20 余枚；鹦鹉镇：日机 2 架	大别镇死亡 130 余人，受伤 300 余人；鹦鹉镇伤亡 400 余人②	
7	1938 年汉阳"4·13"大惨案	汉阳县大别镇	日机 9 架	死亡 240 余人③	

---

① 武汉地方志编纂委员会主编：《武汉市志》"军事志"，武汉：武汉大学出版社 1992 年版，第 409 页；《敌机昨狂炸武汉》，长沙《中央日报》，1938 年 3 月 28 日，第 2 版。此外，湖北省委党史研究室：《湖北省抗日战争时期人口伤亡和财产损失》，第 393 页记载：日机 48 余架，投弹 151 枚，死亡 150 人，受伤 183 人。因新闻报道与地方志数据相同，而《湖北省抗日战争时期人口伤亡和财产损失》统计出处不详，故采地方志和报纸的数据。

② 汉阳县志编纂委员会主编：《汉阳县志》，武汉：武汉出版社 1989 年版，第 159 页。湖北省档案馆藏：LS3-4-5478，第 24 页。转引自：中央档案馆、湖北省档案馆编：《侵华日军在湖北暴行史料》，第 33 页。

③ 中央档案馆、湖北省档案馆编：《侵华日军在湖北暴行史料》，第 528 页。汉阳县县志编纂委员会主编：《汉阳县志》，第 159 页记载：日机 3 架。本书选择档案资料数据。

续表

序号	名称	地点	日机数及投弹数	伤亡人数	备注
8	1938 年武汉"4·29"大惨案	汉口、汉阳	日机 39 架,在汉口投弹 6 枚,汉阳投弹 86 枚,武昌投弹 4 枚	汉口受伤 2 人;汉阳死亡 136 人,受伤 119 人;武昌受伤 6 人①	
9	1938 年宜昌"6·21"大惨案	宜昌	上午日机 6 架,下午 1 批	死亡 211 人②	炸死 11 人、烧死 200 余人
10	1938 年蕲春"7·9"大惨案	蕲春李家洲	日机 3 架	死亡 100 余人③	
11	1938 年武昌"7·12"大惨案	武昌	日机 30 架,投弹 150 余枚	死亡 200 余人,受伤 400 余人④	

① 湖北省委党史研究室编:《湖北省抗日战争时期人口伤亡和财产损失》,第 394 页。另外,《襄河附近惨遭轰炸死伤民众约三百人》,长沙《中央日报》,1938 年 4 月 30 日,第 2 版报道:炸死平民 170 余人,伤 120 余人。报道数据是惨案发生的第二天,可能存在统计不准确。因此,笔者采用第一种说法。

② 中央档案馆、湖北省档案馆编:《侵华日军在湖北暴行史料》,第 318 页。

③ 湖北省委党史研究室编:《湖北省抗日战争时期人口伤亡和财产损失》,第 395 页。

④《八年血债》(一)(1975 年 6 月),台北"国史馆"藏,蒋中正总统文物:002 - 090200 - 00025 - 047。另外,湖北省委党史研究室编:《湖北省抗日战争时期人口伤亡和财产损失》,第 395 页记载:7 月 12 日上午 10 时 30 分,日机 42 架在武昌市区、南湖飞机场附近、三道街、双柏庙、巡逻岭、忠孝门、长湖堤等处投弹。在警察局第三分局辖区投弹 55 枚,死 56 人,伤 40 人。在警察局第四分局辖区投弹 85 枚,死亡 104 人,伤 226 人。武汉地方志编纂委员会主编:《武汉市志》"军事志",第 409 页记载:7 月 12 日,日机轰炸武昌三道街、双柏庙、忠孝门、长湖堤等处,炸死 173 人,炸伤 308 人。中央党史研究室第一研究部、中国第二历史档案馆编:《国民政府档案中有关抗日战争时期人口伤亡和财产损失资料选编·1》,北京:中共党史出版社 2014 年版,第 8 页记载:日机 42 架,投弹 134 枚,死 173 人,伤 308 人。由于无法考证上述地方志和档案选编的数据来源,而武昌发给蒋介石电报是在惨案发生后第 14 日,故采用"国史馆"档案数据。

续表

序号	名称	地点	日机数及投弹数	伤亡人数	备注
12	1938年浠水"7·12"大惨案	浠水县城	日机9架,投弹90余枚	死亡200余人,受伤500余人①	
13	1938年广济"7·13"大惨案	广济县城梅川东门	日机4架	死亡200余人②	
14	1938年浠水"7·17"大惨案	浠水	日机18架,投弹55枚	死亡165人,受伤125人③	
15	1938年武汉"7·19"大惨案	武汉		伤亡1000余人④	
16	1938年蕲春"7·20"大惨案	蕲春县城	日机9架,投燃烧弹100余枚	伤亡500余人⑤	

---

① 《敌机轰炸次数统计表》,《浠水县抗战史料》,湖北省档案馆藏:LS3-5-5471,第47、45—46页。

② 湖北省委党史研究室编:《湖北省抗日战争时期人口伤亡和财产损失》,第396页。

③ 中央党史研究室第一研究部、中国第二历史档案馆编:《国民政府档案中有关抗日战争时期人口伤亡和财产损失资料选编·1》,第37页。

④ 武汉地方志编纂委员会主编:《武汉市志》"大事记",第129页。

⑤ 钟亭华:《日军在鄂暴行综述》,政协湖北省委员会文史资料研究委员会编:《湖北文史资料》第1辑《纪念抗日战争胜利50周年史料专辑》,1995年版,第205页。湖北省档案馆藏:LS3-5-5473,第24页,转引自中央档案馆、湖北省档案馆编:《侵华日军在湖北暴行史料》,第528页。

续表

序号	名称	地点	日机数及投弹数	伤亡人数	备注
17	1938年咸宁"7·27"大惨案	咸宁县永安镇	日机6架	伤亡520余人①	
18	1938年武昌"7·27"大惨案	武昌徐家棚	日机80余架	死亡400余人②	
19	1938年宜城"8·1"大惨案	宜城县城	日机9架，投弹50余枚	伤亡500余人③	
20	1938年武汉"8·11"大惨案	武昌、汉阳	日机70余架，在汉阳投弹170余枚	死亡124人，受伤556人④	
21	1938年武汉"8·12"大惨案	汉口、武昌	投弹300余枚	死亡1 300余人，受伤600余人⑤	
22	1938年阳新"8·13"大惨案	阳新县城	日机12架	伤亡1 400多人⑥	

---

① 中央档案馆、湖北省档案馆编：《侵华日军在湖北暴行史料》，第123页。

② 中央档案馆、湖北省档案馆编：《侵华日军在湖北暴行史料》，第528页。

③ 中央档案馆、湖北省档案馆编：《侵华日军在湖北暴行史料》，第528页。湖北省委党史研究室编：《湖北省抗日战争时期人口伤亡和财产损失》，第396—397。

④ 武汉地方志编纂委员会主编：《武汉市志》"军事志"，第409页。武汉地方志编纂委员会主编：《武汉市志》"大事记"，第130页记载：民众死伤500余人。两组数据均出自地方志，本书取精确数据。

⑤ 中央档案馆、湖北省档案馆编：《侵华日军在湖北暴行史料》，第10页。另外，武汉地方志编纂委员会主编：《武汉市志》"军事志"，第409页记载：日机72架狂轰乱炸武昌徐家棚、水陆街、文昌门及汉口江岸车站，炸死447人，炸伤728人。笔者认为第一则档案材料更可信。

⑥ 湖北省委党史研究室编：《湖北省抗日战争时期人口伤亡和财产损失》，第398页。

续表

序号	名称	地点	日机数及投弹数	伤亡人数	备注
23	1938 年蕲春"8·15"大惨案	蕲春县蕲州	日机 9 架，投弹 100 余枚	伤亡 500 余人①	
24	1938 年武汉"8·16"大惨案	汉阳、汉口、武昌	日机 81 架，投弹 287 枚	死亡 124 人，受伤 357 人②	汉口死 30 人，伤 36 人；汉阳死 68 人，伤 189 人；武昌死 26 人，伤 132 人
25	1938 年广济"8·19"大惨案	广济大法寺乡	日机 40 余架	伤亡 600 余人③	
26	1938 年大冶"8·27"大惨案	大冶城关		死亡 300 余人④	
27	1938 年京山"8·29"大惨案	京山县城	日机 56 架	伤亡 3 000 余人⑤	70 余户成绝户
28	1938 年广济 9 月大惨案	广济梅川镇	日机 10 余架至二三十架	死亡 200 余人⑥	9 月 2 日至 5 日

---

① 湖北省委党史研究室编:《湖北省抗日战争时期人口伤亡和财产损失》,第 398 页。

② 湖北省委党史研究室编:《湖北省抗日战争时期人口伤亡和财产损失》,第 398—399 页。

③ 湖北省委党史研究室编:《湖北省抗日战争时期人口伤亡和财产损失》,第 399 页。

④ 政协黄石市委员会文史资料工作委员会编:《黄石文史资料》第 8 辑《纪念抗日战争胜利四十周年专辑》,1985 年版,第 83 页。

⑤ 中央档案馆、湖北省档案馆编:《侵华日军在湖北暴行史料》,第 241 页。此外,湖北省委党史研究室编:《湖北省抗日战争时期人口伤亡和财产损失》,第 400 页记载:炸死 2 000 余人,炸伤 3 000 余人,可掩埋的遗体 1 964 具。此次惨案笔者选取档案数据。

⑥ 湖北省武穴市地方志编纂委员会编:《广济县志》,上海:汉语大辞典出版社 1994 年版,第 285 页。

续表

序号	名称	地点	日机数及投弹数	伤亡人数	备注
29	1938 年蕲春"9·14"大惨案	蕲春县城蕲州	日机 9 架,投弹 100 余枚	伤亡 500 余人①	
30	1938 年武汉"9·17"大惨案	武汉市区	日机 100 余架	死亡 800 余人,受伤 1 000 余人②	
31	1938 年大冶 9 月大惨案	大冶县城及周边	投弹 259 枚	伤亡 600 余人③	9 月 24 日至 28 日
32	1938 年麻城"9·24"大惨案	麻城宋埠镇	日机 27 架	死亡 200 余人,伤无数④	
33	1938 年黄陂 9 月大惨案	黄陂县城	日机 12 架	伤亡 600 余人⑤	9 月 24 日至 29 日
34	1938 年孝感 9 月大惨案	孝感花园镇	日机 30 余架	伤亡 1 000 余人⑥	9 月 26 日至 28 日

① 政协湖北省蕲春县委员会文史委员会编:《蕲春文史资料》第 1 辑《纪念抗日战争爆发五十周年专辑》,1987 年版,第 129—130 页。
② 中央档案馆、湖北省档案馆编:《侵华日军在湖北暴行史料》,第 529 页。
③ 彭明生主编:《倭戮略:侵华日军制造的大屠杀事件罪行辑录》,第 263 页。
④ 湖北省委党史研究室编:《湖北省抗日战争时期人口伤亡和财产损失》,第 401 页。彭明生主编:《倭戮略:侵华日军制造的大屠杀事件罪行辑录》,第 263 页。
⑤ 彭明生主编:《倭戮略:侵华日军制造的大屠杀事件罪行辑录》,第 260 页。
⑥ 中央档案馆、湖北省档案馆编:《侵华日军在湖北暴行史料》,第 529 页。另据湖北省委党史研究室编:《湖北省抗日战争时期人口伤亡和财产损失》,第 401 页记载:日机在孝感花园镇连续轰炸 3 天,死伤平民 700 多人。仅双沟桥下就集尸 160 多具,臭塘南(柴场)炸死 100 余人,艾家塘炸死 70 余人,楚剧院炸死 100 余人,街内炸死 200 余人。经计算,仅死亡人数就不低于 630 人,故死伤 1 000 余人是可信的。

续表

序号	名称	地点	日机数及投弹数	伤亡人数	备注
35	1938年咸宁9月大惨案	咸宁县城		死亡500余人，受伤无数①	9月某日
36	1938年蕲春"10·4"大惨案	蕲春县城	日机100架，投弹300余枚	伤亡718人②	
37	1938年崇阳"10·7"大惨案			死亡800余人③	
38	1938年京山"10·13"大惨案	京山县城	日机10余架	死亡300余人④	
39	1938年黄陂"10·20"大惨案	黄陂城关镇	日机12架	死亡600余人⑤	
40	1938年云梦"10·21"大惨案	云梦县城	日机9架	死亡300余人，受伤100余人⑥	早集

① 中央档案馆、湖北省档案馆编：《侵华日军在湖北暴行史料》，第529页。

② 彭明生主编：《倭戮略：侵华日军制造的大屠杀事件罪行辑录》，第260页。

③ 关义长：《忆抗日战争通城第一度沦陷》，政协通城县委员会编：《通城文史资料》第1辑，1985年版，第11页。

④ 湖北省委党史研究室编：《湖北省抗日战争时期人口伤亡和财产损失》，第402页。

⑤ 中央档案馆、湖北省档案馆编：《侵华日军在湖北暴行史料》，第39页。黄陂县县志编纂委员会：《黄陂县志》，武汉：武汉出版社1992年版，第329页。另据湖北省委党史研究室编：《湖北省抗日战争时期人口伤亡和财产损失》，第402页记载：烧死600余人。《县志》和档案数据一致，可取。

⑥ 政协湖北省云梦县委员会文史资料研究委员会编：《云梦文史资料》第2辑，1986年版，第123页。

续表

序号	名称	地点	日机数及投弹数	伤亡人数	备注
41	1938 年浠水 "10·21" 大惨案	浠水县下巴河	日机 9 架	死亡 160 余人,受伤 200 余人①	
42	1938 年沔阳 "10·23" 大惨案	燕子窝	日机 4 架	死亡 100 余人②	今属洪湖市,第二天打捞出 100 多具尸体
43	1938 年武汉 "10·23" 大惨案	武汉	日机 18 架,在汉口投弹 25 枚;武昌投弹 75 枚;日机 3 架,在金口投弹 10 余枚	死亡 290 人,受伤 15 人以上③	汉口死 55 人,伤 15 人,武昌死 135 人,金口死 100 余人
44	1938 年应城 "10·27" 大惨案	应城县	日机 9 架	炸死 10 人,机枪扫射死数百人④	
45	1938 年襄阳 "11·3" 大惨案	襄阳	日机 18 架,投弹 53 枚	死亡 230 人,受伤 725 人⑤	

① 《敌机轰炸次数统计表》,《浠水县抗战史料》,湖北省档案馆:LS3-5-5471,第 47 页。
② 中央档案馆、湖北省档案馆编:《侵华日军在湖北暴行史料》,第 195—196 页。另据仙桃市地方志编纂委员会:《沔阳县志》,武汉:华中师范大学出版社 1989 年版,第 14 页记载:《新华日报》社和八路军驻武汉办事处留守人员 25 人遇难。
③ 湖北省委党史研究室编:《湖北省抗日战争时期人口伤亡和财产损失》,第 403 页。
④ 湖北省委党史研究室编:《湖北省抗日战争时期人口伤亡和财产损失》,第 405 页。
⑤ 中央党史研究室第一研究部、中国第二历史档案馆编:《国民政府档案有关抗日战争时期人口伤亡和财产损失资料选编·1》,第 26 页。

序号	名称	地点	日机数及投弹数	伤亡人数	备注
46	1938 年当阳"11·5"大惨案	当阳县城、河溶镇	日机 6 架	死亡 340 余人①	南门郊外死 200 余人,城内死 20 余人,长坂坡一带死 10 余人,河溶死 110 人
47	1938 年荆门"11·5"大惨案	荆门县沙洋镇	日机数十架	死亡 2 000 余人②	
48	1938 年公安"11·11"大惨案	公安县城	日机 9 架,投燃烧弹数枚、炸弹 100 余枚	死亡 150 余人,受伤 60 余人③	
49	1938 年沔阳"11·21"大惨案	沔阳县城、峰口、通海口	日机 20 余架,投弹 400 余枚	死亡 150 余人,受伤 450 余人④	

① 湖北省委党史研究室编:《湖北省抗日战争时期人口伤亡和财产损失》,第 405 页。

② 政协湖北省荆门市委员会文史资料研究委员会编:《荆门文史资料》第 1 辑,1985 年版,第 98—100 页。湖北省委党史研究室编:《湖北省抗日战争时期人口伤亡和财产损失》,第 405 页。中央档案馆、湖北省档案馆编:《侵华日军在湖北暴行史料》,第 218—221 页。

③ 中央档案馆、湖北省档案馆编:《侵华日军在湖北暴行史料》,第 204 页。政协公安县委员会文史资料研究委员会编:《公安文史资料》第 1 辑,1986 年版,第 58 页。

④ 洪湖市地方志编纂委员会:《洪湖县志》,武汉:武汉大学出版社 1992 年版,第 436 页。仙桃市地方志编纂委员会:《沔阳县志》,第 15 页记载:死伤 600 余人。彭明生主编:《倭戮略:侵华日军制造的大屠杀事件罪行辑录》,第 265—266 页记载:对县城投弹 200 余枚,老百姓死伤 200 余人。加上峰口和通海口,数据不矛盾。

续表

序号	名称	地点	日机数及投弹数	伤亡人数	备注
50	1938年沔阳"11·23"大惨案	沔阳城、沙湖	日机10架轰炸沔城,3架轰炸沙湖	死亡190余人,受伤30人①	

　　湖南位于长江中游,东临江西,北接湖北,西连四川、重庆、贵州,南邻广东、广西,是主要的粮食生产基地,自古享有"九州粮仓""鱼米之乡"的美誉。抗战全面爆发以后至1938年底,日军重点轰炸湖南的交通沿线城市、战略据点,制造了11次重大惨案。

湖南省重大惨案情况表

序号	名称	地点	日机数及投弹数	伤亡人数	备注
1	1938年岳阳"7·20"大惨案	岳阳	日机27架	伤亡800余人②	
2	1938年邵阳"8·5"大惨案	邵阳城	投弹3枚	死亡100余人③	

---

① 仙桃市地方志编纂委员会:《沔阳县志》,第15页。

② 湖南省课题组编:《湖南省抗战时期人口伤亡和财产损失·重大惨案及口述资料卷》,2009年版,第24—25页。岳阳市南区志编纂委员会:《岳阳市南区志》,北京:中国文史出版社1993年版,第240—241页记载:死亡800余人,伤数百人。因第一则史料有对800余人的分别记载,即岳阳楼下流水洞内死亡100余人,柴家岭等几条街道死伤300余人,南岳坡等几条街道死伤200余人,印山防空洞内死200余人;总计,死伤800余人。而第二则史料出处不详。故选取第一则史料。

③ 湖南省课题组编:《湖南省抗战时期人口伤亡和财产损失·重大惨案及口述资料卷》,第26页。

续表

序号	名称	地点	日机数及 投弹数	伤亡人数	备注
3	1938 年长沙 "8·17"大惨案	长沙	日机 18 架, 投弹 120 余枚	死亡 312 人, 受伤 521 人①	
4	1938 年平江 "8·19"大惨案	平江 县城		死亡 200 余 人②	
5	1938 年株洲 "8·31"大惨案	株洲 火车 南站、 北站	日机 18 架, 投弹 100 余枚	车站一带 伤亡 70 余 人,列车内 死亡 200 余 人③	
6	1938 年岳阳 "9·24"大惨案	岳阳	日机 18 架	死亡 900 余 人④	
7	1938 年平江 "10·19"大惨案	平江 县城	日机 6 架, 投弹 200 余枚	死亡 200 余 人,受伤 500 余人⑤	

---

① 湖南省地方志编纂委员会编:《湖南省志》第五卷"军事志",北京:中国文史出版社
1994 年版,第 765 页。另据:《敌机昨狂炸长沙》,长沙《中央日报》,1938 年 8 月 18
日,第 2 版记载:炸死平民 200 余人,炸伤 500 余人。因《中央日报》的数据来自惨案
后第二天,可能还没有统计完毕,故本书采用地方志数据。

② 李秉新等主编:《侵华日军暴行总录》,第 997 页。

③ 李秉新等主编:《侵华日军暴行总录》,第 995 页。政协株洲市委员会文史资料研究委
员会编:《株洲文史》第 16 辑,1991 年版,第 154 页。

④ 钟启河等编著:《湖南抗日战争日志》,第 64 页。

⑤ 政协湖南省平江县委员会文史资料研究委员会编:《平江文史资料》第 1 辑,1988 年
版,第 69—70 页。另据:《长沙平江昨遭狂炸毁屋七百余栋死伤近千》,重庆《中央日
报》,1938 年 10 月 20 日,第 2 版记载:日机炸死炸伤平民近 600 人。由于《中央日报》
是惨案发生第二天统计的,可能统计不全。因此,笔者采用第一种说法。

续表

序号	名称	地点	日机数及投弹数	伤亡人数	备注
8	1938年长沙"10·19"大惨案	长沙	日机45架，投弹几百枚	死亡500余人①	
9	1938年衡山"11·8"大惨案	衡山市区	日机21架，投弹近100枚	死亡200余人，受伤50余人②	
10	1938年浏阳"11·10"大惨案	浏阳县城	日机27架，投弹100枚	伤亡800余人③	
11	1938年衡阳"11·26"大惨案	衡阳江东西两岸	日机18架，投弹数十枚	伤亡1 000余人④	

　　江西地处长江中下游，东临闽浙，西连湖南，南接广东，北靠皖鄂，是东南战场连接西南大后方的枢纽。上海失陷以后，日机溯江西进，江西成了全面抗战时期正面战场的重要战区之一，日机经常

① 牛翰杰著：《日本侵华史大事记1358—1945》，香港：香港天马图书有限公司2000年版，第238页。另据：《长沙三度遭狂炸》，汉口《新华日报》，1938年10月20日，第2版报道：死伤平民约300人。因报纸是日机轰炸当日的报道，房屋垮塌掩埋的尸体可能尚未挖掘完毕，故死亡人数可能不准确。因此，本书采用第一则材料。

② 《衡阳衡山亦遭狂炸》，重庆《中央日报》，1938年11月9日，第2版。

③ 湖南省浏阳市地方志编委会编纂：《浏阳县志》，北京：中国城市出版社1994年版，第240页。另据：《常德桃源遭轰炸浏阳死伤千余人》，重庆《中央日报》，1938年11月11日，第2版报道：死伤平民千余人。《中央日报》报道惨案当日的数据，统计可能尚未全面。因此，笔者采取第一种说法。

④ 李秉新等主编：《侵华日军暴行总录》，第997页。张瑾等编著：《日本侵华图志·14·无差别轰炸》，济南：山东画报出版社2015年版，第115页。

对江西实施轰炸,该阶段发生 4 次重大惨案。

江西省重大惨案情况表

序号	名称	地点	日机数及投弹数	伤亡人数	备注
1	1938 年德安 7 月大惨案		日机 11 架	死亡 1 000 余人①	7 月 20 日、26 日
2	1938 年星子县"8·27"大惨案	星子县观口山和横塘圩	日机 10 架	死亡 127 人②	
3	1938 年南昌"10·31"大惨案	南昌城	投弹 300 余枚	死亡 206 人,受伤 183 人③	
4	1938 年临川 11 月大惨案	临川县温圳镇		死亡 300 人④	11 月 6 日至 10 日

安徽东邻江苏、浙江,西靠湖北、河南,南接江西,北连山东。抗战期间,是中日交战的战场之一。日机对安徽大肆轰炸,本阶段制造了 26 次重大惨案。

安徽省重大惨案情况表

序号	名称	地点	日机数及投弹数	伤亡人数	备注
1	1937 年广德 11 月大惨案	广德县城、飞机场、誓节渡	日机 27 架	死亡 300 余人⑤	11 月 26 日至 28 日

---

① 江西省委党史研究室编:《江西省抗日战争时期人口伤亡和财产损失》,北京:中共党史出版社 2014 年版,第 444 页。

② 江西省委党史研究室编:《江西省抗日战争时期人口伤亡和财产损失》,第 445 页。

③ 江西省委党史研究室编:《江西省抗日战争时期人口伤亡和财产损失》,第 447 页。

④ 江西省临川县县志编纂委员会编:《临川县志》,北京:新华出版社 1993 年版,第 24 页。

⑤ 安徽省委党史研究室编:《安徽省抗日战争时期人口伤亡和财产损失》,第 359 页。中央党史研究室第一研究部编:《抗日战争时期全国重大惨案》4,北京:中共党史出版社 2014 年版,第 147—149 页。

续表

序号	名称	地点	日机数及投弹数	伤亡人数	备注
2	1937 年定远"12·5"大惨案	定远县城	日机 18 架	伤亡 1 000 余人①	12 月 5 日前后
3	1937 年芜湖"12·5"大惨案	芜湖城	日机 4 架,投弹 12 枚	伤亡 1 000 余人②	轰炸机、驱逐机各两架
4	1937 年和县12 月大惨案	和县县城及乌江镇	日机 52 架,投弹 60 余枚	伤亡 400 余人③	12 月 5 日至 12 日,其中死亡 200 余人
5	1938 年宿县"3·7"大惨案	宿城	日机 5 架	伤亡 1 000 余人④	
6	1938 年宿县"3·17"大惨案	宿城	日机 36 架	伤亡 500 余人⑤	

① 安徽省地方志编纂委员会编:《安徽省志》"军事志",第 742 页。安徽省委党史研究室编:《安徽省抗日战争时期人口伤亡和财产损失》,第 360 页。

② 安徽省委党史研究室编:《安徽省抗日战争时期人口伤亡和财产损失》,第 360 页。《近代史资料》编辑部、中国人民抗日战争纪念馆编:《日军侵华暴行实录》3,第 349 页记载:死伤 990 余人。两组数据基本一致,取中共党史出版社出版的数据。

③ 安徽省地方志编纂委员会编:《安徽省志》"军事志",第 742 页记载:死亡 200 余人。安徽省委党史研究室编:《安徽省抗日战争时期人口伤亡和财产损失》,第 360 页记载:死伤 400 余人。两组数据不冲突。

④ 中共宿州市委党史研究室著:《中国共产党宿州史 1919—1949》,北京:中共党史出版社 2001 年版,第 56 页。安徽省委党史研究室编:《安徽省抗日战争时期人口伤亡和财产损失》,第 367 页。

⑤ 中共宿州市委党史研究室著:《中国共产党宿州史 1919—1949》,北京:中共党史出版社 2001 年版,第 56 页。安徽省委党史研究室编:《安徽省抗日战争时期人口伤亡和财产损失》,第 367 页。

续表

序号	名称	地点	日机数及投弹数	伤亡人数	备注
7	1938年合肥"3·27"大惨案	合肥	日机5架，投弹100多枚	死亡200余人①	
8	1938年含山"4·13"大惨案	含山县城		死亡400余人②	
9	1938年五河"4·16"大惨案	五河城		死亡183人，受伤25人③	
10	1938年五河"4·17"大惨案	五河城	日机3架，投弹20余枚	伤亡六七百人④	
11	1938年五河"4·21"大惨案	五河城	日机6架，投炸弹10余枚，燃烧弹20余枚	死亡100余人⑤	
12	1938年宿县4月大惨案	宿县	日机36架，投弹150余枚	伤亡1 000余人⑥	4月下旬

---

① 安徽省委党史研究室编：《安徽省抗日战争时期人口伤亡和财产损失》，第367页。

② 安徽省地方志编纂委员会编：《安徽省志》"军事志"，第742页。

③ 《八年血债》(一)，1975年6月，台北"国史馆"藏，蒋中正总统文物：002－090200－00025－050。

④ 《近代史资料》编辑部、中国人民抗日战争纪念馆编：《日军侵华暴行实录》3，第347—348页。安徽省委党史研究室编：《安徽省抗日战争时期人口伤亡和财产损失》，第368页。

⑤ 中共蚌埠市委党史办公室编：《烽火抗战——蚌埠抗日战争史料选》，合肥：安徽大学出版社1995年版，第180—181页。安徽省委党史研究室编：《安徽省抗日战争时期人口伤亡和财产损失》，第368页。

⑥ 政协安徽省宿州市委员会文史资料研究委员会编：《宿州市文史资料》第1辑，1989年版，第82页。安徽省委党史研究室编：《安徽省抗战时期人口伤亡和财产损失》，第369页。

续表

序号	名称	地点	日机数及投弹数	伤亡人数	备注
13	1938年寿县"4·30"大惨案	寿县正阳镇		死亡114人，受伤113人①	
14	1938年南陵"5·3"大惨案	南陵县城	日机4架	死亡170余人②	
15	1938年蒙城"5·5"大惨案	蒙城县城	日机18架，投弹100枚	死亡370人③	
16	1938年泗县"5·16"大惨案	泗县草沟、长沟镇	日机3架	死亡323人④	
17	1938年阜阳"5·24"大惨案	阜阳县城	日机9架，投弹100余枚	死亡1 100余人⑤	
18	1938年天长县"5·26"大惨案	天长县汊涧镇		死亡120余人，受伤60余人⑥	

① 安徽省委党史研究室编：《安徽省抗日战争时期人口伤亡和财产损失》，第369页。

② 李秉新等主编：《侵华日军暴行总录》，第713页。

③ 安徽省地方志编纂委员会编：《安徽省志》"军事志"，第745页。

④ 安徽省委党史研究室编：《安徽省抗日战争时期人口伤亡和财产损失》，第371页。

⑤ 安徽省地方志编纂委员会编：《安徽省志》"军事志"，第742页，原文为旧历4月25日。另外，阜阳市地方志编纂委员会编：《阜阳市志》，合肥：黄山书社1993年版，第14页记载：5月24日（农历4月25日），日机9架轰炸阜阳，伤亡近千。根据权威性原则，本书选择《省志》，对照新旧历，此日为旧历4月25日，新历5月24日。

⑥ 安徽省委党史研究室编：《安徽省抗日战争时期人口伤亡和财产损失》，第374页。

续表

序号	名称	地点	日机数及投弹数	伤亡人数	备注
19	1938 年泗县 5 月大惨案	泗县双沟镇	投弹数百枚	伤亡 600 余人①	5 月下旬
20	1938 年颍上"6·5"大惨案	颍上	日机 4 架	伤亡约 500 人②	1 架侦察机，3 架轰炸机
21	1938 年立煌"6·15"大惨案	立煌流波	日机 9 架，投弹数 10 枚	死亡 400 人③	
22	1938 年青阳"7·2"大惨案	青阳县城	日机 3 架，投弹 2 枚	死亡 140 余人，受伤 200 人④	
23	1938 年太湖"7·6"大惨案	太湖县城关镇、徐家桥	日机 24 架，投弹数百枚	县城死亡 169 人，徐桥镇死亡 100 余人⑤	

① 安徽省委党史研究室编：《安徽省抗日战争时期人口伤亡和财产损失》，第 375 页。

② 安徽省委党史研究室编：《安徽省抗日战争时期人口伤亡和财产损失》，第 377 页。李亚东：《日军轰炸新渡口》，政协安徽省颍上县委员会文史资料研究委员会编：《慎城春秋》文史资料第 1 辑，1986 年版，第 19 页记载：死亡 300 多人，重伤 100 多人。两则材料数据不矛盾。

③ 安徽省地方志编纂委员会编：《安徽省志》"军事志"，第 745 页。李秉新等主编：《侵华日军暴行总录》，第 726 页。

④ 李秉新等主编：《侵华日军暴行总录》，第 727 页。

⑤ 《近代史资料》编辑部、中国人民抗日战争纪念馆编：《日军侵华暴行实录》3，第 407 页。安徽省委党史研究室编：《安徽省抗日战争时期人口伤亡和财产损失》，第 380 页。

续表

序号	名称	地点	日机数及投弹数	伤亡人数	备注
24	1938 年青阳"7·13"大惨案	青阳县城	日机 9 架，投弹数十枚	死亡超过 110 人①	死亡比上次更惨，仅殷家巷 30 余人被炸死，夫子庙防空洞 80 余人被闷死
25	1938 年贵池"7·16"大惨案	池阳镇	日机 100 架	死亡 150 人，受伤 70 余人②	
26	1938 年太平"11·14"大惨案	太平县仙源	日机 21 架，投弹 100 余枚	死亡 358 人，受伤 100 余人③	

　　江苏省位于长江下游，东临黄海，东南接浙江、上海，西接安徽，北连山东，是华中地区的门户，其战略地位十分重要。同时，江苏自古就属于中国经济发达的地区。早在 1932 年"一·二八"淞沪抗战期间，日军飞机就开始对江苏省进行轰炸。全面抗战爆发以后，为打通津浦铁路，连接华北和华中战场，日军以飞机为先导，大举进攻江苏，全省所有大中城市及主要集镇均遭轰炸。到 1938年 5 月徐州会战结束后，苏州、无锡、常州、镇江、扬州、南通、盐城及徐州先后沦陷。本阶段，侵华日军无差别轰炸江苏造成 18 次重大惨案。

---

① 李秉新等主编：《侵华日军暴行总录》，第 727 页。
② 安徽省委党史研究室编：《安徽省抗日战争时期人口伤亡和财产损失》，第 380 页。
③ 安徽省委党史研究室编：《安徽省抗日战争时期人口伤亡和财产损失》，第 387 页。

江苏省重大惨案情况表

序号	名称	地点	日机数及投弹数	伤亡人数	备注
1	1937年吴县"8·16"大惨案	苏州城及机场	日机31架	伤亡500余人①	苏州即吴县
2	1937年宝山"8·31"大惨案	宝山县杨行镇及附近	日机5架,投弹10余枚	死亡200余人②	
3	1937年松江"9·8"大惨案	松江火车站		死亡300余人,受伤400余人③	轰炸难民车
4	1937年松江"9·24"大惨案	松江西门站		死亡约300人④	轰炸客车

① 江苏省委党史工作办公室编:《江苏省抗日战争时期人口伤亡和财产损失》,第417页。

② 上海市宝山区委党史研究室、上海市宝山区档案局(馆)、上海市宝山区地方志办公室编:《上海市宝山区抗日战争时期人口伤亡和财产损失》下卷,北京:中共党史出版社2015年版,第1131页。

③ 中央党史研究室第一研究部编:《抗日战争时期全国重大惨案》1,第322—323页。此外,H. C. WU. Japan the World's Enemy, RG59, Relating of Political Relations Between China and Japan,1930&1944, File Number:793.94/11 895,档案记载:伤亡约700人。上海市松江县地方史志编纂委员会编著:《松江县志》,上海:上海人民出版社1991年版,第279页记载:死300余人,伤500余人。前两则史料数据一致,且第二则史料源自美国国家档案馆馆藏档案,故采用档案数据。

④ 政协松江县委员会文史组编:《松江文史》第6辑·纪念抗日战争胜利四十周年专辑,1985年版,第63页。卞修跃著:《侵华日军反人道罪行研究》,北京:团结出版社2015年版,第9页。

续表

序号	名称	地点	日机数及投弹数	伤亡人数	备注
5	1937 年无锡"10·6"大惨案	无锡	日机 7 架，投弹 20 余枚	死亡 101 人①	轰炸南京开往上海的客车
6	1937 年松江"10·18"大惨案	松江		伤亡 700 余人②	轰炸难民车
7	1937 年常熟 11 月大惨案	谢桥、港口、大义桥等	在谢桥投弹 70 余枚	谢桥死亡 300 余人；港口、大义桥等死亡近 1 000 人③	11 月 13 日后数天
8	1937 年吴县 11 月大惨案	渭塘镇北的治长泾		死亡 300 余人④	11 月上旬，向民船投弹
9	1937 年镇江"11·27"大惨案	镇江	投弹 140 余枚	死亡 340 余人，受伤 156 人⑤	

① 江苏省委党史工作办公室编：《江苏省抗日战争时期人口伤亡和财产损失》，第255 页。

② 上海市松江县地方史志编纂委员会编著：《松江县志》，第 279 页。

③ 江苏省常熟市地方志编纂委员会编：《江苏省常熟市志》，上海：上海人民出版社 1990年版，第 692—693 页。

④ 吴县地方志编纂委员会编：《吴县志》，上海：上海古籍出版社 1994 年版，第 894 页。

⑤ 镇江市京口区地方志编纂委员会编：《京口区志》，上海：上海社会科学院出版社 1992年版，第 603 页。镇江市地方志编纂委员会编：《镇江市志》上，上海：上海社会科学院出版社 1993 年版，第 380 页。

续表

序号	名称	地点	日机数及投弹数	伤亡人数	备注
10	1937 年镇江 "11·28"大惨案	镇江	清晨日机 6 架,中午日机多架	死亡近 500 人①	南门及北固山下死 260 余人
11	1937 年溧水 "11·29"大惨案			死亡 1 500 人②	
12	1937 年高淳 "12·4"大惨案	高淳县东坝镇	日机 3 架,投弹 80 余枚	死亡 100 余人③	
13	1938 年溧阳 "2·14"大惨案	溧阳南渡镇		死亡 100 人,伤数百人④	
14	1938 年徐州 "4·28"大惨案	徐州	日机 32 架,投弹 200 余枚	死亡 100 余人,受伤 300 余人⑤	
15	1938 年溧阳 "5·2"大惨案	溧阳县戴埠镇	日机 3 架	死亡 208 人⑥	

① 李秉新等主编:《侵华日军暴行总录》,第 629 页。江苏省委党史工作办公室编:《江苏省抗日战争时期人口伤亡和财产损失》,第 425 页记载:运河一带伤亡 200 余人,南门及北固山下死 260 余人。两者数据一致。

② 江苏省委党史工作办公室编:《江苏省抗日战争时期人口伤亡和财产损失》,第 425 页。此外,江苏省政协文史委员会等编:《江苏文史资料》第 71 辑《溧水风情》,1993 年版,第 74—75 页记载:略加统计死亡 1 200 多人,伤者无数。因文中是"略加统计",故本书选取第一则史料的数据。

③ 高淳县地方志编纂委员会编纂:《高淳县志》,南京:江苏古籍出版社 1988 年版,第 581 页。

④ 江苏省委党史工作办公室编:《江苏省抗日战争时期人口伤亡和财产损失》,第 434 页。

⑤ 政协江苏省徐州市委员会文史委员会编:《徐州文史资料》第 25 辑,2005 年版,第 110 页。

⑥ 政协江苏省溧阳县委员会文史资料研究委员会编:《溧阳文史资料》第 4 辑《纪念抗日战争胜利四十周年》,1985 年版,第 113—114 页。

续表

序号	名称	地点	日机数及投弹数	伤亡人数	备注
16	1938 年徐州 "5·14" 大惨案	徐州城区	日机 54 架，投弹 280 余枚	伤亡 700 余人①	
17	1938 年阜宁 "6·25" 大惨案	阜宁县益林、东沟等	日机 6 架	死亡 107 人，受伤 200 余人②	益林、东沟死亡 107 人，板湖伤亡 200 余人
18	1938 年阜宁 "8·21" 大惨案	益林	日机数架	死亡 100 余人③	适逢集期

　　浙江东临东海，北连江苏、上海，西接安徽、江西，南靠福建。淞沪会战开始以后，日军地面部队即开始侵入浙江，日军航空部队积极配合，对浙江实施无差别轰炸。占领杭州嘉兴湖州之后，日军对武汉采取攻势，在浙江则采取守势。本阶段，日机在浙江制造了 8 次重大惨案。

---

① 徐州市史志办公室编：《中国共产党徐州地方史》第 1 卷，北京：中共党史出版社 2003 年版，第 189 页。政协徐州市委员会文史委员会编：《徐州文史资料》第 25 辑，第 111 页。

② 江苏省政协文史资料文员会、南京市政协文史资料文员会编：《江苏文史资料》第 80 辑《腥风血雨侵华日军江苏暴行录》，1995 年版，第 425 页。江苏省中共党史学会编：《江苏抗日战争史》，北京：中共党史出版社 2007 年版，第 177 页。中共江苏省委党史工作办公室编著：《江苏抗日战争历史画卷》，北京：中共党史出版社 2015 年版，第 140 页。

③ 江苏省政协文史资料文员会、南京市政协文史资料文员会编：《江苏文史资料》第 80 辑《腥风血雨侵华日军江苏暴行录》，第 425 页。《近代史资料》编辑部、中国人民抗日战争纪念馆编：《日军侵华暴行实录》3，第 204 页。江苏省中共党史学会编：《江苏抗日战争史》，第 177 页。

浙江省重大惨案情况表

序号	名称	地点	日机数及投弹数	伤亡人数	备注
1	1937 年衢县"9·26"大惨案	衢州火车站	投弹 10 余枚	死亡 106 人，受伤 50 人①	
2	1937 年平湖"11·6"惨案		投弹 20 余枚	死亡 176 人②	
3	1937 年桐乡"11·6"惨案	桐乡县石门湾	日机 7 架	死亡 100 余人，受伤数百人③	
4	1937 年嘉兴"11·8"惨案	嘉兴县城		死亡 100 人④	
5	1937 年萧山"11·30"惨案	萧山县城	日机 17 架，投弹 80 余枚	死亡百余人，受伤 300 余人⑤	

① 浙江省委党史研究室编：《浙江省抗日战争时期人口伤亡和财产损失》，北京：中共党史出版社 2014 年版，第 330 页。袁成毅著：《浙江通史·第 12 卷·民国卷·下》，杭州：浙江人民出版社 2005 年版，第 244 页。

② 政协浙江省平湖县委员会文史资料工作委员会编：《平湖文史资料》第 1 辑，1988 年版，第 38—39 页。

③ 李秉新等主编：《侵华日军暴行总录》，第 762 页。

④ 中共浙江省委党史研究室编：《日军侵略浙江罪行大事记：1937—1945》，北京：中共党史出版社 2010 年版，第 5 页。浙江省委党史研究室编：《浙江省抗日战争时期人口伤亡和财产损失》，第 330 页。

⑤ 《八年血债》（五）（1975 年 6 月），台北"国史馆"藏，蒋中正总统文物：002 - 090200 - 00029 - 175。另据：萧山县志编纂委员会：《萧山县志》，杭州：浙江人民出版社 1987 年版，第 782 页载：日机 28 架，投弹 120 余枚，炸死近 200 人，炸伤千余人。浙江省委党史研究室编：《浙江省抗日战争时期人口伤亡和财产损失》，第 332 页；《近代史资料》编辑部、中国人民抗日战争纪念馆编：《日军侵华暴行实录》3，第 454 页记载：日机 28 架，空袭萧山县城厢镇，投下炸弹和燃烧弹 120 余枚，炸死平民近 200 人，炸伤千余人。以上数据可能源于《萧山县志》。而《萧山县志》的数据从何而来，无法考证。台北"国史馆"藏蒋介石档案的数据，源于惨案发生后三日杭州电报。因此，本书采用"国史馆"档案数据。

序号	名称	地点	日机数及投弹数	伤亡人数	备注
6	1938 年绍兴"5·6 惨案"	绍兴县道墟镇		伤亡五六百人①	
7	1938 年临海 8 月惨案	临海县海门区		死亡 200 余人,受伤 200 余人②	8 月某日
8	1938 年安吉冬惨案	安吉县城		死亡 300 余人,受伤 10 余人③	1938 年冬某日

三、华南:失衡分布,汇聚广州

华南地区包括广东省、广西省和福建省。为策应武汉会战,大本营下达了进攻广州的命令,中日双方进行了广州会战(1938 年 10 月 12 日—22 日)。本阶段广东省和广西省共发生 22 次重大惨案。其中广东省占 20 次。

广西与广东、湖南、贵州、云南为邻,是中国的南大门。桂林是广西的省会,是重要的交通枢纽,抗战时期多次遭到日机轰炸,其中 1937 年至 1938 年,桂林发生 2 次重大惨案。

———————————

① 浙江省委党史研究室编:《浙江省抗日战争时期人口伤亡和财产损失》,第 336 页。

② 政协浙江省椒江市委员会文史资料工作委员会编:《椒江文史资料》第 1 辑,1985 年版,第 9 页。

③ 袁成毅:《浙江通史》第 12 卷《民国卷·下》,杭州:浙江人民出版社 2005 年版,第 244 页。

广西省重大惨案情况表

序号	名称	地点	日机数及投弹数	伤亡人数	备注
1	1937 年桂林"10·15"大惨案	桂林	日机数十架,城内投弹 8 枚;城郊投弹 40 余枚	死亡 153 人,受伤 400 人①	
2	1938 年桂林"12·2"大惨案	桂林	日机 19 架,投弹 70 余枚	伤亡 1 000 余人②	

广东省位于中国大陆最南部。东邻福建,北接江西、湖南,西连广西,南临南海,省会为广州。抗战时期,广东省是日军侵略的重灾区。全面抗战开始以后,日机开始大肆轰炸广东,重点轰炸广州、韶关等,至广州沦陷止,日军制造了 20 次重大惨案。

广东省重大惨案情况表

序号	名称	地点	日机数及投弹数	伤亡人数	备注
1	1937 年广州"9·22"大惨案	广州市	日机 18 架,投弹 40 枚	死亡 126 人,受伤 205 人③	

---

① 广西壮族自治区委党史研究室编:《广西抗日战争时期人口伤亡和财产损失》,第 130、132、133 页。

② 桂林市地方志编纂委员会编:《桂林市志》上册,北京:中华书局 1997 年版,第 66 页。广西壮族自治区地方志编纂委员会编:《广西通志》"大事记",南宁:广西人民出版社 1998 年版,第 204 页记载:日机 21 架。根据资料权威性,本书选用日机 19 架。

③ 广东省委党史研究室编:《广东省抗日战争时期人口伤亡和财产损失》,北京:中共党史出版社 2018 年版,第 447 页。

续表

序号	名称	地点	日机数及投弹数	伤亡人数	备注
2	1937 年广州"9·23"大惨案	广州		伤亡数千人①	
3	1938 年广州"3·27"大惨案	广州军田、东山水厂、新民埠	日机 11 架炸军田,6 架在东山水厂投弹 8 枚,23 架在新民埠投弹 12 枚	死亡 110 人,受伤 124 人②	军田死 1 人;东山水厂死 102 人,伤 115 人;新民埠死 7 人,伤 9 人
4	1938 年广州"4·10"大惨案	广州	日机 4 架	死亡 102 人,受伤 199 人③	
5	1938 年广州"4·17"大惨案	广州	日机 35 架	死亡 113 人,受伤 427 人④	
6	1938 年广州"5·28"大惨案	广州市区	日机 71 架,投弹 150 余枚	死亡 600 余人,受伤 1 000 余人⑤	

---

① 牛翰杰著:《日本侵华史大事记 1358—1945》,第 203 页。

② 广东省委党史研究室编:《广东省抗日战争时期人口伤亡和财产损失》,第 451 页。

③ 广东省委党史研究室编:《广东省抗日战争时期人口伤亡和财产损失》,第 451—452 页。

④ 广东省委党史研究室编:《广东省抗日战争时期人口伤亡和财产损失》,第 452 页。

⑤ 广州市地方志编纂委员会编纂:《广州市志》卷十三"军事志",第 338 页。《敌机七十余架昨三次狂炸广州死六百余伤近千》,《申报》(汉口版),1938 年 5 月 29 日,第 1 版。Air Raids at Canton 1938,Department of State Division of Far Eastern Affairs,(January 18,1940),RG59,General Record of Department of State ,Decimal File 1940-1944,File Number:711. 942/530. 广东省委党史研究室编:《广东省抗日战争时期人口伤亡和财产损失》,第 452 页记载:死亡 121 人,受伤 319 人。本书使用地方志和报纸记载数据。

续表

序号	名称	地点	日机数及投弹数	伤亡人数	备注
7	1938 年广州"5·29"大惨案	广州	日机 36 架，投弹 100 余枚	伤亡 500 余人①	
8	1938 年广州"5·30"大惨案	广州	日机多架，投弹 100 余枚	伤亡 1 300 余人②	
9	1938 年广州"5·31"大惨案	广州黄华塘	日机 16 架，投弹 16 枚	死亡 100 余人③	
10	1938 年广州"6·3"大惨案	广州市区	日机 2 架，投弹 4 枚	死亡 100 人④	
11	1938 年广州"6·4"大惨案	广州市区	日机 61 架，投弹 110 余枚	伤亡 2 000 余人⑤	

---

① 广州市地方志编纂委员会编纂：《广州市志》卷十三"军事志"，第 341 页。Air Raids at Canton 1938，Department of State Division of Far Eastern Affairs，（January 18，1940），RG59，General Record of Department of State，Decimal File 1940－1944，File Number：711.942/530. 广东省委党史研究室编《广东省抗日战争时期人口伤亡和财产损失》，第 452 页记载：死亡 119 人，受伤 90 余人。张中华主编：《日军侵略广东档案史料选编》，第 56 页记载：死 600 人以上，伤 1 500 人。

② Air Raids at Canton 1938，Department of State Division of Far Eastern Affairs，（January 18，1940），RG59，General Record of Department of State，Decimal File 1940－1944，File Number：711.942/530. 另外，广州市地方志编纂委员会编纂：《广州市志》卷十三"军事志"，第 341 页记载：炸死平民 400 余人，伤 700 余人。广东省委党史研究室编：《广东省抗日战争时期人口伤亡和财产损失》，第 452—453 页记载：死亡 43 人，受伤 110 人。本书选取档案资料数据。

③④⑤ 广州市地方志编纂委员会编纂：《广州市志》卷十三"军事志"，第 339、341 页。

续表

序号	名称	地点	日机数及 投弹数	伤亡人数	备注
12	1938 年广州 "6·5"大惨案	广州 市区	日机 35 架， 投弹 30 枚	伤亡 600 余 人①	
13	1938 年广州 "6·6"大惨案	广州 市区	日机 41 架， 投弹 100 余枚	死亡 200 余 人，受伤1 800 余人②	
14	1938 年广州 "6·7"大惨案	广州市 中心	日机 33 架， 投弹 50 枚	死亡 100 余 人，受伤 200 余人③	
15	1938 年广州 "6·15"大惨案	广州 平民 居住区	日机 20 架	死亡 129 人， 受伤 324 人， 失踪 1 人④	
16	1938 年广州 "7·14"大惨案	广州 市区	日机 1 架	伤亡近 1 000 人⑤	

---

①②③ 广州市地方志编纂委员会编纂：《广州市志》卷十三"军事志"，第 341 页。

④ 广东省委党史研究室编：《广东省抗日战争时期人口伤亡和财产损失》，第 454 页。

⑤ 广州市地方志编纂委员会编纂：《广州市志》卷十三"军事志"，第 342 页。《八年血债》
（一）（1975 年 6 月），台北"国史馆"藏，蒋中正总统文物：002 - 090200 - 00025 - 047。
另外，《上月广州被炸惨像　昨不幸又复出现》，香港《申报》，1938 年 7 月 15 日，第 3
版记载：死约 150 人，伤 480 人。张中华主编：《日军侵略广东档案史料选编》，第 62
页记载：日机轰炸广州，炸死约 150 人，伤者约 400 人，该数据为中央社当日报道。
《申报》为当日报道，死伤可能还未统计完全，"国史馆"藏电报为惨案后 12 日所发，此
数据与《广州市志》一致，较为可信。

序号	名称	地点	日机数及投弹数	伤亡人数	备注
17	1938 年曲江"7·23"大惨案	曲江城内关帝楼	1 枚重型炸弹	死亡 107 人，受伤数十人①	今韶关
18	1938 年广州"8·8"大惨案	广州市区	日机 28 架，投弹 36 枚	伤亡 700 余人②	法国天主教堂伤亡避难妇女、儿童 100 余人
19	1938 年丰顺"8·31"大惨案	丰顺县城	日机 8 架，投弹 55 枚	死亡 103 人，受伤 170 余人③	
20	1938 年惠阳"10·12"大惨案	惠阳县平山镇		死亡 400 余人，受伤 200 人④	

四、西南：地域偏远，云南一次

抗战时期的西南地区包括云南省、贵州省、四川省、西康省和重庆市。该区域相对偏远，远离前线，总体来说，日机较少轰炸此区域。而位于中国西南地区的云南，地处滇缅国际运输线上，有重要的战略地位，因而遭遇轰炸。本阶段西南地区仅云南发生 1 次

---

① 《近代史资料》编辑部、中国人民抗日战争纪念馆编：《日军侵华暴行实录》4，第549—550 页。

② 广州市地方志编纂委员会编纂：《广州市志》卷十三"军事志"，第 342 页。

③④ 广东省委党史研究室编：《广东省抗日战争时期人口伤亡和财产损失》，第 455 页。

重大惨案。

云南省重大惨案情况表

序号	名称	地点	日机数及投弹数	伤亡人数	备注
1	1938 年昆明"9·28"大惨案	昆明	日机 10 架	死亡 120 人,受伤 160 人①	西南联大教授闻一多受轻伤

第二节　前线递减、后方聚集:1939 年 1 月—1941 年 12 月

1938 年 10 月,广州、武汉沦陷,抗战进入相持阶段。同年 11 月,大本营陆军部根据《对华处理办法》制定了《陆军作战指导纲要》,强调"在制压敌人的战略、政略中心的同时,尽力消灭敌航空战斗力量"。② 12 月 2 日,大本营根据《陆军作战指导纲要》,制定大陆命第 241 号,规定:"华中派遣军司令官主要担任华中及华北的制空进攻战,特别要压制和扰乱敌之战略及政略中心,同时努力歼灭敌人航空作战力量,并须和海军紧密合作。"③ 此后,日本陆海军以"挫败敌人继续战斗的意志"④为方针,相互配合,对中国抗战大后方实施战略轰炸。同时,中日双方进行了南昌战役、南宁战役、豫南会战、枣宜会战和三次长沙会战等。因此,自 1939 年至 1941 年底,抗战大后方和战争前线都发生大量的重大惨案,共 187

---

① 《为云南省赈济会呈报昆明市遭敌机空袭死人民请救济一案的指令》(1941 年 12 月 27 日),云南省档案馆藏:1044-004-00152-001。

②③④ 日本防卫厅防卫研究所战史室著:《中国事变陆军作战史》第 2 卷第 2 分册,第 69、71 页。

次,占总数的 47.5%。

一、华北:沦陷区域,次数极少

本阶段,华北大部分地区已经沦陷,日军在华北的战略目标基本实现,推行治安强化运动是其重要任务,日军飞机的轰炸逐步减少,重大惨案的次数更少,仅河北 1 次、山西 1 次、山东 1 次。

河北省重大惨案情况表

序号	名称	地点	日机数及投弹数	伤亡人数	备注
1	1941 年盐山"9·24"大惨案	盐山县		死亡 130 余人,受伤 140 余人①	

山西省重大惨案情况表

序号	名称	地点	日机数及投弹数	伤亡人数	备注
1	1940 年河曲"2·7"大惨案	河曲县城	日机 7 架	死亡 100 余人②	除夕

---

① 中共河北省委党史资料征集编审委员会编:《侵华日军暴行录·河北惨案史料选编·1》,出版社不祥,1985 年版,第 195—199 页。彭明生主编:《倭戮略:侵华日军制造的大屠杀事件罪行辑录》,第 119—120 页记载:时间为 9 月 26 日—28 日。

② 山西省委党史办公室编:《山西省抗日战争时期人口伤亡和财产损失》,第 611 页。中国人民政治协商会议山西省委员会文史资料研究委员会编:《山西文史资料》第 25辑,1983 年版,第 118 页。

山东省重大惨案情况表

序号	名称	地点	日机数及投弹数	伤亡人数	备注
1	1939年沂水"6·7"大惨案	沂水县东里店	日机15架	死亡300余人①	

二、华中：战略枢纽，数量猛降

抗战相持阶段到来后，日军将其侵华战略从军事进攻为主调整为军事进攻为辅。这期间在航空兵的掩护下，日军发动的军事战争有：南昌战役（1939年3月17日—5月10日）、第一次长沙会战（1939年9月14日—10月14日）、豫南会战（1940年1月25日—2月10日）、枣宜会战（1940年5月1日—6月18日）、上高战役（1941年3月15日—4月9日）、第二次长沙会战（1941年9月6日—10月9日）、第三次长沙会战（1941年12月19日—1942年1月16日）等，在河南、湖北、湖南、安徽、浙江制造了重大惨案90次。

河南省豫北、豫东和豫南已大部分沦陷，本阶段日机主要大肆轰炸豫西、豫西南和豫中地区，共有9次重大惨案。

河南省重大惨案情况表

序号	名称	地点	日机数及投弹数	伤亡人数	备注
1	1939年桐柏"5·4"大惨案	桐柏县安棚		死亡100余人②	

----

① 齐元桂、崔维志：《日寇轰炸东里店》，政协沂源县文史资料委员会编：《沂源文史资料》第5辑《钟灵毓秀沂河源》，第122—125页。中共山东省委党史研究室编著：《中共山东编年史》第3卷，济南：山东人民出版社2015年版，第49页。

② 中共桐柏县委党史工作委员会编：《中共桐柏县历史》第1卷，北京：中共党史出版社1997年版，第99页。

续表

序号	名称	地点	日机数及投弹数	伤亡人数	备注
2	1939 年桐柏 9 月大惨案	桐柏县固县街	投弹 40 余枚	死亡 280 余人①	9 月某日，逢集
3	1940 年漯河"2·9"大惨案	漯河	日机 10 余架	伤亡 500 人②	
4	1940 年桐柏 4 月大惨案	桐柏县城	日机 10 余架	死亡 150 余人③	4 月某日，女子学校死 10 余名教师、40 余名学生
5	1940 年唐河"5·4"大惨案	唐河	日机 32 架，投弹 120 枚	死亡 200 人，受伤 100 人④	
6	1940 年方城"5·6"大惨案	方城县寺门村	日机 1 架，投弹 6 枚	死亡 400 余人，受伤 200 余人⑤	庙会

---

① 《近代史资料》编辑部、中国人民抗日战争纪念馆编：《日军侵华暴行实录》2，第589 页。

② 河南省委党史研究室编：《河南省抗战损失调查》二，第 696 页。

③ 河南省委党史研究室编：《河南省抗战损失调查》三，第 31 页。

④ 河南省委党史研究室编：《河南省抗日战争时期人口伤亡和财产损失》，第 48 页。中共河南省委党史研究室编：《河南省抗战损失调查》三，第 31 页。

⑤ 《近代史资料》编辑部、中国人民抗日战争纪念馆编：《日军侵华暴行实录》2，第616—617页。中共河南省委党史研究室编：《河南省抗战损失调查》三，第 31 页。

序号	名称	地点	日机数及投弹数	伤亡人数	备注
7	1941 年宝丰"2·2"大惨案	宝丰县黄山寨褚庄、武庄	日机 7 架	死亡 600 余人,伤者无数①	褚庄、武庄死村民 330 人,难民 300 余人
8	1941 年新郑"10·2"大惨案	新郑	日机 18 架,投弹 100 余枚	死亡 100 余人②	子产祠死小学生 40 余人
9	1941 年禹县"10·2"大惨案	禹县城	日机 27 架,投弹数百枚	死亡 270 人③	

此阶段湖北省发生了随枣会战、枣宜会战、反攻宜昌战役等。日军进攻鄂西,将占领区向西推进。同时,日军继续实施无差别轰炸,在湖北制造了 24 次重大惨案。

① 张振西:《黄山惨案——日军侵华的有力铁证》,政协河南省平顶山市委员会文史委员会编:《平顶山文史资料》第 11 辑《鹰城历史事件》,1994 年版,第 120—123 页。《鲜为人知的黄山寨惨案》,《河南法制报》,2016 年 4 月 1 日,第 24 版。《褚庄血泪——"黄山惨案"追忆》,《平顶山日报》,2015 年 8 月 19 日,第 A05 版。此外,平顶山市郊区志编纂委员会编:《平顶山市郊区志》,郑州:中州古籍出版社 1995 年版,第 10 页记载:1943 年 2 月 11 日,日机轰炸褚庄、武庄,投弹数百枚,死亡 330 余人,伤者无数,仅褚庄就被炸死 275 人。河南省委党史研究室编:《河南省抗日战争时期人口伤亡和财产损失》,第 51 页记载:1943 年 2 月 11 日,日机 50 架,死亡 275 人。因 2006 年平顶山市在黄山寨建立了"殉难同胞纪念碑",2015 年被命为"平顶山市爱国主义教育示范基地",后面又建立了"黄山寨惨案纪念馆",都记录惨案的时间为 1941 年 2 月 2 日,这是政府考察调研后的数据,故此日期可信。
② 河南省新郑县地方史志编纂委员会编:《新郑县志》,西安:陕西人民出版社 1992 年版,第 24 页。
③ 政协许昌市委员会文史资料委员会编:《许昌文史资料》第 6 辑,第 30—31 页。

湖北省重大惨案情况表

序号	名称	地点	日机数及投弹数	伤亡人数	备注
1	1939 年宜昌"2·21"大惨案	宜昌城区	日机 9 架	死亡 230 人,受伤 577 人①	
2	1939 年钟祥"3·4"大惨案	钟祥张家集	日机 10 架	死亡 150 余人②	
3	1939 年宜昌"3·8"大惨案		日机 42 架,投炸弹 186 枚,燃烧弹 11 枚	死亡 395 人,受伤 430 人③	
4	1939 年宜昌"3·14"大惨案		日机 18 架,投弹 91 枚	死亡 132 人,受伤 146 人④	

① 湖北省委党史研究室编:《湖北省抗日战争时期人口伤亡和财产损失》,第 408 页。

② 湖北省委党史研究室编:《湖北省抗日战争时期人口伤亡和财产损失》,第 408—409 页。

③ 湖北省委党史研究室编:《湖北省抗日战争时期人口伤亡和财产损失》,第 409 页。《八年血债》(一)(1975 年 6 月),台北"国史馆"藏,蒋中正总统文物:002 - 090200 - 00025 - 039,记载:日机 36 架,分 4 批,投弹 200 余枚,死伤平民 800 余人。两数据一致。另外,中央档案馆、湖北省档案馆编:《侵华日军在湖北暴行史料》,第 324 页记载:日机 36 架分 4 次轰炸市中心平民区。第一次早晨 7 时炸毁老三条街、中山路、木桥边一带,死伤平民 300 余人。第二次上午 10 时,炸环城南路、学院街一带,死伤平民 400 余人。第三次下午 2 时,炸二马路、圣公会、西陵路、美华里、平安里一带,死伤人民一百数十人。第四次下午 3 时,日机 9 架轰炸乐善堂街上段花月楼、积庆里、南门后街一带,死伤平民 200 余人。日机四次轰炸,伤亡平民约 1 100 人。"国史馆"数据是惨案 5 天后的电报与《湖北省抗日战争时期人口伤亡和财产损失》数据一致,因此更为可信。

④ 中央党史研究室第一研究部、中国第二历史档案馆编:《国民政府档案中有关抗日战争时期人口伤亡和财产损失资料选编》1,第 23 页。

续表

序号	名称	地点	日机数及投弹数	伤亡人数	备注
5	1939 年随县"4·5"大惨案	随县城关	日机 27 架,投弹 150 余枚	死亡 800 人①	
6	1939 年光化"4·28"大惨案	光化县老河口	日机 18 架	伤亡 1 000 余人②	
7	1939 年宜昌"8·6"大惨案	宜昌城区及近郊	日机 28 架,投炸弹 61 枚,燃烧弹 20 枚	死亡 471 人,受伤 92 人③	
8	1939 年宜昌"9·21"大惨案	宜昌城区		伤亡 1 000 多人④	廖家台一防空洞 40 多人被压死
9	1939 年钟祥"10·17"大惨案	钟祥县长寿店	日机 8 架	死亡 150 余人,受伤 300 余人⑤	
10	1940 年潜江"1·9"大惨案	潜江马家台附近		死亡 105 人,受伤 62 人⑥	

① 政协湖北省随州市委员会文史资料研究委员会:《随州文史资料》第 1 辑,1985 年版,第 174—175 页。湖北省委党史研究室编:《湖北省抗日战争时期人口伤亡和财产损失》,第 410 页记载:时间为 4 月 18 日,日机 9 架。

② 湖北省委党史研究室编:《湖北省抗日战争时期人口伤亡和财产损失》,第 411 页。中央档案馆、湖北省档案馆编:《侵华日军在湖北暴行史料》,第 304—305 页。

③④⑤⑥ 湖北省委党史研究室编:《湖北省抗日战争时期人口伤亡和财产损失》,第 414、416—418 页。

续表

序号	名称	地点	日机数及投弹数	伤亡人数	备注
11	1940年钟祥1月大惨案	钟祥石牌镇	日机6架，投弹20枚	死亡100余人①	1月中旬
12	1940年巴东"3·16"惨案	巴东火焰石	日机6架，投弹15枚	死亡500人②	
13	1940年钟祥"4·29"大惨案	钟祥关家山	日机9架	死亡300余人③	
14	1940年江陵"5·1"大惨案	江陵县郝穴镇	日机8架	死亡800余人，受伤25人④	
15	1940年襄阳"5·4"大惨案	襄阳樊城和张家湾	日机33架	樊城死亡220人，受伤130人，张家湾伤亡1000余人⑤	
16	1940年南漳6月大惨案	南漳县城及武安镇	县城投弹120余枚，其中硫磺弹20余枚；武安镇投弹150余枚，其中硫磺弹数十枚	县城：死亡150余人，受伤70余人；武安镇：死亡180余人，受伤90余人⑥	6月1日至3日

---

①②③ 湖北省委党史研究室编：《湖北省抗日战争时期人口伤亡和财产损失》，第418—419页。

④ 中央档案馆、湖北省档案馆编：《侵华日军在湖北暴行史料》，第536页。

⑤ 湖北省襄阳县地方志编纂委员会编纂：《襄阳县志》，武汉：湖北人民出版社1989年版，第15页。湖北省委党史研究室编：《湖北省抗日战争时期人口伤亡和财产损失》，第419页。

⑥ 政协湖北省南漳县委员会文史资料研究委员会编：《南漳文史》第1辑，1987年版，第31页。湖北省委党史研究室编：《湖北省抗日战争时期人口伤亡和财产损失》，第420页。中央档案馆、湖北省档案馆编：《侵华日军在湖北暴行史料》，第284页。

续表

序号	名称	地点	日机数及投弹数	伤亡人数	备注
17	1940 年江陵"6·6"大惨案	江陵县郝穴镇		死亡 158 人，受伤无数①	
18	1940 年巴东"9·3"大惨案	巴东县城	日机 20 架，投弹 47 枚	死亡 101 人，受伤 55 人②	炸死 56 人，坠水死亡 45 人
19	1941 年宜昌"1·16"大惨案	宜昌分乡场		死亡 179 人，受伤 92 人③	
20	1941 年沔阳"2·19"大惨案	沔阳峰口、汉河口	投弹 200 余枚	伤亡 1 300 余人④	
21	1941 年宜昌"3·8"大惨案	宜昌三斗坪		死亡 136 人，受伤 83 人⑤	

①② 湖北省委党史研究室编:《湖北省抗日战争时期人口伤亡和财产损失》,第 421、423 页。

③《赈济委员会运送配置难民宜沙总站 1941 年 2 月工作报表》,中国第二历史档案馆藏:116 - 644。

④ 洪湖市地方志编纂委员会:《洪湖县志》,武汉:武汉大学出版社 1992 年版,第 436 页。中共荆州市委党史研究室编:《抗日战争时期荆州人口伤亡和财产损失》,2010 年版,第 274 页。

⑤《赈济委员会运送配置难民宜沙总站 1941 年 2 月工作报表》,中国第二历史档案馆藏:116 - 644。

续表

序号	名称	地点	日机数及投弹数	伤亡人数	备注
22	1941年石首"3·21"大惨案	石首县藕池镇	日机7架	死亡197人，受伤146人①	
23	1941年公安"6·30"大惨案	公安县闸口镇	日机8架	死亡200余人，受伤300余人②	
24	1941年宜昌"8·22"大惨案	长江宜昌段		伤亡600余人③	

从1939年至1941年底,湖南是日军的主攻目标之一,湖南的交通要道、资源城市和工业基地等是日军飞机重点轰炸的对象。本阶段共发生24次重大惨案。

湖南省重大惨案情况表

序号	名称	地点	日机数及投弹数	伤亡人数	备注
1	1939年辰溪"3·8"大惨案	辰溪县城	日机18架	伤亡1000余人④	

---

① 湖北省委党史研究室编:《湖北省抗日战争时期人口伤亡和财产损失》,第427页。

② 中央档案馆、湖北省档案馆编:《侵华日军在湖北暴行史料》,第540页。

③《八年血债》(一)(1975年6月),台北"国史馆"藏,蒋中正总统文物:002-090200-00025-069,记载:8月26日吴奇伟在发给蒋介石的密电指出,8月22日,川轮民裕载伤兵250人、旅客500人,在青石洞要塞台附近被炸,经救出伤兵旅客百余人。因此,伤亡人数为600余人。另据:湖北省委党史研究室编:《湖北省抗日战争时期人口伤亡和财产损失》,第428页记载:死亡250余人。"国史馆"档案数据为事后4天的电报,较为可信,《湖北省抗日战争时期人口伤亡和财产损失》记录的是死亡数据,两组数据并不矛盾。

④ 辰溪县志编纂委员会编:《辰溪县志》,北京:生活·读书·新知三联书店1994年版,第42页。

续表

序号	名称	地点	日机数及投弹数	伤亡人数	备注
2	1939 年平江"3·15"大惨案	平江县城	日机 18 架，投弹 100 余枚	死亡 300 余人①	
3	1939 年衡阳"4·6"大惨案	衡阳城	日机 108 架	伤亡近万人②	
4	1939 年辰溪"4·11"大惨案	辰溪县城	日机 9 架	死亡 500 余人③	炸死、烧死
5	1939 年芷江"4·21"大惨案	芷江县城	日机 18 架，投弹 132 枚	死亡 201 人，受伤 126 人④	
6	1939 年常德"6·13"大惨案			死亡 370 余人，受伤167 人⑤	
7	1939 年湘阴 6 月大惨案	湘阴县城	日机 18 架	伤亡 1 700 余人⑥	6 月 23 日至 24 日

① 政协湖南省平江县委员会文史资料研究委员会编：《平江文史资料》第 1 辑，1988 年版，第 70 页。湖南省课题组编：《湖南省抗战时期人口伤亡和财产损失·重大惨案及口述资料卷》，第 31 页。

② 全兵：《日军犯衡暴行录》，政协湖南省衡阳市委员会文史资料研究委员会编：《衡阳文史资料》第 4 辑《纪念抗日战争胜利四十周年专辑》，第 59—60 页。

③ 李秉新等主编：《侵华日军暴行总录》，第 1004 页。

④ 湖南省（怀化市）课题组编：《湖南省抗战时期人口伤亡和财产损失·怀化市综合卷》，第 160—161 页。政协芷江侗族自治县委员会文史资料研究委员会编：《芷江文史资料》第 1 辑《抗日战争时期专辑》，1987 年版，第 19 页。

⑤《八年血债》（一）（1975 年 6 月），台北"国史馆"藏，蒋中正总统文物：002 - 090200 - 00025 - 056。

⑥ 湖南省湘阴县志编纂委员会编：《湘阴县志》，第 716 页。政协湘阴县委员会文史资料研究委员会编：《湘阴文史资料》第 2 辑，1988 年版，第 48 页。

续表

序号	名称	地点	日机数及投弹数	伤亡人数	备注
8	1939 年平江"9·18"大惨案	平江县城		死亡 300 余人①	
9	1939 年沅陵"9·30"大惨案	沅陵城	日机 27 架	死亡 100 余人,受伤400余人②	
10	1939 年益阳"11·3"大惨案	益阳县城及市郊	日机 24 架,投弹 200 余枚	死亡 200 余人,受伤100余人③	
11	1939 年安化"12·11"大惨案	安化县烟溪镇	日机 10 架,投弹 30 余枚	死亡 115 人,受伤约 100人④	
12	1940 年衡阳 6月大惨案	衡阳市城南、城北	日机 48 架	死亡 1 000 余人⑤	6 月某日

① 李秉新等主编:《侵华日军暴行总录》,第 997 页。

② 湖南省课题组编:《湖南省抗战时期人口伤亡和财产损失·重大惨案及口述资料卷》,第 49—50 页。

③《八年血债》(五)(1975 年 6 月),台北"国史馆"藏,蒋中正总统文物:002-090200-00029-229。湖南省课题组:《湖南省抗战时期人口伤亡和财产损失》,第 56 页记载:11 月,日军飞机轰炸益阳 1 次,死 200 人,伤 100 人。两者数据一致。

④《县府关于烟溪被敌机轰炸后赈济文件》(1939—1940 年),安化县民政科档案:505-243,第 12、99 页。

⑤ 全兵:《日军犯衡暴行录》,政协湖南省衡阳市委员会文史资料研究委员会编:《衡阳文史资料》第 4 辑《纪念抗日战争胜利四十周年专辑》,第 59 页。

续表

序号	名称	地点	日机数及投弹数	伤亡人数	备注
13	1940 年衡阳 8 月大惨案		日机 190 架，投弹 823 枚	伤亡 1 557 人①	8 月 1 日至 7 日
14	1940 年衡阳 "8·10"大惨案		日机 90 架，投弹 800 余枚	死亡 400 余人，受伤 1 000 余人②	
15	1940 年衡阳 "8·15"大惨案			伤亡 2 000 余人③	
16	1940 年辰溪 "9·4"大惨案	辰溪县城	日机 18 架	死亡 1 000 余人，受伤无数④	
17	1940 年芷江 "9·4"大惨案	芷江县城及潕水河浮桥		死亡 156 人以上⑤	万里狮子巷 57 名难民只剩 1 人，东紫巷五通庙 100 多名壮丁全部遇难

①《八年血债》（一）（1975 年 6 月），台北"国史馆"藏，蒋中正总统文物：002 - 090200 - 00025 - 061。

② 钟启河等编著：《湖南抗日战争日志》，第 134—135 页。

③ 章伯锋、庄建平主编：《抗日战争·第七卷·侵华日军暴行日志》，第 421 页。

④ 李秉新等主编：《侵华日军暴行总录》，第 1004 页。

⑤ 政协芷江侗族自治县委员会文史资料研究委员会编：《芷江文史资料》第 1 辑《抗日战争时期专辑》，1987 年版，第 20—21 页。

续表

序号	名称	地点	日机数及投弹数	伤亡人数	备注
18	1940 年沅陵"10·4"大惨案	沅陵	日机 27 架,投弹 70 枚	死亡 148 人,受伤 42 人①	农历九月初四,40 枚炸弹,30 枚燃烧弹
19	1941 年零陵"2·9"大惨案	零陵县城	日机 18 架	死亡 305 人,受伤 696 人②	
20	1941 年湘潭7 月大惨案	株洲火车北站	投弹近 100 枚	死亡 300 余人③	7 月某日车站一防空洞300 余人全部遇难
21	1941 年湘潭"8·6"大惨案	湘潭县城区	日机 27 架,投弹 26 枚	死亡 488 人,受伤 258 人④	

---

① 湖南省课题组编:《湖南省抗战时期人口伤亡和财产损失·重大惨案及口述资料卷》,第 50 页。

②《湖南省零陵县空袭受损调查报表》(1946 年 8 月 20 日),湖南省档案馆藏:46－1－31。

③ 李秉新等主编:《侵华日军暴行总录》,第 995 页。

④ 中央党史研究室第一研究部编:《抗日战争时期全国重大惨案》10,第 85 页。此外,湖南省课题组编:《湖南省抗战时期人口伤亡和财产损失·重大惨案及口述资料卷》,第 54 页记载:日机 48 架,投弹无数,死伤千余人。鹿空機密報告第 1 号の87　重慶攻撃戰闘詳報(W 基地第 4 回)　鹿屋海軍航空隊　昭和 16 年 7 月 30 日,「JACAR(アジア歴史資料センター)Ref. C14120678400、自昭和 16 年 7 月　至昭和 16 年 8 月　支那事変戦闘詳報(防衛省防衛研究所)」,资料记载:第 1、2、3 中队 27 架。比较而言,第一则材料的飞机数与日本的资料一致,第一则材料的数据更为可靠。

续表

序号	名称	地点	日机数及投弹数	伤亡人数	备注
22	1941年衡阳8月大惨案	衡阳	日机86架	死亡数千人①	8月中旬某日
23	1941年益阳"11·3"大惨案	益阳将军庙至木瓜园一带	日机10余架	死亡1 300余人②	
24	1941年常德"11·4"大惨案	常德	日机1架	死亡7 463人③	鼠疫

　　江西是中日双方都关注的战场,南昌战役、上高战役是本阶段江西境内的重要战役。日机对江西的轰炸造成了17次重大惨案。

江西省重大惨案情况表

序号	名称	地点	日机数及投弹数	伤亡人数	备注
1	1939年新喻"4·2"大惨案	新喻县河下火车站旁边	日机3架,投弹二三十枚	死亡100余人,受伤30余人④	现场有"江西私立鸿声中学"校徽十余枚

---

① 全兵:《日军犯衡暴行录》,政协湖南省衡阳市委员会文史资料研究委员会编:《衡阳文史资料》第4辑《纪念抗日战争胜利四十周年专辑》,第59页。

② 中央党史研究室第一研究部编:《抗日战争时期全国重大惨案》10,第155—164页。益阳市志编纂委员会编:《益阳市志》,第14页记载时间为11月16日,即夏历九月二十七日。而夏历此日为11月15日,因此《益阳市志》所记日期不可信。

③ 湖南省课题组:《湖南省抗战时期人口伤亡和财产损失》,第423页。另据,湖南省地方志编纂委员会编:《湖南通鉴》上卷,长沙:湖南人民出版社2007年版,第627页记载:死于该疫者达15 000人以上。有名字可考的数据更为可信。

④ 《近代史资料》编辑部、中国人民抗日战争纪念馆编:《日军侵华暴行实录》4,第205—206页。

续表

序号	名称	地点	日机数及投弹数	伤亡人数	备注
2	1939年玉山"4·9"大惨案	玉山西门	日机9架，投弹70余枚	死亡100余人，受伤100人①	
3	1939年临川"6·7"大惨案	抚州城	日机9架	死亡200余人②	抚州城原临川县城
4	1939年萍乡"6·9"大惨案	萍乡银行、兵丁征集处	日机6架，投弹36枚	死亡260人，受伤150人③	
5	1939年上饶"6·28"大惨案	上饶县城水南街	日机30余架	死亡100余人，受伤100余人④	

① 中共江西省委党史研究室编著：《江西省抗战时期人口伤亡和财产损失》上卷，南昌：江西人民出版社2011年版，第143页。

② 抚州市志编纂委员会编：《抚州市志》，北京：中共中央党校出版社1993年版，第15页。

③ 萍乡市志编纂委员会编：《萍乡市志》，北京：方志出版社1996年版，第23、959页。江西省委党史研究室编：《江西省抗日战争时期人口伤亡和财产损失》，第442页记载时间为1938年6月9日。程庆麟：《日军轰炸萍乡目击记》，政协萍乡市文史资料研究委员会编：《萍乡文史资料》第16辑《血与火的记忆纪念抗日战争胜利五十周年特辑》，1995年版，第80页记载：不完全统计，全城死61人，伤107人（不计入关在凌家祠堂的壮丁）。综合几则材料，笔者认为这次惨案时间为1939年6月9日，死亡壮丁和居民260人，其中死亡居民70人，受伤居民150人。

④ 中共江西省委党史研究室编著：《江西省抗战时期人口伤亡和财产损失》上卷，第143页。

续表

序号	名称	地点	日机数及投弹数	伤亡人数	备注
6	1939 年临川"7·13"大惨案	温圳康乐山	日机 30 余架	伤亡 1 000 余人①	
7	1939 年高安"8·27"大惨案	高安县吴珠岭一带	日机 6 架	严重感染 7 000 余人,死亡 2 100 余人②	细菌弹
8	1939 年高安"9·24"大惨案	高安县岗上村		死亡 310 人③	
9	1940 年浮梁"1·24"大惨案	景德镇	日机 9 架	死亡 100 余人④	伤亡惨重,运到河西掩埋的尸体达 100 余具
10	1940 年浮梁"4·5"大惨案	景德镇城区	日机 27 架	死亡 160 余人,受伤无数⑤	清明节,吉安会馆附近死难民 60 余人,戴家上弄一带死不少于 100 人

---

① 江西省临川县县志编纂委员会编:《临川县志》,北京:新华出版社 1993 年版,第 266 页。
　江西省委党史研究室编:《江西省抗日战争时期人口伤亡和财产损失》,第 452 页。

② 江西省委党史研究室编:《江西省抗日战争时期人口伤亡和财产损失》,第 453 页。

③ 中共江西省委党史资料征集委员会、中共江西省委党史研究室编:《江西党史资料》第 34 辑,北京:中央文献出版社 1995 年版,第 13 页。

④ 中共江西省委党史研究室编著:《江西省抗战时期人口伤亡和财产损失》下卷,第 672—673页。中央党史研究室第一研究部编:《抗日战争时期全国重大惨案》8,第 326 页。

⑤ 中共江西省委党史研究室编著:《江西省抗战时期人口伤亡和财产损失》下卷,第 673 页。中央党史研究室第一研究部编:《抗日战争时期全国重大惨案》8,第 327 页。

续表

序号	名称	地点	日机数及投弹数	伤亡人数	备注
11	1940 年临川"4·13"大惨案	抚州城		死亡数百人①	抚州城原临川县城
12	1940 年进贤"4·16"大惨案	罗溪街	日机 47 架，投弹 29 枚	死亡 100 余人,受伤100 余人②	
13	1941 年南城"3·3"大惨案	南城县城	日机 27 架	伤亡 1 000 余人③	
14	1941 年弋阳"3·3"大惨案	弋阳县城	日机 27 架，投弹数十枚	死亡 100 余人,受伤不计其数④	
15	1941 年上饶 4 月大惨案	上饶县城、皂头	日机 36 架	伤亡 680 人⑤	4 月中旬某天

---

① 抚州市志编纂委员会编:《抚州市志》,北京:中共中央党校出版社 1993 年版,第
　15 页。

② 中共江西省委党史资料征集委员会、中共江西省委党史研究室编:《江西党史资料》第
　34 辑,北京:中央文献出版社 1995 年版,第 12 页。政协江西省南昌市委员会文史资
　料研究委员会编:《南昌文史资料选辑》第 3 辑,1985 年版,第 119—121 页。

③ 南城县志编纂委员会编纂:《南城县志》,北京:新华出版社 1991 年版,第 21 页。

④《近代史资料》编辑部、中国人民抗日战争纪念馆编:《日军侵华暴行实录》4,第
　177 页。

⑤ 上饶县县志编纂委员会编:《上饶县志》,北京:中共中央党校出版社 1993 年版,第
　325 页。

续表

序号	名称	地点	日机数及投弹数	伤亡人数	备注
16	1941 年广丰"4·15"大惨案	广丰县城	日机 9 架，投弹 17 枚	死亡 130 余人①	
17	1941 年玉山冬大惨案	玉山县城大西门到小西门一带		死亡 100 余人②	冬某日

安徽省已经部分沦陷，本阶段重大惨案大幅度下降。

安徽省重大惨案情况表

序号	名称	地点	日机数及投弹数	伤亡人数	备注
1	1939 年立煌"6·30"大惨案	立煌金家寨	日机 22 架，投弹 80 余枚	伤亡 500 余人③	
2	1940 年太平"3·10"大惨案	太平仙源	日机 36 架，投弹 188 枚	死亡 123 人，受伤 15 人④	

---

① 政协广丰县委员会文史资料研究委员会编：《广丰县文史资料》第 1 辑，1985 年版，第 44—45 页。

② 中共江西省委党史研究室编著：《江西省抗战时期人口伤亡和财产损失》上卷，南昌：江西人民出版社 2011 年版，第 144 页。

③《八年血债》（五）（1975 年 6 月），台北"国史馆"藏，蒋中正总统文物：002 - 090200 - 00029 - 202。金寨县地方志编纂委员会编：《金寨县志》，上海：上海人民出版社 1992 年版，第 18 页记载：日机 20 余架，轰炸金寨城区。

④ 安徽省委党史研究室编：《安徽省抗日战争时期人口伤亡和财产损失》，第 400 页。

续表

序号	名称	地点	日机数及投弹数	伤亡人数	备注
3	1941年阜阳"2·1"大惨案	阜阳大田集	日机27架	伤亡500余人①	
4	1941年郎溪"3·24"大惨案	郎溪县城		死亡500余人②	

浙江省本阶段既面临日军的局部进攻,如萧山、镇海作战,浙东作战等,又惨遭日军的细菌空袭,发生重大惨案12次。其中细菌惨案3次,致使浙江鼠疫蔓延,疫情严重。

浙江省重大惨案情况表

序号	名称	地点	日机数及投弹数	伤亡人数	备注
1	1939年萧山"3·9"大惨案	萧山临浦	日机27架,投弹近百枚	死亡近200人,受伤400余人③	

---

① 安徽省委党史研究室编:《安徽省抗日战争时期人口伤亡和财产损失》,第405页。阜阳县地方志编纂委员会编:《阜阳县志》,合肥:黄山书社1994年版,第18页。另据,安徽省地方志编纂委员会编:《安徽省志》"军事志",第749页记载:炸死198人,伤73人。《阜阳县志》与《安徽省抗日战争时期人口伤亡和财产损失》记载一致,故采用此数据。

② 李秉新等主编:《侵华日军暴行总录》,第737页。《近代史资料》编辑部、中国人民抗日战争纪念馆编:《日军侵华暴行实录》3,第393—394页。此外,郎溪县地方志编纂委员会办公室编:《郎溪县志资料》第1辑,1985年版,第110—111页记载:天主堂被炸死250余人。两个数据分别为教堂死亡数据和全部死亡数据,并不矛盾。

③ 包晓峰编著:《中国抗日战争全景录·浙江卷》,杭州:浙江人民出版社2015年版,第156页。

续表

序号	名称	地点	日机数及投弹数	伤亡人数	备注
2	1939 年宁波"4·28"大惨案	宁波城区	日机 7 架，投弹 18 枚	死亡 120 余人，受伤 370 人①	
3	1940 年奉化"2·10"大惨案	奉化溪口	日机 9 架	死亡 140 余人②	
4	1940 年宁波"3·2"大惨案	宁波三江口		死亡 387 人③	"景升"轮，溺死
5	1940 年衢县"10·4"大惨案	衢县县城	空投细菌	感染和死亡 1 000 余人④	空投细菌，1947 年才控制住疫情
6	1940 年临安"10·8"大惨案	横畈后方医院		死亡 300 余人⑤	
7	1940 年宁波"10·27"大惨案	宁波城区开明街一带		死亡 133 人(有姓名可考)⑥	空投鼠疫杆菌

---

① 中共浙江省委党史研究室编：《日军侵略浙江罪行大事记：1937—1945》，第 62 页。

② 夏明曦：《溪口大轰炸》，政协全国委员会文史资料委员会《文史资料选辑》编辑部编：《文史资料选辑》第 24 辑，北京：中国文史出版社 1992 年版，第 109 页。

③ 中共浙江省委党史研究室编：《日军侵略浙江罪行大事记：1937—1945》，第 87 页。

④ 衢县志编纂委员会编：《衢县志》，杭州：浙江人民出版社 1992 年版，第 387 页。《近代史资料》编辑部、中国人民抗日战争纪念馆编：《日军侵华暴行实录》3，第 442 页。

⑤ 中共临安市委党史研究室编：《临安市抗战时期人口伤亡和财产损失》，北京：中共党史出版社 2010 年版，第 14 页。

⑥ 浙江省委党史研究室编：《浙江省抗日战争时期人口伤亡和财产损失》，第 20 页。

序号	名称	地点	日机数及投弹数	伤亡人数	备注
8	1940 年金华10月大惨案	金华县通济桥头、五百滩、庆都乡一带		死亡 160 余人①	10 月 27 日至 28 日空投鼠疫杆菌
9	1940 年金华大惨案	金华县东岳庙、三清殿		死亡 109 人②	具体日期不详,其中防空洞死9 人
10	1941 年武义"4·13"大惨案	武义飞机场、白溪口村	日机 27 架,投弹 50 余枚	死亡 108 人③	
11	1941 年义乌"4·17"大惨案	义乌县佛堂镇	日机 9 架	死亡 120 余人④	
12	1941 年安吉"8·27"大惨案	安吉县递铺、安城、梅溪镇等	日机 6 架	死亡 298 人,受伤2 840人⑤	

① 金华县志编纂委员会编:《金华县志》,杭州:浙江人民出版社 1992 年版,第 530 页。

② 中共浙江省委党史研究室编:《日军侵略浙江罪行大事记:1937—1945》,第 108 页。

③ 中共金华市委党史研究室编:《金华市抗战时期人口伤亡和财产损失资料汇编》,北京:中共党史出版社 2010 年版,第 468 页。政协浙江省武义县委员会文史资料研究委员会编:《武义文史资料》第 1 辑,1986 年版,第 54—60 页。

④ 中共金华市委党史研究室编:《金华市抗战时期人口伤亡和财产损失资料汇编》,第 17 页。政协浙江省义乌县委员会文史资料工作委员会编:《义乌文史资料》第 2 辑,1987 年版,第 47 页。

⑤ 中共湖州市委党史研究室编:《湖州市抗战时期人口伤亡和财产损失调研成果汇编》,北京:中共党史出版社 2010 年版,第 583 页。

三、华南:稳中略降,集聚两广

在华南地区,为切断西南补给线,日军发动了桂南战役(1939年11月15日—1940年10月30日)。此阶段日军飞机在华南地区制造了20次重大惨案,其中广东9次,广西8次。

福建位于东南沿海,八一三事变之后,日本加紧窥视福建,部分沿海富庶地区很快沦陷,日机对福建全境进行了狂轰滥炸,在长汀、东山和惠安制造了3次重大惨案。

福建省重大惨案情况表

序号	名称	地点	日机数及投弹数	伤亡人数	备注
1	1939年长汀"6·22"大惨案	长汀	日机6架	死亡150余人①	
2	1939年东山8月大惨案	东山		死亡167人,受伤186人②	8月28日至31日
3	1940年惠安"7·16"大惨案	惠安县学武镇		死亡183人,失踪28人,受伤36人③	

广东省广州市、海南岛沦陷后,日军开始对广东腹地扩大侵

① 《近代史资料》编辑部、中国人民抗日战争纪念馆编:《日军侵华暴行实录》4,第487页。

② 《近代史资料》编辑部、中国人民抗日战争纪念馆编:《日军侵华暴行实录》4,第518页。

③ 中共福建省委党史研究室编著:《福建省抗战时期人口伤亡和财产损失》,北京:中共党史出版社2011年版,第410页。

略,发动了数次军事进攻。日机制造了 9 次重大惨案。

广东省重大惨案情况表

序号	名称	地点	日机数及投弹数	伤亡人数	备注
1	1939 年罗定"2·25"大惨案	罗定雄镇路至旧县府一带	日机 9 架,投弹 100 余枚	死亡 100 余人,受伤 200 余人①	
2	1939 年开平"3·30"大惨案	开平县赤坎镇		死亡 108 人,受伤 17 人②	
3	1939 年台山"3·30"大惨案	台山县新旧白沙两墟	日机 8 架,投弹 24 枚	死亡 181 人,受伤 73 人③	
4	1940 年南海"2·21"大惨案	南海县芦苞镇	日机 9 架,投弹六七百枚	死亡 200 余人④	
5	1940 年台山 10 月大惨案	台山县台城镇	日机 18 架,投弹数十枚	死亡 198 人,受伤 41 人⑤	10 月 23 日至 24 日
6	1940 年钦县"10·25"大惨案	钦北大寺江两边街道	日机 3 架,投弹 18 枚	死亡 154 人,受伤无数⑥	其中 8 人为重伤,医治无效死亡

---

① 罗定县政协文史组编:《罗定文史资料》第 2 辑,1983 年版,第 9—12 页。

② 广东省委党史研究室编:《广东省抗日战争时期人口伤亡和财产损失》,第 466 页。

③ 广东省委党史研究室编:《广东省抗日战争时期人口伤亡和财产损失》,第 466 页。

④ 《三水抗日史料》编辑委员会编:《三水文史》第 15 辑《三水抗日史料·纪念"七七"抗战五十周年》,1987 年版,第 197 页。《近代史资料》编辑部、中国人民抗日战争纪念馆编:《日军侵华暴行实录》4,第 560 页。

⑤ 广东省委党史研究室编:《广东省抗日战争时期人口伤亡和财产损失》,第 476 页。

⑥ 广西壮族自治区委党史研究室编:《广西抗日战争时期人口伤亡和财产损失》,第 417 页。

续表

序号	名称	地点	日机数及投弹数	伤亡人数	备注
7	1940 年防城"12·9"大惨案	防城县东兴	日机 9 架，投弹 32 枚	死亡 110 余人①	
8	1940 年从化"12·11"大惨案	从化县鳌头	日机 3 架，投弹 13 枚	伤亡 500 余人②	圩日
9	1941 年惠阳"3·17"大惨案	若瑟医院		死亡 250 人，受伤 10 人③	惠阳，今惠州

　　广西位于通往越南的国际交通线上，为截断中国的国际援助，日军大规模入侵广西，日机配合地面作战部队轰炸广西人口稠密、商业繁华的城市和交通枢纽，制造了 8 次重大惨案。

广西省重大惨案情况表

序号	名称	地点	日机数及投弹数	伤亡人数	备注
1	1939 年柳江"7·15"大惨案	柳州河北一带	日机 18 架，投弹 100 余枚	死亡 384 人，受伤 245 人④	柳江县，即柳州
2	1939 年柳江"7·22"大惨案	柳州河北市区	日机 18 架，投弹 300 枚	死亡 151 人，受伤 129 人⑤	

---

① 政协防城各族自治县委员会文史资料研究委员会编：《防城文史资料》第 1 辑，1986 年版，第 7 页。

②③ 广东省委党史研究室编：《广东省抗日战争时期人口伤亡和财产损失》，第 476、478 页。

④⑤ 广西壮族自治区委党史研究室编：《广西抗日战争时期人口伤亡和财产损失》，第 399 页。

序号	名称	地点	日机数及投弹数	伤亡人数	备注
3	1939年梧州"7·26"大惨案	梧州	日机18架	伤亡800余人①	
4	1939年邕宁"8·30"大惨案	城区	日机9架,投弹61枚	伤亡500余人②	今南宁
5	1940年田东"4·8"大惨案	田东县东南山村及河边		死亡100余人③	
6	1940年邕宁"5·14"大惨案	郊区坛洛圩		死亡400余人,受伤780余人④	
7	1940年灵川8月大惨案	灵川县三街镇小南门	日机12架,投弹79枚	死亡143人,受伤42人⑤	8月某日
8	1941年桂林"8·4"大惨案	桂林市区	日机21架	死亡200余人,受伤400余人⑥	

① 广西壮族自治区委党史研究室编:《广西抗日战争时期人口伤亡和财产损失》,第400页。

② 广西壮族自治区委党史研究室编:《广西抗日战争时期人口伤亡和财产损失》,第92页。

③ 《八年血债·编案纪要初稿》(1975年6月),台北"国史馆"藏,蒋中正总统文物:002-090299-00008-001。

④ 广西壮族自治区地方志编纂委员会编:《广西通志》"大事记",南宁:广西人民出版社1998年版,第216页。

⑤ 广西壮族自治区委党史研究室编:《广西抗日战争时期人口伤亡和财产损失》,第93页。

⑥ 广西壮族自治区委党史研究室编:《广西抗日战争时期人口伤亡和财产损失》,第420页。

四、西南：政略中枢，数量猛增

抗战相持阶段到来以后，日本被迫调整其对华政策，对国民政府采取政治诱降为主，军事打击为辅的策略，为摧毁中国人民的抗战意志，日机开始对西南大后方实施政略轰炸，在重庆、四川、云南、贵州等地制造 61 次重大惨案。

重庆市原属四川省，抗战全面爆发以后，国民政府西迁重庆。1939 年 5 月重庆改为国民政府直辖市，成为战时首都，是中国坚持抗战的指挥中枢，也是中国战时的政治、经济和文化中心。重庆地位上升，也成了日军政略轰炸的主要目标。1939 年至 1941 年底，为早日结束在中国的战争，日军飞机对重庆实施大规模、疲劳轰炸，制造了 17 次重大惨案。

重庆市重大惨案情况表

序号	名称	地点	日机数及投弹数	伤亡人数	备注
1	1939 年重庆"1·15"大惨案	重庆市区	日机 27 架，投弹 58 枚	死亡 401 人，受伤 636 人①	
2	1939 年重庆"5·3"大惨案	重庆市区	日机 36 架，投炸弹 98 枚，燃烧弹 68 枚	死亡 673 人，受伤 350 人②	
3	1939 年重庆"5·4"大惨案	重庆市区	日机 27 架，投炸弹 78 枚，燃烧弹 48 枚	死亡 3 318 人，受伤 1 973 人③	

①②③ 重庆市委党史研究室编：《重庆市抗日战争时期人口伤亡和财产损失》，第 392 页。

续表

序号	名称	地点	日机数及投弹数	伤亡人数	备注
4	1939 年重庆"5·25"大惨案	重庆市区	日机 39 架，投炸弹 91 枚，燃烧弹 19 枚	死亡 404 人，受伤 516 人①	
5	1940 年重庆"5·28"大惨案	重庆	日机 98 架，投炸弹 253 枚，燃烧弹 20 枚	死亡 154 人，受伤 372 人②	
6	1940 年重庆"5·30"大惨案	重庆	日机 27 架，投弹 96 枚	死亡 175 人，受伤 84 人③	
7	1940 年重庆"6·12"大惨案	重庆市区、新市区和江北大片区	日机 117 架（或说 154 架），投炸弹 269 枚，燃烧弹 39 枚	死亡 333 人，受伤 603 人④	

① 重庆市委党史研究室编：《重庆市抗日战争时期人口伤亡和财产损失》，第 393 页。

② 《重庆防空司令部防空情报报告表》(1940 年 5 月 31 日)，四川省档案馆藏：民 180-02-1579。另外，四川省档案局(馆)编：《抗战时期的四川：档案史料汇编》中，第 1182 页记载：日机 90 架，投弹 246 枚，伤 408 人，死 178 人。Casualties and Property Damages Sustained in Japanese Air Raids on Chungking on May 28 and June 10,11 and 12，1940 (Chungking June 19，1940) RG59，Relating of Political Relation Between China and Japan，1930-1944 File Number：793 94/16009，该档案记载：伤亡 1 015 人。比较分析，本书采用第一手档案数据。

③ 四川省档案局(馆)编：《抗战时期的四川：档案史料汇编》中，第 1182 页。

④ 重庆市委党史研究室编：《重庆市抗日战争时期人口伤亡和财产损失》，第 396 页。此外，「101 号作戦概况送付の件」、JACAR（アジア歴史資料センター）Ref. C04122493600、昭和 15 年、陸支密大日記、第 41 号 2/2(防衛省防衛研究所)，该档案记载：使用飞机 77 架，攻击机 36 架，目标为重庆江北市街，川东师范。

续表

序号	名称	地点	日机数及投弹数	伤亡人数	备注
8	1940 年重庆"6·16"大惨案	重庆市区	日机 117 架,投炸弹 233 枚、燃烧弹 72 枚	死亡 116 人,受伤 232 人①	
9	1940 年重庆"6·28"大惨案	重庆市区	投炸弹 111 枚,燃烧弹 6 枚	死亡约 388 人②	炸死 28 人以上,伤 60 余人;防空洞炸塌,死亡近 300 人
10	1940 年重庆"8·9"大惨案	重庆市区	日机 90 架,投爆炸弹 237 枚,燃烧弹 41 枚	死亡 201 人,受伤 173 人③	
11	1940 年重庆"8·18"大惨案	重庆市区、江北、南岸	投弹 264 枚	死亡 138 人,受伤 134 人④	
12	1940 年重庆"8·19"大惨案	重庆市区	日机 178 架,投弹 500 余枚	死亡 181 人,受伤 132 人⑤	

① 《重庆卫戍司令部调查六月十六日敌机袭渝情况暨伤亡损失报告表》(1940 年 6 月 21 日),重庆市档案馆馆藏:0053-0012-00169-0100-128-000。另外,四川省档案局(馆)编:《抗战时期的四川:档案史料汇编》中,第 1183 页记载:日机 117 架,投弹 263 枚,伤 108 人,死亡 286 人。本书采用第一手档案数据。此外,「101 号作戦概况送付の件」,JACAR(アジア歴史資料センター)Ref. C04122493600、昭和 15 年、陸支密大日記、第 41 号 2/2(防衛省防衛研究所),该档案记载:使用飞机 78 架,攻击机 36 架,目标为重庆市街、川东师范。

② 重庆市委党史研究室编:《重庆市抗日战争时期人口伤亡和财产损失》,第 397 页。「101 号作戦概况送付の件」,JACAR(アジア歴史資料センター)Ref. C04122493600、昭和 15 年、陸支密大日記、第 41 号 2/2(防衛省防衛研究所),该档案记载:使用飞机 86 架。

③④⑤ 重庆市委党史研究室编:《重庆市抗日战争时期人口伤亡和财产损失》,第 398、399 页。

续表

序号	名称	地点	日机数及投弹数	伤亡人数	备注
13	1940 年重庆"8·20"大惨案	重庆市区	日机 126 架，投炸弹 216 枚，燃烧弹 206 枚	死亡 133 人，受伤 208 人①	
14	1941 年重庆"6·2"大惨案	重庆市区	日机 27 架，投炸弹 262 枚，燃烧弹 16 枚	死亡 124 人，受伤 86 人②	
15	1941 年重庆"6·5"大隧道惨案	重庆石灰市、小观音岩、演武厅隧道	日机 24 架，投炸弹 82 枚，燃烧弹 13 枚	死亡 1 115人，受伤 776 人③	

① 重庆市委党史研究室编：《重庆市抗日战争时期人口伤亡和财产损失》，第 399 页。

② 潘洵、周勇主编：《抗战时期重庆大轰炸日志》，重庆：重庆出版社 2011 年版，第 296—297 页。

③ 关于大隧道窒息惨案伤亡人数，各项统计资料略有出入。潘洵、周勇主编：《抗战时期重庆大轰炸日志》，第 299 页记载：重庆卫戍总司令部关于"六五"敌机夜袭大隧道窒息死亡人数及善后各情形呈行政院报告（1941 年 6 月 8 日）死亡 1 115 人，受伤 776 人。重庆防空司令部有多个数据，重庆防空司令部关于"六五"惨案情形报告为死亡 827 人，重伤 165 人。重庆防空司令部调查 6 月 5 日敌机袭渝情况暨伤亡损害概况表为死亡 1 008 人，重伤 165 人。陪都空袭救护委员会关于 6 月 5 日夜袭救护经过报告统计为掩埋尸体 888 具，各重伤医院救济重伤 151 人。防空隧道窒息案审查委员会最后公布的数据是死亡 992 人，重伤 151 人（《大隧道窒息案审查报告》）。《陪都市民呼吁书》（1941 年 6 月 7 日）说是死亡 7 200 余人，日本《朝日新闻》称死亡 12 000 人以上等。目前所见此次轰炸的死亡统计数据，最大数据的是郭廷以编著的《中华民国史事日志》第四册第 169 页记录死亡 3 万人，最小数据为重庆防空司令部在惨案发生第二天对外发布的死亡 461 人，重伤 291 人（陈理源：《重庆"六五"大隧道惨案采访记》，《重庆文史资料》第 31 辑，西南师范大学出版社 1989 年版）。重庆卫戍司令部调查数据为：死亡 1 115 人，受伤 776 人。此外，《八年血债·编案纪要初稿》（1975 年 6 月），台北"国史馆"藏，蒋中正总统文物：002 - 090299 - 00008 - 001，记载：较场口大隧道窒息死亡 3 万人，"国史馆"档案虽属档案，但 3 万人明显不合实际。潘洵：《抗战时期重庆大轰炸人口伤亡数量再研究》，《四川师范大学学报（社会科学版）》2015 年第 5 期分析选择了重庆卫戍司令部调查数据。本书也采用此数据。

续表

序号	名称	地点	日机数及投弹数	伤亡人数	备注
16	1941 年重庆"6·29"大惨案	重庆市区	投弹 139 枚	死亡 175 人，受伤 145 人①	
17	1941 年重庆"8·13"大惨案	神仙洞街	掷炸弹 1 枚，燃烧弹 1 枚	死亡 130 人，受伤 118 人②	

　　四川是中国西南的门户，是支援抗战的重要省份，成都是省会。随着国民政府迁都重庆，航空委员会迁至成都，成都成为中国空军的最高指挥中心。日军飞机对成都及四川境内资源丰富城市大肆实施轰炸，制造了 36 次重大惨案。

四川省重大惨案情况表

序号	名称	地点	日机数及投弹数	伤亡人数	备注
1	1939 年万县"2·4"大惨案	万县城区	日机 18 架，投炸弹 100 余枚	伤亡 380 余人③	

① 重庆市委党史研究室编：《重庆市抗日战争时期人口伤亡和财产损失》，第 402 页。

② 《关于报送重庆市警察局第四分局 8 月 13 日被炸抢救伤亡工作机关调查表的呈、公函（附调查表）》，重庆市档案馆藏：0080000100175000006000。鹿空機密報告第 1 号の89　戰闘詳報　鹿屋海軍航空隊　自昭和 16 年 8 月 11 日至昭和 16 年 8 月 20 日(1)，「JACAR（アジア歴史資料センター）Ref. C14120678700、自昭和 16 年 7 月　至昭和 16 年 8 月　支那事変戰闘詳報（防衛省防衛研究所）」，日方档案记载：中攻 18 架冒着高射炮火突入重庆。此外，重庆市委党史研究室编：《重庆市抗日战争时期人口伤亡和财产损失》，第 404 页记载：炸死 161 人，炸伤 11 人。综合各材料，飞机数使用日方数据，伤亡人数采用档案数据更可靠

③ 《汉口商品检验局呈报敌机轰炸万县情形有关文书请鉴核由（1939 年 2 月 10 日）》，第二历史档案馆藏：787，四—12823。此外，《四川各地二十八年空袭损害统计表》，四川省档案馆藏：41-6151，记载：日机 18 架，投弹 99 枚，死亡 235 人，受伤 150 人。两组数据并不矛盾。

续表

序号	名称	地点	日机数及投弹数	伤亡人数	备注
2	1939 年梁山"3·29"大惨案	梁山县城区	日机 18 架，投弹 92 枚	死亡 240 人，受伤 200 人①	
3	1939 年成都"6·11"大惨案	成都市区	日机 27 架，投炸弹 61 枚，燃烧弹 24 枚	死亡 211 人，受伤 657 人②	殉职防护团员 43 人，重伤 23 人，轻伤 58 人；市民伤 576 人，死亡 168 人

---

① 《重庆防空司令部二十八年度辖区空袭损害统计表》(1940 年 1 月制)，四川省档案馆藏：民 180 - 02 - 1579。

② 《成都被炸后人口物资疏散完竣》，上海《申报》，1939 年 6 月 25 日，第 10 版。《四川省会警察局为呈报民国二十八年六月十一日敌机轰炸本市死亡负伤人数汇造调查表》，四川省档案馆藏：41 - 10503，记载：死亡 226 人，受伤 432 人。《八年血债》(五)(1975 年 6 月)，台北"国史馆"藏，蒋中正总统文物：002 - 090200 - 00029 - 223，记载：市民死约 100 余人，遭重伤送入医院者共 450 余人，救治无效而死者已 41 人。《八年血债》(五)(1975 年 6 月)，台北"国史馆"藏，蒋中正总统文物：002 - 090200 - 00029 - 224，省秘书长贺国光发给蒋介石的电文，称：死 110 余人，重伤 156，轻伤 226 人。《八年血债》(五)(1975 年 6 月)，台北"国史馆"藏，蒋中正总统文物：002 - 090200 - 00029 - 225，省主席王瓒绪的电文，称：伤 400 余人，死亡约 100。《八年血债》(五)(1975 年 6 月)，台北"国史馆"藏，蒋中正总统文物：002 - 090200 - 00029 - 236，成都警备司令部司令严啸虎电文称：市民死亡 110 余人，伤约 400 人，警备部队伤连长 1 人，伤士兵 9 人，死士兵 3 人，防护团员死 17 人，伤 81 人，警兵死 2 人，伤 27 人。各地、各部门档案中伤亡数据不一致，本书认为惨案发生后半个月，报纸报道的数据更为可信。

续表

序号	名称	地点	日机数及投弹数	伤亡人数	备注
4	1939 年奉节"6·28"大惨案	奉节县永安镇	日机 27 架，投弹 129 枚	死亡 600 余人，受伤 1 200 人①	
5	1939 年巫山"7·12"大惨案	巫山	投弹 61 枚	死亡 106 人，受伤 59 人②	
6	1939 年乐山"8·19"大惨案	乐山城	日机 36 架，投炸弹、燃烧弹 100 余枚	死亡 838 人，受伤 380 人③	
7	1939 年泸县"9·11"大惨案	泸县	日机 36 架，投弹 200 余枚	死亡 1 160 余人，受伤1 445 人④	

① 四川省档案局（馆）编：《抗战时期的四川：档案史料汇编》中，第 1179 页。《八年血债·编案纪要初稿》（1975 年 6 月），台北"国史馆"藏，蒋中正总统文物：002－090299－00008－001。另外，四川省奉节县志编纂委员会编纂：《奉节县志》，北京：方志出版社 1995 年版，第 28 页记载：死 813 人，伤 909 人。重庆市委党史研究室编：《重庆市抗日战争时期人口伤亡和财产损失》，第 393 页记载：死居民 1 013 人，炸伤 1 264 人。《奉节县志》与《重庆市抗日战争时期人口伤亡和财产损失》的数据源于何处，笔者无从知晓，"国史馆"档案与四川档案史料汇编伤亡数据一致，较为可信，但"国史馆"的时间有误，记为 7 月 5 日，笔者认为这是发电报的时间。

② 四川省档案局（馆）编：《抗战时期的四川：档案史料汇编》中，第 1179 页。

③《1939 年四川各地空袭损害统计表》，四川省档案馆藏：41－6151；乐山市人民防空办公室编著：《乐山大轰炸》（内部资料），2005 年版，第 180 页。《八年血债》（五）（1975 年 6 月），台北"国史馆"藏，蒋中正总统文物：002－090200－00029－191，记载：9 月 1 日贺国光给蒋介石的电报：日机轰炸乐山，收埋 600 余具尸，重伤 300 余人，轻伤 300 余人。武汉大学死教职员家属 7 人，学生 5 人，工友 2 人，重伤 2 人，轻伤 20 余人。以上数据基本一致。

④ 泸州市地方志编纂委员会编纂：《泸州市志》，北京：方志出版社 1998 年版，第 1034 页；中央党史研究室第一研究部编：《抗日战争时期全国重大惨案》8，第 189 页。此外，泸县专员公署给四川省政府的《报告》，四川省档案馆藏：41－9508，记载：死亡 385 人，重伤 142 人，轻伤 303 人，伤亡总共 830 人。中央党史研究室的数据来源于掩埋队和救援队的统计，伤亡数据更为准确。

续表

序号	名称	地点	日机数及投弹数	伤亡人数	备注
8	1939 年奉节"9·30"大惨案	奉节县永安镇	日机两批，投弹 300 枚	死亡 120 人，受伤 145 人①	
9	1939 年南川"10·13"大惨案	南川城	日机 18 架，投炸弹 88 枚，燃烧弹 5 枚	死亡 151 人，受伤 142 人②	
10	1940 年嘉陵江三峡乡村建设实验区"5·27"大惨案	北碚场	日机 36 架，投弹百余枚	死亡 106 人，受伤 126 人③	本书统称北碚
11	1940 年合川"5·30"大惨案	合川城郊	日机 27 架	死亡 175 人，受伤 149 人④	
12	1940 年綦江"7·5"大惨案	綦江	日机 63 架，投弹 209 枚	死亡 150 人，受伤 245 人⑤	

① 潘洵、周勇主编：《抗战时期重庆大轰炸日志》，第 144 页。

② 《二八年十月十三日敌机投弹损害情形调查表》，四川省档案馆藏：民 180 - 02 - 1579，第 52 页。《八年血债》（五）（1975 年 6 月），台北"国史馆"藏，蒋中正总统文物：002 - 090200 - 00029 - 233，记载：死伤约二三百人。两组数据基本一致，本书取精确数据。

③ 唐润明主编：《重庆大轰炸档案文献·轰炸经过与人员伤亡·区县部分》上，重庆：重庆出版社 2015 年版，第 123、161 页。

④ 《合川县防空支会为报告 1940 年 5 月 30 日被炸经过及善后情况给四川全省防空司令部的呈（1940 年 6 月）》，四川省档案馆：省防部 - 1580。转引自唐润明主编：《重庆大轰炸档案文献·轰炸经过与人员伤亡·区县部分》下，重庆：重庆出版社 2015 年版，第 535—536 页。

⑤ 四川省档案局（馆）编：《抗战时期的四川——档案史料汇编》中，第 1184 页。

续表

序号	名称	地点	日机数及投弹数	伤亡人数	备注
13	1940 年涪陵"7·18"大惨案	涪陵城区	日机 18 架，投弹 100 余枚	伤亡七八百人①	
14	1940 年合川"7·22"大惨案	合川	日机 98 架，投炸弹 484 枚，燃烧弹 18 枚	死亡 630 人，受伤 300 人②	
15	1940 年成都"7·24"大惨案	成都闹市区		死亡 103 人，受伤 114 人③	
16	1940 年万县"7·28"大惨案	万县	日机 80 架，投弹 321 枚	死亡 367 人，受伤 422 人④	
17	1940 年涪陵"7·31"大惨案	涪陵	日机 18 架，投爆炸弹 141 枚，燃烧弹 20 枚	死亡 470 人，受伤 340 人⑤	

①② 重庆市委党史研究室编:《重庆市抗日战争时期人口伤亡和财产损失》,第 398 页。

③《四川省会警察局造呈二十九年七月二十四日敌机空袭损害调查表》,四川省档案馆藏:180 - 02 - 1582。

④ 重庆市委党史研究室编:《重庆市抗日战争时期人口伤亡和财产损失》,第 398 页。此外,《八年血债》(五)(1975 年 6 月),台北"国史馆"藏,蒋中正总统文物:002 - 090200 - 00029 - 240,记载:死亡 300 余人,受伤 400 余人。两组数据基本一致,本书取精确数据。

⑤ 重庆市委党史研究室编:《重庆市抗日战争时期人口伤亡和财产损失》,第 398 页。

续表

序号	名称	地点	日机数及投弹数	伤亡人数	备注
18	1940 年泸县"8·2"大惨案	泸县	日机 34 架,投弹 83 枚	死亡 335 人,受伤 337 人①	
19	1940 年隆昌"8·2"大惨案	隆昌县城	日机 45 架,投重型炸弹 19 枚,破甲弹 94 枚,烧夷弹 6 枚和若干手榴弹	死亡 157 人,受伤 195 人②	
20	1940 年泸县"8·12"大惨案	泸县	日机 13 架,投弹二三十枚	伤亡 256 人③	其中中城公园防空洞被炸塌,死亡 100 余人
21	1940 年自贡"8·12"大惨案	自贡城	日机 90 架,投弹 267 枚	死亡 139 人,受伤 258 人④	
22	1940 年合江"8·16"大惨案	合江	日机 27 架,投弹 100 余枚	死亡 304 人,受伤 295 人⑤	

① 《四川省空袭损害统计表》,四川省档案馆藏:180-1582。此外,四川省泸县县志办公室编纂:《泸县志》,成都:四川科学技术出版社 1993 年版,第 445 页记载:日机 34 架,投弹 100 余枚,死伤 1 045 人。《八年血债》(五)(1975 年 6 月),台北"国史馆"藏,蒋中正总统文物:002-090200-00029-241 记载:死伤 300 余人。"国史馆"档案是当日泸县县长发给重庆的电报,可能存在数据尚未统计完毕的可能,《县志》所用数据不知出自何处,故用四川省档案数据。

② 《1940 年四川各地空袭损害统计表》,四川省档案馆藏:180-1584。另据李秉新等主编:《侵华日军暴行总录》,第 1237 页记载:1940 年 8 月 7 日隆昌县政府、县空袭紧急救济联合办事处统计,死亡 166 人,受伤 195 人。此处采用档案记载数据。

③ 泸州市地方志编纂委员会编纂:《泸州市志》,第 1034 页。其中,中城公园防空洞炸塌死亡百余人。

④ 谢世廉主编:《川渝大轰炸:抗战时期日机轰炸四川史实研究》,第 188—189 页。

⑤ 《合江县空袭损害抚济案》,四川省档案馆藏:041-04-6157。四川省档案局(馆)编:《抗战时期的四川——档案史料汇编》中,第 1164—1165 页。

续表

序号	名称	地点	日机数及投弹数	伤亡人数	备注
23	1940 年富顺 "8·17"大惨案	富顺县城	日机 27 架，投弹 100 余枚	死亡 140 人，受伤 145 人①	
24	1940 年永川 "8·17"大惨案	永川	日机 26 架，投弹 136 枚	死亡 147 人，受伤 257 人②	
25	1940 年渠县 "8·21"大惨案	渠县城	日机 36 架，投炸弹和燃烧弹 40 余枚	死亡 400 余人，受伤 200 余人③	伤亡人数占全城总人数的7.5%
26	1940 年广安 "9·3"大惨案	广安	日机 27 架，投弹 219 枚	死亡 101 人，受伤 169 人④	
27	1940 年南充 "9·3"大惨案	南充城	日机 36 架，投弹 361 枚	死亡 475 人，受伤 509 人⑤	
28	1940 年成都 "10·4"大惨案		日机 27 架，投炸弹 76 枚，燃烧弹 17 枚	死亡 105 人，受伤 225 人⑥	

①③④ 李秉新等主编：《侵华日军暴行总录》，第 1228—1229、1232—1233、1235 页。

② 四川省档案局（馆）编：《抗战时期的四川：档案史料汇编》中，第 1185 页。

⑤《四川省防空司令部第八监视队造呈南充被炸报告表》，四川省南充市档案馆藏：180-1582。另外，《南充县防护团造具敌机袭击南充损害情形报告表》，四川省南充市档案馆藏：180-1582，记载：死 438 人，伤 378 人。防护团提交报告日期不详，防空司令部于 9 月 9 日提供的报告，距案发已经 6 天，数据比较可靠。

⑥《成都市十·四被炸灾情调查表》，四川省档案馆藏：180-02-2920。

续表

序号	名称	地点	日机数及投弹数	伤亡人数	备注
29	1940年成都"10·12"大惨案	成都市区	日机46架，投弹119枚	死亡108人，受伤125人①	
30	1940年成都"10·27"大惨案	成都市北糠市街、春熙南路、东顺城街、少城公园	日机21架，投弹100枚	死亡482人，受伤593人②	
31	1941年松潘"6·23"大惨案	松潘城内外	日机27架，投弹120余枚，其中燃烧弹10余枚	死亡198人，受伤497人③	

①《四川省会警察局造成二十九年十月十二日敌机空袭损害调查表》，四川省档案馆藏：180-02-2920。此外，中共成都市委党史研究室编：《抗日战争时期成都市人口伤亡和财产损失资料选编》(内部资料)，2010年版，第8—9页记载：日机46架，投弹119枚，死216人，伤509人。此数据不知出自哪个部门，故取警察局的调查数据。

② 中共成都市委党史研究室编：《抗日战争时期成都市人口伤亡和财产损失资料选编》(内部资料)，第9页。

③《四川省防空司令部关于各地空袭轰炸情形部队组织规程配备图经费等公函代电电笺》，四川省档案馆藏：民180-02-2278。四川省档案局(馆)编：《抗战时期的四川——档案史料汇编》中，第1025页。四川省阿坝藏族羌族自治州松潘县志编纂委员会编：《松潘县志》，北京：民族出版社1999年版，第24页记载：投弹105枚，其余信息相同。

续表

序号	名称	地点	日机数及投弹数	伤亡人数	备注
32	1941 年成都"7·27"大惨案	成都	日机 108 架，投弹 426 枚，燃烧弹 20 枚	死亡 698 人，受伤 905 人①	
33	1941 年自贡"7·28"大惨案	自贡	日机 99 架，投弹 235 枚，其中燃烧弹 140 枚	死亡 104 人，受伤 133 人②	

① 《成都市七二七空袭灾害调查表》，四川省档案馆藏：180-02-2920；《成都市空袭统计表》，四川省档案馆藏：180-1218。美空机密第 50 号の113　美幌海军航空隊戦闘詳報　其の26　（成都攻撃）　昭和 16 年 7 月 27 日，「JACAR（アジア歴史資料センター）Ref. C14120692300、自昭和 16 年 4 月　至昭和 16 年 11 月　支那事変事変日誌戦闘詳報（防衛省防衛研究所）」，档案记载：从 5 950 米高度向成都市街西北部投掷 6 番陆用炸弹 87 枚、7 番 6 号陆用炸弹 48 枚，全弹命中。鹿空机密报告第 1 号の84　成都攻撃戦闘詳報（W 基地第 1 回）　鹿屋海军航空隊　昭和 16 年 7 月 27 日，「JACAR（アジア歴史資料センター）Ref. C14120678100、自昭和 16 年 7 月　至昭和 16 年 8 月　支那事変戦闘詳報（防衛省防衛研究所）」，档案记载：日军第 1、2、3 中队 27 机，从 5 500 米高度投弹，第 2、3 中队分别在成都市街西南投弹 45 枚。

② 四川省档案局（馆）编：《抗战时期的四川——档案史料汇编》中，第 1188 页。鹿空机密报告第 1 号の85　重慶　自流井攻撃戦闘詳報（W 基地第 2 回）　鹿屋海军航空隊　昭和 16 年 7 月 28 日，「JACAR（アジア歴史資料センター）Ref. C14120678200、自昭和 16 年 7 月　至昭和 16 年 8 月　支那事変戦闘詳報（防衛省防衛研究所）」，档案记载：鹿屋海军航空队 18 架。美空机密第 50 号 24　美幌海军航空隊戦闘詳報　其の27　（自流井攻撃）　昭和 16 年 7 月 28 日，「JACAR（アジア歴史資料センター）Ref. C14120692400、自昭和 16 年 4 月　至昭和 16 年 11 月　支那事変事変日誌戦闘詳報（防衛省防衛研究所）」，档案记载：美幌海军航空队中攻 27 架。

序号	名称	地点	日机数及投弹数	伤亡人数	备注
34	1941年宜宾"8·11"大惨案	宜宾城	日机27架	死亡100余人，受伤200余人①	
35	1941年成都"8·11"大惨案	成都西较场、小南街、君平街、将军街等	日机100架，投弹457枚	死亡194人，受伤382人②	
36	1941年阆中"8·16"大惨案	阆中	日机27架，投弹150余枚，其中燃烧弹约20枚	死亡158人，受伤210人③	

　　云南省在抗战相持阶段具有更为重要的战略地位。为截断战时中国的国际援助，包抄抗战大后方，迅速灭亡中国，日军对昆明、

---

① 《梁山、奉节、南川等县卫生院呈报敌机轰炸的财产损失受伤人数救护情形整修计划文表与四川省卫生处代电》，四川省档案馆藏：民113-01-1745，第64页。此外，谢世廉主编：《川渝大轰炸：抗战时期日机轰炸四川史实研究》，第188页记载：日机27架，第一次9架，投弹100余枚，第二次18架，投弹不详，死亡100余人，受伤100余人。本书取第一手档案数据。

② 成都市人民防空办公室、成都市国防教育学会编著：《成都大轰炸》，第38页。高空機密第13号の32　「オ」号作戦（成都攻擊）「オ」号作戦策應隊（漢中広元攻擊）戰鬪詳報　高雄海軍航空隊　昭和16年8月11日，「JACAR（アジア歴史資料センター）Ref. C14120697800，自昭和15年7月　至昭和16年8月　支那事変戰鬪詳報（防衛省防衛研究所）」

③ 李秉新等主编：《侵华日军暴行总录》，第1233页。四川省阆中市地方志编纂委员会编纂：《阆中县志》，成都：四川人民出版社1993年版，第308页记载：投弹130枚，伤亡信息一致。

保山、蒙自等大肆轰炸,制造了6次重大惨案。

云南省重大惨案情况表

序号	名称	地点	日机数及投弹数	伤亡人数	备注
1	1939年蒙自"4·13"大惨案	蒙自	日机19架,投炸弹164枚,燃烧弹2枚	死亡186人,受伤182人①	
2	1940年屏边"2·1"大惨案	滇越铁路白寨83条基罗上的铁桥及隧洞	日机27架,投弹100余枚	死亡130人,受伤94人②	因伤而死23人。此外,死5名法国人,伤亡24名越南人
3	1940年个旧"12·13"大惨案	个旧	日机8架,投弹34枚	死亡112人,受伤113人③	
4	1941年保山"1·3"大惨案	保山城	日机9架,投弹数十枚	死亡106人,受伤141人④	

① 云南省课题组编著:《云南省抗战时期人口伤亡和财产损失调研成果选辑》,第138页。

② 云南省档案馆编:《日军侵华罪行实录·云南部分》,昆明:云南人民出版社2005年版,第275页。云南省课题组编著:《云南省抗战时期人口伤亡和财产损失调研成果选辑》,第435页。

③ 云南省课题组编著:《云南省抗战时期人口伤亡和财产损失调研成果选辑》,第140—141页。

④《云南全省防空司令部转报保山县1月3日被炸伤亡损失及赈恤情形呈》,云南省档案馆藏:1106-1-738-41。云南省保山地区地方志编纂委员会编:《保山地区志》上卷,北京:中华书局1999年版,第655页记载:日机9架,投弹50余枚,死亡106人,受伤142人。与档案相差1人,本书选取档案数据。

续表

序号	名称	地点	日机数及投弹数	伤亡人数	备注
5	1941 年昆明"2·26"大惨案	昆明市区	日机 37 架，投弹 106 枚	死亡 103 人，受伤 91 人①	
6	1941 年昆明"12·18"大惨案	昆明市区	日机 10 架，投弹 23 枚	死亡 147 人，受伤 218 人②	

　　贵州位于中国西南腹地，与重庆、四川、湖南、云南、广西接壤。战时日军飞机在贵州制造了 2 次重大惨案。

贵州省重大惨案情况表

序号	名称	地点	日机数及投弹数	伤亡人数	备注
1	1939 年贵阳"2·4"大惨案	贵阳城中心繁华地区	日机 18 架，投弹 129 枚	死亡 521 人，受伤 1 256 人③	

---

① 云南省课题组编著：《云南省抗战时期人口伤亡和财产损失调研成果选辑》，第 460 页。

② 云南省课题组编著：《云南省抗战时期人口伤亡和财产损失调研成果选辑》，第 476—477 页。云南省档案局(馆)编：《抗战时期的云南——档案史料汇编》下，重庆：重庆出版社 2015 年版，第 614—615 页。

③《贵阳[二四]被炸及丹寨[九一三]被炸损失情况与有关电文广东重庆空袭统计》，贵州省档案馆藏：1-1-2944。《敌机轰炸情况》(1939 年 12 月)，贵州省档案馆藏：1-1-4297，档案记载警察局调查结果：受伤 735 人，伤者死亡 33 人，当日掩埋及事后发掘，死亡 488 人，死伤合计 1 256 人。《八年血债·编案纪要初稿》(1975 年 6 月)，台北"国史馆"藏，蒋中正总统文物：002-090299-00008-001。贵州省秘书处和"国史馆"档案记载：死亡 521 人，受伤 735 人。贵州省地方志编纂委员会编：《贵州省志》"军事志"，贵阳：贵州人民出版社 1995 年版，第 589 页。此外，贵州省地方志编纂委员会编：《贵州省志》"防空战备志"，贵阳：贵州人民出版社 2000 年版，第 47、54 页记载：死亡 531 人，受伤 1 526 人。通过以上多组数据对比，第一手档案资料数据一致，比较可信。

续表

序号	名称	地点	日机数及投弹数	伤亡人数	备注
2	1939年独山"7·29"大惨案	独山县麻尾老街	日机7架	死亡250人,受伤75人①	集日

五、西北:交通要道,从无到有

全面抗战爆发以后,苏联迅速援助中国,西北国际援华通道建立,西北地区也是抗战的大后方,是重要的国际交通线。自西北国际交通线开通始,日军就对该区域实施轰炸,相持阶段到来以后,日军在甘肃、宁夏、陕西制造13次重大惨案。

甘肃省东邻陕西,南接四川,西连青海、新疆,北邻内蒙古、宁夏,是战时西北国际援华通道的必经之地,西北抗战大后方的中心,自然也成了日军重点打击的目标,造成3次重大惨案。

甘肃省重大惨案情况表

序号	名称	地点	日机数及投弹数	伤亡人数	备注
1	1939年平凉"2·9"大惨案	平凉城区	日机21架,投弹70枚	死亡126人,受伤51人②	

---

① 中共贵州省委党史研究室、贵州省档案局(馆)编:《贵州省抗战损失调查》上,北京:中共党史出版社2010年版,第6页。此外,独山县地方志编纂委员会编:《独山县志》,贵阳:贵州人民出版社1996年版,第17页记载:死亡200余人,受伤70余人。通过对比,两则史料的数据并不矛盾,第一则是大概数据,第二则是具体数据,本书取具体数据。

② 平凉市志编纂委员会编:《平凉市志》,北京:中华书局1996年版,第23页。政协甘肃省委员会文史资料委员会:《甘肃文史资料选辑》第41辑《市州县文史资料集萃政治军事篇》,兰州:甘肃人民出版社1996年版,第115页记载:平凉百姓死伤500人以上。从史料的权威角度看,地方志的数据更为可信。

序号	名称	地点	日机数及投弹数	伤亡人数	备注
2	1941年武威"6·22"大惨案	武威城隍庙庙会	日机26架，投弹170余枚	死亡228人，受伤154人①	
3	1941年天水8月大惨案	天水西关、后寨子、大城等	日机27架，5日投弹75枚，6日投弹51枚	死亡161人，受伤117人②	8月5日至6日

　　宁夏省东邻绥远、陕西，北接蒙古，西与甘肃相连，是西北的咽喉，自古是东西部交通贸易的重要通道。抗战时期，日机以银川为中心，对宁夏实施轰炸，造成1次重大惨案。

宁夏省重大惨案情况表

序号	名称	地点	日机数及投弹数	伤亡人数	备注
1	1939年宁夏"3·6"大惨案	宁夏省城	日机12架	死亡210人，受伤75人③	

　　陕西位于西北内陆腹地，东连山西、河南，西临甘肃、宁夏，南接

---

① 《武威县警察局1941年6月27日为呈报敌机袭凉经过详细情形及被炸伤亡人数报告表》，甘肃省档案馆藏：15-8-365，第12—16页。此外，《八年血债》（五）（1975年6月），台北"国史馆"藏，蒋中正总统文物：002-090200-00029-251，记载：平民死伤500余人。武威县警察局的数据是惨案发生后5天的数据，"国史馆"的数据时间不详，本书选取武威警察局数据。
② 《甘肃全省防空司令部1941年8月15日为呈请天水、陇西空袭死伤惨重情实可怜拨款救济由》，甘肃省档案馆藏：15-8-365，第85—86页。
③ 宁夏回族自治区委党史研究室编：《宁夏抗日战争时期人口伤亡和财产损失》，北京：中共党史出版社2015年版，第11页。

湖北、四川，北临内蒙，是连接中国东部、中部、西北和西南的重要枢纽。抗战时期，西安是西北的政治、经济、文化和军事中心，在西北国际运输线上地位显赫。宝鸡是陇海铁路线上的重要城市，是通往陕、甘、川的咽喉重镇。安康是陪都的外围据点，通往西安的要塞。因此，这些地区成了日军飞机轰炸的重点，制造了9次重大惨案。

陕西省重大惨案情况表

序号	名称	地点	日机数及投弹数	伤亡人数	备注
1	1939年西安"3·7"大惨案	西安城区	日机14架，投弹100余枚	伤亡600余人①	此外，天水行营机关防空洞被击中，伤数十人，闷死40余人
2	1939年西安"5·24"大惨案	西安城区		死亡1 000余人②	桥梓口地下防空洞洞口被炸塌，造成洞内人员被闷死
3	1939年宝鸡7月大惨案	宝鸡县城	日机36架	伤亡2 000余人③	7月，连续两天

① 陕西省人民防空办公室编：《陕西省防空志（1934—1990）》（内部资料），1999年版，第189页。西安市地方志编纂委员会编：《西安市志》第五卷"政治军事"，西安：西安出版社2000年版，第859页。

② 西安市地方志编纂委员会编：《西安市志》第五卷"政治军事"，第859页。李香普口述，刘金凯等整理：《日机轰炸西安目击记实》，政协西安市碑林区委员会文史资料研究委员会主办：《碑林文史资料》第2辑，1987年版，第12页。

③ 宝鸡县志编纂委员会：《宝鸡县志》，西安：陕西人民出版社1996年版，第17页。《近代史资料》编辑部、中国人民抗日战争纪念馆：《日军侵华暴行实录》4，第674页。另外，陕西省委党史研究室编：《陕西省抗日战争时期人口伤亡和财产损失》，北京：中共党史出版社2015年版，第75页记载：死伤600余人。前两则史料数据一致，本书采用该数据。

续表

序号	名称	地点	日机数及投弹数	伤亡人数	备注
4	1939 年 南 郑 10 月大惨案	南郑县东关和东北角	日机 51 架（25 日，日机 35 架；26 日，日机 16 架）	死亡 183 人以上，受伤104人以上①	10 月 25 日 至 26 日：25日，死亡 83 人，受伤 70 余人；26 日，死亡 100 余人，受伤 34 人
5	1940 年安康"5·1"大惨案	安康付家河机场、五堰乡	日机 24 架，投弹 180 枚	死亡 170 余人，受伤50余人②	
6	1940 年西安"5·19"大惨案	西安		死亡 231 人，受伤 92 人③	
7	1940 年西安"6·30"大惨案	西安		死亡约 200 人，受伤 100 余人④	地下室被毁，窒息死亡

① 《近代史资料》编辑部、中国人民抗日战争纪念馆编：《日军侵华暴行实录》4，第 675 页。另据，南郑县地方志编纂委员会：《南郑县志》，北京：中国人民公安大学出版社 1990 年版，第 481 页记载：死者近 200，伤者更多。以上两数据不冲突，《县志》更笼统。

② 《安康县政府 1940 年 5 月 3 日康民字第 48 号快邮代电》，安康市汉滨区档案馆藏：政府类第 13 号卷宗。转引自陕西省委党史研究室编：《陕西省抗日战争时期人口伤亡和财产损失》，北京：中共党史出版社 2015 年版，第 71 页。

③ 陕西省委党史研究室编：《陕西省抗日战争时期人口伤亡和财产损失》，北京：中共党史出版社 2015 年版，第 74 页。

④ 《八年血债》（五）（1975 年 6 月），台北"国史馆"藏，蒋中正总统文物：002－090200－00029－239。

续表

序号	名称	地点	日机数及投弹数	伤亡人数	备注
8	1940 年宝鸡"8·31"大惨案	河滩街、姜城堡、十里铺等处	日机 36 架	死亡 113 人，受伤 114 人①	
9	1940 年安康"9·3"大惨案	安康县城	日机 36 架，投弹 200 余枚	死亡 850 余人，受伤 2 300 余人②	

第三节　范围缩小、区域集中：1942 年 1 月—1945 年 8 月

　　1942 年 4 月 18 日，美国飞行员杜立特（James Harold Doolittle）率领他的飞行中队从"大黄蜂"号航空母舰起飞，成功轰炸日本本土，事后在浙江衢州等机场降落。这次轰炸最深远的影响是给日本带来巨大的

---

①《宝鸡县 1940 年 8 月 18 日、31 日、9 月 2 日三次被炸情形报告》，陕西省档案馆藏：民 1-1-22。《八年血债·编案纪要初稿》(1975 年 6 月)，台北"国史馆"藏，蒋中正总统文物：002-090299-00008-001，记载时间为 9 月 5 日。后经多方资料查证：肖银章等编著：《抗战期间日本飞机轰炸陕西实录》，第 30 页；袁文伟编著：《中国抗日战争全景录·陕西卷》，西安：陕西人民出版社 2015 年版，第 212 页；方海兴编著：《陕西抗战事件》，西安：太白文艺出版社 2018 年版，第 208 页；彭明生主编：《倭戮略：侵华日军制造的大屠杀事件罪行辑录》，第 212 页；以上均记载时间为 8 月 31 日，故 8 月 31 日较为可信。

② 肖银章等编著：《抗战期间日本飞机轰炸陕西实录》，第 60—61 页。袁文伟编著：《中国抗日战争全景录·陕西卷》，西安：陕西人民出版社 2015 年版，第 212—213 页。此外，李秉新等主编：《侵华日军暴行总录》，第 555 页记载：死伤（另说死亡）800 余人。政协汨罗市委员会文史资料研究委员会编：《汨罗文史资料》第 1 辑，1987 年版，第 66—67 页记载：死伤 1 500 余人。《侵华日军暴行总录》只记载死亡数据，不矛盾；而《汨罗文史资料》属于孤证，故不取此数据。

心理冲击。为了防止中美空军利用浙江一带机场空袭日本本土,日军大肆轰炸浙江、江西等地,惨案频繁发生。尤其是 1944 年以后,盟军在太平洋上的攻势日益加强,日军屡遭失败,海上交通线遭受盟军威胁。为打通中国大陆交通线作最后挣扎,日军开始实施"1 号作战"计划,发动了豫中、长衡和桂柳等会战。这期间,铁路、机场和车站及其附近地区成了日机的轰炸重点。日军飞机在本阶段制造了 35 次重大惨案,占总数的 8.9%,主要集中于河南、湖南、广西和云南等省。

一、华中:次数下降,仍居首位

为摧毁中国机场,打通大陆交通线,本阶段中日双方在华中地区进行了浙赣会战(1942 年 5 月 15 日—8 月 30 日)、鄂西会战(1943 年 5 月上旬—6 月中旬)、常德会战(1943 年 11 月 1 日—12 月 26 日)、豫中会战(1944 年 4 月 17 日—6 月 19 日)、长衡会战(1944 年 5 月 27 日—8 月 8 日)等,河南、湖北、湖南、江西、安徽、浙江发生重大惨案共 23 次。

河南位于平汉线上,为占领平汉铁路南段及沿线,打通陆上交通线,日军发起了河南战役。河南战役前后,日机对河南大肆轰炸,造成 3 次重大惨案。

河南省重大惨案情况表

序号	名称	地点	日机数及投弹数	伤亡人数	备注
1	1944 年新安"4·28"大惨案	新安县城西部铁塔山北侧峡谷	日机 6 架	伤亡 500 余人①	

① 河南省委党史研究室编:《河南省抗日战争时期人口伤亡和财产损失》,第 396 页。

序号	名称	地点	日机数及投弹数	伤亡人数	备注
2	1944 年荥阳 4 月大惨案	荥阳县车站		伤亡 500 人①	4 月某日
3	1944 年漯河"5·5"大惨案	漯河		死亡 700 余人②	

本阶段湖北省多数县城已经沦陷，日军飞机轰炸湖北的次数相比前两个阶段明显减少，重大惨案只有 2 次。

湖北省重大惨案情况表

序号	名称	地点	日机数及投弹数	伤亡人数	备注
1	1942 年监利"2·26"大惨案	监利县柳集乡		死亡 134 人③	
2	1943 年沔阳 2 月大惨案	百子桥、峰口、三官殿等	日机 80 余架，投弹 800 余枚	伤亡 1 300 余人④	2 月 17 日至 20 日

1942 年以后，日军飞机重点轰炸湖南省的空军基地和交通沿线城市等，本阶段湖南省共发生 10 次重大惨案。

---

① 中共河南省委党史研究室编：《河南省抗战损失调查》二，第 679 页。

② 河南省委党史研究室编：《河南省抗日战争时期人口伤亡和财产损失》，第 397 页。

③ 湖北省委党史研究室编：《湖北省抗日战争时期人口伤亡和财产损失》，第 429 页。

④ 洪湖市地方志编纂委员会：《洪湖县志》，武汉：武汉大学出版社 1992 年版，第 436 页。

湖南省重大惨案情况表

序号	名称	地点	日机数及投弹数	伤亡人数	备注
1	1943年零陵"6·19"大惨案	零陵县蔡家铺	日机7架	死亡146人，受伤259人①	
2	1944年零陵"4·25"大惨案	零陵县冷水滩	日机18架	死亡398人，受伤512人②	
3	1944年长沙5月大惨案	长沙		死亡超过114人③	5月14日至15日，河西炸死100余人，岳麓乡王家屋场炸死14人
4	1944年茶陵"6·2"大惨案	茶陵县城	日机3架，投弹22枚	死亡459人，受伤812人④	
5	1944年零陵"6·29"大惨案	零陵县城	日机18架	死亡492人，受伤316人⑤	
6	1944年零陵"7·19"大惨案	零陵县冷水滩	日机27架	死亡181人，受伤279人⑥	

---

①②⑤⑥《湖南省零陵县空袭受损调查报表》(1946年8月20日)，湖南省档案馆藏：
　　46-1-31。

③ 李秉新等主编：《侵华日军暴行总录》，第1027页。彭明生主编：《倭戮略：侵华日军制
　　造的大屠杀事件罪行辑录》，第285页记载：死亡100余人。两者不矛盾，此处取精确
　　数字。

④ 湖南省茶陵县地方志编纂委员会编：《茶陵县志》，北京：中国文史出版社1993年版，
　　第519页。

续表

序号	名称	地点	日机数及投弹数	伤亡人数	备注
7	1944年零陵"8·12"大惨案	零陵县城	日机36架	死亡243人,受伤316人①	
8	1944年零陵"8·13"大惨案	零陵县冷水滩	日机18架	死亡105人,受伤213人②	
9	1944年永明9月大惨案	永明县城乡	日机63架,投弹119枚	死亡107人以上③	9月27日至30日,蒲家巷口至西门街死亡7人,大桥铺死亡100人以上
10	1944年永兴"12·30"大惨案	永兴县城、塘门口	日机9架	死亡174人以上,受伤188人以上④	县城死110余人,伤100余人;水星楼等死48人,伤67人;塘门口死16人,伤21人

　　江西境内的赣东会战是日军为打通浙赣线的进攻作战。浙赣会战前后,日机大肆轰炸江西,制造4次重大惨案。

---

①②《湖南省零陵县空袭受损调查报表》(1946年8月20日),湖南省档案馆藏:46-1-31。
③④湖南省课题组编:《湖南省抗战时期人口伤亡和财产损失·重大惨案及口述资料卷》,第82、53页。

江西省重大惨案情况表

序号	名称	地点	日机数及投弹数	伤亡人数	备注
1	1942 年赣州"1·15"大惨案	赣州城	日机 28 架	死亡 100 余人①	
2	1942 年玉山 4 月大惨案	玉山县城	日机 8 架	死亡 100 余人②	4 月某日
3	1942 年余干"6·15"大惨案	余干瑞洪、梅溪、南墩		死亡 200 人③	
4	1942 年玉山 6 月大惨案	玉山县横街乡		死亡 100 余人④	6 月中旬某日

安徽省本阶段仅 1 次重大惨案。

安徽省重大惨案情况表

序号	名称	地点	日机数及投弹数	伤亡人数	备注
1	1943 年立煌"1·2"大惨案	立煌县山区小镇杨家滩		伤亡约五六百人⑤	

---

① 赣州市地方志办公室编:《赣州市志》,北京:中国文史出版社 1999 年版,第 20 页。此外,政协赣州市委员会文史资料研究委员会编:《赣州文史资料选辑》第 2 辑,1986 年版,第 89—90 页记载:死亡 200 余人,受伤 300 余人。本书取地方志数据。

②③④ 中共江西省委党史研究室编著:《江西省抗战时期人口伤亡和财产损失》上卷,第 144 页。

⑤ 政协金寨县委员会文史资料研究委员会编:《金寨文史》第 2 辑《纪念抗日战争胜利四十周年》,1985 年版,第 154 页。

浙江衢州机场完成了美国杜立特空袭的降落任务。日军担心美军继续使用这一战术，发起了浙赣作战，浙江遭到日机大肆轰炸，发生 3 次重大惨案。

浙江省重大惨案情况表

序号	名称	地点	日机数及投弹数	伤亡人数	备注
1	1942 年丽水"4·23"大惨案	丽水县城	日机 8 架，投弹 8 枚	死亡 201 人①	其中，邮政局防空洞 80 余人被闷死
2	1942 年云和 8 月大惨案	云和县城区	日机 3 架	死亡 537 人，发病 745 人②	8 月 26 日至 27 日，投大量细菌弹，伤亡数据截至 1945 年
3	1942 年义乌 9 月大惨案	义乌县崇山村		死亡 386 人，发病 391 人③	9 月某日，投鼠疫菌弹

二、华南：地域变窄，次数锐减

本阶段华南地区日机仅在福建、广东制造了重大惨案，共

---

① 浙江省委党史研究室编：《浙江省抗日战争时期人口伤亡和财产损失》，第 345 页。

② 浙江省政协文史资料委员会编：《浙江文史资料》第 56 辑《铁证——侵华日军在浙江暴行纪实》，杭州：浙江人民出版社 1995 年版，第 303 页。

③ 袁成毅：《抗战时期浙江平民伤亡问题初探》，《民国档案》2004 年第 1 期，第 69 页。

5 次。

福建省永安是战时省会，东南历史文化名城。长汀县是重要的航空枢纽和政略要地。日机在长汀、仙阳和永安制造 3 次重大惨案。

福建省重大惨案情况表

序号	名称	地点	日机数及投弹数	伤亡人数	备注
1	1942 年长汀"1·15"大惨案	长汀县城	日机 9 架	死亡 100 余人，受伤数十人①	
2	1942 年建瓯"8·22"大惨案	城区	日机 17 架	死亡 100 余人②	农历七月十一
3	1943 年永安"11·4"大惨案	永安城	日机 16 架，投弹 135 枚	死亡 600 余人③	多数炸弹是 500 磅以上

广东省部分地区在本阶段屡次遭受日军的侵扰，并发生 2 次重大惨案。

---

① 龙岩地区地方志编纂委员会编：《福建省龙岩地区志》上、下，上海：上海人民出版社 1992 年版，第 25 页。

② 政协福建省浦城县委员会文史工作组编：《浦城文史资料》第 9 辑，1988 年版，第 83 页。《近代史资料》编辑部、中国人民抗日战争纪念馆编：《日军侵华暴行实录》4，第 507—508 页记载：死伤 285 人。死亡 100 余人与死伤 285 人，不冲突。

③ 福建省地方志编纂委员会编：《福建省志》"大事记"，北京：方志出版社 2000 年版，第 244 页。

广东省重大惨案情况表

序号	名称	地点	日机数及投弹数	伤亡人数	备注
1	1942年钦县"4·22"大惨案	钦县钦州城	日机12架	伤亡六七百人①	
2	1943年清远"10·10"大惨案	清远	日机5架	死亡100余人②	

三、西南：数量猛降，仅聚云南

日军飞机对大后方的疲劳轰炸并未起到"以炸迫降"的目的，相反大后方人民"愈炸愈勇"。加之，美国对日宣战，美国空军援华，日军的空中优势被打破。世界反法西斯战争正向着有利的方向发展。日军飞机对西南地区的轰炸逐步减少，主要集中在机场及其周边地区。本阶段只有云南省有重大惨案，共7次，其中6次在云南驿机场和巫家坝机场及附近地区。

云南省重大惨案情况表

序号	名称	地点	日机数及投弹数	伤亡人数	备注
1	1942年祥云3月大惨案	云南驿机场	轰炸机28架，零式战斗机8架	死亡250余人③	3月某日

---

① 广西壮族自治区委党史研究室编：《广西抗日战争时期人口伤亡和财产损失》，第422页。

② 《近代史资料》编辑部、中国人民抗日战争纪念馆编：《日军侵华暴行实录》4，第574页。

③ 政协祥云县文史资料委员会编：《祥云文史资料》第1辑，1991年版，第119页。

续表

序号	名称	地点	日机数及投弹数	伤亡人数	备注
2	1942年保山5月大惨案	保山城	日机94架	死亡8 800人以上①	5月4日至5日,有主掩埋尸体2 800余具,地方派人掩埋尸体6 000余具
3	1943年祥云3月大惨案	云南驿机场		死亡2 700人②	3月中旬某日
4	1943年祥云"4·26"大惨案	云南驿机场	日机56架	死亡308人,受伤324人③	
5	1943年昆明"4·28"大惨案	昆明县云卫乡、莲德镇、义和乡,巫家坝机场		死亡330人,受伤70人	云卫乡、莲德镇、义和乡,炸伤70余人,炸死130余人④;巫家坝死200余人⑤

---

① 《保山县政府为敌机轰炸霍乱流行死亡损失惨重致云南省民政厅呈》(1946年3月9日),云南省档案馆藏:21-3-301-78。此外,云南省保山市志编纂委员会编:《保山市志》,昆明:云南民族出版社1993年版,第9页记载:死亡1万余人。本书取档案数据。

② 云南省课题组编著:《云南省抗战时期人口伤亡和财产损失调研成果选辑》,第521页。

③ 云南省课题组编著:《云南省抗战时期人口伤亡和财产损失调研成果选辑》,第523页。云南省档案馆编:《日军侵华罪行实录·云南部分》,第264页。

④ 云南省课题组编著:《云南省抗战时期人口伤亡和财产损失调研成果选辑》,第22页。

⑤ 《八年血债》(五)(1975年6月),台北"国史馆"藏,蒋中正总统文物:002-090200-00029-273。

续表

序号	名称	地点	日机数及投弹数	伤亡人数	备注
6	1943年祥云"5·29"大惨案	云南驿机场		死亡433人，受伤388人①	
7	1944年祥云"3·26"大惨案	云南驿机场	日机54架，投弹300余枚	伤亡15 000余人②	其中死亡1 000余人

全面抗战爆发后，为了摧毁中国的军事、经济实力和中国民众持久抗战的意志，达到灭亡或殖民中国的目的，侵华日军对中国不设防城镇和部分农村进行旷日持久的狂轰滥炸，重大惨案频繁发生。关于侵华日军无差别轰炸重大惨案的文献资料极其繁杂、文献记载呈多样性和差异性。因此，原始的、多元的和权威性的史料是本书考证重大惨案史实的衡量标准。

通过对394次重大惨案的梳理发现：重大惨案随着侵华日军在不同阶段的战略调整，呈现出明显的阶段性特点。从全面抗战爆发至1938年12月，日军发动了淞沪会战、徐州会战、武汉会战和广州会战等大型战役，为了配合陆军地面部队作战，日机大规模轰炸华北、华中、华南等地，重大惨案数量剧增，约占全部惨案的一半，重大惨案涉及地域广阔，主要集中在华中地区的江苏、安徽、湖南、湖北等地。随着抗战相持阶段的到来，日军逐步调整其侵华战略。从1939年1月至1941年12月，日军将战略轰炸和政略轰炸相结合，因此前线和大后方均发生大量重大惨案，相对而言，抗战

---

① 云南省祥云县志编纂委员会编纂：《祥云县志》，第18页。

② 云南省课题组编著：《云南省抗战时期人口伤亡和财产损失历史简编》，第109页。

大后方重大惨案更为集中,其中重庆和四川发生频率最高、出现次数较多。1941 年 12 月 8 日,太平洋战争爆发,随后美国对日宣战。1942 年 4 月 18 日,美军中校杜立特率领美机轰炸日本本土,完成任务后降落浙江机场。日本朝野人心惶恐,日本政府为安抚民心,为防止盟机进一步轰炸日本本土,日军发动了浙赣会战,以打通浙赣铁路,捣毁浙江、江西等地的机场。1943 年,世界反法西斯战争形势出现转折,德意法西斯逐渐溃败,日本在太平洋战场接连失败,海上交通线被切断。为打通中国大陆交通线,1944 年 4 月到 12 月,日本发动了豫湘桂战役,大举进攻河南、湖南和广西。因此,从 1942 年 1 月至 1945 年 8 月,日机的轰炸主要集中在浙江、江西、河南、湖南和云南等地。该区域交通沿线城市,机场及其周边地区多次发生重大惨案。从某种程度上讲,侵华日军战略主题演变决定无差别轰炸重大惨案分布的时空格局。

第三章 重大惨案的时空分布与伤亡人员

抗日战争期间,除了青海、新疆和西藏等地外,侵华日军对中国 1 000 多座城镇实施了无差别轰炸,在 212 个县城及院辖市制造了死亡 100 人及以上或者伤亡 500 人及以上的重大惨案 394 次。这些重大惨案发生的时间跨度长,分布地域广,伤亡人数多,在人类战争史上极为罕见。尤其是战争进入相持阶段之后,为了摧毁中国人民的抗战意志,压缩国民政府的生存空间、逼迫其投降,侵华日军对以战时首都重庆为中心的抗战大后方,实施了旷日持久的战略轰炸,制造了大量的重大惨案。那么,侵华日军无差别轰炸重大惨案的时间、空间分布呈现什么样的特征? 这些重大惨案中的伤亡人数是多少? 在重大惨案中伤亡人员的年龄、性别和职业结构如何? 本章将对这些问题进行逐一探讨。

第一节 时间序列的差异与变动

抗战期间,侵华日军无差别轰炸制造的 394 次重大惨案,在抗战的不同阶段、不同年份、不同季节和不同月份呈现显著特征。这些特征的出现同侵华日军无差别轰炸战略和战术的运用密切相关,同国民政府的消极防空政策和防空设施有一定的关联,还与天气情况密切相关。

一、各阶段呈不均衡分布

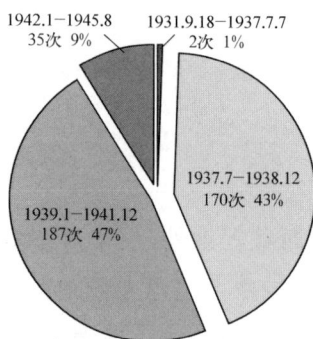

抗战时期不同阶段重大惨案
的次数及占比

数据来源:本书第二章重大惨案的史实梳理与考察

自 1931 年九一八事变至1937 年七七事变,侵华日军实施的无差别轰炸制造了 2 次重大惨案。全面抗战爆发至抗战胜利,侵华日军无差别轰炸制造了 392 次重大惨案。由于全面抗战爆发前,日军实施轰炸的范围窄、频率低和时间短,其造成的重大惨案明显偏少。反之,全面抗战爆发后,侵华日军无差别轰炸范围广、频率高和时段长,因此重大惨案发生的次数特别多。前后两个阶段分布不均衡性比较凸显。

全面抗战爆发以后,基于侵华日军无差别轰炸战略的演变及实施,重大惨案可分为三个阶段:1937 年 7 月 7 日至 1938 年底是第一阶段,日机制造重大惨案 170 次,占总数的 43%;1939 年 1 月至 1941年底是第二阶段,日机制造重大惨案 187 次,占总数的 47%;1942 年1 月至 1945 年 8 月是第三阶段,日机制造重大惨案 35 次,占总数的9%。局部抗战时期及抗战全面爆发以后的三个阶段中,重大惨案分布次数存在明显不均衡状态。局部抗战时期惨案次数最少,为 2 次。抗战全面爆发以后的三个阶段重大惨案分布次数也不均衡,第二阶段发生重大惨案的次数最多,第一阶段发生重大惨案的次数次之,第三阶段发生重大惨案的次数最少。究其根本原因，第一阶段，在海陆空军协同配合下，日军先后攻占大半个中国。为了迅速攻陷中心城市和战略交通要道，日本利用其强大的空中力量对中国许多不设防城镇实施无差别轰炸，制造了大量重大惨案。第二阶段，日军既强调对以战时首都重庆为中心的抗战大后方进行轰炸，又重视对沦陷区周围的重要区域进行空中打击，因此后方和前线都发生了一系列重大惨案。正是如此，第一、二阶段发生重大惨案的次数相差不大。太平洋战争爆发后，日军把大量兵力投入"南进"作战，日军飞机也减少对中国的轰炸。特别是 1943 年，世界反法西斯战争进入战略反攻阶段，中美合作加强，盟军在中国战场不断加强空中力量，在一定程度上影响了日机对中国的无差别轰炸。基于此，太平洋战争爆发后，重大惨案发生次数明显减少。

二、不同年份呈倒"V"字形状

抗战 14 年间，日军在中国各地制造的 394 次重大惨案，在不同年份上分布次数不同（如图），呈倒"V"字形状。

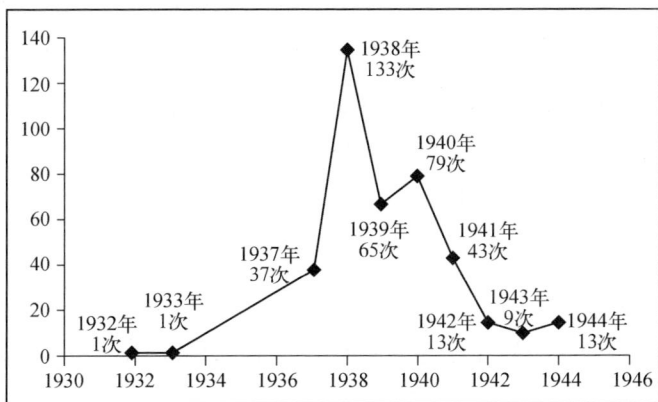

不同年度重大惨案的次数

数据来源：本书第二章重大惨案的史实梳理与考察

　　全面抗战爆发前，日军制造的重大惨案为 2 次。即日军在1932 年制造的上海"一·二八"大惨案和 1933 年制造的密云县"四一六"大惨案。全面抗战爆发后，日军制造的重大惨案有 392 次。1937 年发生 37 次重大惨案。1938 年，中日两国先后进行徐州会战、武汉会战、南浔战役和广州战役，日军凭借强大的空中力量，对中国不设防城市实施无差别轰炸，重大惨案频繁发生。1938 年发生 133 次重大惨案，这是抗战期间发生重大惨案次数最多的年份。1939 年发生 65 次重大惨案，比 1938 年大幅度减少。1939 年 9 月，大本营下达的大陆命第 363 号命令强调：中国派遣军司令官应适时实施航空进攻作战"压制、扰乱敌之战略及政略中枢，并防止敌空军之再建"。[①] 1940 年 5 月 15 日，日军修改航空作战陆海军中央协定，陆海军飞机总数由 322 架增至 408 架。[②] 日军凭借其绝对的航空优势，继续实施大规模战略轰炸。因此，1940 年发生重大惨案79 次，比 1939 年增加 14 次，次数出现上升。随后，重大惨案减少，1941 年，43 次（其中 1 次在太平洋战争爆发后）。太平洋战争爆发后，大批日机调用"南进"作战，日机空袭中国造成的重大惨案逐渐减少，具体为：1941 年，1 次（昆明"一二·一八"大惨案）；1942 年，13 次；1943 年，9 次；1944 年，13 次；1945 年，0 次。其中 1944 年出现相对上升的现象，这与日军为了打通大陆交通线，日机实施轰炸配合地面作战有关，重大惨案有所增加。

---

① 日本防卫厅战史室编纂，《大本营陆军部》摘译：《日本军国主义侵华资料长编》上卷，第 496 页。

② 日本防卫厅战史室编纂，《大本营陆军部》摘译：《日本军国主义侵华资料长编》上卷，第 542 页。

三、不同季节和月份差异明显

重大惨案在不同季节分布次数存在差异。除 1940 年浙江金华县惨案不确定是哪个季节外,其余 393 次重大惨案均可考证其发生的季节:春季即 3 月、4 月和 5 月,发生重大惨案 113 次;夏季即 6 月、7 月和 8 月,发生重大惨案 134 次;秋季即 9 月、10 月和 11 月,发生重大惨案 102 次;冬季即 12 月、1 月和 2 月,发生重大惨案为 44 次。夏季最多,春、秋季次之,冬季最少。夏季气候炎热,日机投掷的炸弹、燃烧弹相互配合,发挥巨大的威力。冬季天气寒冷,部分地区浓雾影响日军投弹视野,轰炸次数相对减少。比如大后方的重庆、四川和贵州等地,气候湿润,冬季多雾,浓雾天气影响飞行员的视野,投弹难以判断目标,故冬季重大惨案发生次数最少,夏季重大惨案发生次数最多。特别是战时陪都重庆,夏季有"火炉"之称,冬季有"雾都"之雅号,17 次重大惨案中仅 1 次发生在冬季,16 次发生在 5—8 月,即春夏季节。此外,重大惨案发生与日军选择进攻的时节也相关。日军发动的 20 余次大型作战中,除南宁战役、豫南会战、第三次长沙会

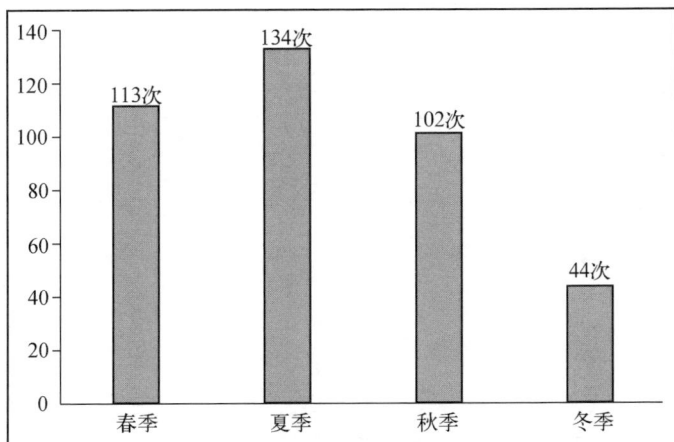

不同季节重大惨案的次数

数据来源:本书第二章重大惨案的史实梳理与考察

战、常德战役和赣南战役外,其余会战都未发生在最冷的季节。

从分布的月份看,据文献可考,在 394 次重大惨案中有 4 次未记载发生的具体月份。它们是:1938 年夏河南中牟县陇海铁路及白沙车站大惨案,1938 年冬浙江安吉县城大惨案,1941 年冬某日江西玉山县城大惨案,1940 年浙江金华县大惨案。这些惨案符合重大惨案的标准,但没有具体月份,因此没有进行计量分析。其余 390 次重大惨案,从 1 月到 12 月各月分布次数明显不同,其分布基本呈倒"V"字形(如图)。1 月 10 次,最少;4 月、5 月、6 月、7 月和 9 月基本在 40 次左右;8 月 58 次,最多。究其原因,1 月是一年中浓雾较多、天气较冷,日机能见度较低的时候。1 月过后,重大惨案逐月增加,到 8 月总次数达到峰值。这与 8 月天气晴朗、风轻云淡,飞行员视野最为清晰,投弹更为精准有关。此外,8 月天气普遍炎热,加上竹木结构的建筑,燃烧弹的效力能发挥到极致。可见,通常情况下,天气越好重大惨案次数越多,天气的好坏与重大惨案次数呈正相关。

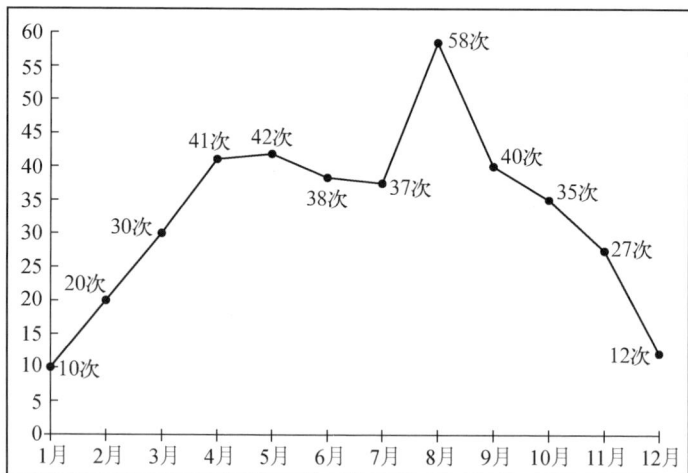

不同月份重大惨案的次数

数据来源:本书第二章重大惨案的史实梳理与考察

第二节　多重空间的聚集

侵华战争期间,日军把战略要地、水陆交通干线及繁华的城市作为轰炸的重点,这些地区重大惨案频发。通过对发生在战略要地、交通线和城市中重大惨案的计量分析,不难发现重大惨案次数出现多重空间聚集的明显特征。

一、向战略要地集中

抗战期间,侵华日军对中国 1 000 多个城镇进行不区别军事和民用设施的无差别轰炸,并在 212 个县市制造了 394 次重大惨案。在院辖市中,除北平和青岛以外,天津、上海、南京和重庆都发生过重大惨案。其中,天津 1 次,上海 3 次,南京 2 次,重庆 17 次。在各院辖市中,重庆作为中国战时首都、世界反法西斯战争的远东指挥中心,遭受日机轰炸最为惨烈,因此重庆发生的重大惨案次数最多。在各省中,除察哈尔、绥远、热河、辽宁、吉林、黑龙江、新疆、青海、西康、台湾和西藏外,日军飞机分别在中国 19 个省制造了重大惨案。河北省 3 次,山西省 3 次,山东省 6 次,江苏省 18 次,河南省 29 次,安徽省 31 次,浙江省 23 次,江西省 25 次,湖北省 76 次,湖南省 45 次,福建省 6 次,广东省 31 次,广西省 10 次,甘肃省 3 次,宁夏省 1 次,陕西省 9 次,四川省 36 次,贵州省 2 次,云南省 14 次。重大惨案在各省市的分布极其不平衡。沦陷最早的东北各省以及战略地位不明显的部分西北边陲省份,没有发生重大惨案。沦陷较早的东部地区重大惨案发生的次数相对较少,例如江苏省。华中地区部分省份,抗战初期属于战争后方,但是,随着日军侵华战争的继续扩大又逐步变为战争前线。当它作为战争后方时,为了动摇中国政府的军心和民心，日军飞机大肆对其威慑轰炸；当它作为抗战前线时，日机为配合地面作战部队同样对其狂轰滥炸。因此在战争的各个阶段，这些地区都是日机轰炸的重点，重大惨案发生的次数明显较多。此类地区典型的代表即为湖北省和湖南省。两省重大惨案发生的次数在全国分别排第一位和第二位。西南、西北地区是抗战的大后方。抗战相持阶段到来之后，成为日军飞机轰炸的重点区域，重大惨案发生的次数显著增加。例如四川省，因其人口众多、资源丰富，成为抗战大后方重要的资源城市，同时也成为日机轰炸的重点区域。因此，四川省发生的重大惨案总数在各省中的排名居第三位。重庆市作为战时首都，是日军飞机轰炸的主要目标，其发生的重大惨案总数在院辖市中排名第一。

按照抗战时期的大区划分：华北地区，即天津市、河北省、山东省和山西省，共发生重大惨案 13 次；华中地区，即南京市、上海市、汉口市、河南省、湖北省、湖南省，江西省、安徽省、江苏省和浙江省，共发生重大惨案 252 次；华南地区，即广州市、广东省、福建省和广西省，共发生重大惨案 47 次；西北地区，即陕西省、甘肃省和宁夏省，共发生重大惨案 13 次；西南地区，即重庆市、四川省、贵州省和云南省，共发生重大惨案 69 次。华中地区是近代中国的经济中心，是中国农业的心脏，交通的中心。因此，华中地区重大惨案分布最多、最为集中，占全国重大惨案的 64%。

二、向交通线集中

铁路、水路和汽车公路是近代交通的主动脉，这些交通命脉对沿线地区的资源开发和利用发挥着重要作用。为了促使国民政府尽快投降，加紧掠夺战略资源、以战养战，日机大肆对交通线以及沿线城乡进行轰炸，沿线平民伤亡惨重，重大惨案频繁发生。

铁路方面,"日本军阀南侵之初,即以破坏或封锁我铁路交通为鹄的,始则占据北宁、平绥、胶济、京沪等线,继则切断津浦、正大、平汉、陇海等线,终则封锁粤汉、浙赣、湘桂、滇缅等线而破坏之"。[①] 日军在对铁路线进行轰炸破坏的同时,也肆无忌惮地对铁路沿线的无辜平民实施空中杀戮。日军飞机在铁路沿线制造的重大惨案共138次。[②] 其中,发生在纵贯中国南北的粤汉、平汉铁路沿线的重大惨案次数最多。咸宁、岳阳、长沙、株洲、衡山、广州、曲江等粤汉铁路沿线为44次;安阳、郑州、中牟、漯河、信阳、武汉等平汉铁路沿线为28次;玉山、上饶、临川、进贤、弋阳、广丰等浙赣铁路沿线为13次;中牟、新安、荥阳、西安、宝鸡等陇海铁路沿线为13次;松江、嘉兴、萧山、宁波等沪杭甬铁路沿线为12次;上海、南京、苏州、无锡、镇江等京沪铁路沿线为10次;景县、峄县、徐州、宿县等津浦铁路沿线为8次;衢县、萧山、临浦、金华、义乌等杭江铁路沿线为8次;零陵、桂林、柳州、灵川等湘桂铁路沿线为8次;昆明、蒙自、保山、个旧等滇越铁路沿线7次。其余分布在同蒲铁路、北宁铁路、南浔铁路、江南铁路、萍株铁路和淮南铁路等沿线。

水路方面,中国海岸线北自辽宁省鸭绿江口,南至广西壮族自治区北仑河口(抗战时期属于广东省),境内河流纵横。日军飞机在长江、黄河、淮河、珠江及其一级支流沿线制造重大惨案232次,占全国的58.9%。此外还有2次属于海运线上,即浙江崇德县石门湾镇和福建东山。

长江穿越中国西南、中部和东部地区,在上海汇入东海,为亚

---

① 龚学遂:《中国战时交通史》,上海:商务印书馆1947年版,第4页。

② 因部分地区处于几条铁路的交汇处,所以按照具体铁路名称进行统计的数据之和大于总和138次。例如河南郑县处于陇海铁路与平汉铁路交汇处,故分别统计进了这两条铁路。

洲第一长河、世界第三长河,且"国内水道最主要者为长江"①。日军尤为重视对这条重要水上交通线的破坏,对其沿岸城市及居民狂轰滥炸。在长江及其一级支流沿线发生的重大惨案181次,占全国重大惨案总数的45.9%。长江沿线发生重大惨案为81次。长江的一级支流嘉陵江沿线22次、湘水沿线20次、汉水沿线17次、岷江沿线9次、沅水沿线7次、资水沿线4次、沱江沿线4次、浠河沿线3次、渠江沿线2次、灄水沿线2次、青弋江沿线2次、綦江沿线1次、富水沿线1次、举水沿线1次、隽水河沿线1次、赣江沿线1次、沮水沿线1次、滁河沿线1次,漳河沿线1次,共100次。武汉沦陷后,西南、西北交通线更为重要,日军飞机大肆对嘉陵江、湘水和汉水沿岸城市实施轰炸,发生在这3条水上交通线上的重大惨案次数最多,共59次,占发生在长江支流上重大惨案的60.1%。

黄河、淮河和珠江流域沿线发生重大惨案51次。其中黄河及其一级支流沿线为8次,分别为:黄河沿线2次,黄河的一级支流汾水沿线1次、沁水沿线1次、渭水沿线4次。淮河及其一级支流沿线15次,分别为:淮河沿线4次,淮河一级支流史河沿线3次、颍水沿线3次、沭水沿线1次、沂水沿线1次、池河沿线1次、东淝河沿线1次、涡河沿线1次。珠江流域28次,分别为:北江沿线1次、西江沿线1次、东江沿线2次,东江、西江和北江汇合处17次(广州),西江和北江汇合处1次(南海县),西江一级支流柳江沿线2次、邕江沿线2次、右江沿线1次、泷江沿线1次。

汽车公路是近代中国重要的交通线。抗战时期,公路在实现省际交通联络和国际交通联络上发挥了重要作用。侵华日军制造

---

① 龚学遂:《中国战时交通史》,第198页。

的 394 次重大惨案几乎都发生在汽车公路沿线的地区。因此，本书统计的汽车公路沿线地区，已除去位于铁路或水路沿线的地区。这样的国际、省际、省内的汽车公路沿线共发生重大惨案 96 次。其中，国际交通沿线共发生重大惨案 12 次。西南地区比邻越南、缅甸等国。滇缅公路是西南国际交通的重要路线，沿线发生重大惨案 7 次。广东钦县、防城（今属广西）至越南的公路沿线发生重大惨案 3 次。西北地区连通苏联，发生在西兰公路沿线的重大惨案 1 次，发生在甘新公路沿线的重大惨案 1 次。

省际公路沿线共发生重大惨案 66 次。分布在平热路、沧乐公路、双华公路、济（宁）商（丘）公路、锡沪公路、京（宁）建公路、宁杭公路、溧广线、郑县（今郑州）至连云港线、京陕干线、许襄公路、苏浙皖公路、于（家洼）泥（沛湾）路、泗（县）浦（口）路、高（河埠）界（子墩）路、双（桥）界（牌）路、杭徽公路、花山界全家源线、赣浙公路、白泥塘至牛埃石线、南昌余干景德镇公路、柳界公路、耒吉公路、永麦路、江浦路、汉宜公路、长沙武昌公路、川湘公路、湘黔公路、闽粤公路、川陕公路、川鄂公路、川滇公路、成渝公路、川黔公路、黔桂公路等。

此外，还有 18 次重大惨案发生在省道，即省内的汽车公路沿线。如内乐公路、通榆公路、光山潢川公路、余安孝泗路、襄花公路、丽水云和路、金武永公路、建朋公路等。

以上是按照铁路、水路和公路的顺序分别进行统计。从梳理和统计的结果看，只有山东朝城和广东丰顺 2 次重大惨案不在以上交通线上。可见，交通沿线城镇是日军飞机轰炸的重点。

三、向城市集中

城市是人类社会走向文明的结果，也是人类群居生活的高级形式。"城"是行政地域的概念,为人口的集聚地;"市"是商业的概念,为商品交换的场所。关于城市的界定,不同国家、不同时代,定义各不相同。1887年国际统计学会提出了一个各国通用的居住区域分类系统,规定任何一个人口集中区,其人数在2 000人以上者即可称为城市;不足2 000人者则为乡村。由于各国国情不同,难以适应各国的具体情况。就同一国家而言,学界从历史学、地理学、政治学、经济学和社会学等不同学科的视角,运用不同的标准进行定义,但未能达成共识。因为城市既是一个历史、地理概念,又是一个涉及经济、政治和文化等的综合概念。从经济学的视角看,城市是一个坐落在有限空间地区内的各种经济市场相互交织在一起的网状系统。从社会学的视角看,城市是由不同的异质个体组成的,相对大的、相对稠密的、相对长久的居住地。从地理学的视角看,城市有一定的空间性、区域性和综合性,是一片景观,一片经济空间,一种人口密度,一个生活中心或劳动中心。[1] 与城市相对,1934年国民政府内政部规定:县为一级;县以下之镇乡村为同一级,镇为城镇居民集中之地;聚居统一村庄,独自建立自治团体为村;不能独自建立自治团体的小村落为乡。1939年行政院《县各级组织纲要》规定:"县以下为乡镇,乡镇内之编制为保甲。"[2]抗战时期,因城市居民为了躲避日军地面部队的进攻和日机的狂轰滥炸,大量迁移和疏散到乡镇。因此,以人口的集中与否作为划分城乡的标准难有说服力。本书主要从民国时期的行政建制来划分城乡,因此镇村乡大多为同一级。城市指县城及其以上的都市,乡村指县级以下的镇村乡。

---

① 何一民:《中国城市史》,武汉:武汉大学出版社2012年版,第2—4页。
② 杨鸿年、欧阳鑫:《中国政制史》,合肥:安徽教育出版社1989年版,第501—502页。

侵华日军无差别轰炸造成
的 394 次重大惨案在城市和
乡村的分布情况（如图），人口较为
密集、工商业较为发达的城市，
是日军飞机实施其战略轰炸的
主要目标。因此，发生在国民政
府直辖市、省会城市及县城的重
大惨案为 298 次，占全国总数的
75.6％。抗战时期国民政府的
直辖市发生重大惨案 23 次，具
体包括：重庆 17 次、南京 2 次、上

重大惨案在城乡的分布情况图

数据来源：本书第二章重大
惨案的史实梳理与考察

海 3 次、天津 1 次。各省的省会城市有重大惨案 50 次，具体为：广
州 17 次、武昌 7 次、成都 7 次、昆明 4 次、西安 4 次、桂林 3 次、长沙
3 次、镇江 2 次、南昌 1 次、宁夏 1 次、贵阳 1 次。此外还有 3 次发
生在武汉市区的重大惨案，因为不清楚具体在汉口、汉阳还是武
昌，此处未计入；县城及县级市有重大惨案 225 次。发生在镇乡村
的重大惨案 91 次，这些乡镇大多处于交通线上，其中人口相对集
中的乡镇集市 14 次、地方庙会 2 次；乡镇车站 3 次、机场 6 次、渡口
浮桥 1 次、轮船上 5 次、后方医院 1 次等，共 32 次。此外，尚有 5 次
重大惨案因其文献记载不清，无从考证其发生在城市还是乡村。

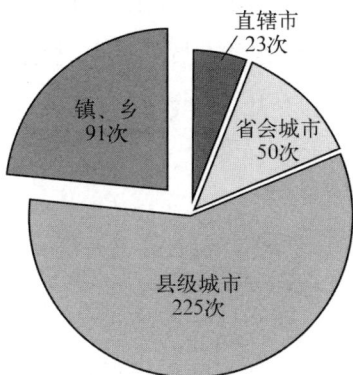

第三节　伤亡人员的规模与构成

侵华日军无差别轰炸重大惨案伤亡人员的规模与结构，是本
章研究的核心问题。鉴于不同部门对伤亡人员统计存在不完整的
可能性，以及不同部门统计的差异性，本书首先采用档案记载数

据,如果缺少档案统计数据,则采用其他文献资料记载的数据。此外,因伤亡人员的姓名、性别、年龄、职业等资料有限,尤其是沦陷区和交战区资料更为缺乏,笔者仅以所掌握的文献数据为依据进行考察和分析。

一、伤亡人员的规模

侵华日军无差别轰炸的次数及其造成的伤亡人员人数在战时、战后均有不同程度的统计。例如,1940 年全年日机空袭全国各地2 069次,出动飞机 12 767 架次,投弹 50 118 枚,中国方面死亡 18 829人,受伤 21 830 人。1941 年日机出动 12 211 架次,空袭全国各地1 858次,投弹 43 308 枚,中国民众死亡 14 121 人,受伤16 902人。①但是,关于侵华日军无差别轰炸重大惨案伤亡人数,目前学界尚无完整统计。此部分基于本书第二章梳理的 394 次重大惨案的伤亡数据进行统计。根据文献资料记载,各地区重大惨案中的人口损失可分为以下几类:死亡、受伤、伤亡、失踪和中毒或感染。但是,鉴于文献资料中部分惨案未将伤者的数量和亡者的数量分开,故本书将"受伤""死亡"笼统使用"伤亡"一词进行统计。对于文献资料中统计模糊的数据,本书取最小值。比如,"七八百人",计 700 人;"千人以上",计1 000人,"数百人",计 200 人,"数十人",计 20 人。因此,事实上重大惨案中实际伤亡人数大于本书的统计数据。

依据本书第二章各省市重大惨案中伤亡人口的数据统计,天津伤亡 2 000 人以上;南京伤亡 700 人以上;因上海市尚有多次对无辜市民和难民进行轰炸造成的重大惨案,无法考证是否为日方

---

① 秦孝仪主编:《中华民国重要史料初编——对日战争时期(第二编作战经过)》三,台
　　北:"中央"文物供应社 1981 年版,第 125—126 页。

实施的轰炸，故只取三次确定是日方实施轰炸的重大惨案，伤亡3 602人以上，其中失踪 763 人；重庆市伤亡 14 697 人以上；河北省伤亡 820 人以上；山西省伤亡 970 人以上；河南省伤亡 13 108 人以上，其中 500 人为中毒；山东省伤亡 3 484 人以上；江苏省伤亡 8 712人以上；安徽省伤亡 14 113 人以上；浙江省伤亡 11 287 人以上，其中中毒发病及死亡 3 059 人以上；江西省伤亡 16 436 人以上，其中细菌感染 7 000 人，感染死亡 2 100 人以上；广东省伤亡 17 902 人以上，其中有记载的失踪人员 1 人；福建省伤亡 1 570 人以上，其中有记载的失踪人员 28 人；湖北省伤亡 48 906 人以上；湖南省伤亡47 617人以上，其中细菌轰炸后，鼠疫死亡 7 463 人以上；广西省伤亡 5 827 人以上；四川省伤亡 22 667 人以上；云南省伤亡 30 506 人以上；贵州省伤亡 1 581 人以上；甘肃省伤亡 837 人以上；宁夏省伤亡 285 人以上；陕西省伤亡 8 107 人以上。以上省市合计伤亡人数不低于 275 734 人。在各院辖市中，重庆作为中国战时首都遭受日军飞机轰炸的时间最长，发生重大惨案的次数最多，人口损失的数量也最大；在各省中，湖南省、湖北省既是坚持抗战的前线，又是支持抗战的后方，遭受轰炸的时间跨度、频度和强度都超过其余各省，因此，湖北省、湖南省发生的重大惨案次数和人口损失的数量都远远高于其他省份。

二、伤亡人员的结构

抗战时期，侵华日军无差别轰炸造成重大惨案中的伤亡人员既有男性，又有大量女性；既有青壮年，又有儿童、老人；既有无业者，又有职场精英；既有穷人，又有富人。然而，面对中国人民以及英美等第三国对日军空中屠杀平民暴行的抗议，日方却狡辩称其绝对没有把非战斗人员作为轰炸对象。事实是否如日方所陈述的那样？本书根据有限的史料,梳理出重大惨案中伤亡人员的性别、年龄和职业构成,还原历史真相,揭示日军轰炸的"无差别"性质,揭开受害者的身份:绝大多数为无辜平民。

1. 从性别看

按照 1980 年联合国提供的世界 116 个国家和地区人口的情况,将性别比分为三类:性别比在 96—106 区间,即基本平衡;性别比小于 96,即男性人口小于女性人口,性别比例失调;性别比大于106,即男性人口多于女性人口,性别比例失调。根据国民政府内务部的统计,1938 年全国人口性别比为 119.4。[①] 由于受资料限制,在 394 个重大惨案中,只有极少数重大惨案涉及伤亡人员的具体信息,而且多为抗战大后方重大惨案的信息。本书通过有限的信息,分析伤亡人员的性别结构特征。

1938 年长沙"八一七"大惨案中,18 架日机狂炸长沙,炸死 312人,炸伤 521 人。据已有死亡人员名单统计,除有 4 人性别不详外,男性 202 人,女性 106 人,死亡人员的性别比为 190.6。[②] 湖南省1937 年人口性别比为 112.19,1941 年为 111.0,1943 年为 111.0,1945 年为 108.6,[③]据此推测 1938 年为 110 左右。通过比较,长沙"八一七"惨案中伤亡人员的性别比远远高于湖南省人口性别比。1939 年重庆"一·一五"大惨案中,重庆市警察局当日报道死伤男性 247 人,死伤女性 77 人,当日报道中伤亡人口性别比为 320.8。[④]

---

① 刘长茂主编:《人口结构学》,北京:中国人口出版社 1991 年版,第 15—17、24 页。

② 湖南省课题组编:《湖南省抗战时期人口伤亡和财产损失》,第 42—54 页。

③ 卞修跃:《抗日战争时期中国人口损失问题研究(1937—1945)》,北京:华龄出版社 2012 年版,第 56 页。

④ 唐润明主编:《重庆大轰炸档案文献:轰炸经过与人员伤亡》下,重庆:重庆出版社 2015 年版,第 51—52 页。

1939 年重庆"五三"大惨案中，死亡 673 人，受伤 350 人。史料记载：103 名死者的姓名，18 人未注明性别，注明性别的有男性 61 人、女性 24 人，性别比为 254.2。① 1939 年重庆"五四"大惨案，死亡 3 318 人，受伤 1 973 人。有史料记载 304 名死亡者的名单，性别不详者 10 人，男性 158 人，女性 136 人，性别比为 116.2。② 1941 年重庆"大隧道惨案"中，死亡 1 010 人。在记载的 666 名死者名单中，男性 351 人，女性 315 人，性别比为 111.4。③ 1941 年重庆"八一三"大惨案中，死亡 130 人，受伤 118 人。有个人基本信息的死亡者 198 人，3 人性别不详，男性 100 人，女性 95 人，性别比为 105.3。④1941 年松潘"六二三"大惨案中，死亡 198 人，受伤 497 人。有个人信息的伤亡者 615 人，死亡男性共 125 人，死亡女性 68 人，受伤男性 325 人，受伤女性 97 人，合计伤亡男性 450 人，伤亡女性 165 人，其性别比为 272.2。⑤ 四川省 1941 年人口性别比为 110.4。⑥显然伤亡人口的性别比高于四川省人口性别比。1941 年昆明"二二六"大惨案中，死亡 103 人，受伤 91 人。可查伤亡者名单 50 人，男性 29 人，女性 20 人，其中 1 名小孩没有注明性别，可考者

---

① 伤亡数据统计源于：中国第二历史档案馆藏：11 - 951。重庆市档案馆藏：0270 - 1 - 144；0053 - 12 - 102,0344 - 1 - 1156；0061 - 15 - 3780,0061 - 15 - 4511 - 1/2,0061 - 16 - 3866。唐润明主编：《重庆大轰炸档案文献：轰炸经过与人员伤亡》上，重庆：重庆出版社 2011 年版，第 145 页。

② 伤亡数据统计源于：重庆市档案馆藏：0344 - 1 - 1106,0344 - 1 - 1156,0053 - 12 - 95,0061 - 15 - 3780,0061 - 16 - 3866。唐润明主编：《重庆大轰炸档案文献：轰炸经过与人员伤亡》上，重庆：重庆出版社 2011 年版，第 145 页。

③ 重庆市档案馆藏：0053 - 12 - 117；0053 - 12 - 117；2。

④ 重庆市档案馆藏：0053 - 12 - 116,0053 - 12 - 118；0175 - 1 - 927。

⑤ 张翔里编著：《松潘大轰炸》，香港：中国香港东方出版社 2012 年版，第 83—107 页。

⑥ 卞修跃：《抗日战争时期中国人口损失问题研究(1937—1945)》，第 57 页。

的性别比为 145。① 1942 年云南保山"五四""五五"惨案中,有姓名可考的伤亡者为 1 178 人,男性 651 人,女性 404 人,另外 123 人没有标注性别。② 可考伤亡人员的性别比为 161.1。《保山市志》记载,1941 年保山县人口 37.3 万人,其中男性 19.3 万人、女性 18 万人,其性别比为 107.2。到 1942 年,保山由抗日后方变成抗战前线,战争中男性死亡较多,全县人口 28.33 万人,男性 14 万人,女性 14.33 万人,其性别比为 97.7。③ 1941 年云南省人口性别比为 104.3。④

以上 9 次重大惨案,据有姓名可考的伤亡者看,男性人数均大于女性人数。而且,除 1939 年重庆"五四"大惨案、1941 年重庆"大隧道惨案"和 1942 年保山"五四""五五"大惨案外,其余 6 次惨案中男女性别比远远高于 1938 年全国人口的性别比,重庆"一·一五"大惨案和松潘大惨案性别比甚至为 300 左右。可见,男性在轰炸中伤亡更大。究其原因:一方面,城市相对于乡村有更多的就业机会,乡村人口尤其是成年壮丁大量流入城市。这就使城市人口性别比高于乡村人口的性别比。而侵华日军制造的重大惨案绝大多数发生在城市。因此,重大惨案中伤亡人员的性别比常常高于全国人口的性别比。以湖南省会长沙市为例,长沙为消费性城市,到长沙经商做工的多为男性,1935 年长沙市男性 331 155 人,女性 213 462 人,男女性别比为 155.14。⑤ 这就能够解释为什么长沙

---

① 云南省档案馆编:《日军侵华罪行实录·云南部分》,第 72—73 页。

② 云南省档案馆编:《日军侵华罪行实录·云南部分》,第 214—248 页。

③ 云南省保山市志编纂委员会编:《保山市志》,第 85 页。

④ 卞修跃:《抗日战争时期中国人口损失问题研究(1937—1945)》,第 57 页。

⑤ 长沙市地方志编纂委员会编:《长沙市志》第一卷,长沙:湖南人民出版社 2004 年版,第 327 页。

"八一七"惨案中的性别比为 190.6。另一方面,南京国民政府迁往重庆后,大后方城市加速发展,人口数量不断增长,男性人口比例更为上扬。如重庆市,1939 年,重庆市人口男女性别比为 164;1940 年,重庆市人口男女性别比为 167;1941 年,重庆市人口男女性别比为 168。① 又如成都市,1939 年,成都市人口男女性别比为119;1940 年,成都市人口男女性别比为 131;1941 年,成都市人口男女性别比为 134。②

2. 从年龄看

人口的年龄结构,指不同年龄段人口占总人口的比重。20世纪初,瑞典人口学家桑德巴(Sundbarg)依据人的生命过程和增长状态,把人口划分为三大年龄组:0—14 岁、15—49 岁和 50 岁及以上。二战以后,联合国提出了"三大人口组"的划分:"少儿人口""成年人口"和"老年人口"。其相应的年龄段为:0—14 岁、15—59 岁(15—64 岁)、60 岁(65 岁)及以上。综合上述两种划分,结合抗战时期的实际情况,笔者把人口年龄组划分为:少儿人口型(0—14 岁)、成年人口型(15—60 岁)和老年人口型(60 岁以上)。1939 年,自贡 0—14 岁未成年人口占总人口的比例为34.14%,15—60 岁的劳动年龄人口占总人口的比例为 59.01%,60 岁以上人口占总人口的比例为 6.85%。③ 1941 年,成都 0—14 岁的未成年人口占总人口的比例为 30.02%,15—60 岁的劳动年龄人口占总人口的比例为 67.82%,60 岁以上人口占总人口的比例为 2.16%。④ 抗战期间川渝两地人口是介于年轻型与老

---

① 李世平、程贤敏主编:《近代四川人口》,成都:成都出版社 1993 年版,第 222 页。

② 李世平、程贤敏主编:《近代四川人口》,第 199 页。

③ 李世平、程贤敏主编:《近代四川人口》,第 249 页。

④ 李世平、程贤敏主编:《近代四川人口》,第 212 页。

年型间的"中间型"。侵华日军无差别轰炸重大惨案伤亡人员的年龄结构与城市人口年龄结构具有一定的关联性。

1938 年湖南"八一七"大惨案中,有年龄统计的死亡人数 312人,其中 0—14 岁组 41 人,占伤亡人口的 13.1%;15—60 岁组 255人,占 81.7%;60 岁以上 16 人,占 5.1%。[1] 1941 年松潘"六二三"大惨案中,有年龄可查的伤亡人员 615 人,其中 0—14 岁组 177 人,占可查伤亡人口的 28.8%;15—60 岁组 413 人,占 67.2%;60 岁以上 25 人,占 4.0%。[2] 1941 年重庆"八一三"大惨案中,有年龄可查的 86 人中,其中 0—14 岁组为 18 人,占可查伤亡人口的 20.9%;15—60 岁组为 63 人,占 73.3%;60 岁以上组为 5 人,占 5.8%。[3]这些惨案表明,成年人占伤亡总数的比例最大,这与"中间型"人口最多有关。

3. 从职业看

城市是一个地区人口集中居住的区域。在各类职业中,从事服务业的人数最多。以 1937 年的重庆为例,从事服务业的占从业人口的 28.08%;无业者人数居第二位,占 29.10%;商业从业者排名第三,占 13.70%;公务人员占 1.92%。[4] 再以 1938 年的成都为例,在各类职业的人口中从事服务业的人口比例最高,为 30.1%;从事商业者居于第二,为 26.9%;从事工业者居第三,为 19.6%;公务人员为 4.2%。[5] 城市人口职业结构情况,与重大惨案中伤亡人

---

① 湖南省委党史研究室编:《湖南省抗日战争时期人口伤亡和财产损失》,第 42—56 页。
② 张翔里编著:《松潘大轰炸》,第 83—107 页。
③ 唐润明主编:《重庆大轰炸档案文献·轰炸经过与人员伤亡》上,重庆:重庆出版社2011 年版,第 148—156 页。
④ 李世平,程贤敏主编:《近代四川人口》,第 236 页。
⑤ 李世平,程贤敏主编:《近代四川人口》,第 216—218 页。

员的职业结构有一定的相关性。

1938 年长沙"八一七"大惨案中，312 人死亡，其中 182 人尚无职业信息，其余人口中工人 35 人，农民 3 人，难民 2 人，鞋业、皮业、小贸、车夫、更夫、帮工、缝纫工等 69 人，市府、教厅、医生 3 人，学生 4 人，军人、警士 14 人。① 1940 年成都"七二四"大惨案中，成都市防护团轻伤医院第一治疗所 16 个病人名单中，商界 3 人，手工业者 4 人，人力车夫 2 人，铜匠 2 人，泥工 2 人，收荒者 1 人，看门者 1 人，无职业者 1 人。② 从以上 16 人的职业看，从事服务业的人数最多。1940 年成都"一〇二七"惨案中，有职业的受伤者 39 名，从事商业的为 30 人，佣工 2 人，从事酒业和小业分别为 1 人，消防队员 2 人，军人 3 人。③ 1941 年松潘"六二三"大惨案中，当时四川省卫生处边区医疗队总队长陈历荣的报告称：松潘救济院掩埋尸体 700 具，伤亡人数为 1 100 人左右（其中烧死 7 人，恐惧致死老弱 4 人）。经过反复调查发现炸死小学学生 198 人，当地民众 403 人（包括 36 名宗教人员），外地客商 47 人，公职人员 6 人（公职人员中有税务官 1 人，美丰银行职员 3 人，中职校 1 人，警察 1 人），生番及乞讨人员 36 人。总计 700 余人。④ 在这次惨案可考证的死亡者中，从事服务业的人占绝大多数，其次是小学生，而公职人员仅占 0.9%，警察占 0.1%。1941 年重庆"八一三"大惨案中，在有姓名可查的 86 名伤亡者中，老人、儿童、家庭妇女 50 人，此外，从事茶商、菜贩、小贸者 12 人，从

---

① 湖南省委党史研究室编：《湖南省抗日战争时期人口伤亡和财产损失》，第 42—56 页。

② 《成都市防护团轻伤医院第一治疗所造具二十九年七月二十四日临时治疗人数姓名册》，四川省档案馆藏：民 180-02-2871。

③ 《成都市防护团造具二十九年十月二十七日空袭轻重伤市民及团队员调查表》，四川省档案馆藏：民 180-02-2871。

④ 张翔里编著：《松潘大轰炸》，第 25—26 页。

事印刷业、鞋业和石工者 10 人，从事拉车、下力、看护者 10 人，无职业者 4 人。① 总之，以上重大惨案中伤亡人员的职业结构同该城市从业人员的结构基本一致。

　　抗战期间，侵华日军无差别轰炸重大惨案在时空分布上呈现明显特征。从不同阶段看，局部抗战时期仅发生 2 次重大惨案。抗战全面爆发至太平洋战争开始之前，重大惨案次数较多。太平洋战争爆发后，重大惨案的次数明显较少。从不同年份看，1938 年日机制造的重大惨案次数最多，多达 133 次，约占总数的33.8%。从不同季节和月份看，夏季和八月重大惨案的次数最多。重大惨案在时间分布上呈现鲜明的特征，这与侵华日军的战争部署以及无差别轰炸战略战术等密切相关。从空间上看，重大惨案的分布向战略要地、交通沿线和城市聚集。湖北、湖南、四川和重庆是重大惨案的高发地区。铁路干线、主要水道和汽车公路沿线，重大惨案频繁发生。重大惨案主要集中在县级以上城市，纯粹的农村极少发生重大惨案。在 394 次重大惨案中，伤亡人员总数不低于275 734 人，其中湖北省伤亡人口不低于 48 906 人，在各省中居第一位。重庆伤亡人口不低于 14 697 人，在院辖市中居于榜首。从伤亡者的性别、职业和年龄看，不同重大惨案中伤亡人员的性别、职业和年龄存在一定的差异性。总体上看，城市人口的性别、年龄和职业与重大惨案中伤亡人口性别、年龄和职业特征一致。

---

① 唐润明主编：《重庆大轰炸档案文献：轰炸经过与人员伤亡》上，第 148—156 页。

第四章　重大惨案亲历者的心理与行为

　　侵华日军无差别轰炸持续时间之长，波及地域之广，受害人数之众，场面之惨烈，触目惊心，举世罕见。面对日军飞机实施的空中大杀戮，普通民众的心理呈现什么样的样态？抑或好奇、抑或紧张、抑或恐慌、抑或痛苦、抑或愤怒？还是兼而有之？这种心理样态有无张力？普通民众在重大惨案中遵循什么样的生存伦理？是镇静自如、遵守秩序，维护传统伦理，还是听天由命、罔顾政令，抢夺生存机会？本章试图运用心理学、社会学和伦理学的理论与方法，透视普通民众在重大惨案发生过程中的社会心理与生存之道，透视其复杂的面相。

第一节　由好奇、恐惧到悲痛的嬗变

　　社会情绪作为人们对客观世界的感受和体念，是社会心理的重要构成要素。社会情绪在特定的社会环境和文化中形成，常常表现出多样和多变的特征。英国社会心理学家威廉·麦独孤（Willam McDougall）对社会情绪进行过相关阐述。根据人的本能

反应,他把社会情绪划分为好奇、惧怕、愤怒、厌恶等 12 种类型。^①
这种分类对研究侵华日军无差别轰炸重大惨案中民众的社会心理
具有借鉴意义。抗战期间,面对侵华日军的无差别轰炸,底层民众
的社会情绪呈现复杂、多样、动态的特征,集中体现为从好奇、恐惧
到悲痛的嬗变。

一、初遇日机的好奇

　　好奇是人们对新奇和异样事物的心理体验。飞机的发明创造
是人类文明的巨大进步。20 世纪初期,中国航空事业大大落后于
西方。因此,飞机对中国普通民众来说无疑是一种新鲜事物,而且
他们对飞机可用于航空作战知之甚少。抗战期间,面对日机即将
进行的空中杀戮,底层民众多是懵然无知,他们对日机的出现表现
出强烈的好奇和兴趣。1938 年 3 月 29 日午后 1 时,大批日机从东
南方向突然飞抵湖北汉阳城上空,当时民众缺乏防空经验,许多市
民甚至外出观望,毫不躲避。日机突然向下俯冲,用机枪向人群扫
射,继而狂轰滥炸约 10 分钟,投弹 20 余枚,伤亡 400 余人。^② 5 月
11 日,日机对山东金乡县鸡黍集进行轰炸,造成鸡黍集惨案。这天
恰逢鸡黍集传统节日——骡马古会。上午 11 时左右,正是古会的
高峰期。突然,1 架日机从西北方向突然飞抵集市上空。人们毫不
知情,争相翘首观望。只见飞机在集市上空兜一圈后,猛然发出巨
大的轰鸣声,随后顺着大街向人群俯冲,投下 3 枚重磅炸弹,转眼

---

① 〔英〕威廉·麦独孤著,俞国良、雷雳、张登印译:《社会心理学导论》"中文版译序",杭
　　州:浙江教育出版社 1997 年版,第 8 页。
② 中央档案馆、湖北省档案馆编:《侵华日军在湖北暴行史料》,第 32—33 页。

间人欢马叫、热闹非凡的万人古会,变成了人间地狱。[1] 8 月 29
日,农历闰七月初五,即商会选定的"祈福"日,日军制造了"京山大
惨案"。当天清晨,湖北京山县城商会门前聚集了许多民众,准备
去城隍庙抬菩萨祈求驱疫、降雨,突然飞机嗡嗡声由远及近传来,
很快,十几架飞机到头顶打圈,许多市民起床站在门口看热闹。面
对这种情形,人们纷纷仰头观看稀奇,紧接着看见"飞机下蛋"了,
顷刻震耳欲聋,硝烟弥漫,火光四起时,人们才恍然大悟,但是已经
来不及躲避,3 000 余无辜市民被日机残忍杀害。[2] 1940 年 9 月 3
日中午 12 时左右,36 架日机飞往南充市区上空,城郊的乡民缺乏
防空知识,争相观看,数着飞机的数量。突然,日机变换队形、编成
三队,呈"一"字排开,用机枪向人群扫射,并投下大量炸弹。随后,
在听到巨大的爆炸声时,看热闹的人们才意识到是日机对市区进
行轰炸,才开始逃跑,寻找藏身之地。当日,上千无辜市民被日机
炸死炸伤。[3] 1941 年 6 月 23 日中午 12 时左右,大批日机飞抵松潘
城区上空。许多市民非常好奇,数着飞机的架数。突然,日机低空
飞行,市民这才看清楚是日本飞机。顿时,街道、茶楼的人群乱作
一团,日机却猛烈地向人群投炸弹,当场炸死炸伤上千无辜民众。[4]
邹晓初老人回忆,当日他正在十字路口卖菜,当日机从塔平山头飞
来时,松潘人在街上院坝里看飞机、数飞机,一架、两架、三架,三架
一组,共九组。黄县长站在鼓楼上喊:"大家不要慌,是政府派来禁

[1] 中央档案馆等编:《日本帝国主义侵华档案资料选编·华北历次大惨案》,北京:中华
书局 1995 年版,第 199 页。

[2] 中央档案馆、湖北省档案馆编:《侵华日军在湖北暴行史料》,第 243—246 页。

[3] 政协四川省旺苍县委员会编:《旺苍文史资料》第 13 辑,1995 年版,第 42 页。

[4] 政协四川省阿坝藏族自治州委员会文史资料委员会编:《阿坝藏族自治州文史资料选
辑》第 4 辑,1986 年版,第 78—79 页。

烟的飞机。"飞机在古城上空盘旋几圈后,开始投弹,人们才东奔西跑。① 9 月 24 日,日机对河北盐山县小山东村等集市实施轰炸,制造"小山惨案"。当天早上风和日丽,上午 9 时左右,远方传来闷雷声,赶集的人们好奇地望望晴朗的天空,照常进行买卖。日机飞抵东北方向时,有人喊了一声:"来了飞机啦!"人们纷纷抬头观看,飞机很快由一架变三架、三架变九架,三三编排,排成三角队形。日机由远而近,直奔小山,向赶集群众投下大量炸弹,当场炸死普通民众上百人。② 1942 年 5 月 4 日,日机轰炸保山县,这天既是县城的街日,又是保山中学、保山县立中学、华侨中学等学校的运动会,城里人山人海。日机飞临县城时,人们以为是美国的援华飞机,争相仰望。日机投下炸弹,人们才仓促躲藏,结果人员伤亡惨重。③ 1943 年 2 月 11 日,旧历正月初七,这天正逢西高皇村庙会,在平顶山市的黄山脚下,大量民众汇聚集市看戏。午后,日机从西南方向飞来,飞机飞得很低,好像能碰到树梢,可以看清日本标志。人们根本不知灾难即将到来,还在看新鲜,甚至还有人还好奇地数着飞机的架数:13、23……日机在黄山上空不停地盘旋,他们发现人群后,先用机关枪扫射,然后大小炸弹倾盆而下,褚庄、武庄尸骨横飞,血流遍地,两个村庄变为废墟。④ 总之,普通民众对凶狠的日机表现出极大的好奇,原因是多方面的。一方面是中国科技落后,人们居住偏僻,很少与外界交流,因此多数民众从未见过飞机;另一

---

① 《我是历史的见证——邹晓初老人的血泪控诉》,张翔里编著:《松潘大轰炸》,第 56 页。

② 中共河北省委党史资料征集编审委员会编:《侵华日军暴行录·河北惨案史料选编·1》,第 196 页。

③ 云南省保山市志编纂委员会编:《保山市志》,第 551 页。

④ 中共河南省委党史工作委员会编:《侵华日军在河南的暴行》,第 45—46 页。

方面是部分城市没有任何防空设施，人们缺乏防空意识和心理准备。正因如此，当日机对不设防城市实施无差别轰炸时，人们不但没有进行有效的躲避，反而受好奇心的驱使，出门看热闹、数日机，完全不知晓灭顶之灾已悄悄来临。当然，这种心态也反映出民众防空意识极为薄弱，这是侵华日军无差别轰炸造成重大惨案的重要主观因素。

二、轰炸中的恐惧

恐惧就是人在外部世界的刺激下内心表现出极度紧张的状态。"恐惧情绪有时表现出心跳和呼吸突然停止以及动作的瘫痪，这起因于躲藏的冲动；它更经常地表现出呼吸和脉搏加速，剧烈的身体运动。""由于逃跑和躲藏都与恐惧情绪有关，也许从两者相反的特性中我们会获得关于恐惧的多样性、变化性和多种症状的解释。"[1]在侵华日军无差别轰炸重大惨案的发生过程中，恐惧情绪是普通民众最常见的心理。

1937 年 9 月 8 日，日机对江苏松江火车站难民车进行轰炸，当场炸死乘客上百人。日机轰炸列车的情形让无辜群众惶恐不安、毛骨悚然甚至魂飞魄散。陆筱丹在《敌机轰炸松江余生记》中这样描写道：

> 正是十二点二十分……突然车上有人大叫道："飞机来了！"接着不到一秒钟，全车大乱，个个神经紧张，有些抢着包裹就跳，有些单身跳下飞跑，头都不回；小孩子大哭，喊爷喊娘，那时窗口似乎太少，个个拼命争着向车厢外跳下，我和那姓贺的大声叫着他们不要乱跑，因为他们大都穿白衣裳，被阳

---

[1] ［英］威廉·麦独孤著，俞国良、雷雳、张登印译：《社会心理学导论》，第 40 页。

光一反射,却是最明显的目标;叫了几声,却毫无反响,飞机萤萤的响声,却越来越近了,坐在我旁边靠窗侧的那姓廖的,提着一只小皮箱,跳下火车狂奔,一转身就跑得不知去向。①

"日机来了!"当时成了恶魔的象征。人们用尽全身力气奔跑,努力逃避这场灾难,尽力获取生的机会。这种逃命速度反映出了人们内心的恐惧程度。

1938 年 5 月 24 日,日机对安徽阜阳县城实施惨无人道的狂轰滥炸,恐怖情形让人触目惊心。此次惨案中的当事人戌知在《惨痛的"五·二四"——致苇照慧静》一文中这样写道:

> 不到五分钟的工夫,我们开始听着嗡嗡地响了,是几个月来,我们这皖西北古城里的人们,听熟了飞机声。这声音,越来越近越响了。你看见了吧?那暗室里一个一个的人影,被那轧轧机声的驱使,都靠紧了沙包,瑟缩地蜷伏着。我便是面对着面,悄然无声,怅然着未来!在强度紧张的空气里,敌人的飞机,开始残暴地轰炸我们这不设防的阜阳城了!你听见了吧,那沉重震人的声音,似乎在我们的西南,又像在西北,又如在我们的周围附近,訇通訇通地接连着响动,地在猛烈地震,楼头窗上的玻璃片和屋瓦随着这震动,一片片堕下来,飞机的声音,更刺入了每个人的耳鼓。那离开我们头顶寸许来高的楼板,断续地拍打着我们的脑骨,整个楼身,也在动摇了,我们已嗅不着霉湿的气息,似有尘土在飞扬。②

从文中"瑟缩蜷伏""悄然无声""强度紧张""刺入耳鼓""拍打

---

① 曹聚仁等著:《轰炸下的南中国》,出版地不详:战时出版社 1938 年版,第 83—91 页。
② 周宪鲁总编:《淮上新报》1939 年 5 月 24 日,安徽省档案馆藏:BJ1086。转引自中央党史研究室第一研究部编:《抗日战争时期全国重大惨案》6,第 113 页。

脑骨"等词语的描绘中,可以清楚地认识到,这次日机轰炸阜阳县城的猛烈性和残酷性。在这种生死相差毫厘之时,普通民众的心理恐惧是不言而喻的。

1938年5月28日至30日和6月3日至6日,日军对广州实施"疲劳轰炸",制造了一系列重大惨案。这些残酷的惨案给民众带来的恐怖心理令人难以想象。夏衍在《广州在轰炸中》一文中详细描述了侵华日军无差别轰炸给民众造成的恐惧心理。他这样写道:

> 这是一种人间地狱的情景! 我依旧要说,不亲身经历过是不会理解的。你知道炸弹在你近处落下的时候所发出的那种和空气摩擦的"哔哔哔哔"的声音吗? 这惨厉的声音以一种可怕的力量,深压到每个被威胁者的灵魂深底,在这一瞬间使你失去思考的余裕,闭着眼睛等着,也许下一瞬间你的生命就会这样的消去! ……在猛烈的轰炸中,人们是并不感到特别的恐怖的,不,可以说,在那决定生命或断或续的瞬间,人们心里会自然地产生出一种超过恐怖的安定感的。人们伏在地上,没有话,没有表情,有的还默默地凝视也许他从来不曾见过的地上的小虫。在聚集着几百个人的逃难处,沉默得像一座森林,连小孩也不敢哭,被一种无限的森严压住了![1]

日机投下一枚枚巨型炸弹,炸弹的可怕威力深压着每个人的灵魂,人们趴在地上毫无表情、毫无语言,甚至小孩也不敢哭,其内心表现出"一种超过恐怖的安定感"。换言之,日机轰炸制造的恐怖和阴森气氛,让民众如同生活在人间地狱一般。这种恐怖情绪已经让

---

[1] 夏衍:《广州在轰炸中》,汉口《新华日报》,1938年6月12日,第2版。

他们完全失去了自我,从而完全成为日机肆意捕获的"猎物"。

1941 年 7 月 27 日,日军出动大批飞机对四川成都实施轮番轰炸,制造了上千人伤亡的特大惨案。这次日机的狂轰滥炸给人们造成的心理恐惧也是史无前例的。秋池在《"七二七"血债录——记敌机第三次狂炸成都市区》一文中写道:

> 据各方传来消息,一次比一次的严重,而且这次它毫不迂回的往西飞,约有二十分钟,市空便闻到了沉重的机声,由远而近震动了耳鼓,于是高射炮和高射机关枪轰,轰……咯咯咯……地响了,急如骤雨的炸弹声哗啦……沙沙沙……轰!轰!轰……地传来,空室门外的玻璃窗格哗……乒乒……的一声震塌下来,带着猛烈的风向室内涌,里面的人好像受了强大压力一样,都向后面倾倒,小孩吓得狂叫起来,大人也吓得发呆失了知觉,接着头上又是一阵轰,轰,轰……的爆炸声,好像天翻地覆的,防空室震得快要跳舞起来,这时不但小孩子吓得狂叫,大人伏在地上也震得跳起来了,离开了地面几寸,呼吸都震动停止了似的,大家只有凭各人的命运,作生死的决定。①

日机投下大量的重磅炸弹把防空洞都震得地动山摇,成人被震得仿佛停止了呼吸,小孩更是吓得狂叫。在这种恐怖气氛中,人们感到生存变得虚无渺茫。日机野蛮的空中杀戮给普通市民造成的精神紧张和心理恐惧是难以想象的。

---

① 秋池:《"七二七"血债录——记敌机第三次狂炸成都市区》,《防空月刊》1941 年 8 月号,四川省档案馆藏:180 - 1218。

三、惨案发生后的悲痛

社会心理学家认为,情绪按照强度可以划为低、中、高三种类型。就负面情绪而言,"在最高强度的时候,所有的情感色彩都相似地变成不快乐的或痛苦的"。① 悲痛是负面情绪的最高强度的表现形式。这种情绪的持续和重复将不断增强消极自我感的强度,在严重情况下个体还可能做出极端的行为。抗战期间,日机对中国不设防城市无辜民众的任意大规模杀戮,造成尸横遍野、血流成河。惨案现场,民众呼天喊地,声嘶力竭,悲痛欲绝。1937 年 9 月 26 日,日军飞机轰炸景县县城,县城一片混乱,有的人被炸掉了腿,有的人被炸掉了脚,有的人被炸掉了胳膊,有的人被炸瞎了眼睛,惨景触目惊心,伤者发出"凄惨的呼救声"②。11 月 27 日,日机对江苏镇江实施空袭,伤亡数百人。无辜平民的鲜血染红古运河,惨不忍睹,整个城市笼罩着声声哀号。亲历者回忆:日机轰炸后,镇江全城白天无一缕炊烟,晚上无一点灯火,到处是一片撕人心肺的痛哭声。③ 1938 年 5 月 12 日,日机对山东日照南湖进行轰炸,投下大量炸弹,顷刻间集市上血肉横飞,鲜血染红河滩。日机离开后,许多人赶来寻找亲人,整个河滩,呼爹叫娘、喊儿唤女声连成一片;认领了尸体的,更是泣不成声,悲痛欲绝。④ 5 月 30 日,莒南县刘

① [英]威廉·麦独孤著,俞国良、雷雳、张登印译:《社会心理学导论》,第 116 页。
② 《近代史资料》编辑部、中国人民抗日战争纪念馆编:《日军侵华暴行实录》2,第 42—43 页。
③ 江苏省委党史工作办公室编:《江苏省抗日战争时期人口伤亡和财产损失》,第 425 页。本书编委会编:《抗战档案》上卷,北京:中央文献出版社 2005 年版,第 168 页。
④ 《近代史资料》编辑部、中国人民抗日战争纪念馆编:《日军侵华暴行实录》3,第 246 页。

家庄集日,日军飞机对赶集民众实施轰炸,炸死民众283人,惨案现场哭声震天。寻亲的人,扑在亲人的尸体上,哭得死去活来。①同年5月底至6月初,日军对广州实施"疲劳轰炸",数千无辜市民惨遭杀戮。在灾情最严重的地方,陈尸遍地,亲属呼天哀号。其中"有一女孩,痛母及妹突遭枉死,一恸几绝,经旁人劝挽,始稍稍抑其悲思,顾仍顿足频呼日本鬼害死妈妈不已,为状之惨,几疑非复人间"。② 1939年6月7日,日机15架轮番轰炸沂水县东里店。飞机离开后,幸存的人纷纷前来找寻亲人。张彦亮赶回家,"他透过烟火看清楚了,就在大门过道口,妻子被倒塌的土坯挤到北边的西屋山墙上,烧落了架的脊檩顶着她的胸腔,烈火裹住了她的上身,土坯钳住了她的双手,两个大孩子刚冒出头顶。张彦亮提起水桶,泼灭了火,妻子脖子以下已经烧成黑窟窿,他慌忙抓住胳膊往外拽,谁知皮肉全拧了下来。幸亏邻里赶来,和他一起扒开滚烫的土坯,妻子领着孩子的两只手竟掰不开,小一点的孩子堵在前头,抱紧了她的两腿,脸憋成了紫茄子,脚边还有一个破碎的饭罐……看到这一惨景,张彦亮大声疾呼:'日本鬼子,你叫我活不成了。'他手攥泥瓦片,泪如泉涌,晕倒在地"。③ 1939年6月23日、24日,日军对湖南湘阴县城进行空袭,投下大量重磅炸弹。顷刻间,城市繁荣的街道血肉横飞,哭声震天。对此,李瑞康在《幸存者李瑞康关于日机滥炸湘阴县城的证言》中这样写道:"我在河街寺碰到搬运工人倪五爷挑一担死尸,边哭边走。我一看,是他的爱人和两个儿子的尸体。他哭着对我说:'李叔叔,你看我一家四口炸死了三个,我

① 政协莒南县文史资料委员会编:《莒南文史资料》第1辑,1989年版,第123—126页。
② 张中华主编:《日军侵略广东档案史料选编》,第56—57页。
③ 齐元桂、崔维志:《日寇轰炸东里店》,政协沂源县文史资料委员会编:《沂源文史资料》
　　第5辑《钟灵毓秀沂河源》,第124页。

如何得了！'我们哭声合着哭声，泪眼对着泪眼，有什么办法呢？眼巴巴看着他失魂落魄地哀号着去掩埋他的亲人！"[1]1939 年 8 月 19 日，日机对四川乐山城区进行猛烈轰炸，炸死炸伤无辜市民上千人。惨案现场，有仰天呼嚎的老人，有唤儿叫女的少妇，有呼兄喊弟的儿童……喊声、叫声、哭声，声声扎心。在陕西街口，有一小孩坐在烧焦的地面大声呼叫，喊妈叫娘，直至声嘶力竭，惨状撕心裂肺；还有一老妪，趴在其子尸体上，呼天抢地，悲痛欲绝。[2] 8 月 30 日，日机对广西南宁市区实施空袭，造成数百人伤亡。面对这场惨绝人寰的大屠杀，整个城市笼罩在悲痛的气氛之中。亲历者回忆："当天晚上，夜袭警报又拉响起来，当我随着市民一起走过中山路时，看到受害群众仍在挖掘瓦砾中的尸首，到处摆满了棺材，哭声不绝于耳。这种悲惨情景，在我童年的心坎中永记难忘。"[3]1941 年 9 月 24 日，日机对河北盐山县进行轰炸，数百人惨遭屠杀。村民张玉华被炸破肚子，肠子都流出来了，他发出一声声撕心裂肺的惨叫，痛苦地喊着："你们快给我往里掖掖吧！"他被抬回家后不久便断气死亡。面对这种惨境，他的奶奶、父母和弟弟放声大哭，他的妻子抱着不满周岁的女儿更是痛不欲生。后来，他的弟弟张玉轩回忆起当时情景，仍老泪纵横，痛哭不止。[4]

---

[1] 中央党史研究室第一研究部编：《抗日战争时期全国重大惨案》8，第 24—25 页。

[2] 政协乐山市委员会文史资料委员会编：《乐山文史选辑》第 3 辑，1987 年版，第 117—119 页。

[3] 政协南宁市委员会文史资料研究委员会编：《南宁文史资料》第 2 辑，第 49—50 页。

[4] 中共河北省委党史资料征集编审委员会编：《侵华日军暴行录·河北惨案史料选编·1》，第 197 页。

第二节　祈祷神灵与复仇抗争的交织

意志作为人们对自我行为关系的主观反映,是社会心理的高级形态。意志按照主体标准可以划为超主体意志和主体意志两种类型。近代中国社会是一个由传统向现代转型的多元社会。在这个社会中,新旧因素交织并存,共同塑造着人们的精神世界。抗战期间,面对日机实施的无差别轰炸,人们在精神世界中呈现出超主体意志同主体意志的混杂。换言之,有的人把应对灾难力量寄托在神灵身上;有的人则把希望放在发挥人的主体力量上,化灾难为仇恨,坚贞不屈,抗战到底。

一、祈祷神灵庇佑

传统中国,人们的宗教信仰多元。既有信仰佛教的,又有信仰道教的,还有信仰伊斯兰教的。近代中国,西方利用坚船利炮打开中国国门。西方宗教潮水般涌入中国,教堂从沿海到内陆随处可见,信徒遍布都市乡村。基督教和天主教等逐渐成为有些中国人的精神信仰。宗教信仰的实质,是把人的生老病死、幸福安康、旦夕祸福寄托在神灵的意志之上。抗日战争期间,面对日军灭绝人性的空中屠杀,部分民众表现出消极悲观、无能为力,把求生的希望寄托在"神灵"的身上。

佛教从汉朝传入中国后,深受统治者的推崇,因此在社会上传播迅速、广泛,其庙宇信徒众多,影响深远。抗战期间,当日机实施惨无人道的狂轰滥炸,无辜群众大量伤亡时,佛教信徒纷纷念佛消灾,希冀避免日机轰炸造成的灾难。1938年11月21日,日机对湖北沔阳县城实施轰炸,投下大量的炸弹,数百人当场被炸死炸伤。

面对日机的狂轰滥炸和低空机枪扫射,许多人躲进了肖家祠堂,钻到桌子下面。机关枪的射击声、炸弹的爆炸声响成一片,祠堂的灰尘和砖瓦使劲往下掉,桌子下面的人们紧贴地面,哆嗦颤动,还有人小声地重复着祈祷:"菩萨保佑!"①这些人反复念咒语,目的在于以此消灾解难,避免灾难对自己的无情伤害。1939 年重庆"五三""五四"大惨案中,高文斌的家人躲在桌子下,双手合十,口中不断念"阿弥陀佛",但是炸弹还是落到了他家,他幺姑妈被炸死,二婶被炸伤脚后跟。② 同年 9 月 11 日,日军出动大量飞机对川南重镇——泸县实施狂轰滥炸,制造了伤亡上千人的重大惨案。据当事人闵文生回忆,他们全家听到警报声之后,钻进苞谷地的一个深基洞内。日机的轰炸和俯冲扫射,让一片苞谷化为乌有,剧烈的震动,使深基洞石条摇晃了几下,一股气浪伴随着泥块向洞里袭来,他们家七口人吓得胆战心惊,抱成一团。他的外婆和妈妈口里不停地念着"阿弥陀佛、阿弥陀佛!"幸好,深基洞没有被炸塌,所以全家才保住了性命。此外,宝庆街一个竹业商周荣发,每次听到警报,就把全家老小锁在楼下,他一人到楼上念经,祈求"菩萨保佑",然而这日一枚炸弹正好炸中经楼,他们一家四口全被炸死。③ 1941年 11 月 15 日,日机空袭湖南益阳县城区,顷刻间炸死上百无辜市民。恐怖、愤怒、焦急、痛苦吞噬着每个人的心灵。据惨案亲历者刘震君回忆,她的母亲紧紧搂住她们姐妹俩,俯伏在土沟里,口中

---

① 政协沔阳县委员会文史资料研究委员会编:《沔阳文史资料》第 3 辑《抗战时期史料专辑》,1985 年版,第 11 页。

② 周勇主编:《重庆大轰炸档案文献:证人证言》,重庆:重庆出版社 2011 年版,第108 页。

③ 政协泸县委员会文史资料工作委员会等编:《泸县文史资料选辑》第 7 辑《抗日专辑》,1995 年,第 77、61—62 页。

不停地念着:"阿弥陀佛! 救苦救难观世音菩萨!"她们用这种方式在死亡线上挣扎着。①

　　道教是中国土生土长的宗教。道观遍布城乡,信徒众多。抗战期间,面对侵华日军无差别轰炸,道教的忠实信徒把消灾求生的希望寄托于神仙的救赎。1940 年 9 月 3 日,日机轰炸南充城区,上千人被炸死炸伤。这次日机轰炸还投下大量燃烧弹,熊熊大火吞噬了许多无辜的生命。据当事人董昌德回忆:针对日军轰炸造成熊熊烈火烧毁了很多房屋,有人竟然去求火神(道教)菩萨,祈求它发善心。其中一户人家的房屋着火,有人劝他赶紧用粪池里的水去救火时,这个人却说那样会玷污火神。② 这充分表明,人们对超自然的神仙寄以厚望。1941 年 7 月 27 日,日军出动上百架飞机对四川成都进行轮番轰炸,当天炸死炸伤上千无辜市民。在这次轰炸中,一位姓王的算命先生同样被当场炸死。李运焕在《敌机两次轰炸成都目击记》一文中这样回忆道:成都祠堂街有一个王姓拆字算命的先生,叫"王半仙"。据说有一个晚上,一个人来拆字,问他家少爷的病能治好吗? 王说:"人已经死了,还拆什么字?"那人立刻回家去看,他家少爷果然死了。于是,王便获得"半仙"的称号。空袭当日,王半仙在春熙南段临东大街口的益智茶楼喝茶。有人问他:"今天敌机来不来?"他说:"不来。"空袭警报拉响后,"王半仙"仍然不走。后来,日机投下的一颗重约 300 多斤的炸弹,落在他喝茶的地方,虽然没有爆炸,但这颗炸弹却把他轧死了。"王半

---

① 中央党史研究室第一研究部编:《抗日战争时期全国重大惨案》10,第 161 页。
②《南充晚报》2011 年 2 月 7 日。转引自:中央党史研究室第一研究部编:《抗日战争时期全国重大惨案》9,北京:中共党史出版社 2014 年版,第 175 页。

仙"成为亡而陪伴祖先的"亡伴先"。① "王半仙"的事例再次证明把希望寄托在神灵的身上只是徒劳,虔诚的宗教信仰无法阻止日机的疯狂屠杀。1942 年 5 月 4 日、5 日,日机对云南保山实施轰炸,不仅投下普通炸弹,而且还投下细菌弹,造成上千无辜市民死伤。面对这样的惨状,有的人把生存希望寄托在超自然的力量之上,一时间信奉鬼神的行为盛行蔓延。有的村根据迷信说法,在送葬时肩扛犁耙,把死尸放在耙上,边走边喊:"犁死你(指死神)耙死你!"有人身背葫芦,葫芦内装满沙子,手持一株铁篱笆刺(一种荆棘)一枝金刚钻(霸王鞭),边撒沙子边喊:"铁篱笆、金刚钻,戳得恶鬼四处钻!""身背葫芦装妙药,死了三天救得活。"当时,根据铁篱笆刺、金刚钻能驱鬼避邪的说法,家家户户门上都插上这两件东西。一时间,村村寨寨的铁篱笆刺和金刚钻几乎都被砍光。② 但这个荒诞的祈祷方式并没有制止死神的肆虐。日机这次投下的细菌弹造成瘟疫大流行,给保山人民带来了空前大劫难,全县死亡人数上万。

　　面对日机对无辜群众的疯狂屠杀,基督教、伊斯兰教等教派的信徒纷纷借助超凡力量,拯救自我、拯救众生。1937 年 9 月 8 日,日机惨无人道地轰炸江苏松江火车站难民车,当场炸死乘客上百人。在这次轰炸中,一位姓贺的基督教徒不幸中弹受伤。面对突如其来的灾难,他却希望上帝能帮助他化解灾难。当事人陆筱丹在《敌机轰炸松江余生记》一文中是这样描写的:贺先生将头伸到座位下,停留在陆筱丹的两膝之间,看着他冷汗直流满额,嘴唇毫无血色,口中却喃喃念道:"上帝救我出险!""上帝将日本飞机滚

---

① 政协遂宁市委员会文史资料委员会编:《遂宁文史资料》第 9 辑《纪念抗日战争胜利 50 周年专辑》,1995 年版,第 44—46 页。

② 政协保山市委员会文史资料研究委员会编:《保山市文史资料选辑》第 4 辑《纪念"七·七事变"五十周年专辑·上》,1987 年版,第 103—104 页。

蛋!""上帝保佑我!""God bless me."①这个宗教信仰只能给身处绝望的信徒们一丝心灵安慰,在事实上对阻止日机狂轰滥炸却无济于事。1938 年 5 月 24 日,日机突然对安徽阜阳县城进行轰炸,上千市民被炸死炸伤。面对日机突然的轰炸,亲历者戌知在《惨痛的"五·二四"——致苇照慧静》一文中回忆道,女教徒们发出凄惨而恳挚的声音,齐声虔诚地祷告:"主呀! 救救你的孩子吧! 请把敌人的眼睛遮住,不要炸坏了你的孩子呀!"但这种祷告并没有阻止日机的疯狂轰炸和扫射。 当一颗颗炸弹落到地面时,这种虔诚祷告的声音却透露出颤抖的悲吟:"妈呀! 恩恩! ……我的妈呀!"②信徒们虔诚的祈祷丝毫没能阻止日机的肆掠。1941 年 7 月 27 日,日机在成都制造"七二七"大惨案,黎光惠曾这样回忆:空袭警报拉响后,她和母亲躲到室内的一张八仙桌下面,父亲马新如跑到后屋去躲避。突然一颗炸弹在清真寺屋顶上爆炸,房子立刻被炸垮塌。这时,她听到父亲大叫两声:"安拉呼!"(真主之意)接着,妈妈从八仙桌下出来连喊:"马新如! 马新如!"但没有人答应,父亲被日机活活炸死。③ 信仰者的虔诚被日机的暴行吞噬。

二、坚持不懈抗争

面对日机狂轰滥炸制造的大量惨案,绝大部分民众并没有屈服、投降,日军的行为激发了他们的复仇情绪和民族精神。这种民族复仇心理与抗战到底的决心在中华大地上形成磅礴的历史洪流。1937 年 9 月 8 日,日机对江苏松江火车站难民车进行轰炸,数

---

① 曹聚仁等:《轰炸下的南中国》,第 87 页。
② 周宪鲁:《淮上新报》1939 年 5 月 24 日,安徽省档案馆藏:BJ1086。转引自中央党史研究室第一研究部编:《抗日战争时期全国重大惨案》6,第 113 页。
③ 成都市人民防空办公室,成都市国防教育学会编著:《成都大轰炸》,第 55 页。

百人被炸死炸伤。日军的暴行惨绝人寰、触目惊心,激发了民众的复仇情绪。亲历者吴大千在《松江火车站蒙难记》一文中这样回忆道:"现在我躺在床上,已经跳出了鬼门关,伤口的痛楚还常常来袭击我,但痛一次就增强了我一分抗日的热情和决心。热血沸腾了我,我要破口的呐喊!"①复仇心理、民族主义精神在自身切肤之痛的遭遇中不断强化。1938 年 5 月 24 日,日机对安徽阜阳实施空袭,投下大量重磅炸弹和燃烧弹,死伤无辜平民上千人。这起重大惨案激起了广大民众对日本军国主义的无限仇恨,经历过这场灾难的时人戍知回忆道:"此仇此辱,何日可雪? 惟视吾人之抗战信念,是否坚定,持久而能努力振奋有为。今日之世界,绝无懦者生存之余地,应有炸弹之声威,实不足使人震慑动摇,抑且徙足激怒其抗战之火焰而已。但愿阜阳同胞,相与奋勉,此惨痛的'五·二四'之深仇,终有为吾人雪复之一日也。""我们都愤怒了,在那全城正被糜烂之顷,我们都有了不怕死的决心,但同时又渴望着做到有价值的牺牲……敌人的炸弹,只更燃起了中华民族自求解放的火焰!"②也就是说,为了避免这样的灾难再次发生,唯一的办法就是中国人民坚定抗战到底的决心,并为之不懈奋斗。这样才能打败日本帝国主义,为无辜冤魂报仇雪恨,洗刷弱国耻辱。1938 年 5 月底至 6 月初,日机在广州制造了六次重大惨案,死伤数千无辜平民,面对如此空前浩劫,"父告其子,兄告其弟,生仇大恨必有报之之一日。无限悲痛之中,增为同仇敌忾"。③ 1939 年 2 月 4 日,日机出动大量飞机对贵阳城区进行轰炸,上千人在这次轰炸中被日机

① 曹聚仁等:《轰炸下的南中国》,第 95 页。

② 周宪鲁总编:《淮上新报》1939 年 5 月 24 日,安徽省档案馆藏:BJ1086,转引自中央党史研究室第一研究部编:《抗日战争时期全国重大惨案》6,第 111—113 页。

③ 殷佩:《敌机狂炸下之广东精神》,《统一战线》1938 年第 1 卷第 11—12 期,第 8 页。

吞噬。日军的暴行让人无不咬牙切齿,民族复仇情绪在贵阳人民中空前高涨。贵阳"二四"惨案发生后,中国共产党领导的《新华日报》于次日第二版报道这个消息,揭露日本法西斯残酷屠杀人民的滔天罪行。该报的主标题是"莫忘此仇!!!"(横排大字),副标题是"敌机疯狂肆虐,贵阳万县浩劫,弹落火起文物精华惨付一炬,数万难民餐风露宿哭声震天"。2月21日,《新华日报》又通过专栏刊载揭露日军飞机滥炸贵阳的暴行。文章写道:"不管敌人的杀人放火,贵阳人还是在经营他们的贵阳!……在墙的下半段,还遗留着:'打倒日本帝国主义!''杀尽汉奸!'的标语。这正像象征着敌寇的飞机大炮的毫无用处,因为它丝毫也不能动摇我们抗战的政治觉醒!""团结和互助的情绪,在寇机暴行的逼迫下,更逼得它热烈和紧张起来!""因为白天减少了营业时间,晚上的市面就更形热闹起来……贵阳人决不会因敌寇的烧杀而丝毫动摇,他们依然享有着他们自己的贵阳。"①日机的残酷暴行并没有击垮贵阳人民坚持抗战的信心和决心,相反日机的疯狂轰炸促进了贵阳人民的团结和互助,抗战到底精神得到显著增强。同年8月19日,日军出动大量飞机对四川乐山城区进行大肆轰炸,上千无辜市民被屠杀。日机的残忍行径让人毛骨悚然,仇恨怒火在民众心中不断点燃。面对如此惨景,抗敌后援会和学生们用石灰浆在断壁残垣上愤然书写:"不忘八·一九倭寇的暴行!""为死难同胞复仇!""向倭寇索还命债!""抗战到底!""打倒日本帝国主义!""把倭寇赶回去!"等标语。② 这些标语是用血和泪书写而成的,乐山人民对日本帝国主义的仇恨被体现得淋漓尽致。亲历者武汉大学教授章韫博士在他

① 闵廉:《大轰炸后的贵阳》,重庆《新华日报》,1939年2月21日,第2版。
② 政协乐山市委员会文史资料委员会编:《乐山文史选辑》第3辑,第119页。

的遗作中这样写道：

> 舁束归山岗，衔恨向九泉。亲朋惊尚在，相对涕泗涟。
> 日寇灭人性，甘与兽比肩，可知有天网，终当偿罪愆！①

他通过诗句表达了强烈的爱憎之情，其中对日本法西斯的仇恨表现得尤为强烈。

9月11日，日机对四川泸县进行轮番轰炸，无辜平民死伤上千人。日军的暴行使得泸县人民同仇敌忾。当时在泸县流传着这样的民谣："轮番轰炸行难书，生灵涂炭百业疏，伏荒郊，餐雨露，日机轰炸何日休，等你龟儿子天天炸，老子明天大反攻。""少做棉衣多做鞋，日本龟儿天晴落雨就要来。""小幺儿，快醒来，跟着母母穿好鞋。不要哭，不要闹，大人娃儿跑警报。二天长大，定要为娘把仇报。"②这首民谣表现了泸县人民对日本军国主义的仇恨。

1940年8月12日，日军出动大量飞机又对四川泸县进行轰炸，上千人被炸死炸伤。这次灾难更加激起泸县人民对日本军国主义的愤慨和仇恨。当时的民谣《十二个月跑警报》这样写道：

> 民国二十又九年，八月十二天，
> 日本飞机炸泸南。
> 凝光门洞大劫难，
> 同胞炸死一百三。
> 公园路，市体专，
> 一下伤亡上了千（人）。
> 小日本，罪滔天，

---

① 政协乐山市委员会文史资料委员会编：《乐山文史选辑》第3辑，第120页。
② 中央党史研究室第一研究部编：《抗日战争时期全国重大惨案》8，第198页。

　　泸州人不忘大灾难。

　　……

　　国难家仇不能忘。

　　泸州人，奋起大抗战，

　　同仇敌忾，还我河山！①

这首民谣生动地表现了泸县人民坚贞不屈、抗战到底的英雄气概和爱国情怀。

　　1941 年 7 月 27 日，日军出动大量飞机空袭成都，上千无辜市民被炸死，市区街道横尸满地，血流成河。面对这种场景，时人秋池在《"七二七"血债录——记敌机第三次狂炸成都市区》一文中这样控诉："残暴的敌人，早失了人性，他现在到了日暮途穷的时候，也不放松我们，每天都派大批飞机到我们后方滥炸，我们每天都在警报中，忙着逃命，属于死者最后的安排，也分不出时间去帮助，我感觉非常抱歉，今天维棋来社问及，乃知国卿小姐已安葬在迎晖门外，锦江河畔，从此虽然与世长辞，而胸中确深坎着无限的仇恨，真是'江水滔滔有尽处，此恨绵绵无止期'。"②成都人民同仇敌忾的心理和爱国主义的情感在日机的残忍暴行中得到强化和提高。

　　在民族复仇和抗战到底精神的激励下，普通民众以自己的实际行动支持中国抗战。1938 年 10 月 31 日，日军空袭江西南昌市区，投下大量炸弹，当场炸死炸伤上百无辜群众。南昌市民没有被日军的暴行吓倒和退却，而是用自己的行动诠释了华夏子孙精忠报国的决心。日机轰炸南昌当天，市区胜利路和阳明路交界处正

---

① 陈鑫明编著：《周太师尹吉甫故里：石洞》，北京：中国文史出版社 2010 年版，第 87 页。

② 秋池：《"七二七"血债录——记敌机第三次狂炸成都市区》，《防空月刊》1941 年 8 月号，四川省档案馆藏：180 - 1218。

在进行爱国献金活动。这次活动由两个初中生负责组织,他们都是童子军团的成员,归属江西省教育厅管辖。当日机前来轰炸时,群众劝他们赶快离开,但这两个学生为了保护现金,没有走。在日机的地毯式轰炸下,一个 17 岁的学生被炸死,另一个被炸成重伤,到医院后锯掉了一条腿。他们的爱国行动让普通市民感动万分。[①]1939 年 2 月 4 日,日机对贵阳城区进行大规模轰炸。这次轰炸造成上千名无辜市民被炸死炸伤。"二四"大惨案后,贵州省政府决定将贵阳五所省立中学迁至郊区,原来女中校址迁至花溪石头村后,由原来 1 100 多人减少至约 500 人。在开学典礼那天,校长朱址安发表了非常感人的讲演:"学校为了避免日本人的残酷轰炸迁到乡村,这里条件艰苦,泥滑路难,没有教室,没有课桌,行走困难。但为了抵抗日本人的侵略,教书先生和读书学生都要各尽其力,先生把学生教好,学生更要认真读书。我们都是炎黄子孙,要为祖国争光,要为死难的同胞报仇,把日本帝国主义赶出中国!"[②]在民族复仇精神的感召下,贵州女中师生努力工作学习,在抗战期间取得了可喜的成绩,为抗日战争作出了重要贡献。1941 年 9 月 24 日,日机对河北盐山县小山村等进行轰炸,当场炸死上百无辜民众。日军残酷的轰炸暴行激起当地人民的满腔仇恨,民族复仇和坚持抗战情绪异常高涨。青壮年纷纷拿起武器,奔赴前线;老人、妇女加倍生产、拥军优属,积极支持前线。当时,小山东村青年李洪树,父亲被炸死,母亲胳膊被炸伤,他认识到:不赶走日本帝国主义,穷人过不上好日子。因此,他找到村上武工队长,报名参加了回民支

① 中共江西省委党史研究室编著:《江西省抗战时期人口伤亡和财产损失》下卷,第516—517 页。

② 中共贵州省委党史研究室、贵州省档案局(馆)编:《贵州省抗战损失调查》上,北京:中共党史出版社 2010 年版,第 95 页。

队。小山西村杨云坤大娘,她的两个亲人被炸死,但她冒着生命危险,腾出房子给八路军伤员住,还把自家的白布、棉花拿出来为伤员包扎伤口。白布用完后,她又将自己的一件白褂子清洗剪成布条,送到子弟兵面前。一个姓姜的八路军感动得热泪盈眶,杨大娘则说:"孩子,别这样,大娘是盼你们快养好伤,狠打那些日本鬼子!"①

第三节　孝慈仁义与生存争夺的张力

伦理道德作为一套特殊的社会规范体系,通过社会舆论、传统习俗以及内心信念等约束人的行为活动。中国在漫长的历史长河中逐渐形成了以儒家思想为中心的道德行为规范。这套伦理道德立足维护血缘关系、宗法制度和专制统治,把"仁"和"礼"作为处理人与人关系以及行为活动的最高道德准则。日机对普通民众实施惨无人道的轰炸,人们的生命遭到严重威胁,生与死往往是一念之间的事。在这种极端险恶的环境下,人们的生存伦理体现为在中国传统伦理观念影响下的社会属性与自然属性的双重变奏。

一、彰显孝慈仁义

在传统中国,"孝慈之道"成为调节家庭成员关系的基本道德准绳。《礼记·礼运》指出:"礼行于祖庙,而孝慈服焉。""孝慈"是对家庭成员的道德要求。《论语·为政》也强调"孝慈,则忠"。君主做到对上孝道、对下慈爱,人们就会对其忠诚。君主遵循"孝慈之道"对社会具有风向标的作用。《列女传》卷二十九又认为:"凡

---

① 中共河北省委党史资料征集编审委员会编:《侵华日军暴行录·河北惨案史料选编·1》,第199—200页。

孝慈肃雍勤敏之行,纤织文咏之才能,皆妇人之美德也。""孝慈之道"是衡量刚正有节操女子的美德之一。在传统文化的洗礼下,"孝慈之道"已渗入中国人的血液,成为他们遵循的最起码、最基本的道德准则。"孝慈之道"包括"孝道"和"慈爱"两个方面的内容。所谓孝道,就是指关爱父母长辈、尊老敬老。孝道作为调节家庭成员行为的道德准绳,是中国传统道德规范的重要基石。抗战期间,面对日机的大规模屠杀,人们遵循着"孝道"这个基本的道德规范。1937 年 12 月 5 日,日机对安徽芜湖城区进行大规模轰炸,上千无辜群众被炸死炸伤。面对日机的残酷轰炸,幸免者对失去联系的亲人非常担心,他们心急如焚、心如刀绞。翟其寅在《回忆芜湖沦陷前后的一段经历》一文中写道:"日机轮番轰炸芜湖,母亲坐在屋内,暗自流泪,坐立不安。那天下午,她毅然地抱起襁褓中的弟弟,牵着他的手,坐上人力车进城。这时毓芬大姐看见他们上了车,像受惊的鸟儿哭叫着扑过来:'妈,我求求你,带我进城看爸爸!'大姐的话,像针尖扎在母亲的心上。母亲心里明白,大女儿聪明好学,父亲特别喜欢她。她只得叫车夫停下,将大姐拉到车内。他们冒着被日机轰炸的危险,回芜湖的老家去找父亲。路上遇到从芜湖逃出的熟人提醒:'敌机还在轰炸芜湖,大火冲天,人跑空了,你们回去干什么?'刚进家门,一眼看见父亲尚在,母亲这才放心,大姐兴奋地扑到父亲的怀抱。"①从以上言行可见,在日机轰炸下,尽管生命受到威胁,但女儿对父亲的爱经受住了考验。1938 年 5 月 29日,日机空袭广州城区,数百无辜平民被炸死,伤者不计其数。日机离开以后,市民纷纷投入搜索和营救自己亲人的工作中。夏衍

---

① 政协安徽省芜湖市委员会文史资料研究委员会编:《芜湖文史资料》第 6 辑,出版时间
　不详,第 125—126 页。

在《广州在轰炸中》一文中这样描述：香港英文《中国邮报》(*The China Mail*)的驻粤记者协助红十字会工作，发掘 15 英尺瓦砾，看见一位约 18 岁的女子，虽然被埋压，所幸尚未受伤。她被营救出来以后，赶紧指导红十字会人员救出了她的老父亲。① 同年 6 月 4 日，日军又出动大批飞机对广州城区实施狂轰滥炸，3 000 多人在这次轰炸中被炸死。日机离开后，城区街头巷尾尸体无数，伤者哀哭声震天。"最惨者，有一垂死之妇人，其腿被压在大石底下，有子一人，涕泪纵横，在旁啜泣，并时以水料喂其母解渴。"②1939 年 2 月 4 日，日军出动大量飞机袭击贵阳城区，造成上千无辜市民被炸死炸伤。在这场大灾难中，幸存者在血浓于水的亲情支撑下，积极营救伤者，这样无数民众才幸免于难。据亲历者喻元春回忆：突然听一声巨响，日机投下的炸弹产生的气浪把他家房屋震垮，只见满屋尘土飞扬，整间屋子地上堆积着砖土，祖母被埋在砖土之中，只有头部露在外面。这时，全家人不顾一切地齐动手，把祖母从砖土堆中救出来，抬到屋后一间小屋里面休息。③

慈爱，即年长者对年幼者的仁慈和怜爱，尤其指父母对子女的爱。在父母对子女的爱中，母爱尤为特别："孩子的需要越强烈，越能强烈地激发起她的柔情，使她以一种近乎纯粹的温柔感情去呵护孩子。"④在日机残酷轰炸的岁月中，母爱的人性光芒格外耀眼夺目。1938 年 5 月 2 日，日机对江苏溧阳县戴埠镇进行轰炸，当场炸

---

① 夏衍：《广州在轰炸中》，汉口《新华日报》，1938 年 6 月 12 日，第 2 版。
②《敌机昨又四度袭粤　滥炸广州怵目惊心》，汉口《新华日报》，1938 年 6 月 5 日，第 2 版。
③ 中共贵州省委党史研究室、贵州省档案局（馆）编：《贵州省抗战损失调查》上，第 94 页。
④［英］威廉・麦独孤著：《社会心理学导论》，第 130 页。

死无辜群众 200 多人，悲惨场景催人泪下。镇上有一位皮匠的妻子抱着小孩往街外跑，在日机投弹时，她趴在地面上用自己的身体掩护小孩，自己的屁股被炸掉，当场死亡，小孩却幸存了下来。① 这位母亲用自己的血肉之躯为孩子挡住了日机的轰炸，换来了孩子生存的希望。母亲的大爱无疆在日机的轰炸下本能地绽放，格外惊艳动人。5 月底至 6 月初，日机对广州城区实施多次猛烈袭击，造成上千无辜市民被炸死炸伤。这场残酷屠杀却没有泯灭母亲的柔情和仁爱。夏衍在《广州在轰炸中》一文中这样描述："母亲发着低低的泣声，在尸丛里面寻找他们的骨肉，找不到的时候痴呆地回去，找到了的时候一阵凄厉的哭声，我看见一个四十几岁光景的妇人捏着一张照片，揭开裹着尸首的芦席和草底（纸，作者注），一个个地在寻她失迹了的亲戚。看照片，那是一个十四五岁的天真烂漫的姑娘。""一妇人，背负孩子，该孩子已死去多时，慈爱之母亲，犹不忍将之放下，抱头痛哭。""一妇人以手按住已流出之肚肠，而犹频频回头视其悲伤的婴儿，而此婴儿之头盖，已被机枪子弹扫去一半。"②夏衍笔下的母爱是痛苦的，但同日机轰炸残酷性和野蛮性比较，这种痛苦的母爱显得更加伟大、无私。8 月 29 日，日机对湖北京山实施轮番轰炸，制造了骇人听闻的"京山大惨案"。在西街上，一位母亲正抱着幼儿逃命时，被机枪扫射，死在街头，孩子趴在母亲的身上拼命地哭喊着。在西城门外空地上，有一位身上衣服破碎的少妇，虽然已经死亡，她身边的婴儿仍然依偎在她怀里吮吸奶水。面对这种惨景，时人张任伟这样感慨："满城败瓦满城尸，烟雾血腥刺鼻

① 政协江苏省溧阳县委员会文史资料研究委员会编：《溧阳文史资料》第 4 辑《纪念抗日战争胜利四十周年》，1985 年版，第 114 页。

② 夏衍：《广州在轰炸中》，汉口《新华日报》，1938 年 6 月 12 日，第 2 版。

时,慈母未忘养育事,袒衣露乳让儿食。"①母爱在诗人笔下变得无比伟大。11 月 21 日,日机对湖北沔阳县城进行轰炸,死伤无辜市民数百人。日机这次野蛮的轰炸使无数母亲为儿女安全失魂落魄。亲历者回忆道:面对日机的疯狂轰炸,哥哥拉着他拼命地往城内家里跑。跑过建兴门、百子桥,哥哥满脸是泪,他自己也在担心会不会成为孤儿。跑过司马桥,看到母亲正嚎啕大哭着来找他们。当母亲见到他们时,激动得哭得更加厉害。② 这位母亲从无比担忧到喜极而泣,体现了母亲本能的爱。1941 年 7 月 27 日,日机对四川成都市区进行野蛮轰炸,上千无辜市民在这次空袭中被炸死炸伤,惨景让人无不凄然泪下、泣不成声。亲历者邓铣在《"七·二七"敌机轰炸成都目击记》一文中这样描述:"经过四座磨后,在田角看见一位哺乳妇女,袒胸露乳,婴儿伏在其身上,全身惨白,母子皆死。"③尽管这一位母亲的慈爱在日机的暴行面前显得苍白无力,但这份温情却体现出母爱最朴实的内涵。1943 年 1 月 2 日,日机对安徽省立煌县城杨家滩进行轰炸,炸死无辜群众五六百人,灾情惨不忍睹。在柳店南头,有一位姓霍的青年妇女由于刚临产不能跑,所以只好把刚出生的婴儿护在怀里,母子相偎,当场被炸死。在夹山店北侧老油坊路口,有一位中年妇女,虽已被炸死,但其双手仍然紧紧握着两个已死去孩子的手。④ 这一幕幕悲惨的场景体现出母爱的伟大,同时也揭露了日本军国主义

---

① 中央党史研究室第一研究部编:《抗日战争时期全国重大惨案》6,第 288 页。

② 政协沔阳县委员会文史资料研究委员会编:《沔阳文史资料》第 3 辑《抗战时期史料专辑》,第 11—12 页。

③ 政协四川省成都市委员会文史资料研究委员会编:《成都文史资料选辑》第 12 辑《纪念抗日战争胜利四十周年专辑之四》,1985 年版,第 37 页。

④《近代史资料》编辑部、中国人民抗日战争纪念馆编:《日军侵华暴行实录》3,第 375—376 页。

的残酷暴行。

仁义，即仁爱和正义。《礼记·曲礼上》指出："道德仁义，非礼不成。"这强调通过礼仪培养人们的道德仁义观念。《孟子·梁惠王上》认为："王何必曰利，亦有仁义而已矣。"这指出"仁义"对治国理政具有重要的意义。对底层民众而言，坚守"仁义之道"就是要做到"泛爱众""舍生取义""杀身成仁"等。"仁义"作为中国传统伦理道德的最高要求，对中国人的精神生活产生了深远的影响。面对日机疯狂的杀戮，仁义美德在普通大众中得到坚守和弘扬。1937 年 9 月 8 日，日机对江苏松江火车站难民车进行轰炸，数百人被日军残忍屠杀。上午 12 时 20 分，车上有人突然大叫："日本飞机，日本飞机""八架，八架""呀！打盘头了，打盘头了"正在这时，有人大声喊道："不要叫！头伸回来！头伸回来！"于是，乘客纷纷把头从窗外缩回来，顿时，全车乘客神经紧张，人人都像即将被枪毙的囚犯，注意着刽子手的枪声。① 这声危险警示，让许多民众免遭涂炭。1938 年 11 月 5 日，日机对湖北荆门县沙洋镇进行轰炸，上千人被炸死炸伤。在这场灾难中，有识之士的"仁义之举"让一些人幸免于难。亲历者黄正德这样回忆：当天，他去沙洋镇卖粉条。当他走到复兴客栈门口时，日机飞临集市上空，顿时满街行人惊慌乱跑。这时，在复兴客栈内的后方医院伤兵高喊："别跑，赶快卧倒！"接着，两颗炸弹在离他不远的地方爆炸，伤兵的提示使他死里逃生。② 1939 年 5 月 3 日，日机轰炸重庆，制造了骇人听闻的"五三"大惨案。在日机的燃烧弹下，一幢幢房屋疯狂地吐着火舌，尽管防护团"忠实地干涉着人们的行动"，但是"没有人顾念自己目前

---

① 曹聚仁等：《轰炸下的南中国》，第 93—94 页。

② 中央档案馆、湖北省档案馆编：《侵华日军在湖北暴行史料》，第 218—221 页。

的安危,跑出去了","去慰问被难的同胞"。① 次日重庆的"五四"大
惨案后,老舍在《五四之夜》中写他的朋友赵清阁,牵着一个十二三
岁的小学生来找他,他们素不相识,那小学生是来城里买书的,没
有被炸死,拉住了赵清阁。"在患难中人人是兄弟姊妹。"②1939 年
9 月 11 日,日军出动大量飞机对四川泸县进行轰炸,造成上千人被
炸死炸伤。这天上午 10 时左右,日机 30 多架飞临城区上空,投下
大量炸弹,同时向无辜群众扫射。突然来临的灾难使无数老百姓
吓呆了,不知所措。面对这种情形,突然有人大声呼喊:"快朝河下
跑! 日本飞机来了!"③这声音如同一声春雷,让许多人从梦中惊
醒,从而获得了一线生存的希望。

二、伴有生存争夺

"生存竞争"一词,出自英国著名生物学家达尔文(Charles
Robert Darwin)的《物种起源》一书,意指为维系个体或种群的生存
和发展,同种或异种生物之间相互竞争的自然现象。此后,达尔文
生物进化论演变为社会进化论。从社会进化论来看,"生存竞争"
是指人类为生存而进行的争斗。面临日军飞机的疯狂肆虐,有的
地方一度陷入失序状态。在这种情形下,中国人普遍遵循社会的
道德伦理和法律规范,同时部分地方也出现了人与人之间为了求
生避死而进行生存争夺的现象,即"最强者和自我求生力最强者趋
于蹂躏弱者"④。其中,在日机对人们的人身安全造成严重威胁时,

---

① 秋江:《血染的两天》,《七月》1939 年第 1 期,第 11 页。

② 老舍:《老舍散文经典》,北京:中国广播电视出版社 1999 年版,第 730 页。

③ 中央党史研究室第一研究部编:《抗日战争时期全国重大惨案》8,第 197 页。

④ [英]托马斯·赫胥黎著,《进化论与伦理学》翻译组译:《进化论与伦理学》,北京:科学
　出版社 1971 年版,第 57 页。

人本能地渴求生存而伤害他人的生存争夺表现尤为激烈。1939 年
5 月 3 日，日机轰炸重庆，田泽周回忆，当时他正在蔡家石坝，空袭
警报响后，大家就使劲跑，"你把我撞倒，我把你撞倒，都想逃命"，
但是到江北的木船最多装十几个人，老的少的，有很多掉进河里去
了。上了船的，也是"你也抢我也抢"，有的船就沉到河里去了，死
了许多人。① 1941 年 6 月 5 日，日军出动大量飞机对重庆市区实施
疲劳轰炸，由于空袭时间过长，大隧道内空气不足，最终导致上千
人窒息而亡。隧道中的生存争夺表现得淋漓尽致，其状极为悲惨
和恐怖。当日黄昏时分，许多人认为日机不会再次来袭击，纷纷出
洞呼吸新鲜空气，突然日机再次来袭，在洞口的人群争先恐后涌入
隧道，洞内前方的人避闪不及，慌乱之间，相互倾压推挤，乱作一
团，前面有的人被压倒在地，肢体折断，动弹不得，后面的人则不顾
一切，踏着倒地者的身体，挤向洞中，大家盲目拥挤，洞口死尸累
累，堵得水泄不通，两洞口被践踏而死的约 700 多人。② 幸存者高
训伦这样描述："因为窒息难受，人们在洞内作垂死挣扎，他们乱抓
乱扒，互相撕扯，以致不少死难者全身的衣服被扒得精光，身上被
抓出了碗大的水泡。"③ 幸存者高键文也这样回忆："洞口的人拼命
往洞里面挤，而洞里的人又使劲往洞口挤，去呼吸新鲜空气，防空
洞乱作一团，你抓我扯，洞内一片惨叫。时间长了，空气稀少，有人
晕倒，但后面的人又被人流推拥在倒地者的身上，人越压越多，越
压越高，洞口被堵塞。洞内中段的人流又掉头朝石灰市、衣服街方

① 周勇主编：《重庆大轰炸档案文献：证人证言》，第 151 页。
② 陈立文：《抗战时期日军对重庆的轰炸暴行》，《近代中国》第 72 期，1989 年，第 56—
　　67 页。
③ 乐至县政协文史资料研究委员会编：《乐至文史资料选辑》第 8 辑《纪念抗日战争和世
　　界反法西斯战争胜利四十周年》，1985 年版，第 43 页。

向挤去,石灰市、衣服街方向的人又朝十八梯方向挤,双方互不相让,把转变道和出口道都堵满了。"高键文本人被挤到支洞转角处动弹不得,于是他把双手搭在别人肩上,用力向上爬,终于站到防空洞石凳上了,保住了性命,但是他的下肢被卡在死人堆中,左脚残废了。① 对惨案中的争夺,当年的防护团员作了更为详尽的描述:"一具具尸体浑身汗水如洗,青一块紫一块,无论男女,衣裤都被自己或他人撕扯成碎片。死者个个双眼瞪得铜铃般大,舌头甚至吐出口外,呈临死前难受状;有的皮肤被抓破,血流不止;有的手指抠地,难以拔出;有的嘴巴满是泥土,遍体鳞伤;女的披头散发,口角流血,手足张开;有的孕妇被拥挤践踏而死,腹内胎儿还在作最后的蠕动。"从伤亡的人来看,大多数属于青壮年男女,年老体弱者无力参加这场残酷的"生存竞争",只好安坐在洞内深处听天由命,因为耗氧较少,反而得以幸存。② 这场浩劫显示了人本能生存争夺的残忍性,同时也揭露了日本军国主义的残暴罪行。

　　1941 年 12 月 18 日,日军出动大量飞机对云南昆明麻园、交三桥等地实施轰炸。面对突如其来的日机,大家惊恐万分,加之街道狭窄,市民疏散时异常拥挤,民生街 14 号住民张孔氏及武成路 102 号李姓小孩均被踏死,武成路 209 号丁姓小孩被踏伤。③ 1943 年 10 月 10 日,日军出动大量飞机对广东清远县城进行轰炸。这天正好是国民政府的国庆纪念日,清远县举行了盛大的庆祝游行活动。下午 4 时,当游行队伍到达市中心时,日机突然飞临县城上空。游行队伍惊慌失措,来往行人各自逃命,混作一团,互相践踏,当场已

---

① 周勇主编:《重庆大轰炸档案文献:证人证言》,第 370 页。
② 谢世廉主编:《川渝大轰炸:抗战时期日机轰炸四川史实研究》,第 85 页。
③ 云南省档案局(馆)编:《抗战时期的云南——档案史料汇编》下,第 614—615 页。

有死伤。接着,日机投下大量炸弹并用机枪向人群扫射,被踩死、炸死以及枪杀无辜市民 100 余人。①

面对日机轰炸带来的社会失序问题,部分国民党军队还借此机会四处抢劫,以强凌弱,同民众进行生存争夺。1938 年 5 月 24 日,日机对安徽阜阳县城实施轰炸,炸死炸伤数百无辜市民。在这场灾难中,阜阳人民不仅遭受日机的疯狂屠杀,而且遭受国民党士兵的洗劫。亲历者邓凌波在《日机轰炸阜阳城纪实》一文中回忆:日机的轰炸无情地吞噬着千千万万个幸福的家庭。正当我们一家人庆幸获得生存时,突然又传来一阵砸门声和喊叫声。接着,闯进来三个身穿黄军装、臂戴黑色三角臂章的国民党广西兵。他们用枪逼着父亲交钱,等父亲把身上和柜里的钱都递给他们后,才气势汹汹地走出去。面对这种雪上加霜的遭遇,大街上幸存的无辜群众奔跑着、呼喊着:"广西军队抢人啦!"阜阳城陷入极度混乱之中。又过了一会儿,我们家的店门再次被砸。这次进来的是穿灰色军服的地方军队。他们进屋后,把店里出售的自行车不论新旧,全部推走。翻箱倒柜,一抢而空。当时,我们只有一个想法,只要不害人,要啥就给啥。② 1942 年 5 月 4—5 日,日机对云南保山县城实施狂轰滥炸,在这次轰炸中上万无辜市民被炸死炸伤。日机的疯狂屠杀,让保山县城处处充满恐惧和紧张的气氛。5 日深夜,国民党保山守军息烽龙奎垣部队,趁民众惊恐慌乱之际,乔装打扮,对商号和富户实施抢劫。他们把昂贵的金银珠宝首饰以及法币,装入口袋;体积较大的绫罗绸缎、布匹棉纱及百货,捆绑成件,载上车

① 《近代史资料》编辑部、中国人民抗日战争纪念馆编:《日军侵华暴行实录》4,第 574 页。

② 方兆本主编:《安徽文史资料全书》阜阳卷,合肥:安徽人民出版社 2007 年版,第 120—121 页。

辆;稍次的物品,散满街头,堵塞路口,零乱不堪。国民党军队的这次灭绝人性的抢劫,使保山县城内人心惶惶,一日数惊。① 在这些灾难中,国民党军队以强凌弱、欺负百姓,这无疑大大削弱了普通民众对国民政府的认同,导致其信任资本的流失。

　　通过对侵华日军无差别轰炸重大惨案中的社会心理和生存伦理的考察,不难发现,战争中社会心理是多维的,生存伦理也是矛盾的。具体来说,就是面对日机的出现及其狂轰滥炸带来的灾难,普通民众的心理经历了由好奇、恐惧到悲痛的急剧变化,其精神意志表现为祈祷神灵与复仇抗争的交织,生存伦理表现为既有孝慈仁义,又有生存争夺。在侵华日军无差别轰炸重大惨案中,社会心理表现出复杂性、生存伦理呈现出矛盾性,其实质体现了战争与人性的关系。关于人性,马克思(Karl Marx)曾强调:"人直接地是自然存在物。人作为自然存在物,而且作为有生命的自然存在物,一方面具有自然力、生命力,是能动的自然存在物;这些力量作为天赋和才能、作为欲望存在于人身上;另一方面,人作为自然的、肉体的、感性的、对象性的存在物,同动植物一样,是受动的、受制约的和受限制的存在物,就是说,他的欲望的对象是作为不依赖于他的对象而存在于他之外的。"②也就是说,人首先是以自然物而存在。但是,人不仅仅以自然物而存在,其在改造社会实践中还以社会性、主体能动性塑造着自己。换言之,人的本质属性体现为自然属性与社会属性的有机统一。通过对侵华日军无差别轰炸重大惨案

---

① 政协云南省委员会文史资料委员会编:《云南文史资料选辑》第 39 辑·滇西抗战,昆明:云南人民出版社 1990 年版,第 104—105 页。

② 《马克思恩格斯全集》第 3 卷,北京:人民出版社 2002 年版,第 324 页。

史料的考察和分析,可以看出,这些灾难既还原了中国人的自然属性和社会属性,战争的残酷性又把人性推向极端。相反,人们复杂的社会心理与矛盾的生存伦理又彰显这场灾难的残酷性和野蛮性。

第五章　重大惨案造成的身心伤害及社会影响

　　抗日战争是一场反抗日本帝国主义野蛮侵略的民族解放运动。中华民族和中国人民只有同仇敌忾、坚决抵抗到底，才能实现民族独立和人民解放，夺取中国革命的最后胜利。为了摧毁中国人民高昂的战斗意志和抗战必胜的信念，侵华日军以无差别轰炸的方式对无辜平民进行肆无忌惮的大杀戮，犯下了滔天罪行。在无差别轰炸中，普通民众的生命被肆意践踏，无数生灵惨遭涂炭，幸存者的心理创伤难以愈合，同时一系列的社会问题也随之产生。本章拟借助身体史、社会史的理论与方法，对侵华日军无差别轰炸重大惨案中的身体暴行及其社会问题进行透视，分析重大惨案与侵华日军战略目标的内在关联，揭露日本军国主义的残酷暴行。

第一节　剥夺生命与摧残身心

　　身体作为生命的承载物，是肉体与意识的结合。也就是说，人不仅作为生物肉体存在，同时也作为有意识、有思想的合群动物存在。马克思指出："吃、喝、性行为等等，固然也是真正的人的机能。但是，如果使这些机能脱离了人的其他活动，并使它们成为最后的和唯一的终极目的,那么,在这种抽象中,它们就是动物的机能。"①
在他看来,人是以肉体与意识的结合而存在的。基于此,身体史理
论认为:"身体和力是一体的,它不是力的表现形式、场所、媒介或
战场,而就是力本身,是力和力的冲突本身,是竞技的力的关系本
身。"②换言之,身体是力量的源泉。这种力量既包括物质力量,又
包括精神力量。抗日战争是一场大国、弱国对抗小国、强国的民族
解放战争。面对气势磅礴的民众力量,侵华日军以无差别轰炸的
方式对中国民众肆意杀戮,制造了一桩桩骇人听闻的重大惨案,通
过这种方式摧残中国民众的身体,折磨他们的精神。在这些大惨
案中,日机的屠杀手段之残忍、毒辣,令人发指,给受害者带来难以
愈合的身心创伤。

一、惨绝人寰的死亡样态

抗战期间,日军出动大量飞机对中国实施无差别轰炸,制造了
一个个惨绝人寰的重大惨案,其情形之惨烈,令人震惊。通过对史
料的系统梳理和分析,日军飞机肆意轰炸,夺取中国民众生命的方
式具体表现为:肉体成灰、尸骨四散、肚开头破、母死胎亡、闷死淹
死、烧死熏死和生化杀害等。

1. **肉体成灰**。对于传统中国人来说,死不见尸是最屈辱、最难
以接受的悲剧。然而,在侵华日军对中国实施无差别轰炸期间,尤
其是在重大惨案中,这种惨状比较常见。1938 年 5 月 12 日,日机
对山东日照南湖村进行滥炸,附近村庄有位姑娘赶集卖菜,刚好碰
上飞机轰炸。日机离开之后,父母不见女儿回家,便急忙到集市上

---

① 《马克思恩格斯全集》第 42 卷,北京:人民出版社 1979 年版,第 94 页。
② 汪民安:《身体、空间与后现代性》,南京:江苏人民出版社 2005 年版,第 12 页。

去寻找，但是，他们找遍每个角落仍不见女儿的踪影。最后，他们在一棵树上发现一条辫子，从扎辫子的绒线绳辨认出这正是自己女儿的辫子。① 5 月 20 日，日机轰炸河南驻马店，上千人被炸死。驻马店最大的胡永茂金号被炸，该户有家人和佣人近 20 人，仅找到胡永茂妻子的一只手臂，其余人都死不见尸。西刘庄一棵大橡树，因枝叶繁茂，有百余人聚在树下躲飞机。结果日机投下重磅炸弹，把百姓和大树一起炸得粉身碎骨。② 8 月 12 日，日机突然袭击武汉三镇，制造了上千人死亡的血案。居民叶文汉原本是六口之家，在这场灾难中，他失去五位亲人，其中他的弟弟被炸之后连尸体都没有找到。③ 8 月 13 日，日军出动大量飞机空袭湖北阳新县城，投下大量爆炸弹和燃烧弹，炸死炸伤、烧死烧伤上千无辜群众。在这场灾难中，许多死尸被烧化，尸骨也没有被发现。④ 11 月 21日，日军出动大量飞机对湖北沔阳县城沔城、峰口、通海口三地实施轰炸，数百无辜群众被炸死。居民杨早庭回忆："我家隔壁一个茶叶铺，是一个从咸宁逃难来的人开的，一颗炸弹正落在他家屋顶上，可怜一家三口人炸得连尸首都找不到了。"⑤

　　1939 年 5 月 3 日，日机出动大量飞机对重庆市区实施狂轰滥炸，上千无辜市民被炸死炸伤。这场灾难让卢仁修的家庭遭受毁灭性的打击。他后来回忆，1939 年 5 月 3 日这天中午以后，11 岁的他独自前往他的三姐卢仁芳家。下午 4 时左右警报响起，他躲在姐姐家的桌子下面，5 时左右日机飞来，实施狂轰滥炸。等警报解

① 山东省委党史研究室编：《山东省抗日战争时期人口伤亡和财产损失》，第 17 页。

② 中共河南省委党史工作委员会编：《侵华日军在河南的暴行》，第 217 页。

③ 中央档案馆、湖北省档案馆编：《侵华日军在湖北暴行史料》，第 10 页。

④ 中央档案馆、湖北省档案馆编：《侵华日军在湖北暴行史料》，第 152—153 页。

⑤ 中央档案馆、湖北省档案馆编：《侵华日军在湖北暴行史料》，第 221—223 页。

除以后,他出门一看,远处火光冲天,天空变成红色。第二天,他才知道自己住的兴隆街整条街道被炸,居民都被炸死,他的母亲和幺姐没有幸免,连尸体都没有被找到。① 周志鹏也回忆,1939 年 8 月19 日的乐山大惨案中,"我们哥哥连痕迹都找不到"。② 类似这种肉体成灰、死不见尸的惨景在遇难者中普遍存在。

2. 尸骨四散。血肉横飞、尸骨四散、死无全尸是侵华日军无差别轰炸重大惨案中又一种惨烈的场景。这种血腥场景遍布前线和后方、城市和乡村,给整个社会带来空前的恐怖气氛。1937 年 8 月16 日,日军飞机 31 架,先后两次轰炸苏州,西善长巷有一家铜锡店,一孕妇正在浴盆洗澡,结果被炸得身首分离。③ 1938 年 4 月 14日,日军出动大批飞机对山东峄县实施空袭,数百人被炸死,场面惨不忍睹。有一名妇女抱着小孩倒在了血泊中,孩子的下半身被炸掉,只剩下头和肩膀,这名妇女的下半身也被炸烂。还有一名正在吃奶的婴儿头部已被炸飞,双手仍然紧紧地抓住母亲。街道边树上挂满零零碎碎的各色衣服,两边石崖上到处是民众的血肉。④同年 5 月 2 日,日机轰炸江苏溧阳戴埠镇,208 名无辜民众被日机屠杀。西街墙上粘满人肉,肚肠被炸飞在电线上。其中,有姑嫂两人(或是妯娌)上街被炸死,两人的大腿均被炸掉,半截身体倒在血

① 周勇主编:《重庆大轰炸档案文献:证人证言》,第 67 页。
② 四川省委党史研究室编:《四川省抗日战争时期人口伤亡和财产损失》,北京:中共党史出版社 2015 年版,第 223 页。
③ 江苏省委党史工作办公室编:《江苏省抗日战争时期人口伤亡和财产损失》,第417 页。
④ 山东省委党史研究室编:《山东省抗日战争时期人口伤亡和财产损失》,第 16—17 页。《近代史资料》编辑部、中国人民抗日战争纪念馆编:《日军侵华暴行实录》3,第243—244 页。因 4 月 14 日,正好是农历三月十四,故《山东省抗日战争时期人口伤亡和财产损失》所载日期应为农历。

泊中,悲惨万状。① 5 月 11 日,日军对山东金乡县鸡黍集进行轰
炸,上百人被当场炸死,现场极为恐怖。一些血肉、衣服等挂满树
枝,三大片支离破碎、血肉模糊的尸体横躺在地上。一个名叫"小
绿头"的 8 岁男孩被炸的只剩下头颅,身躯无影无踪。一位卖鸡蛋
的老太太,右手抱着被炸掉的半截右腿,想爬回家去,结果只爬到
西门就气绝而死。卖菜的周永业,臀部肉被炸掉,抬回家仍然出血
不止,10 天后就死了。② 5 月 20 日,日机空袭河南驻马店,造成上
千无辜群众被炸死。断壁残垣上、树干上,迸贴着死者的块块血
肉;树枝上悬挂着死者的断腿、残臂及缕缕沾满血污的衣衫,场景
惨不忍睹。③ 5 月 30 日,日机轰炸山东莒南县刘家庄集,上百人被
当场炸死。"赐福树"下横七竖八地躺着一具具血肉模糊的尸体,
有的缺腿,有的断臂,还有的仅存半边头颅。西门口最为惨烈,桔
刺树上挂满人肉、血衣、残腿、断臂,惨不忍睹。④

　　1939 年 3 月 29 日,日机轰炸梁山县,幸存者邓黄氏的幺外婆
被炸,找不到全尸。只找到挂在李子树上的头发和铜镯,还找到一
只脚(因为脚上的鞋辨别的),安葬时就这点尸体。⑤ 4 月 2 日,日
机轰炸江西新余河下火车站,上百乘客当场被炸死。在被炸死的
人中,只有四五十具尸体比较完整,其余都被炸得粉碎,树枝上、草
丛中到处悬挂着人肉、人皮、人头、手足和五脏六腑,鲜血染红大

---

① 政协江苏省溧阳县委员会文史资料研究委员会编:《溧阳文史资料》第 4 辑,1985 年
　版,第 113—114 页。
② 中央档案馆等编:《日本帝国主义侵华档案资料选编·华北历次大惨案》,第 199—
　200 页。
③ 中共河南省委党史工作委员会编:《侵华日军在河南的暴行》,第 217—218 页。
④ 政协莒南县文史资料委员会编:《莒南文史资料》第 1 辑,1989 年版,第 125 页。
⑤ 周勇主编:《重庆大轰炸档案文献:证人证言》,第 53 页。

地,尸体布满小丘。① 6 月 7 日至 10 日,日机轰炸山东沂水县东里店,炸死无辜群众数百人,惨景让人悲痛。翟作荣一家八口人,被炸死五人,这五人的残体还填不满一个小瓷瓶。何兴彪到处找他母亲,三天后才在南门外麦场边捡到一只手,戴着一个铁顶针,从挂在树上的一个胃中发现里面红通通的谷子掺高粱葶子煎饼,这才确定这是他娘,然后七拼八凑地把母亲安葬了。何加成寻妻三天,最后发现了一条腿,脚是小半放脚,穿的茶色袜子是前些天才买的。接着在附近又发现她的半截身子,肚皮、肠子挂在断裂的树干上,腹部露出胎儿。同时,他又从一条辫子上发现一颗眼珠子,这才确定是他的妻子。② 7 月 15 日,日军对广西柳州城区实施轮番轰炸,炸死市民数百人。其中,柳侯公园里最为惨烈,躲在里面的民众全部被炸死,遍地是尸体,手、脚、头等有的被挂在树枝上,惨景令人悲痛。③ 9 月 28 日,日军出动大批飞机轰炸云南昆明城区,上百人被当场炸死。顷刻间,尸体遍布街道,断肢残体、内脏器官挂在被烧焦的树枝上,其中最惨烈的是一位年轻妇女,她的头已被炸掉,血流不止,惨不忍睹。④

　　1940 年 5 月 6 日,日机空袭河南方城县寺门村庙会,数百无辜村民被炸死,地上横七竖八的尸体多数缺胳膊少腿,到处是鲜血、肉块和衣服碎片,有一具尸体四肢被炸掉,脸模糊不清,只能从头发辫子和上衣辨认出是一位姑娘。有位姓杨的在庙前卖眼药,尸

① 政协江西省新余市渝水区委员会文史资料研究文员会编:《渝水文史资料》第 1 辑,1988 年版,第 23—24 页。

② 齐元桂、崔维志:《日寇轰炸东里店》,政协沂源县文史资料征集委员会编:《沂源文史资料》第 5 辑《钟灵毓秀沂河源》,第 124—125 页。

③ 中央党史研究室第一研究部编:《抗日战争时期全国重大惨案》8,第 89 页。

④ 云南省课题组编著:《云南省抗战时期人口伤亡和财产损失历史简编》,第 50 页。

体已被炸飞,妻子哭叫着找遍会场,只发现了一条腿,从她亲手做的鞋上确定那是丈夫的一条腿。① 8月5日、6日,日机轰炸甘肃天水县,上百人被炸死。有一家母亲和孩子同时被炸死,但是因找不全尸体,只好把残缺遗体七拼八凑放在同一口棺材里。有一位妇女让弹片削去半个屁股和半截腿,当场死亡。② 9月24日,日军出动大量飞机轰炸河北盐山县小山村,上百无辜群众被当场炸死,情形十分惨烈。有的身首异处,无法辨认尸体;有的被拦腰截断,内脏流出,鲜血淋漓;有的被炸得碎不成身,这儿一根胳膊,那儿一条腿,肠子挂在树枝上,向下滴着鲜血。赵金生的妻子被炸,在相隔数百米外,凭手腕上的一只镯子才把她找回。③ 这种惨景令人痛心。

3. 肚开头破。在侵华日军无差别轰炸重大惨案中,炸弹爆炸的弹片常常造成无辜民众肚开头裂,残忍地夺走了他们宝贵的生命。1937年9月24日,日军对武汉狂轰滥炸,炸死无辜市民上百人。有的被炸得头颅破碎,有的肚子被炸开,肠流腹外,其惨状令人目不忍睹。④ 同年9月26日,日军对河北景县实施轰炸,上百无辜群众被当场炸死,惨景触目惊心。王洪魁头骨被炸裂,脑浆流了一地;王凤祥整个脑盖被炸掉,脑浆溅的到处都是;李小多被弹片炸破肚子,一团肠子淌在外面,他两手捂住肚子,痛得直惨叫,他的

---

① 《近代史资料》编辑部、中国人民抗日战争纪念馆编:《日军侵华暴行实录》2,第616—617页。

② 甘肃省政府呈报:《甘肃省境内遭受敌机空袭损害统计表》(1944年1月19日),甘肃省档案馆藏:14-2-566,第96页。

③ 中共河北省委党史资料征集编审委员会编:《侵华日军暴行录·河北惨案史料选编·1》,第196—197页。

④ 《敌机昨袭武汉对平民滥施轰炸伤亡奇重惨不忍睹》,南京《中央日报》,1937年9月25日,第3版。

身体在地上转几圈后,痛苦地死去。① 11 月 5 日,日军从早至晚,整日不停地轰炸湖北荆门县沙洋镇,炸死无辜市民上千人,惨景令人发指。周忠汉虽然背部受伤,为了逃命,他和家人向水塔方向逃跑。途中,看见有位市民肚子被炸开,鲜血把刚吃进且尚未消化的米饭染红了。几天后,在电灯公司附近的水坑里仍然有部分尸体,有的脑袋被炸半边,有的肚子被炸开,惨不忍睹。② 11 月 23 日,日军出动飞机轰炸扫射湖北沔城及沙湖,造成上百居民被屠杀。其中,沙湖小学空地上的场景尤为惨烈,有的脑浆涂地,有的腹裂肠断,血肉四溅,惨状令人目不忍睹。③

　　1938 年 6 月 4 日,日军滥炸广州,伤亡惨重,现场情形触目惊心。记者在灾区目击:"有一尸体胸腹被炸成一大洞,肠胆肺肝已不存在。"④当年 6 月 6 日,3 批 21 架日军飞机狂炸广州,市民伤亡惨重,一医生对记者讲:"我从医 30 年,从未见过这种惨绝人寰的伤者,一妇人以手按住已经流出之肚肠,犹频频回头视其背上之婴儿,而此婴儿之头盖,已被机枪子弹扫去一半。"⑤1939 年 3 月 29 日,日军飞机轮番轰炸梁平,王平凡的祖父王代钧、祖母叶氏因来不及躲避,藏于卧室桌下,结果祖父被炸得手断脚飞,祖母肚肠遍地,悲惨万分。⑥

---

① 《近代史资料》编辑部、中国人民抗日战争纪念馆编:《日军侵华暴行实录》2,第 42—43 页。

② 中央档案馆、湖北省档案馆编:《侵华日军在湖北暴行史料》,第 218—221 页。

③ 政协沔阳县委员会文史资料研究委员会编:《沔阳文史资料》第 3 辑《抗战时期史料专辑》,第 22 页。

④ 《敌机昨又四度袭粤　滥炸广州怵目惊心》,汉口《新华日报》,1938 年 6 月 5 日,第 2 版。

⑤ 广州市地方志编纂委员会编纂:《广州市志》卷十三"军事志",第 339 页。

⑥ 《祖父手断脚飞,祖母肚肠遍地》,重庆市委党史研究室编:《重庆市抗日战争时期人口伤亡和财产损失》,第 314 页。

1939 年 6 月 7 日至 10 日，日军轰炸山东沂水县东里店，炸死无辜村民数百人。在这场灾难中，崔作志被气浪冲到半空，倒栽下来，头撞进胸腔里；田信眼见一颗炸弹落下，慌忙抱住一棵柳树，结果脑袋和树干同时被弹片削下；省政府朱副官肚子被炸破，跌跌撞撞地捂着肚子行走，结果不小心手一松，肠子淌了一地。① 同年 9 月 24 日，日机轰炸湖北麻城宋埠镇，当场炸死上百无辜群众。在大南门巷，有位姓龚的医生，大脑和四肢被炸飞，血肉溅在墙上。居民黄未然腹部被炸，肠子外流。他按着肠子，悲惨地呼号救命，惨不忍睹。② 1940 年 5 月 4 日，日机轰炸河南唐河县，城关商人殷国胜在大十字口东边路南经营杂货业，躲警报时跑到南阁外小庄，被炸死在陈刺林里，肠子飞挂在一丈多高的树梢上。③ 1941 年 9 月 24 日，日机突然袭击河北盐山县小山村，无辜村民上百人被炸死，集市上尸体横陈、血迹遍地。有的头颅迸裂，只剩后脑勺；有的肚子被炸破，肠子流出体外。小山西村李洪和三弟的整个肚子被炸掉，他的母亲看见后，当场气昏。张玉华被炸破肚子，他双手托着流出来的肠子不停地喊叫："你们快给我往里掖掖吧！"他被抬回家一会儿就断气了。④ 上述惨状让人毛骨悚然、不忍目睹。

　　4. 母死胎亡。在日机的肆意轰炸中，妇女儿童，哪怕是怀孕的妇女，也未能幸免于难。孕妇因身体原因，在躲飞机的过程中行动

① 齐元桂、崔维志：《日寇轰炸东里店》，政协沂源县文史资料征集委员会编：《沂源文史资料》第 5 辑《钟灵毓秀沂河源》，第 123 页。

② 中共黄冈市委党史研究室编：《抗日战争时期黄冈人口伤亡和财产损失》（内部资料），2010 年版，第 58 页。

③ 政协河南省唐河县文史资料研究委员会编：《唐河县文史资料》第 2 辑，时间不详，第 56 页。

④ 中共河北省委党史资料征集编审委员会编：《侵华日军暴行录·河北惨案史料选编·1》，第 196—197 页。

不便，屡遭轰炸，其状异常凄惨恐怖，真是惨无人道。1937 年 11 月
26 日至 28 日，日机轰炸安徽广德县誓节渡等地，炸死平民上百人。
据目击者王士盛所见：日机当场把一位孕妇炸死，她的肠子和胎儿
都被炸出体外，惨不忍睹。① 1938 年 5 月 11 日，日军出动飞机轰炸
山东金乡县鸡黍集，炸死无辜群众上百人。其中，日机在戏场投下
一颗炸弹，周某某的妻子当场被炸死，她腹中的胎儿被炸出体外。②
5 月 20 日，日军出动大量飞机轰炸河南驻马店城区，上千无辜市民
被炸死，街头巷尾尸骨累累，血流成河。有位孕妇被炸，胎儿被炸
出，迸到十多步远的地方。③ 7 月 13 日，日军飞机轰炸梅川。当
日，农妇陈女士在亚东医院就诊，刚出门就被炸死，腹中还有六个
月大的胎儿。④ 8 月 29 日，日机突然袭击湖北京山县城，上千人被
炸死，"故园瞬息成焦土，惨绝人寰古未闻"。最惨烈的一幕是邓和
顺客栈老板的儿媳，已经临产了，日机将其腹部炸裂，胎儿连同肠
子血迹斑斑地躺在其身边。⑤ 11 月 21 日，9 架日机对有"小汉口"
之称的峰口镇狂轰滥炸。曾祥言看见：徐贞祥的房子被炸塌，正在
燃烧。他刚结婚一年、怀孕已近临盆的妻子肖四姑，已被炸死，且
被烧得连眉目都看不清了。⑥ 1939 年 8 月 19 日，日机对四川乐山
实施轰炸，数百人被残酷屠杀。有位姓田的孕妇，行动不便，没有
来得及躲藏，被一块弹片击中腹部，胎儿被炸出体外，血肉模糊，见

① 中共安徽省委党史研究室编：《日本军国主义祸皖罪行辑录》（内部资料），2005 年版，
　　第 203 页。
② 中央档案馆等编：《日本帝国主义侵华档案资料选编·华北历次大惨案》，第 199 页。
③ 中共河南省委党史工作委员会编：《侵华日军在河南的暴行》，第 217 页。
④ 中共黄冈市委党史研究室编：《抗日战争时期黄冈人口伤亡和财产损失》（内部资料），
　　第 290 页。
⑤ 中央档案馆、湖北省档案馆编：《侵华日军在湖北暴行史料》，第 246—250 页。
⑥ 中央档案馆、湖北省档案馆编：《侵华日军在湖北暴行史料》，第 221—222 页。

者无不掩面而泣。① 1941 年 7 月 27 日,成都遭受日军残酷轰炸,祠堂街附近一个孕妇被炸死,"她的头、身体、手和脚全都被炸得模糊不清,胎儿从肚子里流出,婴儿的头脚和黑色的泥浆水混合成黑糊糊的一团"。② 日机的血腥杀戮凸显出日本法西斯的野蛮和残忍。

5. 闷死淹死。侵华日军无差别轰炸不仅直接炸死炸伤普通民众,同时也间接地造成了一定数量的人员伤亡。比如,日军轰炸中许多地方防空设施坍塌、堵塞,空气流通不畅,造成无辜群众因窒息而惨死。1937 年 11 月 27 日、28 日,日机轰炸镇江,造成重大惨案,其中一枚炸弹落在钱家山旁,几间房子被炸毁,虽然没有直接炸死人,但地下室被震塌,里面 9 人全被压进土中,7 人被压死闷死。③ 同年 11 月 29 日,日军飞机 9 架对江苏溧水实施轰炸、扫射,上千市民被杀戮。杨鳌后院的防空洞被炸塌,死难的同胞达 100 余人,仅有洞口的韩清连等 4 人幸存。④ 1938 年 5 月 20 日,日军对河南驻马店城区进行轰炸,上千人被炸死。长寿街江志清先生的母亲以及邻居等 10 人,一同躲在房屋前一个简易的地洞里,日机将房屋炸毁,地洞被震塌,洞内人员全部被闷死。⑤ 7 月 13 日,日军对安徽青阳县城进行轰炸,上百人被屠杀。据亲历者回忆,夫子庙防空洞因洞口被炸而堵塞,80 多人被活活闷死。⑥ 7 月 20 日,日

---

① 政协四川省委员会文史资料研究委员会编:《四川文史资料选辑》第 32 辑,成都:四川人民出版社 1984 年版,第 110 页。

② 四川省委党史研究室编:《四川省抗日战争时期人口伤亡和财产损失》,第 210 页。

③ 杨瑞彬:《日寇对镇江的轰炸》,政协镇江市委员会文史资料委员会编:《镇江文史资料》第 25 辑,1993 年版,第 88 页。

④ 江苏省政协文史委员会等编:《江苏文史资料》第 71 辑《溧水风情》,1993 年版,第 74—75 页。

⑤ 中共河南省委党史工作委员会编:《侵华日军在河南的暴行》,第 217—218 页。

⑥ 李秉新等主编:《侵华日军暴行总录》,第 727 页。

军轰炸湖南岳阳城区,数百无辜市民被炸死炸伤,在印山上一个用黄土筑成的简陋防空洞被炸垮,躲避在洞内的 200 多居民全部窒息而亡。[①] 1939 年 3 月 6 日,日军出动大量飞机对宁夏银川进行肆意狂轰,上百人被炸死。据亲历者回忆,防空警报拉响后,有 60 余人躲进城西南方向的承天寺塔院内的大型防空洞里。日机向防空洞投下两颗炸弹,正中防空洞的入口和尾部。出入口立即被封死,造成洞内人员全部伤亡,其中 40 余人死亡,20 余人重伤。[②] 5 月 24 日,日机袭击陕西西安市区,防空警报拉响后,市民纷纷躲进防空洞。在西门内的桥梓口有一个大的防空洞,周围大量汉、回族市民躲避在洞中。突然,日机向这个防空洞口投下三枚炸弹,将其炸塌,致使 1 000 余居民被活活闷死在洞内。日机离开后,政府组织人力挖开洞口,扒出一具具尸体,惨不忍睹。[③] 1940 年 6 月 27 日、28 日,日机对重庆市区进行狂轰滥炸,中国兴业股份有限公司机器部防空洞被炸,炸死 18 人。距离此四五丈远的防空洞,因房屋倒塌及燃烧,致使洞口堵塞,洞内人们无法逃生,窒息死亡近 300人。[④] 1941 年 6 月 5 日,重庆"大隧道惨案"造成千余名无辜市民窒息身亡,尸体挤压成堆,层层排压,重叠到了洞顶,遗体伤痕累累、面容痛苦,其情形令人恐怖。[⑤]

此外,轰炸中的间接死亡,还包括淹死等。1937 年 11 月 28

---

① 湖南省课题组编:《湖南省抗战时期人口伤亡和财产损失》"重大惨案及口述资料卷",第 101—102 页。

② 宁夏回族自治区委党史研究室编:《宁夏抗日战争时期人口伤亡和财产损失》,第58—59 页。

③ 本书编委会编:《抗战档案》上,北京:中央文献出版社 2005 年版,第 331 页。

④ 重庆市委党史研究室编:《重庆市抗日战争时期人口伤亡和财产损失》,第 397 页。

⑤ 谢世廉主编:《川渝大轰炸:抗战时期日机轰炸四川史实研究》,第 81—89 页。

日，日机沿着镇江运河进行轰炸、扫射，有的人虽然未被炸死，却溺水而亡。其中部分难民已经逃到丹徒、大港等地，准备乘船逃到江北，由于争相逃命，民船严重超载，还未到江心即发生翻沉，还有不少小木船，为了抢渡，摇出不久即遭风浪袭击，加上日机追逐扫射，船与船发生碰撞，以致不少人没被炸死，却被淹死。① 1938 年 8 月11 日，70 余架日机狂炸武昌、汉阳，在汉阳投弹 170 余枚，居住在汉阳南门河街一带民众，因躲避轰炸时无处藏身，纷纷跳入江中逃生，淹死极多。② 发生这些闷死淹死等间接死亡的重大惨案虽与防空洞设计缺陷、政府管理混乱等因素相关，但根本原因还是日军残酷地实施无差别轰炸。

6. 烧死熏死。传统中国，城乡房屋大多为竹木结构。日军投下大量爆炸弹，竹木结构的房屋不堪一击。伴随普通炸弹，日机又投下大量燃烧弹，竹子和木材在大火肆虐下变成一片汪洋火海，无数生灵惨遭吞噬。此外，地面上的一切也都是燃烧弹肆虐的对象。1937 年 8 月 21 日，日机在江苏松江县火车站对上海开往南京的难民列车实施轰炸，死伤乘客上千人。据亲历者回忆：日机 12 架向停在松江站内的两列火车投下大量爆炸弹和燃烧弹，有五节车厢被燃烧弹击中，车里的乘客都被活活烧死，场面惨不忍睹。有十多人在铁路南首铁丝网边，被熏得像蜡像。③ 1937 年 12 月 5 日，日机不顾国际公约，对停泊在安徽芜湖太古码头上的英国客轮"德和轮"实施狂轰滥炸，造成 1 000 余人死亡。日机投弹后，客轮顿时烈

---

① 杨瑞彬：《日寇对镇江的轰炸》，政协镇江市委员会文史资料委员会编：《镇江文史资料》第 25 辑，1993 年版，第 88 页。

② 武汉地方志编纂委员会主编：《武汉市志》"军事志"，第 409 页。

③ 政协松江县委员会文史组编：《松江文史》第 6 辑《纪念抗日战争胜利四十周年专辑》，第 43 页。

焰腾空、浓烟四起，留在客舱中的旅客不是被炸死烧死，就是被浓烟熏死，惨景恐怖凄凉。① 1937 年 12 月 5 日前后，日机轰炸安徽定远县城，炸死炸伤居民 1 000 余人，其中谢祥和的老伴被燃烧弹烧焦后，缩成一小段。② 1938 年 8 月 13 日，日军对湖北阳新县城实施轰炸，投下大量爆炸弹、燃烧弹，顷刻间整座城市烟雾弥漫、火光冲天，数百人在这场灾难中不幸身亡。在三眼井附近，居民朱慎家中弹起火，母亲被垮塌的大桁条、大札枋压在地上，爬不出来，被活活烧死。③ 11 月 21 日，日军对湖北沔阳县城沔城、峰口和通海口等地进行轰炸，上百人在这场灾难中殉难。日机投下炸弹后，集镇浓烟遮天，烈火熊熊。左本甲家被炸弹击中，木结构房屋坍塌，几根房檩正好压在他的身上，使他脱不了身，最后被活活烧死。朱同胜家的楼房也被炸塌，门前一根檩子压着四具烧焦了的尸体。张家场小桥码头附近一座烧毁的草棚内，有一位年轻母亲正抱着孩子哺乳，母子俩都被烧焦，惨不忍睹。④ 1939 年 5 月 4 日，日机轰炸重庆，唐恒益的母亲被燃烧弹炸死，他妈妈原本高 1.6 米多，被炸死烧焦后，像块木炭一样，只有 50 厘米的身躯，手脚都没有，心脏被烧得比鸡蛋还小。⑤ 针对"五三""五四"大惨案中被烧死烧焦的现象，5 月 12 日，郭沫若的《惨目吟》这样描述⑥：

> 中见一尸骸，一母与二孩。
>
> 一儿横腹下，一儿抱在怀。

---

① 李秉新等主编：《侵华日军暴行总录》，第 707 页。

② 安徽省委党史研究室编：《安徽省抗日战争时期人口伤亡和财产损失》，第 360 页。

③ 中央档案馆、湖北省档案馆编：《侵华日军在湖北暴行史料》，第 152—153 页。

④ 中央档案馆、湖北省档案馆编：《侵华日军在湖北暴行史料》，第 221—223 页。

⑤ 周勇主编：《重庆大轰炸档案文献：证人证言》，第 172 页。

⑥ 刘元树主编：《郭沫若抒情诗》，合肥：安徽文艺出版社 1997 年版，第 154 页。

骨肉成焦炭,凝结难分开。

1939 年 6 月 7 日至 10 日,日机对山东沂水县东里店多个村庄进行轰炸,投下大量爆炸弹和燃烧弹,熊熊大火,燃烧三天三夜,数百人被炸死烧死。翟作传被一颗燃烧弹击中,顿时身体变成一个火球,烈火把他的身体烧焦,两手烧卷,伸不开,其痛苦让人难以想象。张彦亮家也被燃烧弹击中,烈火吞噬了他的妻子和孩子。① 1939 年 8 月 19 日,日军滥炸乐山,被烧死者为数不少。"有的烧成一团,成了一个焦黑的'火柴头';有的手足烧毁,只剩一段身躯,好似烧焦的'笋子虫';有的头颅烧成灰烬,躯干犹存;有的皮肉烧烂,骨头露出。"②1942 年 5 月 4 日,日机对云南保山县城实施狂轰滥炸,投下大量爆炸弹和燃烧弹,城区瞬间尘烟蔽日,火光四起,房屋倒塌,上千人在这次轰炸中被屠杀。其间,保山县立中学不幸中弹,二三十名女生被活活烧死,一具具尸体被火烧得蜷缩成团,根本无法辨认。③ 在日军无差别轰炸重大惨案中,无情的烈火无数次吞噬无辜的生命。

7. 中毒身亡。日军公然违背国际公约,投下大量的毒气弹和细菌弹等,对中国平民实施生化攻击,灭绝人性地残害无辜生灵。1938 年 7 月 20 日、26 日,日军对江西德安县城实施轰炸,导致上千无辜民众被炸死。这次轰炸中,日机投下炸弹的同时,还投下毒气弹,致使无辜群众感染厉疫,病痛交加,轻者终身残疾,重者

---

① 齐元桂、崔维志:《日寇轰炸东里店》,政协沂源县文史资料征集委员会编:《沂源文史资料》第 5 辑《钟灵毓秀沂河源》,第 123—124 页。
② 政协四川省委员会文史资料研究委员会编:《四川文史资料选辑》第 32 辑,第 110 页。
③ 政协云南省保山市委员会文史资料研究委员会编:《保山市文史资料选辑》第 4 辑,1987 年版,第 100—102 页。

慢性窒息而死。① 1939 年 8 月 27 日，日机在江西高安县伍桥镇吴珠岭一带投下大批细菌弹，导致上千人感染病菌，丧失生命。据亲历者吴球长回忆，他们家有 18 人死于毒气和细菌感染，周边地区的村庄及山下一带都遭到毁灭性的屠杀，甚至有的整个村庄遭到毁灭。② 1941 年 11 月 4 日，日军在常德县城乡投下细菌弹，导致鼠疫在常德、桃源等地流行，时间长达两年之久，造成上百人不治身亡。常德关庙街为最先发病区，11 月 12 日，有一个铁匠的女儿发病，36 小时后身亡。接着城区 600 多人死亡，石门桥 100 多人死亡，鼠疫的流行和传播给常德人民带来了极大的恐惧和不安。③ 1942 年 5 月 4 日，日机对云南保山县城实施狂轰滥炸，上千无辜群众被屠杀。在这次轰炸中，日机丧心病狂地投下大量细菌弹，致使霍乱在云南 56 个县蔓延，无数感染者痛苦死去。保山坝东北边缘的金鸡村死亡约 300 人，板桥死亡 1 039 人。保山县城南的汉庄乡死亡 1 242 人。云瑞死亡 194 人，方官死亡 181 人，分别占村子总人口的 10% 和 20%。位于深山的金竹田下九寨共有村民 100 多人，因染霍乱死得只剩四五人。沧平镇死亡 1 000 余人，有的数日之内全家死绝。隆阳区潞江乡的道街死亡 200 余人，蒲缥死亡 118人。河图镇红花村死亡 154 人，板桥镇老营死亡 150 余人。邦陇、芒颜、顿东村连续几天死亡 60 余人。德昂族聚居的大中寨，连续死亡 300 余人，超过总人口的 1/3。霍乱在保山等地肆虐，造成有

---

① 政协德安县委员会文史资料研究委员会编：《德安县文史资料选辑》第 1 辑，1985 年版，第 170—172 页。

② 中共江西省委党史研究室编著：《江西省抗战时期人口伤亡和财产损失》下卷，第691 页。

③ 湖南省常德市课题组编：《湖南省抗战时期人口伤亡和财产损失·常德市综合卷》，2009 年版，第 6—7 页。

些地方白骨遍地,人死房空,其景阴森恐怖。① 在日军无差别轰炸重大惨案中,日机悍然运用生化武器屠杀无辜群众,手段之毒辣,暴露了日本军国主义的野蛮本性。

上述死亡状态是多数遇难者的遭遇,但也仅是遇难者遭遇的冰山一角。比如,1939 年 8 月 19 日,日军轰炸乐山,赵树伦父亲的一个学徒跳到水缸里躲避,结果水缸的水被大火煮开,这个学徒被活活炖死在水缸里,事后被捞起来,肉都已经耙了。② 日军的野蛮、残酷的轰炸,给普通百姓带来的灾难可谓罄竹难书。

二、余生忍受的身心折磨

在侵华日军无差别轰炸重大惨案中,有部分民众虽然保住生命,幸存下来,但其身心均遭受前所未有的伤害,有的甚至终身饱受伤痛折磨。这种伤害首先表现为身体的残疾。

1. 身体残疾

头部残疾。在侵华日军无差别轰炸重大惨案中,日机投下重磅炸弹,无辜群众有的被炸得头破血流,有的被炸成脑震荡。1938 年 5 月 12 日,日军对山东日照南湖村进行轰炸,数百人被炸死炸伤。在日机轰炸集市时,南湖村民赵自干的大女儿赵从集趴在床底下,一颗炸弹落在院中,几间草屋被炸塌起火,她虽被救出,但头部留下一块长长的烧伤疤痕,不生头发。③ 同年 8 月 13 日,日军轰炸湖北阳新县城,死伤无辜市民上千人。日机投下重磅炸弹,朱慎

① 中央党史研究室第一研究部编:《抗日战争时期全国重大惨案》10,第 244 页。

② 四川省委党史研究室编:《四川省抗日战争时期人口伤亡和财产损失》,第 221 页。

③《近代史资料》编辑部、中国人民抗日战争纪念馆编:《日军侵华暴行实录》3,第 245—247 页。

的姐姐当时年仅 12 岁,被炸伤,脑子受了重震,终身神智不清。① 8月 29 日,日机轰炸湖北京山县城,造成数千人被炸死炸伤。据亲历者张南勋回忆,在日机轰炸中,他的头部被重击,失去知觉。不知过了多久,他醒来后发现耳边、额头上糊得满满的,用手一摸,全是凝固的血,于是扯下衬衫左襟把头包扎好。这时,他的左手小指和左眉又被机枪扫射受伤冒血,他又用衬衫的右襟搭着眉头,系在后脑勺,这才活下来。② 1939 年 5 月 4 日,日机轰炸重庆,制造重庆“五四”大惨案。未满 12 岁的杨仁杰头部被炸伤,伤口深得“能看见脑髓”,从此他语言迟钝,四处求医无效,一直口吃。③ 1940 年 8月 9 日,重庆“八九”大惨案,邓永康被炸伤,脑部严重受损,此后他像傻子一样,甚至不会笑,加上无钱医治,当年年底就离世了。④ 这些受害者虽然暂时保住生命,但是头部的残疾或者影响他们的思维,或者影响他们的外观,给他们带来的伤害是终身的。

　　五官残疾。日机的狂轰滥炸常常给无辜群众的耳朵、眼睛等五官造成严重伤害。1937 年 9 月 26 日,日机轰炸河北景县,数百人被炸死炸伤。从南关集上到南城门、南门里大街,死伤者横七竖八地倒在地上,惨不忍睹。其中,有的市民被炸瞎了眼睛。⑤ 1938年 8 月 29 日,日机轰炸湖北京山县城,数千无辜市民被炸死炸伤,现场血雨腥风。据亲历者孔瑞梅回忆,日机轰炸京山县城时,投下大量重磅炸弹。顿时,四面八方震耳欲聋,火光四起,弹片乱发。

---

① 中央档案馆、湖北省档案馆编:《侵华日军在湖北暴行史料》,第 152—153 页。

② 中央档案馆、湖北省档案馆编:《侵华日军在湖北暴行史料》,第 246—250 页。

③ 周勇主编:《重庆大轰炸档案文献:证人证言》,第 205 页。

④ 周勇主编:《重庆大轰炸档案文献:证人证言》,第 70 页。

⑤《近代史资料》编辑部、中国人民抗日战争纪念馆编:《日军侵华暴行实录》2,第 42—43 页。

一枚炸弹在离她不远的地方爆炸,房子被炸塌,她的下半身被埋到砖头里,等她苏醒过来发现,头顶上的血还在往脸上流,耳朵什么也听不见了。[①] 1939 年 2 月 4 日,日军轰炸贵州贵阳城区,造成上千人死伤,其中市民杨丽容当时只有十三四岁,她家在贵阳三山路开办的益文旅社被炸,她的双耳当场被炸聋致残;居住在贵阳金井街的赵正一的眼睛被弹片炸瞎一只。[②] 同年 4 月 28 日,日机轰炸湖北老河口,炸死炸伤平民千余人。据亲历者张汶川和张天民回忆:"我正往望江楼外跑时,敌机已到我的头顶,我急忙躺在地上,一颗炸弹落到离我身边只有五六十米的地方炸了,轰隆一声,把我的耳朵震得嗡嗡直叫,什么也听不清楚。"[③]1940 年重庆"八二〇"大惨案中,张型秋左耳受震,随后左耳经常流脓,恶臭熏人。因为左耳鼓膜被震破,完全丧失听力,右耳听力也严重下降,无法再回公司上班,从此失去了工作,为此他还经常遭人白眼,被别人嘲笑。原本商人家庭、经济富裕的他,此后求职艰难,求偶无缘,在凄苦、惨痛、孤独中委屈度过余生。[④] 同年 8 月 21 日,日机轰炸渠县,造成伤亡 600 余人的惨案,陈仕碧当时只有 3 岁,左眼被炸瞎,右手食指被炸断,大腿也被炸致残。[⑤] 1941 年 7 月 27 日,日机轰炸成都,制造了成都"七二七"大惨案。幸存者付先群回忆,那时她只有八九岁,轰炸中她的右耳被炸聋,什么也听不见,从此再也没能进过学堂,原本健康正常的她失去进一步学习深造的机会,只能做家庭主

---

① 中央档案馆、湖北省档案馆编:《侵华日军在湖北暴行史料》,第 243—245 页。
② 中央党史研究室第一研究部编:《抗日战争时期全国重大惨案》7,北京:中共党史出版社 2014 年版,第 202、205 页。
③ 中央档案馆、湖北省档案馆编:《侵华日军在湖北暴行史料》,第 304—305 页。
④ 周勇主编:《重庆大轰炸档案文献:证人证言》,第 7—8 页。
⑤ 李秉新等主编:《侵华日军暴行总录》,第 1235 页。

妇,其家境一直艰难。如果不是这场大轰炸,她的人生应该会是另一番景象。[1] 1941年9月24日,日机对河北盐山县小山村实施空袭,投下大量炸弹,死伤上百人。宋兆吉耳朵被震聋,他的妻子眼睛被炸伤,疼痛难忍。[2] 五官残疾严重影响了这些幸存者的生活质量。

四肢残疾。日机肆无忌惮地投下重磅炸弹,无数平民不是被炸死就是被炸伤,惨景让人心如刀绞。在重大惨案中,无辜群众四肢被炸断比较常见。1938年3月28日,日机轰炸合肥城区,死伤平民数百人。九狮河的12岁女孩丁先桂被炸掉一条腿,灾难致使她终身残疾。[3] 5月11日,日军对山东金乡县鸡黍集进行轰炸,数百人伤亡。"在这场灾难中,村民田中金右手腕被炸伤,弹片至今留在手腕上。孙洪先双腿被炸断,经过医治,虽保住性命,但致残终身。"[4] 7月13日,日机轰炸湖北广济县城,上百人被炸死炸伤。在这次轰炸中,日军一枚炸弹正好炸中悦华酒楼。有一位没被炸死的伤兵,全身血肉模糊,一只脚骨头全被炸断,只有一点儿皮纤着。中午时分,他从废墟中苏醒来,磨磨擦擦艰难地走到正街赵文学家,乞求赵文学的母亲做做好事,给他一把刀子。伤兵接过刀子,使劲地割着那块纤着的皮,割了四五刀才割断。他饱含热泪,回头望着丢在地上的断腿,又磨磨擦擦依依不舍地离去。[5]

---

[1] 中央党史研究室第一研究部编:《抗日战争时期全国重大惨案》10,第20页。

[2] 中共河北省委党史资料征集编审委员会编:《侵华日军暴行录·河北惨案史料选编·1》,1985年版,第199页。

[3] 李秉新等主编:《侵华日军暴行总录》,第708页。

[4] 中央档案馆等编:《日本帝国主义侵华档案资料选编·华北历次大惨案》,第200页。

[5] 中共黄冈市委党史研究室编:《抗日战争时期黄冈人口伤亡和财产损失》(内部资料),第289—290页。

这幕惨景让人难以想象。9 月 10 日，日机轰炸河南漯河茭白坑，上百人被炸死炸伤，其中村民王景右膝盖以下都被炸碎，当天晚上她被抬到沿河美国医院锯掉了右腿，从此没有了右腿。① 1939 年 3 月 29 日，四川梁山县被炸，一枚炸弹落在刘家洗行院内，刘云珍左脚被炸断，无钱医治，饱受六年的痛苦后离世。② 5 月 3 日、4 日，日军对重庆市区进行轰炸，造成数千无辜市民伤亡。李天庆在这场灾难中小腿受伤，住院治疗半年也没有痊愈，后来腿痛的毛病一直折磨他几十年，最终肌肉萎缩，微跛，行动不便。他的同事施生娣在这次灾难中一条腿受伤被锯掉。朱星学右腿近根部被炸断，左脚尾脊骨受伤，无法站立，此后她失去了正常人的生活，终身卧床，长期大便不畅，腿一直疼痛抽筋，痛不欲生。③ 1941 年 3 月 3 日，日军轰炸江西南城县城，上千人被炸死炸伤。上夹城一个叫水保的小贩，家住胡家猪行附近，他的一条腿被炸飞到屋上，亲人见他血淋淋的半条腿，失声大哭。雍熙街黄家屋数十间房子被炸，主人李镐被炸断一条腿。④ 9 月 24 日，日机轰炸河北盐山县小山村，炸死炸伤数百人。小山北村刘子清在这次灾难中左臂被炸掉一大块肉，骨断筋伤。由于家庭贫困，没钱买药，他的伤口严重感染，化脓生蛆，疼得浑身抽搐。他母亲只好每天用酒盅盛玉米粥喂他，才侥幸保住他的性命，但他的左臂残废、肘腕之间疤痕累累，五指蜷曲不能伸直，终身鳏居。13 岁的刘连起，左腿被炸断，此后，其左腿肌肉萎缩、畸形发

---

① 政协漯河市委员会文史资料委员会编：《漯河文史资料》第 6 辑《抗日战争专辑》，第 1—2 页。

② 周勇主编：《重庆大轰炸档案文献：证人证言》，第 48 页。

③ 周勇主编：《重庆大轰炸档案文献：证人证言》，第 250、83—84 页。

④ 中央党史研究室第一研究部编：《抗日战争时期全国重大惨案》9，第 319 页。

育,行走艰难。①

　　躯干伤残。在日军制造重大惨案的过程中,日机疯狂地向密集人群投下大量炸弹,爆炸声震耳欲聋,弹片横飞,有的无辜群众虽侥幸保命,但伤痕累累,终身饱受伤痛之苦。1938 年 4 月 14 日,日机轰炸山东峄县附近乡村,造成上千人伤亡。在这场灾难中,王善华伯母的背部不幸被弹片击中,血流不止。由于当时得到及时救治,她侥幸生存下来,但背上的弹片一直都在,至死都没有被取出来。② 5 月 24 日,日机轰炸阜阳,伤亡数百人,常备大队长戴从善腰部受伤严重,几乎死掉。③ 11 月 5 日,日机轰炸湖北荆门县沙洋镇,上千人被炸死炸伤。清晨,日机突然向集市投下大量炸弹,顿时火焰冲天。日机仍不罢休,继续向密集人群扫射。村民周忠汉家住长林大舞台西头对门,他家正准备吃早饭,日军一个燃烧弹落在大舞台上面,周忠汉背部被炸伤,至今伤痕犹在。④ 1939 年 7 月 26 日,日机对广西梧州城区实施轰炸,造成数百人被炸死炸伤。据目击者练炳兰回忆:日机向无辜学生投下大量炸弹,爆炸后的弹片把她同学的腰炸伤。⑤

　　2. 心理折磨

　　在侵华日军无差别轰炸重大惨案中,受害者身体伤残的现象比比皆是,但是身体上的伤害不是唯一的伤害,心理上的创

---

① 中共河北省委党史资料征集编审委员会编:《侵华日军暴行录·河北惨案史料选编·1》,1985 年版,第 197—198 页。

② 政协枣庄市峄城区文史资料委员会编:《峄城文史资料》第 2 辑,1990 年版,第 117—119 页。

③ 阜阳市地方志办公室整理:《民国〈阜阳县志续编〉》,合肥:黄山书社 2008 年版,第 441 页。

④ 中央档案馆、湖北省档案馆编:《侵华日军在湖北暴行史料》,第 218—221 页。

⑤ 中央党史研究室第一研究部编:《抗日战争时期全国重大惨案》8,第 111 页。

伤也不断地折磨着他们。1938 年 5 月 11 日,日军对山东金乡县鸡黍集市进行轰炸,导致数百人被炸死炸伤。在这场灾难中,村民孙志堂被炸伤后,患上了恐惧性精神病,昼不思食,夜难入眠,终日惶恐不安,一个多月后便痛苦地死去。① 1939 年 3 月 29 日,日军制造了四川梁山"三二九"大惨案,伤亡 400 人左右。詹家大院中的詹辑熙神经受到严重刺激,从此卧床不起,一年后就死了。② 有部分幸存者因为身体的残疾,无法学习、工作,无缘择偶、成家,余生凄苦。同年 5 月 4 日,日机轰炸重庆,耿品洁的九哥被倒塌的房屋掩埋,救出医治之后,他四肢瘫痪,并出现失明、失语和尿失控等症状。喂他吃东西必须先拍打桌子,他才知道。后来几经治疗,视力和语言逐渐恢复,但变得智商低下,一直都是一副痴呆模样,三天难说两句话,由于天天尿床,他被叫作"地图博士"。③ 同年 8 月 19 日,日军飞机轰炸四川乐山县城,对约一平方公里的闹市区投下 100 余枚炸弹和燃烧弹,居民伤亡惨重,开染坊的邓志清一家七口,被炸死六人,他的妻子虽然保住了性命,但是手臂被炸断,生活无着落,万分悲痛,成了疯子。④ 1941 年 6 月 5 日,日军对重庆实施疲劳轰炸,因人数过多,隧道质量问题和管理问题导致大隧道窒息惨案。朱光明当时不到一岁,虽然他幸存了下来,但是落得疟疾和哮喘的病根,而且幼儿时期听到警报声就紧张、害怕、哭泣,心理极不

---

① 中央档案馆等编:《日本帝国主义侵华档案资料选编·华北历次大惨案》,第 199—200 页。

② 周勇主编:《重庆大轰炸档案文献:证人证言》,第 60 页。

③ 周勇主编:《重庆大轰炸档案文献:证人证言》,第 179 页。

④ 李秉新等主编:《侵华日军暴行总录》,第 1213—1214 页。

正常。① 同年 7 月 27 日，日军轰炸成都，年仅 13 岁的赵素华随母亲及两个妹妹到少城公园躲避，结果，赵母被炸死，其二妹脑袋被弹片击伤，智力发育受到严重影响，痴痴呆呆，婚后被夫家歧视。赵素华左臂被炸断，这不仅给她带来了肉体上的伤痛，更重要的是给她带来巨大的心理创伤。此后，为了"美观"，她用棉花和布头裹成一个假肢，穿长袖掩饰，从未穿过短袖和裙子，这对爱美女性而言是最大的伤痛。赵素华原本读过书，能识字，算是知书达理，理应有更好的人生，但是"残臂"严重影响了她的生活、工作和择偶，使其余生凄苦。② 同日，家住成都市八寺巷的苏良秀家六人被当场炸死，她小弟脑袋被击中，后来智力发育不良，她的幺婶左手被炸断，她的表姐头部受重伤，她本人当时不到 11 岁，四肢被大面积烧伤，右腿髋关节重伤，治疗半年多，最后残疾。战后 70 年，她仍然经常做噩梦，一听到警报声就心慌，精神上的痛苦永远挥之不去。③

还有部分受害者虽然在轰炸中保住了性命，但是心灵的创伤却难以愈合，有人甚至痛不欲生、精神崩溃，最终走上自杀之路。1938 年 5 月 12 日，此日为山东南湖集日，日军对山东日照南湖村实施轰炸，炸死炸伤村民数百人。村民许延福的女儿当时只有 12 岁，日军炸断了她的一条腿，因疼痛难忍，加之家庭贫困，无钱医治，最终这个女孩在绝望中服毒自杀。④

此外，日机突如其来，夺走身边亲人的生命，受害者的亲属过

---

①《大难不死留病根》，重庆市委党史研究室编：《重庆市抗日战争时期人口伤亡和财产损失》，第 367—368 页。

② 四川省委党史研究室编：《四川省抗日战争时期人口伤亡和财产损失》，第 201—202 页。

③ 四川省委党史研究室编：《四川省抗日战争时期人口伤亡和财产损失》，第 198—199 页。

④ 山东省委党史研究室编：《山东省抗日战争时期人口伤亡和财产损失》，第 369 页。

度伤心,也有出现精神失常的现象。1938 年 5 月 24 日,日机袭击安徽阜阳城区,上千无辜市民被炸死烧死。目睹惨景,人们无不悲痛万分,甚至伤心欲绝。亲历者戍知在《惨痛的"五·二四"——致苇照慧静》一文中这样写道:

> 路上,想你一定和我看到同样的一个情状而极惨痛的场面——一幅难民流亡图,使我不禁也流下泪来的,是一位中年的病弱女子,乱蓬着头发,脸孔像被烟火熏黑了的,一手扶着一位老年的妇人,一手紧紧提着一只无用的空篮,口里哀切地喊着她的孩儿。看她们身上穿着,她们家的财产,决不仅是这一只不值钱的篮子,她的神经,是极度的错乱了![1]

这位中年病弱女子的行为,无疑是因失子之痛,难以忍受,最终导致精神失常。

同年 8 月 29 日,日机对湖北京山县城进行轰炸,无辜市民上千人被炸死,死伤之惨重,前所未有。城内最大商号"何志祥"被炸,老板何超一的妻子和小女被埋在废墟下活活闷死,他自己虽侥幸活命,但因家破人亡,生活无着,最后变成疯子。另外,有个叫曾香馨的医生,有两个女儿,大女儿已经上大学,当日在轰炸中被炸死。同年,10 岁的小女儿也被炸弹击毙。面对自家被炸毁,女儿们被炸死,曾香馨悲痛欲绝、心如刀绞,最后神志失常。[2] 1939 年 2 月 4 日,日机对四川万县进行轰炸,当场炸死炸伤数百人。躲避在真原堂里的郑国光医生一家六口,被炸死四人,仅剩其妻子和妹妹。面对突如其来的灭顶之灾,郑国光的妻子终日以泪洗面,不久精神失

---

① 周宪鲁主编:《淮上新报》1939 年 5 月 24 日,安徽省档案馆藏:BJ1086,转引自中央党史研究室第一研究部编:《抗日战争时期全国重大惨案》6,第 114 页。

② 中央党史研究室第一研究部编:《抗日战争时期全国重大惨案》6,第 288 页。

常，发疯离世。① 同年 6 月 11 日，日军轰炸成都，投了大量的炸弹和燃烧弹，大火烧了三天三夜。廖正林的祖父位于盐市口的三间铺面、两个四合院化为乌有，祖父因毕生的心血被毁灭殆尽，精神上打击太大，从此忧郁成疾，不到一年就离世了。另外，家住盐市口的陈再伯，其父亲在警报解除后从郊外回到家里，见家里佣人被烧死，房屋被炸毁，家里古董玉器字画被毁，他痛不欲生，昏倒惨死。其母亲从双流农村躲警报回家，见丈夫惨死、家里房屋被毁、生活无着落，一气之下精神失常，成了"疯子"。此后，她的疯病间断发作，痛苦一生。② 同年 8 月 19 日，日机猛烈空袭四川乐山城区，无数无辜市民被炸死炸伤。见到亲人被炸死，人们悲痛欲绝，欲哭无泪。惨案当事人鲁琼英曾这样描述道："第二天回到家里一看，倒塌的门窗、板壁、屋瓦……我的三婶正在呼天喊地地嚎哭，原来是五弟被炸死了，头部被炸得不成人样。三婶子的妹妹张五嬢全家都被炸死，可怜的三婶气得都疯了。"③幸存者赵树信回忆："我二哥赵树仲受'8·19'大轰炸惨不忍睹的惊吓，神经失常，疯疯癫癫，惊恐万状，终身未娶，苟活 31 岁，含恨九泉，真是人间悲剧。"④ 1940 年 9 月 3 日，日机对四川南充进行了狂轰滥炸，街头巷尾到处是血肉模糊的尸体，让人触目伤怀。在这场空中大屠杀中，新城门德顺铨药房老板罗世顺全家三人死亡，仅剩其妻子一人幸免于难。

---

① 政协四川省万县市龙宝区委员会文史资料委员会：《万县市龙宝区文史资料》第 1 辑，1993 年版，第 80 页。

② 四川省委党史研究室编：《四川省抗日战争时期人口伤亡和财产损失》，第 195、212 页。

③ 中央党史研究室第一研究部编：《抗日战争时期全国重大惨案》8，第 149 页。

④ 赵树信：《我的陈述（一）》，乐山市政协学习文史资料委员会、乐山市档案局（馆）编：《日本轰炸乐山纪实》，2014 年版，第 123 页。

轰炸过后,罗妻认出丈夫一条腿后,嚎啕大哭,随即精神失常,不久疯癫而死。①

　　也有受害者或家属过度绝望,放弃原有的生活,选择出家。1942 年 5 月 4 日云南保山被炸惨烈。县立中学一个范姓死者,自小就失去了父亲,其母靠帮别人做针线活来与其相依为命。轰炸之后,其母亲到学校,见学校已成废墟,学生们被烧得蜷缩成团,惊得好半天才喊出一声"儿啊!"然后瘫倒在地,站不起来了。后来她万念俱灰,削发为尼了。②

　　民众无法承受失去亲人之痛的最极端的反应是选择自杀。1939 年 2 月 4 日,日机对贵州城区实施狂轰滥炸,上千无辜市民被炸死炸伤。在这次日机轰炸中,市民王起明被当场炸死。其妻刘茂梅看到刚结婚不满两个月的丈夫惨死,心情悲痛,无言表达。面对这场突如其来的灾难,刘茂梅无法承受这种心理压力,最终她选择跳楼自杀。由于她的邻居对她及时抢救,她才得以生还,但她的背脊骨遭受重伤,终身残疾。③ 1941 年 7 月 27 日,日机大规模对成都进行狂轰滥炸,炸死炸伤上千无辜市民,惨景让生者无不伤心落泪。据亲历者张明锦回忆,当看到爸爸被炸死时,他的妈妈一头扑在爸爸遗体上号啕大哭。哭了一会儿后,妈妈猛地站起身来,拉着他,抱起被吓呆了的妹妹,向离家不远的小河边跑去,毫不犹豫地跳下水里。妈妈一边拉着他们朝水深处奔去,一边不停地说:"我们跟爸爸去! 我们跟爸爸去!"这时,他才突然意识到妈妈要投水

---

① 政协四川省南充市委员会文史资料委员会编:《南充市文史资料》第 3 辑《纪念抗日战争胜利五十周年专辑》,1995 年版,第 136 页。

② 云南省档案馆编:《日军侵华罪行实录·云南部分》,第 676 页。

③ 政协贵阳市南明区委员会文史资料委员会编:《南明文史资料选辑》第 20 辑《文史荟萃》,2002 年版,第 26 页。

自尽。于是大声地喊：“我不去死！我要活！”求生的本能，给了他无穷的力量，他使劲地拽着妈妈朝岸上奔，最后在其他好心人的帮助下才把妈妈拖上岸。①

第二节　对家庭、生活、疾病和环境的影响

侵华日军无差别轰炸重大惨案，不但造成无辜群众惨遭屠杀、幸存者身心创伤，而且也带来一系列的社会问题，严重阻碍了社会发展进步。在这些社会问题中，家庭、生活、疾病和环境问题尤为突出。

一、家庭破碎

所谓家庭，美国社会学家 E. W. 伯吉斯（Ernest W. Burgess）和 H. J. 洛克（Harvey J. Locke）认为：家庭是“被婚姻、血缘或收养的纽带联合起来的人的群体，各人以其作为父母、夫妻或兄弟姐妹的社会身份相互作用和交往，创造一个共同的文化”。② 换言之，婚姻构成最初的家庭关系，即夫妻、父母和子女间的关系。家庭作为社会最基本的组织形式，其功能包括“生产、消费、生育、教育、赡养、抚育、闲暇与感情满足等”。③ 在传统农耕社会，受生产方式和文化传统的影响，中国人把家庭的生育功能看得非常重要。人们常常把“全家死绝”作为上天对家庭最严厉的惩罚。《孟子·离娄上》这样写道：“不孝有三，无后为大。”对于传统中国人而言，没有

① 谢世廉主编：《川渝大轰炸：抗战时期日机轰炸四川史实研究》，第 142—144 页。
② 中国大百科全书出版社编辑部编：《中国大百科全书·社会学》，北京：中国大百科全书出版社 1991 年版，第 102 页。
③ 杨善华编著：《家庭社会学》，北京：高等教育出版社 2006 年版，第 7 页。

子嗣就是人生最大的不孝。这表明,生育功能在家庭中具有重要的地位。

　　侵华日军无差别轰炸造成大量的人员伤亡,致使许多家庭生育功能遭到极大破坏,最为严重的是制造了许多绝户,即家庭惨遭灭门。1938 年 4 月 14 日,日军轰炸山东峄县山阴村西的老和尚寺等,投下大量炸弹,上千人被炸死炸伤,西王庄宋德福一家五口,无一人幸免于难。① 4 月 17 日,日机对安徽五河城城区进行轰炸,数百人被炸死炸伤。其中,赵希良、刘万顺、吴华云、陈长友等七户人家,全部被炸死在防空洞里;医生王文斋一家被一枚炸弹击中,全家当场被炸死。② 5 月 3 日,日机 4 架,轰炸安徽南陵县城,炸死无辜群众 170 余人,东门城墙根下居民罗铁匠全家人被炸死。③ 5 月 20 日,日军轰炸河南驻马店城区,上千无辜市民被炸死,西刘庄一防空洞被震塌,一家九口全部被砸死。④ 5 月 24 日,日机轰炸安徽阜阳县,上千人被炸死。其中,时家胡同张东鲁一家五口,全部被炸死;顺河街小商贩梁永司一家四口,连同来走亲戚的小外甥全都遇难;孝子街王庆玉一家七口,全部被烧焦。⑤ 7 月 13 日,日机轰炸湖北广济县城,上百群众被炸死,西门居民刘先畴等三户人家被炸成绝户。⑥ 8 月 29 日,日军对湖北京山县城进行疯狂轰炸,炸死无辜市民上千人,无数家庭惨遭灭门。据史料记载,日机这次轰炸

---

① 政协枣庄市峄城区文史资料委员会编:《峄城文史资料》第 2 辑,1990 年版,第 117—119 页。

② 安徽省党史研究室编:《安徽省抗日战争时期人口伤亡和财产损失》,第 368 页。

③ 李秉新等主编:《侵华日军暴行总录》,第 713 页。

④ 中共河南省委党史工作委员会编:《侵华日军在河南的暴行》,第 217—218 页。

⑤ 中央党史研究室第一研究部编:《抗日战争时期全国重大惨案》6,第 109 页。

⑥ 中共黄冈市委党史研究室编:《抗日战争时期黄冈人口伤亡和财产损失》(内部资料),第 289—290 页。

造成 96 个家庭被炸成绝户。① 11 月 11 日,9 架日机侵入公安县城,密集投弹,轮番轰炸,机枪扫射 1 小时。居民黄文公一家八口、谢万元一家五口、陈仲贤一家五口均全部遇难。② 1939 年 2 月 9 日,日机突然袭击甘肃平凉县城区,上百人当场被炸死。在这次灾难中,集贤巷屠户吴老三一家三口全部遇难。③ 6 月 7 日至 10 日,日军对山东沂水县东里店进行轰炸,数百人被当场炸死炸伤,瞿所常等七八户被炸成绝户。④ 8 月 19 日,日机轰炸四川乐山,有 49 户成了绝户,东大街王祠堂罗家六口,躲入私人防空室内被全部闷死;较场坝街苟子言,全家五口,全被炸死;吴季隆一家七口,无一人幸存。⑤ 9 月 30 日,日机轰炸湖南沅陵县城,上百人当场被炸死烧死。在这次轰炸中,覃家坪一片经营煤油的店铺不幸中弹,全家五口被活活烧死。⑥ 1940 年 2 月 9 日,日军轮番轰炸河南漯河,数百人被炸死炸伤,牛王庙街居民翟书林一家六口全部被炸死。⑦ 1941 年 2 月 1 日,日军出动大量飞机轰炸阜阳县西南 35 里的大田集,数百无辜群众被炸死。其中,这次灾难造成集市上 30 户被炸成绝户。⑧ 1943 年 2 月 11 日,日军轰炸河南平顶山西高皇村、褚庄

---

① 湖北省委党史研究室编:《湖北省抗日战争时期人口伤亡和财产损失》,第 400 页。

② 政协公安县委员会文史资料研究委员会编:《公安文史资料》第 1 辑,1986 年版,第 58 页。

③ 甘肃省档案馆:《日本侵略军轰炸甘肃的罪行史料》,《档案》1985 年第 5 期,第 35—36 页。

④ 齐元桂、崔维志:《日寇轰炸东里店》,政协沂源县文史资料委员会编:《沂源文史资料》第 5 辑《钟灵毓秀沂河源》,第 122—126 页。

⑤ 李秉新等主编:《侵华日军暴行总录》,第 1214 页。

⑥ 湖南省课题组编:《湖南省抗战时期人口伤亡和财产损失·重大惨案及口述资料卷》,第 49—50 页。

⑦ 漯河市地方史志编纂委员会编:《漯河市志》,第 363 页。

⑧ 李秉新等主编:《侵华日军暴行总录》,第 737 页。

村、武庄村等,275 名百姓丧生,伤残者不计其数,其中,有五个家庭被炸成绝户。①

　　此外,有些家庭虽没有被炸成绝户,但仅剩一两人,家庭的赡养或抚育功能遭到严重破坏。1937 年 11 月 27 日,日军飞机轰炸江苏镇江城区,数百人被炸死。据亲历者谭启贤回忆,日机一枚炸弹把钱家山家的地下室震塌,里面躲了九个人。叔叔谭恩福、弟弟谭启昌、妹妹谭启鸾、母亲谭陈氏、十岁的谭恒丰、人力车工徐某某、宰皮工人杨某某七人全部被压死;自己和祖母在歪倒的门板空隙中,幸存下来。② 此后,一老一小生活异常艰难。1938 年 4 月 13 日,日机轰炸含山县城,投下大量爆炸弹和燃烧弹,数百人被炸死烧死。其中,聚兴银匠店一家十一口,被炸死九人。③ 8 月 12 日,日机对武汉进行狂轰滥炸,上千市民被炸死,居民陈烈一家十口,被炸死七人。④ 同日,日机轰炸河南漯河茭白坑,上百无辜群众被炸死。其中,华平街朱献堂一家七口,六人被炸死,只剩朱献堂一人。清真南寺伊斯兰教协会委员刘二斋的姑姑一家从开封来漯河仅一个多月,一家七口,六人被炸死。⑤ 这场灾难造成这两个家庭破碎,其赡养和抚育功能面临空前的危机。1939 年 2 月 4 日,日机轰炸贵州贵阳城区,数百上千人被炸死炸伤。伍兴发的开水面店

---

① 中共河南省委党史工作委员会编:《侵华日军在河南的暴行》,第 45—46 页。

② 江苏省委党史工作办公室编:《江苏省抗日战争时期人口伤亡和财产损失》,北京:中共党史出版社 2014 年版,第 425 页。杨瑞彬:《日寇对镇江的轰炸》,中国人民政治协商会议镇江市委员会文史资料委员会编:《镇江文史资料》第 25 辑,1993 年版,第88 页。

③ 安徽省地方志编纂委员会编:《安徽省志》"军事志",第 742 页。

④ 中央档案馆、湖北省档案馆编:《侵华日军在湖北暴行史料》,第 10 页。

⑤ 政协漯河市委员会文史资料委员会编:《漯河文史资料》第 6 辑《抗日战争专辑》,第 1 页。

被炸,全家六口,伍兴发、其怀孕将临产的妻子以及两个大儿子都被当场炸死。他的两个不满十岁的女孩,因外出幸免于难。由于父母及兄长被炸死,她俩后来生活无着,流落街头。[①] 3 月 29 日,在梁山县"三二九"大惨案中,李定福的父亲李继荣被炸死,此后其母改嫁,当时只有两个月大的三弟被送人,后来一直不知其死活,李定福本人当时还不足十岁,就成了孤儿。[②] 5 月 3 日,日机轰炸重庆,王素芳的父亲王海洲、哥哥王昭兴、二叔王世诚和三叔王世民等均被炸死,家里顿时失去主心骨。此前,她家经营三个旅馆,家道殷实。她母亲蒋培芳得知噩耗,当场晕倒,不久生病,因无钱医治而去世。她姐姐王昭碧也十几岁就嫁人,她本人从此为生活所迫,做童工、保姆来糊口。[③] 1939 年 6 月 7 日至 10 日,日机轰炸山东沂水县东里店,炸死无辜群众数百人。在翟家巷,翟作荣一家八口被炸死五人。[④] 6 月 28 日,日机轰炸四川奉节县永安镇,上千无辜群众被炸死。永茂兴糖果铺一家十几人,除李永珍等几人幸免外,父母兄妹九人被炸死。[⑤] 1940 年 4 月 5 日,日机轮番轰炸景德镇,上百人被炸死。有位叫刘五古的窑户,由于他本人外出卖瓷器幸免于难,他的家人全被炸死,他成了孤人。[⑥] 5 月 1 日,日军轰炸湖北江陵县郝穴镇,数百人惨遭屠杀,有的家庭被炸仅存一两

① 政协贵阳市南明区委员会文史资料研究委员会编:《南明文史资料选辑》第 4 辑,1986
　年版,第 145 页。

② 周勇主编:《重庆大轰炸档案文献:证人证言》,第 21 页。

③ 周勇主编:《重庆大轰炸档案文献:证人证言》,第 62—63 页。

④ 齐元桂、崔维志:《日寇轰炸东里店》,政协沂源县文史资料委员会编:《沂源文史资料》
　第 5 辑《钟灵毓秀沂河源》,第 124 页。

⑤ 中央党史研究室第一研究部编:《抗日战争时期全国重大惨案》8,第 36 页。

⑥ 中共江西省委党史研究室编著:《江西省抗战时期人口伤亡和财产损失》下卷,第
　673。

人。宋家炭行一家八口，只剩下一个老婆婆，后来在忧郁中离世。邓德香一家六口，只剩下姐妹两人，孤苦伶仃，无依无靠。① 5 月 4 日，日军轰炸唐河县，屠杀无辜居民上百人，城关甘口嘴杨姓一家七口，被炸死六人，残存一个八岁的小女孩。② 9 月 3 日，日机对安康县城进行轰炸，数百人被炸死。日机轰炸时，有一居民家正值小孩弥月之期，家里请客吃饭，19 个客人正进午餐时，全被炸死，仅生母与婴儿躲在床下，幸免于难。③ 这个美满的家庭仅剩孤儿寡母，凄凄惨惨。

二、生活贫困

日机的疯狂屠杀不仅让死者不能入土为安，而且造成伤残者生活贫困，甚至生活在死亡边缘。1937 年 8 月 16 日，日机轰炸江苏苏州城区，数百人被炸死炸伤。市民刘璐兰家人全部被炸死，自己成为孤儿，从此过着异常苦楚的生活。据她回忆：当时，自己年仅五岁，正和小伙伴在外面玩耍，突然日机投下大量炸弹，顷刻间城区变成一片火海，街上横七竖八地躺满被炸伤的群众，弹片把她的左手炸成两段，只有一点皮和骨挂着，流血不止，昏死过去。后来，她被送到医院进行抢救。当她从病床上清醒过来时，发现自己的左手已被切割，永远失去左手。这次日军疯狂轰炸，不仅炸断刘璐兰的左手，而且还炸断她与父母的联系。从此，她成为孤儿，进入孤儿院，过着艰苦的生活。直到新中国成立以后，人民政府接管孤儿院，她才开始新的生活，从小学读书到高中，最后成为一名人

---

① 中央档案馆、湖北省档案馆编：《侵华日军在湖北暴行史料》，第 172—173 页。
② 政协河南省唐河县文史资料研究委员会编：《唐河县文史资料》第 2 辑，时间不详，第 56—57 页。
③ 政协汨罗市委员会文史资料研究委员会编：《汨罗文史资料》第 1 辑，第 67 页。

民教师。① 1938 年 5 月 12 日,日机对山东日照南湖村集市进行轰炸,数百人被炸死炸伤。据亲历者时广彬回忆:5 月 12 日早饭后,他牵着驴到集上卖,刚到集上不久,日机就飞临集市上空,飞得很低并投下大量炸弹。顷刻,集市像开了锅,人们四处乱跑,不知道怎么躲避。他牵着驴子向东边跑,刚跑到河崖边,就听得"轰隆"一声,一枚炸弹在离他不远的地方爆炸。这时,他觉得自己的右胳膊好像被别人猛击一下,疼痛到失去知觉。他低头一看,右胳膊的袖子被炸掉,胳膊还有一点与肩膀连着,血流不止,浑身上下成了血人。面对日机不停的狂轰滥炸,他什么也不顾,用左手托着右胳膊,拼命地往南湖庄里跑,等跑到东河崖附近的叔伯兄弟家时,再也走不动了。在这次轰炸中,虽然他没有被炸死,但变成一个残疾人,不能干重活,只能靠左手干些轻活,生活过得相当艰辛。② 1939 年 3 月 29 日,日军轰炸四川梁山县,造成无辜群众数百人被炸死炸伤。这次轰炸让无数家庭遭到致命打击,生活极端贫困。据亲历者陈世珍回忆:在日军这次疯狂轰炸中,生父李龙云当场被炸死,全家生活无着落。她自己尚幼,不会说话,为了求生,其母蒋锡珍被迫改嫁陈代金,陈代金成为她的养父,她的姓名也从李英改为陈世珍。日军的暴行让她生活得非常贫困和痛苦。③ 1941 年 6 月 29 日,日军对重庆市区进行轰炸,炸死炸伤无辜市民数百人。这次重大惨案让无数市民的幸福生活由此化为乌有。正如亲历者张型秋所讲:日军对重庆的这次疯狂轰炸,使他家从一个富足幸福的家庭变得一无所有,加上轰炸给他带来的残疾,他失去了工作,艰难贫

---

① 中央党史研究室第一研究部编:《抗日战争时期全国重大惨案》1,第 191 页。

② 中央党史研究室第一研究部编:《抗日战争时期全国重大惨案》6,第 47 页。

③ 周勇主编:《重庆大轰炸档案文献:证人证言》,第 37 页。

困地度过余生。日本军国主义的罪行罄竹难书,家恨国仇,让人刻骨难忘。① 7 月 27 日,日机对四川成都市区进行轰炸,炸死炸伤无辜市民上千人。这次轰炸让无数人家破人亡,颠沛流离,生活窘迫。其中,市民安绪清一家的遭遇尤为典型。在"七二七"大惨案中,安绪清的姐姐被炸死,妈妈左脚被炸残。据安绪清回忆:惨案后,她家庭的快乐、平静和将来的幸福全部被打破。她姐姐安绪鸿当时十八九岁,即将高中毕业考大学,成绩很好、活泼漂亮,被当场炸死。她的母亲杜琼华深受打击,悲痛万分,而且母亲的左足被炸成残废,行动不便,后来谋生更加困难,整个家庭的经济收入遇到非常大的困难。为了挣钱维持家庭生活和积攒她的学费,母亲不得不想办法四处找工作,有空时昼夜赶制手工品出售增加一点收入。直到 1950 年成都解放后,安绪清与杨家骐结婚,才大大减轻家庭沉重的负担。后来,她考上西南财经学院会计系,毕业分配到成都电业局财务科工作,这才从根本上改变了家庭的贫困处境。②

三、疾病流行

　　侵华日军无差别轰炸造成的重大惨案,往往还带来该地区或者更广泛地区疾病感染、瘟疫流行。1939 年重庆"五三""五四"大惨案发生后,刚开始用木匣装尸体,后来因尸体太多,只能用席子卷,不少尸体的手脚都露在外面,有的已经腐烂发臭,尸水沿路外流,加上大量市民无家可归,导致了瘟疫蔓延、霍乱流行。幸存者涂国忠回忆:他的邻居家一次暴病传染就死亡 3 人,全市霍乱流

---

① 周勇主编:《重庆大轰炸档案文献:证人证言》,第 8 页。
② 中央党史研究室第一研究部编:《抗日战争时期全国重大惨案》10,第 51—52 页。

行,死亡者甚多。① 9月11日泸县"九一一"大惨案后,因泸县担架总队仅是一个空架子,既没有一个固定工作人员,也没有任何津贴。防空司令部在轰炸之后口头规定,每抬一个伤员给担架工作人员4角钱,掩埋1具尸体给8角钱的津贴。惨案发生后,临时集中了200余人运送伤员,掩埋尸体。但是,这些掩埋队既无防护工具,又无卫生常识,因此,很大部分人中了磷毒,后来这些掩埋队员30余人生病,5人死亡。姜继皋回忆:他自己也染病,大病半年,最后死里逃生。② 1941年8月16日,日军飞机轰炸四川阆中,共炸死沈大培、马兰贞等158人,炸伤210人,轰炸过后,很多老百姓露宿街头,饥饿、疾病又夺走了不少人的生命。③ 1942年保山"五四""五五"大惨案,死亡约1万人。因为日机投放了大量的细菌弹,加上天气炎热,惨案发生几天后,保山发生霍乱。到五月中旬,保山霍乱流行,并沿滇缅公路继续蔓延开来,造成霍乱肆掠滇西,各村寨几乎无幸免之家,有的甚至成为绝户。染病者上吐下泻,早上发病,晚上死亡,霍乱延续到七月,全境有6万余人病死。也有资料记载,全省感染霍乱的人数达12万多人,死亡9万多人,仅保山就死亡6万多人,约占保山全县人口的五分之一。④ 可见,在部分重大惨案中,疾病流行带来的人口伤亡远远超过轰炸造成的人口伤亡。

---

① 周勇主编:《重庆大轰炸档案文献:证人证言》,第5页。

② 政协泸县委员会文史资料工作委员会等编:《泸县文史资料选辑》第7辑《抗日专辑》,第65页。

③ 李秉新等主编:《侵华日军暴行总录》,第1233页。

④ 云南省保山市志编纂委员会编:《保山市志》,第9页。江从延著:《身边的历史:我所了解的云南大理故事》,北京:知识产权出版社2015年版,第76页。《保山县政府为敌机轰炸霍乱流行死亡损失惨重致云南省民政厅呈》(1946年3月9日),云南省档案馆藏:21-3-301-78。

四、环境污染

侵华日军无差别轰炸造成的重大惨案不仅给中国人民带来严重的身心创伤，而且给人们赖以生活的生态环境造成一定程度的破坏，最为突出的是水污染、空气污染，严重地影响了人们的生活。

日机投下大量炸弹，炸死炸伤无数平民，尸横遍野，血流成河，造成对江河等的水污染。1937 年 8 月 21 日，日军轰炸江苏松江火车站，造成上千无辜乘客伤亡，火车站站台南北有条小河，血水把河水染成了红色。① 11 月 27 日、28 日，日军轰炸江苏镇江，数百人被炸死炸伤。停泊在新西门桥至中山桥一带的几百艘民船被炸，尸横遍野，死伤者的血染红古运河的水，多日不变。② 1938 年 5 月 12 日，日军飞机轰炸山东日照南湖集，南湖集上被炸死 468 人，尸体横七竖八地躺着，鲜血染红了大地，流水变成了赤渠。③ 6 月 5 日，日军 3 架轰炸机对安徽颍上县新渡口浮桥、淮河南北两岸实施反复轰炸和疯狂扫射，河里近两百只划子全被炸光，船上除老弱者提前逃到河南外，其余全部死亡，南北两岸临河 300 米左右尸体遍地，河水通红。④ 6 月 6 日，日机轰炸广州城区，上千人被炸死炸伤。靠近程璧光烈士石像停泊的 67 艘小艇也被炸沉，死者血水把

① 政协松江县委员会文史组编：《松江文史》第 6 辑《纪念抗日战争胜利四十周年专辑》，第 43 页。

② 杨瑞彬：《日寇对镇江的轰炸》，政协镇江市委员会文史资料研究委员会编：《镇江文史资料》第 25 辑，1993 年版，第 88 页。安徽省委党史研究室编：《安徽省抗日战争时期人口伤亡和财产损失》，第 377 页。

③ 中央党史研究室第一研究部编：《抗日战争时期全国重大惨案》6，第 46—47 页。

④ 政协安徽省颍上县委员会文史资料研究委员会编：《慎城春秋文史资料》第 1 辑，1986 年版，第 19 页。

河水染成赤色。① 7 月 2 日,日机轰炸安徽青阳县县城,伤亡数百人。最为残暴的是,日机用机枪扫射高阳桥河两岸居民及在河边洗衣服的妇女,死者的血水顿时把河水染成红色。② 9 月 24 日,日军轰炸湖北麻城宋埠镇,炸死无辜平民上百人。日军对南门庙前中山台侧的马家塘进行疯狂轰炸、扫射,50 余人葬身淤泥中,一塘清水被染得鲜红。③ 1940 年 9 月 4 日,日军再次轰炸芷江县城。市民经过县城新北门潕水河上的临时浮桥到城外躲避空袭,日机对着浮桥投掷炸弹,数十名居民倒在血泊中,潕水河也被血水染得通红。④ 1942 年 5 月 4 日,日军出动大量飞机对云南保山县城进行轰炸,上千人被炸死。整个城区血肉横飞,尸体到处可见,鲜血染红上水河、下水河。⑤

　　在日军无差别轰炸重大惨案中,由于死者遗体没有得到妥善处理,尸体腐烂、空气污染、臭气冲天的现象常有发生。1938 年 5 月 12 日,在山东日照南湖惨案中,当天集市上很多外地人的尸体没人收拾;死在麦地里的人,因为未被及时找到,烂掉的很多,甚至被狗吃掉的也有。半个多月里,那一带臭味熏天,没人敢向那里靠近。⑥ 7 月 20 日、26 日,日军两次轰炸江西德安县城,造成上千人被炸死炸伤。南门外的罗家巷被炸以后,尸体被压在坍塌的房屋下,由于长期没有被处理,散发出臭气,令人作呕,行人只得掩鼻而

---

① 张中华主编:《日军侵略广东档案史料选编》,第 60—61 页。
② 李秉新等主编:《侵华日军暴行总录》,第 727 页。
③ 中共黄冈市委党史研究室编:《抗日战争时期黄冈人口伤亡和财产损失》(内部资料),第 5 页。
④ 政协芷江侗族自治县委员会文史资料研究委员会编:《芷江文史资料》第 1 辑《抗日战争时期专辑》,1987 年版,第 20—21 页。
⑤ 云南省保山市志编纂委员会编:《保山市志》,第 551 页。
⑥ 中央党史研究室第一研究部编:《抗日战争时期全国重大惨案》6,第 46 页。

过。① 8 月 29 日,日机对湖北京山县城进行轰炸,两千多名无辜群众被炸死。由于被炸死人太多,政府无法及时将全部的尸体进行处理,尸体腐烂导致臭气难闻。《武汉日报》这样报道:日机轰炸京山县城,死伤民众两千余人。"石专员(指石毓灵)、蒋县长率民夫数百极力救护、埋葬,哭声震天,臭气逼人,丧心惨目,空前未有!"京山遭炸之后,活着的人都逃奔亲友家,加上日机经过京山也会投弹,以致京山数月不见人迹,臭气熏天,乌鸦、野狗争食人肉。② 1939 年 8 月 19 日,日机滥炸乐山县城,"死尸太多,好几天都没有搬完",由于是酷暑季节,地上热气熏蒸,尸体发出异味,使人非常难受。半个月之后还能闻到难闻的臭气。③ 9 月 11 日,日军轰炸四川泸县,上千人被炸死。由于被炸死的人太多,尸体没有得到妥善处理,导致部分地区臭气熏人。据亲历者回忆:由于掩埋尸体任务艰巨难于完成,泸县防空指挥部召开秘密会议,决定采取两条紧急措施:一是在无人看见时,就地挖坑掩埋尸体;二是在夜深人静后,把长江、沱江两岸附近的尸体统统抛到江中。这样,炸弹坑、阴阳沟、粪池等都被利用起来,把尸体尽可能地塞进去,然后在上面盖上一点瓦砾泥土,只求暂时看不见就算完事。特别是新马路一带,用这种方式处理了死尸上百具,数月以后仍然臭气熏人,路人皆掩鼻而过。④ 1941 年 6 月 23 日,日军飞机轰炸松潘古城,松潘伤亡惨重。因死人太多,加上天气炎热,很多尸体无法安葬,一些无

① 政协德安县委员会文史资料研究委员会编:《德安县文史资料选辑》第 1 辑《纪念抗日战争胜利四十周年专辑》,1985 年版,第 171 页。

② 中央档案馆、湖北省档案馆编:《侵华日军在湖北暴行史料》,第 241—243 页。

③ 政协四川省委员会文史资料研究委员会编:《四川文史资料选辑》第 32 辑,第 112—113 页。

④ 中央党史研究室第一研究部编:《抗日战争时期全国重大惨案》8,第 201—202 页。

主外地人的尸体就投放到万人坑,城内到处臭气逼人。[①] 1942 年 5月 4 日,日军出动大量飞机轰炸云南保山,上千无辜居民被炸死。有人认领并掩埋的尸体 2 800 具;无人认领,由地方派人掩埋的尸体 3 200 多具;深埋于废墟内,未被发掘的不下 4 000 人。由于伤亡惨重,事后一月,尸体也不能全部被及时掩埋,城内臭气熏人。[②]

　　福柯(Michel Foucault)在谈到战争杀戮与身体政治的逻辑关系时这样指出:19 世纪以来的战争比以往任何时候的战争都血腥残酷。"这恐(原文为"可")怖的杀人的权力——也许正因此它才能厚颜无耻地扩大自己的范围——现在变成了积极影响生命、管理生命、提高生命价值、繁殖生命、准确控制生命并对生命进行整体调节的权力的补充。战争不再以保卫君王的名义,而是以保卫全体人民生存的名义而进行。不同国家的人民被动员起来为生存而互相残杀。屠杀变成了生存的需要。统治者正是以生命与生存、身体与种族的主管人的身份发动了这样多的战争,杀害了这样多的人。但是,反过来看,战争技术越是使统治者转向进行彻底破坏,开战与停战的决定就越属于纯粹的生存问题。""战场上为了生存而杀人的原则变成了国与国之间的战略原则;但是,受到威胁的,不再是王权的合法地位,而是一个国家的人民作为生物的存在。如果说种族屠杀确实是现代权力所有者的梦想,那并不是古老的生杀大权的复习,而是因为,现在,权力是在生命、人类、种族和人口的宏观现象这一层次上发挥作用的。"[③]在福柯看来,战争与

① 张翔里编著:《松潘大轰炸》,第 63—64 页。
② 云南省保山市志编纂委员会编:《保山市志》,第 552 页。
③ (法)福柯著,杜小真编选:《福柯集》,上海:上海远东出版社 2003 年版,第 373 页。

生命、身体密切相关联。战争作为一种权力,发挥着管理生命、控制生命和调节生命等奇特功效。民族与民族之间的战争就是争夺生存权的争斗。为了巩固和扩大自己的生存权利,一个国家可以对他国的生命个体实施肆无忌惮的杀戮。显然,为了获取生存权就可以任意屠杀个人生命的行为,严重违背人道主义精神,与人类社会的文明进步背道而驰。然而,这却成为19世纪中叶以来西方列强处理同中国关系的生存之道和行动逻辑,其中抗战期间日军制造的无差别轰炸重大惨案就是典型例子。在无差别轰炸重大惨案中,日军投下大量重磅炸弹、燃烧弹甚至毒气弹、细菌弹,通过肉体成灰、尸骨四散、肚开头破、母死胎亡、窒息而死、熏死烧焦和生化杀害等方式对中国无辜群众实施肉体杀戮。与此同时,日军无差别轰炸重大惨案造成无数群众严重的身心创伤,甚至有的人无法承受这种痛苦,采取自杀的极端方式结束自己的生命。侵华日军无差别轰炸制造的重大惨案还导致了家庭破碎、生活贫困、疾病流行和环境污染等社会问题。换言之,恐怖和灾难是日军无差别轰炸重大惨案给中国人民的战争体验。透过现象看本质,这种战争体验背后隐藏着的是日本法西斯殖民、奴役中华民族和中国人民的罪恶目标。

第六章 国民政府、社会各界及国际社会对重大惨案的因应

抗日战争是文明与野蛮的搏斗,也是正义与邪恶的较量。全面抗战爆发以来,侵华日军以强大的现代化空中力量对中国无辜平民实施大杀戮,制造了无数惨绝人寰的重大惨案。面对空前惨烈的灾难,国民政府、社会团体和国际社会立足自身的角色,采取相应的举措,救治受伤者,掩埋死难者,慰藉其家属,最大限度地降低了重大惨案中的人员伤亡,彰显了文明的力量与正义的光芒,维护了国家稳定和社会安宁。本章主要围绕国民政府、社会团体和国际社会等主体开展研究,从整体、动态的角度来探索其应对重大惨案的应然和实然样态,揭示其内在的一致性及其张力,并作出客观公允的评析。

第一节 国民政府对重大惨案的处理

国民政府在应对侵华日军无差别轰炸造成的重大惨案中扮演着最主要的角色,发挥着最重要的作用。随着侵华日军加强对中国实施空中打击,重大惨案频发高发,国民政府高度重视救护机构的设置,颁布了一系列救济法规。重大惨案发生后,国民政府迅速

开展救护工作,实施抚恤救济,为最大限度地减少人员伤亡以及抚慰死者家属和伤者发挥了主导作用。基于体制弊端,国民政府的处置工作也暴露出不少问题,从而削弱了其公共形象,消解了其统治合法性。

一、机构的设置与法规的颁布

国民政府对侵华日军无差别轰炸重大惨案的处置,大体包括救护和赈济等方面的内容。为此,国民政府不断组建和充实救助组织领导机构,颁布大量法规,为推动重大惨案处置工作的顺利开展创造了有利条件。

1. 设置机构

1931 年 10 月 9 日,在日机轰炸锦州之后,国民政府开始认识到防空的重要性,逐渐组建和充实中央防空领导机构,应对日军的战略轰炸,处置重大惨案。1933 年,参谋本部在航空署中设防空科,这是国民政府首次设立的防空领导机构。1934 年 8 月,为了组织首都第一次防空演习,军事委员会组建了防空处,设处长、副处长和主任各一人,防空学校校长黄镇球兼任处长。该处下设积极防空、防空情报、消极防空和总务等四个科。其中,消极防空科的重要职责之一,就是处置重大惨案事宜。1935 年 3 月,国民政府把防空处改为防空委员会,隶属军事委员会,设主任、副主任各一人,委员若干,下设防空情报、积极防空、消极防空和总务等四个处。1936 年 3 月,国民政府又把防空委员会改为防空处,隶属于军事委员会,黄镇球为处长。防空处的工作重心是构建各地防空情报网,督导各省市设立和健全办理防空事务的机构。比如,规定在各省保安处下设立防空科,作为办理防空的机关;在各省市协会及各县防空支会下成立防空团体,负责执行各项民防业务。全面抗战爆发以后,日军对中国的中心城市进行大规模的战略轰炸,防空问题变得尤为重要。1938 年 3 月,国民政府将防空处改为航空委员会防空厅,隶属于军事委员会,黄镇球为厅长,下设积极防空和消极防空两个处。1939 年 7 月,国民政府把航空委员会防空厅改为防空监。为了厘清中央与地方机关的隶属关系,1942 年,国民政府把航空委员会防空监改为防空总监,把积极防空处改为军防处,把消极防空处改为民防处。民防处的重要职能之一,就是负责组织领导重大惨案救护和救济等工作。直至抗战胜利,国民政府中央防空领导机关没有再发生变动。①

在组建中央防空领导机构的过程中,国民政府积极推动各省市防空领导机构的建立。1935 年,在中央防空领导机构的推动下,各省市防空学会改为防空协会。1 月 1 日,江西省国民防空学会正式成立,4 月 6 日正式更名为江西防空协会,省政府主席熊式辉兼任防空协会会长。② 5 月 1 日,湖北防空协会成立,省主席张群任会长,叶蓬和吴国桢为副会长。③ 12 月 29 日,四川省成立防空学会,省政府主席出任会长,省善后办公署参谋长李宏锟、成都市市长钟体乾出任副会长。④ 为了规范防空协会的工作,各省政府专门颁布了防空协会组织大纲。1936 年湖南省政府通过了《湖南省防空协会组织大纲》。《大纲》明确规定:成立防空协会的目的就是

① 张明凯:《抗战时期的地面防空》,《抗战建国史研讨会论文集 1937—1945 年》下册,台北:"中央研究院"近代史研究所 1985 年版,第 876—877 页。袁成毅:《简论抗战前国民政府的对日防空准备》,《抗战史料研究》2014 年第 2 期,第 84—93 页。

② 江西省地方志编纂委员会编:《江西省志》"江西省军事志",1997 年版,第 675 页。

③ 谭备战:《试论抗战前南京国民政府的民间防空建设》,《军事历史研究》2009 年第 4 期,第 29—34 页。

④ 吴毅强:《抗战时期成都市防空建设述略》,硕士学位论文,四川大学历史文化学院,2007 年,第 4 页。

"为研究防空学识及技术,普及民众防空知识,训练民众防空技能,及促进防空建设起见"。① 防空协会隶属于国民政府军事委员会,由省政府监督和指挥。防空协会设会长一人,为省政府主席兼任,副会长三至四名不等,由省党政军警高级官员兼任。为了推动防空建设有序开展,防空协会下设设计委员会、防空建筑委员会、消防警报委员会、防毒救护委员会、经济委员会、训练委员会、交通管制委员会和灯火管制委员会等。其中,防毒救护委员会负责处置重大惨案的组织领导机构。

全面抗战爆发后,侵华日军加强对中国中心城市和战略要地实施无差别战略轰炸。在这种情况下,中国中心城市和战略要地的防空建设变得非常紧迫。1937 年 7 月 23 日,国民政府在首都南京秘密成立防空司令部,南京警备司令兼宪兵司令谷正伦兼任防空司令、黄镇球兼任防空副司令。9 月 1 日,重庆市防空司令部建立,蒋逵任副司令兼参谋长。12 日,四川成都设立防空指挥部,川康绥靖主任刘湘兼任总指挥,省保安处长王陵基、成都市警备司令严啸虎以及成都市警察局长周荃叔兼任副指挥。11 月 27 日,西安防空司令部成立,西安警备司令董钊兼任司令,省警察局局长杭毅、省保安处处长张坤生兼任副司令。为了确保防空事务有序开展,防空司令部建立了较为完善的组织系统。防空司令部下设秘书、参谋和四个科等机构。其中,第三科之救护组为处置侵华日军无差别轰炸重大惨案的组织机构。②

为了加强对防空工作的集中统一领导,推动各机构间的相互联系、互通情报、协同配合,1938 年初,国民政府专门颁布了《各省

①《湖南省防空协会组织大纲》,《湖南省政府公报》1936 年第 562 期,第 5 页。
②《成都防空指挥部大纲》,成都市档案馆藏:133—282,第 1133—1136 页。

全省防空司令部组织条例》,要求各省迅速成立防空司令部。4 月,浙江全省防空司令部在金华组成,浙江省保安纵队司令宣铁吾任防空司令。5 月,四川省全省防空司令部在成都成立,川康绥靖公署主任邓锡侯任四川全省防空司令。6 月,陕西省在西安成立全省防空司令部,省政府主席孙蔚如任司令。为了保证防空工作的有效运作,全省防空司令部建立了比较完备的组织机构。全省防空司令部下设参谋处、秘书处和三个科等机构。其中,第一科为军防科,第二科为情报科,第三科为民防科。第三科肩负处置重大惨案事宜的职责。

在组建中央和地方防空组织机构的同时,国民政府大力推动基层防空组织——防护团的创建。1934 年 11 月 21 日至 22 日,国民政府在南京举行第一次防空大演习。国民政府在讨论防空演习的会议上作出决定:"由防校召集南京军、宪、警及各机关有关执行,在杭州接受消极防空训练,并规划与熟练其应办事项;通过南京各防护团组织大要,各单位即行组织防护团及通信单位,接受统一指导。"①在防空演习期间,各地区政府和机构临时组建防护团,下设通讯、警备、警报、救护、灯火管制、交通管制、消防、防毒、工务等组,负责消极防空工作。随着日本侵华步伐的不断加快,国民政府逐渐认识到防护团在防空建设中的重要意义。黄镇球这样说道:"组织坚强之防护团,而使一般国民,皆能百折不挠,使敌人空袭失败,计不得逞,此即防护团组织之目的也。"②为了推动全国各地防护团组织的建立,1936 年,国民政府军事委员会专门颁布《各

① 张明凯:《抗战时期的地面防空》,《抗战建国史研讨会论文集 1937—1945 年》下册,第 880 页。
② 黄镇球:《防护团之组织与训练》,《防空杂志》1936 年第 1 卷第 4 期,第 3 页。

地防护团组织规则》,详细规定了防护团的组织框架及其职能部门。具体而言,防护团下设团长 1 人,副团长 1 至 3 人,团长和副团长一般由当地国民政府的党政军警高级官员担任。防护团下设的职能部门包括:消防、防毒、救护、工务、警报、灯火管制、交通管制、避难管制、警备配置等。但"若全赖于都市防护团之救护,势必顾此失彼,难施完善"①,因此国民政府又要求各地机关、学校、工厂和公司等根据实际组建直属防护分团。在防空协会和防空司令部的领导和督促下,全国各地的防护团先后建立起来。1937 年春,全国组建防护团的省市有江苏、浙江、江西、安徽、湖北、山西、陕西、湖南、绥远,南京、上海、重庆、青岛等。1941 年初,全国共有防护团队862 个,防护团员 241 788 名。② 在处置重大惨案中,防护团员特别是救护队员大多忠于职守,为最大限度地减少人员伤亡发挥了重要作用。1940 年 6 月 27 日,蒋介石在重庆中央纪念周训词中说道:防护团"大都皆能发挥忠勇牺牲精神,尽到本身的职责和义务,这是本席觉得非常安慰的一点,可以说是我们抗战史上最光荣的一页。"③黄镇球也称赞:在抗战期间,消极防护"最可叙述者……各团员之勤劳服务,消防救护努力不懈,尤以最近之重庆,屡遭轰炸,团员服务精神,始终不懈,诚令人快慰,全国五十万以上之防护团员,均能见义勇为,努力从公"。④

---

① 中央军事委员会编:《民间消极防空之设施》,《防空月刊》1937 年第 1 卷第 5 期,第87 页。

② 谭备战:《试论抗战前南京国民政府的民间防空建设》,《军事历史研究》2009 年第 4期,第 29—34 页。

③ 冯秉权:《防空建设之理论与实际》,《防空军人》第 2 卷第 2 期,1941 年 11 月 21 日,第8 页。

④ 黄镇球:《首次防空节来谈我国防空之创造作战及演进》,《防空军人》(防空节纪念特刊)第 1 卷第 2 期,1940 年 11 月 21 日,第 10 页。

　　面对侵华日军的无差别轰炸,国民政府还积极组建和充实中央和地方的紧急救济组织机构,负责处置重大惨案。抗战初期,侵华日军无差别轰炸重大惨案由全国赈济委员会处置。1938 年 4 月27 日,国民政府根据组织法把赈务委员会同行政院非常时期赈济委员会总会改组为赈济委员会(简称"赈济会"),负责全国赈济行政工作。全国赈济委员会下设处、所和室。其中,第二处的重要职责就是对日机紧急空袭灾情进行调查勘察和办理救济事宜。抗战相持阶段,针对日军对大后方实施无差别战略轰炸,重庆积极疏散人口,减少人口损失。1939 年重庆发生"一·一五"大惨案。2 月22 日,重庆市成立紧急疏散委员会,要求以后每年雾季一过,即开始组织市民的疏散工作,以减少日军空袭时的人员伤亡和财物损失。1939 年重庆"五三""五四"大惨案后,5 月 5 日,国民政府命令:重庆市改为行政院直辖市,重庆各机关设立空袭联合办事处,5日至 7 日,重庆居民紧急疏散 25 万人至各县乡村①。此外,针对已经发生的惨案,政府积极应对。1939 年 1 月 15 日,驻渝党、政、军、民在重庆举行会议,决定组建一个专门机构,负责空袭紧急救济工作。重庆空袭紧急救济联合办事处(简称"空救处")应运而生。"空救处"设正、副主任委员各一人,同时下设总务组、救护组、医疗组、抚济组、稽核组等,每组设置组长一人及副组长两至四人。总务组、救护组、医疗组、抚济组、稽核组等由重庆市不同机关团体组建。1939 年"五三""五四"大惨案发生后,鉴于重庆的特殊地位,国民政府进一步完善"空救处"的组织机构,把总务组设在重庆防空司令部,把调查组设在重庆警察局,把救济组设在青年会,把医护委员会和紧急救济药库保管委员会设在市民医院,把稽核组设在

---

① 重庆市委党史研究室编:《重庆市抗日战争时期人口伤亡和财产损失》,第 392 页。

"空救处",明确分工,各司其责。1940 年 4 月,国民政府把"空救处"改为重庆市空袭服务救济联合办事处;增设空袭服务总队,下设总队长、总干事、会计主任、组训组、宣抚组、供应组和总务组等机构,在重庆警备司令部办公。同年底,国民政府又把重庆市空袭服务救济联合办事处改为陪都空袭救护委员会,同时增设赈恤处。① 在国民政府的指导和督促下,到 1942 年,全国各地组建空袭紧急救济联合办事处达 451 处。② 全国各地空袭紧急救济联合办事处的建立和完善,对处置重大惨案发挥了重要作用。国民政府1938 年至 1942 年救济工作总结报告这样写道:在重庆,由于空袭紧急救济机构的有力组织以及党政军民的高度负责,1939 年的"五三""五四"大惨案以及 1940 年的"八一九"和"八二〇"大惨案灾情才得到有效地处置。据统计,1939 年至 1940 年以来,重庆市紧急救济机构医治受伤者 4 913 人,掩埋尸体 1 469 具,大多数为大惨案伤亡者。③

2. 颁布法规

抗战期间,国民政府颁布了一系列空袭救济法规。1937 年 8月 19 日,国民政府颁布的《防空法》第十三条规定:"人民因防空服役致伤病或死亡时,应由中央或地方政府依法酌给医药埋葬抚恤之费。"④国民政府从法律上对救济日机空袭伤亡人员作出权威规定。1939 年"五三""五四"大惨案发生后,面对侵华日军无差别轰炸造成大量的人员伤亡,国民政府专门制定了《空袭紧急救济办法》,详细规定了处置空袭紧急救济的十条办法。其中,对处置空

---

① 唐守荣主编:《抗战时期重庆的防空》,重庆:重庆出版社 1995 年版,第 122—126 页。

②③ 秦孝仪主编:《革命文献》第 96 辑《抗战建国史料——社会建设(一)》,1983 年版,第 55 页。

④《防空法》,《法令周刊》1937 年第 373—374 期,第 2 页。

袭人员伤亡事宜作出如下规定：

一、凡发生空袭灾害地方其救济事宜，依本办法办理。

二、空袭灾害发生后，主管救济机关，应立即派员会同有关各机关团体，速往被炸地点救护，并详查死伤人数状况及其他损失情形，分别予以登记。

三、凡被炸死亡者，应立即报殓掩埋，至迟不得逾次日；伤者立送医院医疗，所需费用，悉在空袭紧急救济费内开支。

四、被炸死亡者，得按名发给抚恤费国币三十元，交其亲属具领；其受重伤医疗无效而致死亡者，亦与死亡例办理。

五、凡受重伤者，得按名发给振〔赈〕济费国币二十元，其因伤而神志昏迷者，得发交其亲属具领，如无亲属，仍俟其本人清醒后，始得发给。其受轻伤者，得按名发给十元，交其本人具领。

……

七、发放抚恤振〔赈〕济各款，应备表登记，由领款人签名盖章，或按指印（左手拇指）方得有效，并应会同地方警察局或保甲人员发放，盖章证明（表式附后）

……

九、每次空袭救济办竣后，主管机关，应将死伤人数，及其他损害详情，连同发出抚恤款项之表据，一并送振〔赈〕济委员会查核。

十、本办法如有未尽事宜，得随时修正之。①

在这里，《办法》明确规定了国民政府处置重大惨案的程序和抚恤要求。对于处置程序，《办法》规定：惨案发生后救济机关应立

----

① 秦孝仪主编：《革命文献》第100辑《抗战建国史料——社会建设（五）》，1984年版，第150—151页。

即会同相关机构进行现场调查和勘察,接着迅速掩埋死者和救治伤者,最后对死伤者发放抚恤款项实施抚慰。关于抚慰要求,《办法》规定:医治伤者所有费用由空袭紧急救济费用支出,死亡者发放国币抚恤金30元、重伤者20元、轻伤者10元。最后,《办法》还规定:在处理空袭救济实践中,随着形势发展可以做相应的补充和完善。随着重大惨案的频繁发生和中央财政的吃紧,1940年,国民政府颁布了《正修空袭紧急救济办法》,对处置空袭人员伤亡事宜做出相应调整:

一、各地方为办理空袭紧急救济应由主管行政官署或振〔赈〕济机关邀集有关机关团体组织空袭紧急救济联合办事处(以下简称联办处)。

二、空袭灾害发生后联办处应立即办理救护医疗掩埋抚恤各项救济事宜。

三、联办处对于被灾之人民应发之恤金规定如下:

甲、死亡每名三十元由亲属具领。

乙、重伤每名二十元由本人具领其神志昏迷者得由亲属代领如无亲属仍候本人清醒后发给之。

丙、轻伤每名十元由本人具领。

四、凡被炸死亡者由联办处代为备棺殓埋如亲属自愿殓埋者得听其自便但除前条规定之恤金外不另给殓埋费。

五、凡被炸受伤者除依第三条之规定发给恤金外由联办处送交自行设置或特约定之医院免署医疗其诊治给药及病房均不得向受伤者收取费用。

……

七、发放恤金及给养费均应以调查登记表为依据除领款人于领款表上盖章或按左手拇指印外并须有该管警察局所或保甲长之盖章证明。

　　八、应发恤金及给养费医疗及殓埋用费统由各地方自行筹措如有不足得请振〔赈〕济委员会拨款办理之领受振〔赈〕济委员会补助费之联办处应将死伤人数及领发恤金给养费数目及医疗殓埋用费填报告表连同单据册报一并呈送振〔赈〕济委员查核。①

　　《正修办法》与旧《办法》相比呈现以下鲜明特征：一是要求地方主管行政官署或赈济机关会同行政机关、社会团体以及空袭紧急救济联合办事处，协同配合，相互促进，共同推动惨案的妥善处理，明确了惨案处置主体和责任；二是强调惨案处置包括救护、医疗、掩埋和抚恤等，发放抚恤金和给养费应以调查登记表为依据，在领款人签字画押的同时还要有警察局所或保甲的证明作佐证，明确了惨案处置的内容，严格了惨案处置的手续；三是处置死难者强调政府处置为主导，同时允许死者家属自行处置，增强了惨案处置的灵活性；四是提出惨案处置所需经费主要由地方自行筹措，加大了地方政府的财政压力，往往容易导致中央与地方的矛盾。

　　为了体现对底层民众最起码生存权的尊重，国民政府对《修正空袭紧急救济办法》作了进一步修订，不断提高惨案死伤者的恤金标准。1941年，国民政府《正修空袭紧急救济办法》第三条条文对死伤民众恤金标准作调整："甲、死亡每名六十元，由亲属具领。乙、重伤每名四十元，由本人具领，其神志昏迷者，得由亲属代领，如无亲属，仍俟本人清醒后发给之。丙、轻伤每名十五元，由本人

---

① 《正修空袭紧急救济办法》，《云南省政府公报》1940年第12卷第16期，第4—5页。

具领。"①提高重大惨案死伤者抚恤标准，对于国民政府来讲具有"爱民"象征意义，有助于抚慰民众受伤的心灵，对强化统治合法性基础具有重要的促进作用。

按照《空袭紧急救济办法》精神，有些地方政府还针对重大惨案专门制定了抚恤法规。1939 年 2 月 4 日，日军对贵州省贵阳市实施空袭，造成大量无辜市民死伤。为了规范妥善处置这场灾难，贵州省政府制定了《灾民救济处慰恤伤亡办法》，做出三方面规定：

第一条　本办法所指之伤亡以 2 月 4 日敌机袭筑时，贵阳市民所受之伤亡为限。

第二条　凡受本办法抚恤之受伤灾民人仍得享受灾民安置办法之待遇。

第三条　死亡者每家之直系亲属愿领特别恤金者，按下列规定抚恤之：

一、直系亲属在 5 人以上者，每家发 30 元；

二、直系亲属 4 人者，每家发 25 元；

三、直系亲属 3 人者，每家发 20 元；

四、直系亲属 2 人者，每家发 15 元；

五、直系亲属仅有 1 人者，每家发 10 元。②

《办法》强调规定仅适用于 1939 年贵阳"二四"大惨案事宜，依据家庭直系亲属数量发放特别抚恤金。

侵华日军无差别轰炸还造成了大量公职人员的死伤。为了推进

---

① 《修正空袭紧急救济办法第三条条文》，《浙江省政府公报》1941 年第 3300 期，第 12 页。

② 《贵州省会灾民救济处慰恤伤亡办法（1939 年 2 月）》，贵州省档案馆藏：M5 - 640，第 8 页。

因公伤亡人员抚恤工作的规范化，国民政府专门制定了防护团、警察、公务员等遭受空袭救济办法。例如，贵州"二四"大惨案中伤亡的公职人员，按照《人民守土伤亡实施办法》的标准实施。办法如下：

（一）亡故者除给与其遗族 80 元之一次恤金外，并给与每年 50 元之年抚金；

（二）受一等伤者，除给与 70 元之一次恤金外，并给与其每年 40 元之年抚金；

（三）受二等伤者，除给与 60 元之一次恤金外，并给与每年 35 元之年抚金；

（四）受三等伤者，除给与 40 元之一次恤金外，并给与每年 30 元之年抚金。①

1939 年 8 月 9 日，国民政府颁布《中央公务员雇员公役遭受空袭损害暂行救济办法》，详细规定了中央国家机关公职人员遭空袭的救济办法。其中，《办法》对救济中央公职人员伤亡作了如下规定：

二、公务员雇员公役被炸受伤须送医院治疗者应送免费公立医院或其他免费诊疗机关施治如此项医院及诊疗机关未能予以治疗时得按伤势轻重分别核给医药费但至多不得超过一百元。

三、公务员雇员被炸殉难及因伤重致死其家属无力自行殓埋者得核给殓埋费以二百元为度。

四、公务员雇员公役被炸殉难及因伤重致死或致肢体残废心神丧失不能继续服务者除照本办法分别核给殓埋费医药费或救济费外其应领恤金仍各依定章办理。

---

① 《人民守土伤亡实施办法》，贵州省档案馆藏：M5-590，第 76—79 页。

公务员雇员公役因办理警卫消防救护抢运公物及其他外差
事宜致受伤殉难或私财损失者除照本办法及抚恤法规分别核给
医药费殓埋费救济费及恤金外并得分别酌给特别奖恤金。

……

六、公务员雇员公役之直系亲属或配偶遇难经查明确系
无力自行殓埋者死亡一名发给殓埋费一百元未成年者减半。

公务员雇员公役之直系亲属或配偶受伤无力自力医治者
得分别伤势轻重酌给医药费每名不超过四十元。

……

八、公役被炸殉难及因伤重致死者得核给殓埋费一百元。

……

十三、各机关拨发殓埋费医药费救济费特别奖恤金及因
办理团体人寿保险所需补助费仍须报由上级主管机关依次核
转审计部查核。①

以上法规对中央公务员雇员公役遭受空袭的医疗和丧葬作了明
确规定。对于医疗,《办法》规定:公务员雇员公役被炸受伤应免费送
医院治疗;如未给予治疗时,根据"按伤势轻重"来给医药费,但最多
不超过100元;公务员雇员公役的直系亲属或配偶受伤无力医治时,
给予不超过40元的医药费。对于丧葬,公务员雇员殉难家属无力自
行殓埋,政府给予家属200元殓埋费;公役殉难给予殓埋费100元;
公务员雇员公役的直系亲属或配偶遇难无力自行殓埋,死亡一名,政
府给予家属殓埋费100元,未成年减半。从对《中央公务员雇员公役
遭受空袭损害暂行救济办法》条款分析,国民政府处置中央公职人员

----

① 《中央公务员雇员公役遭受空袭损害暂行救济办法》,《广西省政府公报》1939年第
　　571期,第1—3页。

伤亡最鲜明的特征：不仅对中央公职人员实施救济，而且对其家属也实施抚恤。这既有助于维护公务员队伍的稳定，又能激发他们在日机轰炸的恶劣环境下发挥示范带头作用。

　　根据《中央公务员雇员公役遭受空袭损害暂行救济办法》精神，地方政府纷纷出台地方公务员遭空袭损害暂行救济办法，并及时作出修正。1941 年 12 月 6 日，浙江省国民政府颁布《修正浙江省公务员雇员公役遭受空袭损害暂行救济办法》，提出了处置公务员雇员公役遭空袭伤亡的具体办法。在医疗方面，《办法》规定：对于公务员，"荐任以上人员，得按其一个月至两个月俸额酌给之"；"委任人员，视其俸额之高低，一级至五级者，照两个月至三个月俸额酌给之，六级以下者，照三个月至五个月俸额酌给之"；"聘任人员及派充人员，可援照公务员恤金条例给予恤金者，得按其月俸数目比照简荐委任人员酌给"。对于身心致残而丧失工作能力的雇员公役，"得按其最后薪资给予十个月薪资一次恤伤费"；其他轻伤者，"得酌给一个月至三个月一次医药费"。① 也就是说，依据受伤程度，地方政府按照公务员雇员公役职位月俸给予医药费，月俸越高，救济费越少，反之亦然。在丧葬方面，《办法》规定：公务员雇员殉难发放殓埋费以 300 元为上限，公役殉难发放殓埋费 100 元。《办法》还规定：公务员雇员公役的直系亲属或配偶遇难无力自行殓埋，死亡一名，政府给予家属殓埋费 100 元，未成年减半。最后，《办法》特别规定："虚报或浮报损害朦请救济者，依法严予惩处。"② 地方政府对救济抚恤公职人员伤亡作了更为细致严格的规定，具

————————————

① 《修正浙江省公务员雇员公役遭受空袭损害暂行救济办法》，《浙江省政府公报》1941 年第 3335 期，第 23 页。

② 《修正浙江省公务员雇员公役遭受空袭损害暂行救济办法》，《浙江省政府公报》1941 年第 3335 期，第 24 页。

有针对性、可操作性强的特征,为处置空袭人员伤亡问题提供了基本遵循。

二、处置工作的开展及其流弊

在侵华日军无差别轰炸重大惨案中,少则死伤数百人,多则上千人。面对日军的残酷暴行,国民政府从道义和塑造政府形象的角度考虑,采取措施应对和处置重大惨案,使伤者得到救护、死者得到埋葬和生者得到抚慰。同时,基于利益和作风的缘故,国民政府基层组织在处置重大惨案中也暴露出一些问题。

1. 救护伤者

侵华日军实施无差别轰炸重大惨案造成大量的无辜民众受伤。为了减少伤亡和减轻痛苦,国民政府组织了大量的人力、物力和财力对空袭受伤人员进行救护。一是消防抢险。在抢救伤员中,各地消防队和防护团发挥了重要的作用。1938 年 8 月 17 日,日机轰炸湖南长沙,造成大量人员伤亡。惨案发生后,长沙市防空司令部立即采取紧急措施,迅速组织消防队、防护团赶赴灾区抢救工作。《中央日报》报道:"消防队于敌机投弹后,立即赶往火场,奋勇营救,各机关团体救护队员,于警报尚未解除时,亦纷纷出动救护,(详情见另条)服务精神,至足钦佩。"①1940 年 8 月 19 日和 20日,日军对重庆市区实施大规模轰炸。惨案发生后,重庆市防空司令部出动大批消防队,消防员英勇战斗,在很短的时间内扑灭熊熊大火。1941 年 7 月 27 日,日军对四川成都实施轰炸,灾情异常严重。四川省防空司令部迅速启动消极防空预案,派出消防队、防护团等赶赴灾区。防护团团员及义勇消防队员,在浓烟滚滚下展开

---

① 《敌机昨狂炸长沙》,长沙《中央日报》,1938 年 8 月 18 日,第 2 版。

施救工作,其中小南街一处,本部常备消防拆除大队第三中队全员
出动,仅用三十分钟就扑灭大火。各区义务消防队还帮助抢救被
压伤者,协助做好救护任务。① 在灭火施救工作中,各地党政军警
公职人员身先士卒,涌现出了一些模范人物。在 1938 年湖北蕲县
"七二〇"大惨案中,县长万廉亲率自卫队到场督岗,指挥保甲长和
民众扑灭。② 在 1938 年湖南长沙"八一七"大惨案中,即将开赴前
方的第九预备师上海市青年童子军成员徐石轩、陈再均、张耀生和
程德保等人,冒险前往灾区参加施救工作。③ 在 1940 年重庆"八一
九"大惨案中,警察局消防中队队长王开元、分队队长徐敬在日机
轰炸后,率队员冒险救灾,在最后一批日机轰炸时,不幸以身
殉职。④

　　二是现场救治。在处置重大惨案中,各地空袭紧急救济联合
办事处医护委员会和防护团临时治疗所等承担起繁重、艰巨的轻
重伤者治疗工作。1938 年 8 月 17 日,湖南长沙大惨案发生后,第
九预备师军医主任司徒炎和全体医务人员,不辞艰险,在大火浓烟
中匍匐前行开展救护工作,救出重伤人员 10 余人,其"强毅勇敢之
服务精神,诚可作为我军医及救护人员之模范"。⑤ 1941 年 7 月 27
日,四川成都大惨案发后,南、西、北三区受灾严重,防护团临时治
疗所派主任医师及其本院医师带领护士奔赴灾区开展临时救护治
疗。第一治疗所救治男女轻重伤者 87 名,第三治疗所治疗 94 名,
第四治疗所治疗 79 名,第五治疗所治疗 76 名,本院组织治疗 123

① 四川省档案馆编:《川魂:四川抗战档案史料选编》,成都:西南交通大学出版社 2005
　　年版,第 126 页。
② 中央档案馆、湖北省档案馆编:《侵华日军在湖北暴行史料》,第 73—74 页。
③⑤《各童子军冒险服务》,长沙《中央日报》,1938 年 8 月 18 日,第 4 版。
④ 唐守荣主编:《抗战时期重庆的防空》,第 153 页。

名。据不完全统计,在处置这次惨案中各防护团临时治疗所治疗男女轻重伤者 459 名。① 与此同时,成都空袭紧急救济联合办事处医护委员会救护大队也全员出动,积极救治受伤民众。第二中副队长岳金华带领队员 117 名,巡回救治轻伤 207 名、重伤 155 名;第二中队长黄克刚带领队员 148 名,巡回施救,治疗轻伤 194 名、重伤 91 名;第三中队长陈道绅带领队员 91 名,治疗轻伤 117 名、重伤 54 名;第五中队长陈玉文带领队员 92 名,治疗轻伤 35 名、重伤 23 名;天主教宗教救护队长耿震中带领队员 142 名,治疗轻伤 240 名、重伤 147 名;直属第一分队长杨伯华带领队员 29 名,治疗轻伤 40 名、重伤 21 名;直属第二分队长杨继筠带领队员 16 名,治疗轻、重伤 54 名;独立第一中队长唐文祥带领队员 114 名,治疗轻伤 105 名;独立第二中队长张鸣谦带领队员 112 名,治疗轻、重伤 96 名。②

三是事后治疗。各地惨案发生后,空袭紧急救济联合办事处医护委员会和防护团临时治疗所等所辖医院,调动组织大批医务人员投入救护工作,确保民众得到及时治疗和护理,大大减轻了他们的肉体痛苦。1938 年 8 月 17 日,日军轰炸湖南长沙市区,当场炸死炸伤民众数百人。惨案发生后,在防空司令部的指挥下,各救护机关设立医院对轻重伤实施救护。1939 年 9 月 11 日,日机对四川泸县实施轰炸,造成上千无辜群众死伤。惨案发生后,卫生试验处购买大批救护材料,分送各医院,各医疗机构积极开展伤员治疗工作。湖南公医院接收轻重伤 272 人,仁卫医院接收 280 人,德生医院接收 60 人,湘雅医院接收 69 人,中国红十字会救护委员会收

---

① 《报告》,四川省档案馆藏:民 180 - 01 - 1218。
② 四川省档案馆编:《川魂:四川抗战档案史料选编》,第 127—128 页。

容所接收 78 人。各级各类医疗机构治疗轻重伤员共 785 人。[1] 肖巷子内红十字会医院作为第一重伤医院,接收伤员约 200 余人;慈善路大昌医院作为第二重伤医院,接收伤员约 170 余人;小市川主庙戒烟所作为第三重伤医院,接收伤员约 200 余人。最终,在医务人员的努力下,500 余重伤人员得到了较好的医治。特别值得一提的是,第二重伤医院院长周瑞龄,毕业于成都军医学校,医德高尚,技艺精湛,获得伤员普遍好评。普通医护人员也发扬人道主义精神,尽心尽责,细致护理伤员。比如,贾本端、杨敬章、邱正才、廖世昌、陈国秀、李荣劳、陈宗举、杨素华等医生、护士约 100 余人在重伤医院为抢救伤员日夜辛勤工作,为救治伤员作出了重要的贡献。[2]

　　从总体看,在重大惨案救护工作中,国民政府党政军政机关及其公职人员忠于职守、积极主动,其人道主义精神和服务精神让人们敬佩和称赞。但应看到,在处置惨案救护的紧要关头,部分国民政府基层组织也存在渎职、失职的问题。1937 年 9 月 26 日,侵华日军轰炸河北景县,炸死炸伤百姓数百人,城区景象惨不忍睹。面对严重的灾情,国民党景县党政要员则擅离职守、弃城南逃,导致无数伤民无法得到救护。[3] 1940 年 8 月 16 日,日机对四川合江县实施轰炸,炸死炸伤群众近千人。面对这种情形,合江县党政军警在救护伤员中出现严重的渎职和失职。四川省第七区行政督察专员张清源在处理合江县被炸善后情形致四川省政府主席的电文中

---

①《张主席拨款五千元救济被炸死伤平民》,长沙《中央日报》,1938 年 8 月 19 日,第 4 版。

② 政协泸县委员会文史资料工作委员会等编:《泸县文史资料选辑》第 7 辑《抗日专辑》,第 68—69 页。

③ 景县志编纂委员会编:《景县志》,第 32 页。

这样描述:"查合江县于八月十六日遭敌机狂炸……伤亡八百余人,灾情较重。因该县驻军单位较多,情形较复杂,被炸以后情势紧张,兼驻县伤兵管束欠周,间有少数行动越轨,是以地方秩序稍形不安。前据该县各机关,及地方士绅呈请到署,即经奉钧谕派职前往会同县府等处理。查合江被炸后因办理善后迟缓,故迄至八月二十六日后地方始复常态。"①驻军扰乱救灾秩序,政府处理惨案迟缓,这是合江县政府在救灾工作中渎职、失职的生动写照。这些基层政权背信弃义、临阵脱逃、纪律涣散和懈怠拖延等行为,使受伤民众的身心再次遭到无情的伤害。

2. 掩埋遗体

重大惨案救助不但包括对生者的医治,而且也包括对死者的安置。这既是对死者的安慰又是对生者的抚慰,体现了对人道主义精神的坚持和弘扬。处置重大惨案死难同胞遗体主要由防护团、空袭紧急救济联合办事处抚济组、警察局以及救护医院等机关负责处置。1937 年 9 月 24 日,日军出动飞机对湖北武汉市区实施轰炸,炸死无辜市民 200 人左右。为了防止因尸体腐烂而发生疫情,武汉方面紧急出动,警察局统计当日平民死亡 109 人,尸体当晚分批掩埋。② 1940 年 7 月 24 日,日军飞机对四川成都市区实施轰炸,炸死无辜市民上百人。成都市空袭紧急救济联合办事处空袭服务队、棺殓掩埋两队,共计出动 102 人,分四组赶赴灾区处置死难者遗体工作。截至 27 日,其殓埋尸体 74 具,其中男性 37 具、女性 33 具以及童尸 4 具。③ 1941 年 6 月 23 日,日军出动大批飞机

---

① 四川省档案局(馆)编:《抗战时期的四川——档案史料汇编》中,第 1162 页。
②《遭敌机惨炸后京粤汉损失调查》,南京《中央日报》,1937 年 9 月 27 日,第 1 版。
③ 四川省档案馆编:《川魂:四川抗战档案史料选编》,第 83 页。

空袭四川省松潘县城,炸死炸伤居民上千人。空袭救护机关等紧急出动,当地救济院负责人称,掩埋尸体 700 余具。① 7 月 27 日上午,日军出动大批飞机再次对成都市区实施狂轰滥炸,炸死无辜市民数百人。下午 4 时,成都市空袭紧急救济联合办事处掩埋队尚未赶回现场。面对这种紧急情况,成都市防护团团长朱瑛下令本部常备消拆大队全员出动,分赴各灾区,将死者尸体搬运出城停放棺殓,直至深夜才完成任务。②

　　由于巨大的掩埋工作量与有限人力之间的矛盾,国民政府救护组织在处置遗体工作中也出现了敷衍塞责的严重问题。然而,这个问题绝非个案,而是当时一个较为普遍的问题。1938 年 5 月 20 日,日机轰炸河南省驻马店城区,炸死无辜市民 1 500 余人。在处置无人认领的尸体时,国民政府组织 10 余辆牛车将尸体拉出城外,草草掩埋了事。③ 1939 年 9 月 11 日,日军出动大量飞机轰炸四川省泸县城区,造成无辜市民上千人被炸死,尸体堆积如山。防空指挥部组织 200 多人掩埋尸体,工作三天两夜,仍没有掩埋完毕。这时,泸县防空指挥部接到上级命令:由于国民政府主席林森坐船经泸县返重庆,因此务必一天一夜之内掩埋完所有尸体,否则给予严处。针对这种情况,防护团担架总队最后秘密采取两条紧急措施:一是在无人看见时,就地挖坑掩埋;二是在夜深人静时,把靠近长江、沱江附近,如新马路、枇杷沟等地的尸体统统抛下江去。这样,炸弹坑、阴阳沟、甚至粪池等全部都被利用起来。队员尽可能地把遗尸残骨往这些地方塞,上面盖上一层瓦砾泥土,只要暂时不

---

① 四川省档案局(馆)编:《抗战时期的四川:档案史料汇编》中,第 1036 页。

② 四川省档案馆编:《川魂:四川抗战档案史料选编》,第 129 页。

③ 中共河南省委党史工作委员会编:《侵华日军在河南的暴行》,第 217—218 页。

被人发现就算完事。特别是在新马路一带，这样处理的死尸不下百具。投入长江、沱江的尸体也近百具。后来在长江下游的罗汉场、新溪、新路口等三五十里内外的码头仍可看到浮尸，其数不下十具。掩埋队掩耳盗铃似的处理方法，真是自欺欺人。① 担架总队出现如此严重的失职，本质上同国民政府奉行官僚主义作风密切相关。正是防护团上级组织的行政施压，才导致下级掩埋队工作的胡作非为。1940 年 5 月 27 日，日军出动大批飞机对四川省嘉陵江三峡乡村建设实验区——北碚实施轰炸，炸死无辜群众上百人。掩埋队把死难者遗体埋葬于离城区不远的东阳镇石子山附近。由于棺木掩埋较浅，加之天气炎热，导致尸体腐烂后臭气熏天，传染疾病易发高发。② 1941 年 6 月 5 日，日机分批夜袭重庆市区，加之防空设施管理不善，导致上千无辜市民窒息身亡。由于死难人数较多，加之掩埋力量有限，因此在掩埋过程中出现掩埋河边或就地浅埋等敷衍的做法。比如，江北黑石子寸滩遗体掩埋处，后来因为长江水位上涨，不断冲刷，致使有些棺木长时裸露。③ 重庆公益纺织面粉机器制造厂子厂房基地内遗体掩埋较浅，尸体腐烂后臭气冲天。④

　　从抗战全面爆发到抗战后期，日军出动大批飞机对中国实施大规模的轰炸，重大惨案频繁发生，死难者人数处于较高水平，遗

---

① 政协泸县委员会文史资料工作委员会等编：《泸县文史资料选辑》第 7 辑《抗日专辑》，第 65 页。

② 《关于以深坑厚土掩埋被敌机轰炸死难同胞的函、训令》（1940 年 5 月 30 日），重庆市档案馆藏：0081 - 0004 - 002 - 1700 - 0001 - 000。

③ 陪都空袭救护委员会优抚处：《关于窒息死难同胞迁往新官山安葬致重庆市政府的公函》，重庆市档案馆藏：0053 - 0012 - 00117 - 0000 - 029 - 000。

④ 重庆市卫生局、重庆市政府：《关于对江北黑石子掩埋空袭死难处进行消毒的呈、指令》，重庆市档案馆藏：0053 - 0012 - 00117 - 0100 - 229 - 000。

体处置的强度和难度始终没有减轻,因此掩埋工作存在的问题也没有得到切实解决。针对这种情况,国民政府试图采取措施改进空袭遗体处置工作。1944 年 5 月,国民政府行政院颁布《重庆空袭被难尸体掩埋计划》,规定重庆市空袭被难者尸体的搬运和掩埋等相关事务。11 月,重庆市政府又制定了《重庆市空袭掩埋队组织规程》,对空袭掩埋队组织机构及其职能作了专门规定。然而,从 1944 年开始,日军对中国的轰炸不断减少,重大惨案发生频率明显降低,死难者人数大大减少,因此这些对规范遗体处置工作起的作用是有效的。①

3. 抚慰伤亡

面对日军无差别轰炸造成的严重人员伤亡,国民政府坚持人道主义立场,按照赈济和抚恤法规和条例,对伤者和死难者家属积极开展抚慰工作。具体包括对普通民众和公职人员两方面的抚慰工作。1938 年 5 月 21 日,日军出动大批飞机轰炸河南省驻马店,炸死炸伤平民 500 余人。全国赈济委员会紧急下特拨法币 5 000 元,对死伤民众实施救济,并派特派员孙维栋到场督查。由于灾情严重,全国赈济委员会还电令河南省政府先行垫付 20 000 元对死伤民众实施救济。② 日机连续轰炸广州,平民死伤极多,6 月 2 日行政院孔院长命令赈委会拨款30 000 元,交给广东省政府,迅速办理赈恤以及善后事宜。③ 8 月 12 日、13 日,日机连续两天对湖北省武汉市区实施狂轰滥炸,造成数百人死伤。接到灾情报告后,赈济委员会第八救济区特派员事务所立即拨法币 15 000 元对武昌、

---

① 黄河、龚燕杰:《抗战时期重庆市遭日军空袭遇难者遗体处置工作之探讨》,《中华文化论坛》2015 年第 5 期,第 5—12 页。

②《驻马店砀山难民遍野》,汉口《申报》,1938 年 5 月 25 日,第 2 版。

③《敌机昨又扰粤政院续拨三万振恤》,长沙《中央日报》,1938 年 6 月 3 日,第 2 版。

汉阳死伤者开展救济。据统计,死者 238 人,发放救济金法币 7 140元;重伤者129 人,发放救济金法币 2 580 元;轻伤者98 人,发放救济金 900 元;共救济伤亡 457 人,发放救济金法币10 620元。① 1939 年 9 月 11 日,日机轰炸四川省泸县城区,炸死炸伤市民上千人。中央赈济委员会派遣重庆难民配送总站主任姚慈仁携带20 000元救灾款来泸实施急赈。按照中央规定,9 月 18 日、19日、20 日和 21 日 4 天,泸县空袭紧急救济联合办事处共发给死者家属法币 11 550 元,重伤者 2 840 元,轻伤者 3 030 元,总共 17 420元。② 10 月 13 日,日机对四川省南川县实施轰炸,当场炸死数百人。中央赈济会立即下拨法币 10 000 元进行赈济。③ 1940 年 7 月28 日、29 日自贡遭受日机轰炸。8 月,自贡市政府在致电防空司令部时称:"中央赈济委员会来电,拨款三万元;兼理主席张群来电,拨款四万元。"④1943 年 4 月 26 日,日军飞机轰炸云南驿机场,炸死民工 308 人,伤 324 人,军事委员会工程委员会云南驿飞机场扩充工程施工委员会发急恤费 43 万元,疗养费 134 500 元,掩埋费 32 250 元。⑤ 在对死伤者进行物质赈济的同时,国民政府要员还通过到惨案现场和医院看望死伤者,开展精神抚慰。1938 年 8月 17 日,日军对湖南长沙市区实施轰炸,死伤无辜市民 800 余人。为了抚慰灾情民众,维护社会稳定,国民党中央委员兼全国赈济会委员方治及秘书孙亚夫等,分别前往各灾区和医院进行视

① 湖北省委党史研究室编:《湖北省抗日战争时期人口伤亡和财产损失》,第 397—398 页。
② 四川省档案局(馆)编:《抗战时期的四川:档案史料汇编》中,第 1151 页。
③ 四川省档案局(馆)编:《抗战时期的四川:档案史料汇编》中,第 1088 页。
④ 四川省档案馆编:《川魂:四川抗战档案史料选编》,第 131 页。
⑤ 云南省档案馆编:《日军侵华罪行实录·云南部分》,第 264 页。

察和慰问。①

　　此外,地方政府也下拨专款对死伤者进行抚恤。1938 年 8 月 17 日,日军轰炸湖南长沙市区,炸死炸伤无辜群众 800 余人。接到灾情报告后,湖南省政府主席张治中立即下拨法币 5 000 元进行赈济,规定死亡者每人发抚恤费 10 元、重伤每人 5 元、轻伤每人 3 元,具体事宜由省警察局局长文重孚、科员吴忻仁分别办理。② 1939 年泸县"九一一"大惨案后,为了对死伤者实行抚慰,成都行辕贺国光主任汇去法币 1 000 元作为急赈,绥靖公署邓锡侯主任下拨 2 000元作为急赈。③ 1939 年 3 月 29 日,日军出动大量飞机对四川省梁山县实施狂轰滥炸,炸死炸伤无辜市民 400 余人。惨案发生后,县党政机关召开紧急会议,商讨救济、抚恤、掩埋、交通、疏散等重要问题。次日,县政府专门"组织慰问团,携带巨款分组出发,办理紧急救济及慰问事宜,所有各处死尸,饬由救济院装殓掩埋"。④ 1941 年 7 月 27 日,日机滥炸成都,酿成惨案。四川省赈济会发放恤金如下:死者每人发放 26 元,共 20 228 元;重伤者每人发放 20 元,共发放 4 560 元;轻伤者每人发放 10 元,共 2 360 元。⑤ 针对 1940 年 7、8、9 月泸县、隆昌、自贡、渠县、合江和南充的重大惨案,1941 年 1 月至 3 月,四川省赈济会拨款如下表。

---

① 《长市昨被惨炸后全国赈济会拨款赈恤灾民》,长沙《中央日报》,1938 年 8 月 18 日,第 4 版。

② 《长市昨被惨炸后全国赈济会拨款赈恤灾民》,长沙《中央日报》,1938 年 8 月 18 日,第 4 版。

③ 四川省档案局(馆)编:《抗战时期的四川:档案史料汇编》中,第 1151 页。

④ 《梁山县政府为报告 1939 年 3 月 29 日被炸及善后情况给四川省政府的代电》,四川省档案馆藏:41－6156。

⑤ 四川省档案局(馆)编:《抗战时期的四川——档案史料汇编》中,第 1010—1011 页。

四川省赈济会拨发各县市的救济费

县别	炸灾日月	炸灾救济费(元)
泸县	1940 年 8 月 2 日	3 000
隆昌	1940 年 8 月 2 日	2 000
自贡	1940 年 8 月 12 日	2 000
渠县	1940 年 8 月 21 日	3 000
合江	1940 年 8 月 16 日	5 000
南充	1940 年 9 月 3 日	5 000

资料来源:四川省档案馆藏档案,全宗号民 41,案卷号 1953。转引自四川省委党史研究室编:《四川省抗日战争时期人口伤亡和财产损失》,北京:中共党史出版社 2015 年版,第 30 页。

　　重大惨案中既包括无数普通平民死伤,也包括大量防护团员、警察、公务员和公役等公职人员的伤亡。为了抚慰公职人员中伤者及死者家属,国民政府按照中央和地方法规规定,对他们给予物质上的慰藉。1939 年 2 月 4 日,日军出动大批飞机对贵阳城区实施轮番轰炸,造成上千无辜群众被炸死炸伤,其中包括防护团员、保甲人员、教育人员、保安队员等。按照中央和地方法规,贵州省及其贵阳市党政机关对这些人员的死伤给予了相应的抚恤。比如,贵州省农田水利贷款委员会副工程师吴琳和书记萧利培两人,在空袭中不幸受伤,经查实,政府给他们各下发 1 个月的救济费,共计法币 120 元。① 省教育厅在这次空袭中也伤亡多人,救护委员会发给死亡科员龚念勋家属法币 200 元,发给受伤科员刘口椿法币 60 元,发给受伤工友钟文彬法币 20 元。② 贵阳防护团消防队兼

---

① 《农田水利贷款委员会关于空袭救济费的报告》,贵州省档案馆藏:M1 - 379,第 76—90 页。

② 《贵州省政府教育厅"二四"空袭被敌机轰炸遭受损害各职员工役救济费预算数支出》,贵州省档案馆藏:M1 - 426,第 29—32 页。

第三保长刘义顺在空袭中因公不幸牺牲,抚恤委员会发给其家属恤金法币 300 元。① 10 月 13 日,日军出动大批飞机轰炸四川省南川县城,当场炸死无辜市民 150 余人。县防护团总干事王洪德在执行公务中不幸身亡,为了弘扬他忠于职守、鞠躬尽瘁的高尚情操,县长立即发给其家属埋葬费 200 元。随后,县政府又呈文四川省政府主席及蒋介石,要求"从优抚恤,以资激励,而慰忠魂,实为公便"。②

由于抚恤机关及其人员的利己主义倾向及其官僚主义工作作风,有些地方的抚恤工作也出现了谎报伤亡人数、拖延恤金发放等问题。关于 1939 年泸县"九一一"大惨案抚恤工作,当时的担架总队长姜继皋回忆:全国救济总会规定,分别给轻、重伤员每人发 5 至 10 元救济金,给死者每人发 20 元的恤金。惨案发生后,泸县救灾委员会统一报领了 2 000 多人的赈款,但总共发了多少款项到灾民手里呢? 这是一个谁都搞不清楚的数字。例如,姜继皋的一个同乡刘五兴,为专员张清潭抬滑杆,不幸被日机机枪击中身亡,其家属一再委托姜继皋为其代领这笔恤金,但抚恤人员以种种托词拖延。最后,姜继皋以担架总队长的身份为其代领,并由专员张清源亲自批准,才把 20 元钱领到手。又如,苏裱业张济周全家 7 人,死了 6 人,多次申请恤金不成,并上诉地方法院,打了多年官司,仍未领到恤金。③ 据姜继皋的回忆可以得出以下两方面结论:一是泸县救灾委员在领取赈灾款项上存在虚报人数的行为;二是泸县救

---

① 《贵州省会二四空袭因公伤亡人员临时抚恤委员会关于刘义顺等保甲人员恤金发放标准的报告》,贵州省档案馆藏:M5-592,无页码。

② 四川省档案局(馆)编:《抗战时期的四川:档案史料汇编》中,第 1088—1089 页。

③ 政协泸县委员会文史资料工作委员会等编:《泸县文史资料选辑》第 7 辑《抗日专辑》,第 64 页。

灾委员会在发放伤亡人员恤金时存在拖延问题。在恤金发放方面,抚恤机构不仅对普通百姓采取拖延,而且对公职人员也是如此。在1939年贵阳"二四"大惨案中,贵阳防护团消防队兼第三保长刘义顺因公不幸牺牲。在恤金发放中,抚恤机关把刘义顺当作保甲人员身份对待,发给恤金法币70元。然而,如把他当作防护团员身份对待,实应领到恤金300元。在刘义顺家属的反复申诉下,抚恤机关最终经过近3个月的调查取证,最后做出按防护团员标准执行的决定,发给其家属恤金法币300元。① 从刘义顺的个案看,贵阳抚恤机关在发放恤金中的确存在拖延问题。

第二节　社会各界对重大惨案的应对

面对日机轰炸造成的巨大人员伤亡,在爱国主义和民族主义的激励下,各地社会团体切实承担起自己应尽的职责,积极投身重大惨案处置工作,在协助政府应对灾难中发挥了重要作用。

一、中共积极应对

中国共产党是工人阶级的先锋队,同时也是中国人民和中华民族的先锋队,始终代表着最广大人民的根本利益。在重大惨案发生后,国统区和根据地的中共组织及党员英勇顽强地投身救护工作,为保护人民群众的生命安全发挥了积极作用。1939年"五三""五四"大惨案发生后,在中共南方局领导下,新华日报社组织

---

① 《贵州省会二四空袭因公伤亡人员临时抚恤委员会关于刘义顺等保甲人员恤金发放标准的报告》,贵州省档案馆藏:M5-592。

了两个服务队,前往灾区参加救死扶伤工作。① 1941 年 9 月 24 日,日军出动大批飞机轰炸河北盐山县小山村等,炸死无辜民众上百人。日机刚刚离开,小山村的党支部书记孟祥生,驻地八路军首长,冒着被再次轰炸的危险,组织群众战士,掩埋死难者遗体,把炸伤群众抬到八路军临时设立的救护所进行抢救。②

在处置重大惨案中,中共领导干部率先垂范、身先士卒,积极投身救护工作。1938 年 6 月 15 日,日军出动大批飞机对安徽金寨县城实施轰炸,造成 400 余人遇难。面对日机的疯狂轰炸,中共六安县委书记邹同礽为保护人民的生命安全,临危不惧,在指挥无辜群众躲避轰炸时,他和妻子献出了宝贵的生命。③ 10 月 23 日,日机向停靠在湖北燕子窝的轮渡"新升隆"号实施轰炸,并实施低空扫射,炸死枪杀无辜群众上百人。其中,25 名新华日报社和八路军驻武汉办事处留守人员不幸遇难。在这个危难关头,25 日,中共中央长江局副书记周恩来亲自从武汉赶往燕子窝,处理遇难人员的后事。26 日凌晨,他又到长江边上祭奠遇难烈士,表达对烈士的无限哀思。④

二、民间团体奋力援助

民国时期,战乱四起,灾荒不断,社会矛盾和社会问题非常突出。为了应对这些矛盾和问题,中国基层社会组织起了各种类型的社会团体,如商会、红十字会、同乡会等。这些社会团体同国家共存共荣,相互支持、相互配合,维护社会秩序,促进社会和谐。抗

① 唐守荣主编:《抗战时期重庆的防空》,第 154—155 页。

② 中共海兴县委党史办公室编:《海兴党史资料》第 1 辑,1989 年版,第 63 页

③ 李秉新等主编:《侵华日军暴行总录》,第 726 页。

④ 仙桃市地方志编纂委员会:《沔阳县志》,第 14 页。

战时期,日军出动大批飞机对中国的中心城市实施无差别轰炸,无数平民惨遭屠杀,社会秩序遭受严重破坏。面对严峻的社会危机,社会团体在民族主义旗帜感召下,救护受伤民众,掩埋死难者遗体,救济伤者及死者家属,对维护底层民众的生命安全发挥了重要作用。

　　一是救护伤者。1937 年 9 月 8 日,日军出动飞机轰炸江苏松江县城车站,炸死无辜乘客 300 余人,伤 400 余人。事后,松江商会、医务界等在城区白龙潭小学设立临时救护医院,对轻重伤员进行救治和护理。[1] 1938 年 5 月 21 日,日军出动大批飞机对河南驻马店城区实施轰炸,炸死杀伤数百人。惨案发生后,河南省红十字会立即安排信阳分会派人携带药品,前往灾区医治受伤民众。[2] 1939 年 3 月 29 日,日机空袭四川梁山县城,炸伤无辜民众 200 余人。面对突如其来的严重灾情,县红十字会立即采取行动,在西门外设立临时医院,对轻重伤员进行救护。[3]

　　二是掩埋遗体。1937 年 9 月 8 日,日军出动飞机轰炸江苏松江县城车站,炸死无辜乘客 300 余人。惨案发生后,佛教协会组织僧侣救护队立即赶赴现场,抢救伤员,掩埋无主尸体。[4] 11 月 29 日,日机空袭江苏溧水县城,炸死无辜市民上千人,街头巷尾横尸遍野、血流成河。事后,熊月辉、张才能两人组织义务掩埋队,用七八天时间,把被炸死的同胞遗体掩埋在美人山、庙山沟、荷包袋等

---

[1] 中央党史研究室第一研究部编:《抗日战争时期全国重大惨案》1,第 322—323 页。

[2]《驻马店砀山难民遍野》,汉口《申报》,1938 年 5 月 25 日,第 2 版。

[3] 唐润明主编:《重庆大轰炸档案文献·轰炸经过与人员伤亡·区县部分》下,第 603 页。

[4] 中央党史研究室第一研究部编:《抗日战争时期全国重大惨案》1,第 322—323 页。

处,掩埋无主尸体多达 786 具,认领走的尸体约 200 人。① 1938 年
8 月 13 日,日军连续两天对湖北阳新县县城实施狂轰滥炸,致使上
千人伤亡。惨案发生后的第三天,城区仍有 300 余具遗体无人认
领。这时,阳新一个群众性慈善机构——"同善堂"便用钱雇佣人
力,把无主尸体掩埋在城郊儒学垴处掩埋,让死者得以安息。②

　　三是组织赈济。1939 年 2 月 4 日,日机轰炸贵阳,民众死伤
2 000 多人。青年会积极以筹捐衣物、拍卖、缝制寒衣、公演筹款
等方式对灾民进行赈济。③ 7 月 26 日,日军轮番轰炸广西梧州县
城,造成七八百位无辜市民伤亡。鉴于严重灾情,梧州慈善组织
开展捐钱捐物活动,红十字会梧州分会致力于救死扶伤。中国扶
轮会捐赠桂钞 1 000 元,并派会员到灾区施粥散赈,救护伤者。
26 日、27 日该会会员陆达昌经手募捐法币 2 000 余元,随后交付
红十字会,对伤者及其死难者家属实施赈济。④ 9 月 11 日,日军
轮番空袭四川泸县城区,炸死炸伤无辜群众上千人。事后,四川
省同乡会立刻积极开展死伤者赈济事宜。10 月 19 日,省同乡筹
赈委员会在为泸县遭日机轰炸需增拨赈款致四川省政府的呈文
中这样写道:"噩耗传来,同深〔声〕悲愤,本会谊关、桑梓援助赈救
义无反顾,已选次召集旅省各界同乡开会筹商援助赈救办法。当
经决议,就省同乡会成立泸县炸灾旅省同乡筹赈委员会,并呈报
市党部备案。惟本会同人虽各尽其力之所及然,究以能力薄弱,
杯水车薪无济于事,兼以秋寒袭人,严冬将届,哀鸿遍野,待哺嗷

---

① 江苏省政协文史委员会等编:《江苏文史资料》第 71 辑《溧水风情》,1993 年版,第
　74—75 页。
② 中央档案馆、湖北省档案馆编:《侵华日军在湖北暴行史料》,第 152—153 页。
③ 闵廉:《大轰炸后的贵阳》,《新华日报》(重庆),1939 年 2 月 21 日,第 2 版。
④ 中央党史研究室第一研究部编:《抗日战争时期全国重大惨案》8,第 101 页。

嗷,凡稍具仁慈观念者,实已目不忍睹、耳不忍闻,若不有宏大之救济,将何以谋善后。"①泸县惨案发生后,省同乡会高度重视灾情,迅速成立组织机构领导赈济工作,多次召开会议商讨赈济措施和办法。经过反复商讨,省同乡筹赈委员会决定下拨巨款对死伤同胞进行救济。

除了政府及社会组织积极应对惨案外,普通个人也积极地参与。1939 年乐山"八一九"大惨案发生后,武汉大学、中央技艺专科学校的师生纷纷自发地加入救护工作。② 1940 年邕宁"五一四"大惨案发生后,回乡的大学生马鸿韬、小学老师等,积极赶到现场,加入抢救工作。③ 1941 年重庆"大隧道惨案"发生后,市民对日机的疯狂滥炸恨之入骨,自动发起了反对日机暴行的运动,家家户户以白布或灯笼上书:"父传子,子传孙,生生世世,勿忘此仇。"④他们用血泪交织的标语表达强烈抗议。

第三节　国际社会对重大惨案的反响

侵华日军无差别轰炸给中国人民带来了巨大的人口伤亡,也波及部分在华外籍人士。除广州、上海、南京、武汉等外籍人士较多的大城市外,部分西部偏远城市的外籍人士也难幸免。如 1941 年四川阆中"八一六"大惨案中,伤亡外籍人士 10 人,其中死亡 7

---

① 四川省档案局(馆)编:《抗战时期的四川:档案史料汇编》中,第 1154 页。

② 中央党史研究室第一研究部编:《抗日战争时期全国重大惨案》8,第 156 页。

③ 政协广西壮族自治区南宁市委员会文史资料研究委员会:《南宁文史资料》第 3 辑,1987 年版,第 45—46 页。

④ 《八年血债·编案纪要初稿》(1975 年 6 月),台北"国史馆"藏,蒋中正总统文物:002 - 090299 - 0008 - 001。

人,受伤 3 人。① 因此,这些重大惨案受到国际社会的高度关注和
强烈反应。美英法苏等国出于人道主义和维护在华权益的目的,
对日提出抗议、谴责,甚至与日方进行交涉。国际友人、社会团体
等也基于爱好和平和维护正义,对日本法西斯表示强烈的谴责。

一、美英等国的反应

全面抗战爆发以来,为了达到灭亡和殖民中国的目的,日机
肆无忌惮地对中国不设防城市和乡村实施野蛮轰炸,重大惨案频
繁发生,大量无辜平民惨遭屠杀。日军实施的无差别轰炸,也严
重威胁到美英法苏等国的远东权益,违背国际法规,破坏国际秩
序。为了维护国家利益、国际秩序和坚守人道主义精神,美英法
苏等国对侵华日军无差别轰炸制造的重大惨案给予强烈谴责和
严正抗议,给中国政府和中国人民道义上的支持和物质上的帮
助。1937 年 9 月 22 日,日机在南京制造"九二二"大惨案。事件
发生后第二天,德国驻日大使德克森(Herbert von Dirksen)向日
本外务省提出照会,抗议日军轰炸南京暴行。② 美国、英国和法国
也纷纷向日本政府提出抗议。③ 针对日军在南京犯下的轰炸罪行,
拉贝(John Rabe)强调:"到目前为止,绝大多数的炸弹并不是针对
军事目标,而是落到了平民百姓的头上。"④9 月 25 日,日军对南京

① 《阆中县各机关外侨人口伤亡表》,四川省阆中市档案馆藏:366 - 30 - 4。转引自:张
　入心:《论日军对阆中的大轰炸(1941)》,硕士论文,西华师范大学历史文化学院,2017
　年,第 24 页。
② 《日机轰炸我首都德国对日提抗议与英美法取一致步骤》,上海《申报》(临时夕刊),
　1937 年 9 月 23 日,第 1 版。
③ 《暴日轰炸南京英美法对日抗议》,上海《申报》,1937 年 9 月 23 日,第 1 版。
④ [德]维克特著,周娅、谭蕾译:《拉贝日记》,北京:新世界出版社 2009 年版,第 11 页。

实施了抗战以来最残酷的一次轰炸，死伤市民 600 多人。日军的无差别轰炸暴行引起国际社会的强烈愤慨。26 日，苏联驻日大使史拉夫斯基(Mikhail Slavutsky)以书面的形式向日本外相广田提出抗议，认为日机轰炸中国首都南京是一种战争犯罪行为，要求日本政府"负一切轰炸之责"。① 1938 年 5、6 月间，日军在进攻汉口的同时，派出百余架重型轰炸机轮番对华南战略要地广州实施轰炸。5 月 28 日以后的连续 10 余天，日机在广州制造了 9 次重大惨案，死伤平民八九千人。日本法西斯在广州的野蛮暴行震惊世界。针对日机轰炸不设防城市广州及其造成的严重后果，英美法等国多次向东京提出严重抗议。6 月 6 日，法国政府向日本政府提出抗议，抗议日机滥炸广州市。6 月 9 日，美国政府也对日军滥炸岭南大学提出抗议。6 月 10 日，法国 188 名各党派议员组成"同情中国委员会"，抗议日军滥炸广州，呼吁各国政府出面干涉，希望各大城市当局援助难民。② 6 月 11 日，美国国务卿科德尔·赫尔(Cordell Hull)发表谈话称："美国决定以劝请之方式，阻碍飞机制造家以轰炸机售与日本，以为轰炸中国平民之用。"③美国政府的这种决定虽不具有强迫性质，但对美国飞机厂出售飞机给日本政府的行为施加精神压力。换言之，美国政府这项外交政策具有在道义上支持中国抗战的象征意义。进入抗战相持阶段后，日军企图通过对中国抗战大后方实施无差别轰炸，瓦解中国政府和人民的抗战意志和信心。1939 年 5 月 3 日、4 日，日军连续两天轰炸战时首都重庆，数千市民被炸死炸伤。日

---

① 《苏联对日提出轰炸中国首都抗议》，《国际言论》1937 年第 4 期，第 141 页。

② 广州市地方志编纂委员会编纂：《广州市志》卷十三"军事志"，第 340 页。

③ 张明养：《日本疯狂轰炸广州的反响》，《东方杂志》1938 第 35 卷第 11 期，第 3 页。

军以平民为目标实施的残酷轰炸，引起了英美等国的强烈反响，并纷纷向日本政府提出抗议。①

侵华日军对中国不设防城市实施的空中大杀戮，极其残忍，制造的重大惨案数量众多。这些重大惨案，引起了美英法苏等国的高度关注，但目前学界对侵华日军无差别轰炸重大惨案的国际应对研究成果比较薄弱。② 本书以美国国家档案馆马里兰分馆所藏中日政治关系档案资料（RG59，Relating of Political Relations Between China and Japan，1930 - 1944）为主体材料，综合其他方面史料，在已有研究基础之上，全面考察美国政府对侵华日军无差别轰炸重大惨案的认知、态度和政策，从而探讨美国远东外交政策流变的内在逻辑。需要指出的是，基于国家利益、地缘政治以及意识形态的相似性，美英法等国对侵华日军无差别轰炸重大惨案的认知、态度和政策有极大的相似之处。本书拟通过对美国政府因应的研究，以个案方式透视英美等国对侵华日军无差别轰炸重大惨案的认知、态度和政策。

1. 对重大惨案的关注及真实意图

全面抗战爆发后，日本凭借强大的现代化航空力量，对中国不设防城市实施无差别轰炸，制造了数百起重大惨案，无数平民惨遭杀戮，城镇成为重大惨案的重灾区。基于此，美国出于维护国家利益的现实需要，对侵华日军无差别轰炸重大惨案给予密切

---

① 《重庆轰炸后的国际反响》，《世界知识》1939 年第 9 卷第 7 期，第 197 页。

② 潘洵：《抗争中的嬗变：重庆大轰炸的国际影响》，《史学集刊》2012 年第 3 期，第 51—57 页。姚旭：《重庆大轰炸中外国机构受损及应对措施初探》，《民国档案》2017 年第 4 期，第 103—110 页。高佳：《绝命航班：1938 年"桂林"号事件与美英两国的因应》，《日本侵华南京大屠杀研究》2018 年第 3 期，第 81—96 页。这些成果以轰炸为研究主题，探讨英美等国的因应，而以重大惨案为切入的研究比较薄弱。

关注。一是关注人员伤亡的规模和结构。1937 年 8 月 28 日,日机对上海南北车站实施轰炸,炸死炸伤大量平民。美国海军情报官员立即向国务院报告了这一惨案情形,认为日机轰炸屠杀市民人数大约为 250 人至 400 人之间。① 1938 年 5 月底至 6 月,日机对广州市区进行长达两周的轰炸,制造了一系列重大惨案。美国对日机炸死炸伤无辜平民的数量作了这样评估:5 月 28 日超过 1 500 人,5 月 29 日超过 500 人,5 月 30 日大约 1 300 人,6 月 4 日大约 2 000 人,6 月 6 日超过 2 000 人。② 这组伤亡数据虽然同实际数据可能存在差异,但反映了日本法西斯的残暴性。美国不仅关注重大惨案中人员伤亡的数量,而且还对伤亡群体的构成给予关切,尤其重视妇女和儿童的伤亡。1939 年 3 月 6 日,美国国务院秘书处这样写道:1938 年 5 月 28 日至 6 月 4 日,日军对广州城区的轰炸造成 5 000 多平民伤亡,其中包括大量的妇女和儿童。这种情形在中国其他城市也频繁发生。1940 年 5 月 28 日和 6 月 12 日,日军对重庆实施轰炸,造成严重的人员伤亡,包括大量的妇女和儿童。在"五二八"大惨案中,男性、妇女和儿童伤亡比例分别 18.4%、38.8% 和 42.8%;在"六一二"大惨案中,男性、妇女和儿童伤亡比例分别为 24.5%、35% 和 40.5%。通过比较发现:在重大惨案中,妇女和儿童的伤亡比例高于男性,而儿童的伤亡又高于妇女。

---

① Confidential Headquarters Fourth Marines Shanchai, China（August 28, 1937）, RG59, Relating of Political Relations Between China and Japan, 1930 - 1944, File Number:793. 94/10934.

② Air Raids at Canton 1938, RG59, Relating of Political Relations Between China and Japan, 1930 - 1944, File Number:711. 942/531. p. 4.

1940 年重庆"五二八""六一二"惨案统计

	死　亡				重　伤				轻　伤				总　数			
	男性	女性	儿童	总数	男性	女性	儿童	总数	男性	女性	儿童	总数	男性	女性	儿童	总数
5.28	46	145	84	276	63	124	156	343	78	125	194	397	187	394	434	1 015
6.12	49	84	98	231	61	93	106	260	72	83	96	251	182	260	300	742

资料来源：Casualties and Property Damages Sustained in Japanese Air Raids on Chungking on May 28 and June 10,11 and 12,1940,RG59,Relating of Political Relations Between China and Japan,1930 - 1944, File Number：793. 94/16009.

　　二是关注惨案的惨景。日军野蛮的轰炸暴行造成无数生灵涂炭,目击者往往用"惨不忍睹""惨不堪言"等词来描述。1937 年 8 月 28 日和 9 月 23 日,日军轰炸上海南北车站和广州市区,炸死炸伤上千无辜平民。美国用四张图片描述了这两场重大惨案的局部惨景,并以文字给以具体说明,即 20 个中国城市被炸;日机轰炸广州,死伤 2 000 多人。在四张图片中,有三张描述的是日机炸死平民的惨景:左上图描述的是尸横遍野的车站;右上图描述的是棺材成龙的大街;左下图描述的是一位满身血污、骨瘦如柴的男性遇难者。[1]图片以铁的事实揭露日本法西斯的野蛮性,有助于激发读者产生强烈的同情心和正义感。

　　9 月 24 日,日机轰炸武汉市区,炸死炸伤市民 686 人。美国以多张图片具体地描述这场惨案的细节。在图中,既有对死者惨景的刻画,又有对伤者施救的描述。其中有两张图片描述的是装殓

---

[1] The Japanese Way：A photographic record of Japan's destruction of civilian life and property in china, since July 7,1937,China reference series,Vol. 1 ,No. 1,December 6,1937,No 1,RG59,Relating of Political Relations Between China and Japan,1930 - 1944, File Number：793. 94/12381.

尸体场面，直观地体现了这场重大惨案的惨烈程度。①

　　妇女和儿童的伤亡场景同样受到美国的关注。1937 年 9 月 13 日，美国驻上海领事克拉克维斯（Clarke Vyse）在备忘录中记载了日军轰炸上海火车南站的情形：8 月 28 日，星期六，日机轰炸上海火车南站，一次空袭就炸死难民 200 余人。为了说明这场惨案的惨烈程度，美国专门刊出一张黄包车运送受伤老妇和儿童前往医院的图片，并给予说明。在图片中，老妇双眼睛紧闭、脸上血迹斑斑，奄奄一息地躺在车上；车上还坐着一个儿童，表情沉重，双手紧紧地握着车的把手，惊恐万状。② 这场灾难对妇女和儿童造成的伤害可见一斑。1938 年 2 月 10 日，美国远东事务局在谈到中日战争上海形势时，再次以儿童被炸作为铁证揭露日军的残酷暴行。在图中，一个儿童瘫坐，一个儿童站立，一位男子询问，儿童身心伤痕累累，男子满身血迹斑斑，场面凄凉悲切。③ 图片以直观的形式再现了这场浩劫，其震撼力让观察者触目伤怀，有助于激发他们对受害者的同情。

　　三是以中心城市的惨案为观察重心。日军对中国不设防城市实施的无差别轰炸，制造的重大惨案数量之多、范围之广，在人类战争史上实属罕见。1937 年 9 月 31 日，上海总领事克拉克维斯

---

① Air raids on Hankow，September 24，1937，RG59，Relating of Political Relations Between China and Japan，1930 - 1944，File Number：793. 94/11018.

② American Consulate General，Shanghai ，China，September 13，1937，RG59，Relating of Political Relations Between China and Japan，1930 - 1944，File Number：793. 94/10 613.

③ The Japanese Way：A photographic record of Japan's destruction of civilian life and property in China，since July 7，1937，China reference series，Vol. 1 ，No. 1，December 6，1937，No 1，RG59，Relating of Political Relations Between China and Japan，1930 - 1944，File Number：793. 94/12381.

(Clarke Vyse)在发给美国国务院的一份文件中详细记述了日军 9 月份在中国城市制造的轰炸暴行情况。1940 年 1 月 18 日,美国国务院在综合各方面情报的基础之上,形成了一份以部分中心城市为中心的日机轰炸暴行文件。在这份文件中,美国比较详细地记载了全面抗战爆发以来日军在中国部分中心城市犯下的轰炸罪行。从表中可以看出,在中国经济、政治、文化和外交中心城市(如上海、南京、武汉、广州和重庆等)发生的重大惨案,最容易受到美国的关注。同时,日机轰炸造成大量人员伤亡的普通城市,也受到了美国关注。

1937—1939 年部分城市发生的惨案

时　间	地　点	死　亡	受　伤
1937.9.5	上海	50 人	100 人
1937.9.8	上海	300 人	400 人
1937.9.24	汉口	300 人	——
1937.9.25	南京	600 人	
1938.5.28	广州	600 人	1 000 人
1938.5.29	广州	500 人	
1938.5.30	广州	1 300 人	
1938.6.4	广州	1 000 人	
1939.5.3—4	重庆	4 000 人	1 000 人

数据来源:A Few Major Events of the 1937 Incident Which Are Reported to Have Happened in and Near Shanghai During September as Culled from the Newspapers and Arranged in a Day to Day Chronological Order, RG59, Relating of Political Relations Between China and Japan, 1930 - 1944, File Number: 793. 94/10937. Air Raids at Nanking,Canon Chungking and so on(January 18, 1940), RG59, General Record of Department of State, Decimal File 1940 - 1944,File Number:711. 942/530.

太平洋战争爆发之前,美国为什么对侵华日军无差别轰炸重大惨案给以如此关注? 它的真实意图又是什么? 这是一个非常值得深入探讨的问题。综合分析笔者所掌握的史料，美国关注侵华日军无差别轰炸重大惨案大体有如下原因：

首先，尊重生命，保障美国在华公民的人身安全。据统计，1937 年 7 月居住在天津、上海、南京、武汉、广州等城市的美国侨民为 10 500 人①，其中上海 3 809 人②。中日战争全面爆发，严重威胁到他们的人身安全。据史料记载，从 1937 年 7 月至 1941 年 12 月，日军无差别轰炸造成在华美国公民人身伤害 65 人，其中被炸死炸伤 60 人，占总人数的 92.3%。③ 1937 年 12 月 12 日，日军轰炸美国"帕奈号"和美孚石油公司油轮，造成数十人伤亡，史称"帕奈号事件"。针对这一事件，美国驻日大使约瑟夫·C. 格鲁（Joseph C. Grew）尖锐地批评："这样滥轰我们的船舰，要设法制止，并向他（笔者注：日本首相广田弘毅）指出，如果发生杀伤美国侨民的事件，就会在美国国内产生极坏的、严重的影响。"④这表明，美国高度关注侵华日军无差别轰炸重大惨案最直接的原因，就是为了保障其在华美国公民的人身安全。

其次，妥善处理美日、美中关系，维护自身在华权益。19 世纪90 年代，美国提出"门户开放"政策，强调利益均沾、机会平等，并得到列强一定程度的支持与认同。全面抗战爆发前后，美国同中国、日本经济贸易关系日益密切。下表这组数据表明：太平洋战争爆

---

① The Secretary of State to Vice President Garner, January 8, 1938, Foreign Relations of the United States, Japan: 1931 - 1941, Volume. 1, p. 430.

② Japanese Propaganda in Canada, Why the Fighting in Shanghai, Relating of Political Relations Between China and Japan, 1930 - 1944, File Number: 793. 94/11821.

③ 陈志刚：《1940—1941 年美国在华撤侨行动初探》，《抗日战争研究》2015 年第 3 期，第 124—137 页。

④ ［美］约瑟夫·C. 格鲁著，蒋相泽译，陈宏志、李健辉校：《使日十年》，北京：商务印书馆 1992 年版，第 236 页。

发以前，美国向日本出口的商品的数量和比例都远远高于中国，但从总体趋势看，美国向日本出口的商品的数量和比例又呈逐年递减的趋势。这种经济贸易关系及其走势无疑会影响美国对侵华日军无差别轰炸重大惨案的因应，进而影响其制定远东外交政策。

美国与中国、日本的出口统计表

年代	出口价值（以百万美元为计）		占美国出口总额比例	
	中国	日本	中国	日本
1936	47	204	1.9	8.3
1937	50	289	1.5	8.6
1938	35	240	1.3	7.8
1939	56	232	1.8	7.3
1940	78	227	1.9	5.6

资料来源：［美］孔华润（Warrenl. Cohen），张静尔译：《美国对中国的反应——中美关系的历史剖析》，上海：复旦大学出版社1989年版，第132页。

再次，把握中日战争形势，制定远东政策。侵华日军无差别轰炸重大惨案同中日战争相生相伴。重大惨案发生的数量、烈度是中日战争形势的一个重要表征。换言之，把握了重大惨案的基本情况，在一定程度上就把握了中日战争的形势。1937年8、9月间，日军先后对上海、南京和广州等地实施战略轰炸，制造了大量重大惨案，战争形势日益复杂多变。同年10月5日，美国总统罗斯福在芝加哥发表"检疫隔离演说"，对日机轰炸无辜平民进行谴责，提出以"隔离""孤立"的手段，和平方式战胜侵略者。1938年5月底至6月初，日军对广州实施战略轰炸，无数平民被炸死炸伤，重大惨案一桩接一桩，中日战争形势扑朔迷离。6月3日，美国国务院在谈到外交政策时指出，自由建立在法律基础之上，大屠杀这种无法无天的行径，严重威胁人类文明进步，让人难以容忍。面对撕裂的国际社会,美国作为一个最强最富的国家,外交政策将何去何从? 美国外交政策的基石是维护持久和平与稳定,避免战争。这是美国人民的热切愿望。① 也就是说,真实准确地把握了侵华日军无差别轰炸重大惨案的情形,对美国制定符合自身国家利益的远东政策具有至关重要的意义。

2. 对重大惨案的性质研判与态度

1937 年 7 月至 1941 年 12 月,日机对中国中心城市实施无差别轰炸,造成大量无辜平民的伤亡,制造了上百起骇人听闻的重大惨案。美国驻华使节、新闻记者和传教士以及中国政府和人民等,通过不同形式把所见所闻源源不断地传递给美国国务院及国际社会。在此基础上,美国对侵华日军无差别轰炸重大惨案的性质进行了研判。1937 年 9 月 21 日,针对日机对无辜平民实施的空中杀戮,国务卿科德尔·赫尔在致电美国驻日大使格鲁时阐述了他对无差别轰炸重大惨案性质的认识,认为日机对中国非战斗人员实施的轰炸与国际法和人道主义背道而驰。② 1938 年 5 月 28 日至 6 月 3 日,日机对广州城区持续、轮番、疲劳轰炸,在一周的时间内,炸死炸伤数千平民。日军的野蛮暴行引起美英等国家的高度关注。6 月 4 日,在美英会谈备忘录中,英国明确指出,日机在广州对无辜市民的空中杀戮,特别是对妇女和儿童的屠杀,同人道主义原则相悖。③ 6 月 6 日,驻日大使格鲁致电美国国务院咨询:"英国驻

---

① America Foreign Policy, Relating of Political Relations Between China and Japan, 1930 –1944, File Number:793. 94/13317.

② Hull to Special Gray Embassy Tokyo (Japan) Telegram, Relating of Political Relations Between China and Japan,1930 – 1944, File Number:793. 94116/16.

③ Aide-memoire(June 4, 1938), Relating of Political Relations Between China and Japan,1930 – 1944, FileNumber:793. 94116/46 – 2/4.

日大使坚持以人道主义向日本施压,我方是否据此对日交涉?"①美
国在是否以人道主义作为武器对日施压上表现得犹豫不决,但格
鲁个人在这个问题上的态度却是明确、坚决的。他在日记中这样
写道:"我认为最要紧的是,日本政府应经常记住,轰炸平民一事,
不论发生在什么地方,不论是怎样发生的,出于人道主义,美国政
府和美国人民都深为关切。"②1939 年 5 月 3 日、4 日,日机轰炸国
民政府陪都重庆,上千无辜平民被炸死炸伤。针对日军的轰炸暴
行,国务卿赫尔说,基于人道主义立场,美国政府憎恨对不设防城
市的平民,特别是妇女和儿童的屠杀。他还特别强调,对无辜平民
的空袭在道德上应当给予禁止。同年 5 月 14 日,《华盛顿时代先驱
报》(Washington Times-Herald)发表题为"日机的暴行遭到美国
的抗议"一文,向民众公开了美国对日机轰炸暴行性质的认知,即
反人道性质。③ 美国对侵华日军无差别轰炸重大惨案的违法性也
有清楚的认知。1922 年 12 月 11 日至 1923 年 2 月 19 日,由华盛
顿会议指定的法学家委员会草拟的《空战规则草案》第二十二条规
定:"以造成平民恐怖、破坏或损坏非军事用性质的私人财产或伤
害非军事人员为目的空中轰炸,应予禁止。"④该《草案》为日本政府
所接受。然而,全面抗战爆发以后,日军置国际法于不顾,大肆对
中国不设防城市实施无差别轰炸,无数平民被炸死炸伤。针对日

---

① From Grey Tokyo to Secretary of Washington (June 6, 1938), Relating of Political
　 Relations Between China and Japan, 1930 – 1944, File Number:793. 94116/47.

② [美]约瑟夫·C. 格鲁著:《使日十年》,第 253—254 页。

③ "Japan's Raids Bring Another U. S. Protest", Washington Times-Herald, May 14,
　 1939. Relating of Political Relations Between China and Japan, 1930 – 1944, File
　 Number:793. 94/15010.

④ Aerial Bombardment. RG59 Department of State Decimal File:1930 – 1939. Box 3611,
　 File Number:700. 00116/325. p. 10.

军的暴行,1937 年 10 月 5 日,国际社会在英国伦敦皇家阿尔伯特音乐厅举行会议,强烈谴责日军轰炸中国平民的暴行(如 9 月 23 日,日军在广州轰炸造成的重大惨案),认为日本政府严重违反国际法规,背离其作出的承诺。美国在这次会上也对日军在中国违背国际法实施的轰炸暴行表达强烈抗议。① 总之,在美国看来,侵华日军制造的重大惨案是一种反人道、违法的犯罪行为。

　　侵华日军无差别轰炸暴行造成的重大惨案对美国造成强烈的精神震荡。美国是一个受基督教文化深刻影响的国家。人们的信仰情感、宗教观念深深地塑造着他们的精神世界。正是在这种文化影响下,美国上下对日军轰炸平民的暴行表现出相对一致的情感和态度。1937 年 9 月 23 日、25 日,日军先后轰炸广州和南京,连续制造两起重大惨案,无数市民被炸死炸伤。27 日,美国国务卿赫尔在致电驻华大使的电报中指出:日军对非战斗人员的轰炸,造成大量的人员死亡。对此美国政府深表遗憾。这是一件极为不幸的事件。② 如果说这段话还没有明确表达美国对受害者的态度的话,那么美国学者孔华润(Warren I. Cohen)的解读可谓清楚明晰:"美国人民不情愿去为中国人战斗,但是他们也不愿在同情谁的问题上表示犹豫。"③也就是说,美国同情重大惨案中的受害者是显而易见的。不仅如此,美国通过报刊知晓日军轰炸暴行后,甚至表现出

① Anti-Japanese Feeling (London, October 8, 1937), Relating of Political Relations Between China and Japan, 1930 - 1944, File Number:793. 94/10740.

② From Hull to embassy China(Nanking) Telegraph(September 27, 1937), Relating of Political Relations Between China and Japan, 1930 - 1944, File Number:793. 94/ 10310A.

③ [美]孔华润著,张静尔译:《美国对中国的反应——中美关系的历史剖析》,上海:复旦大学出版社 1989 年版,第 129 页。

强烈的愤怒。12月3日,格鲁在写给一个日本开明人士的信中这样描述:当从报刊上得知日本飞机在远离中国军事设施若干英里处投掷大量的炸弹,造成"为数甚多"无辜平民死亡时,美国"举国愤慨"。① 1938年5月28日、29日和30日,日机连续三天轰炸广州,制造了三次重大惨案。对此,美国指出:"解决国际问题和国内问题唯一正确的方向就是以基督教精神作为行动准则。没有谁能像耶稣基督一样,理解人的内心世界和洞察人类生活深处。然而,当今世界仍是一个以自我利益为中心的世界,没有建立起一个约束人的行为的道德标准。我们赞同国家间的战争,但憎恨对无辜平民的屠杀。"如何才能阻止日本法西斯对中国无辜平民的杀戮?美国强调:"现在我们是该认识到,文明是建立在国家间而不是个人公认的道德标准之上。现在我们是该认识到,国家间遭受的痛苦根源于物质主义和贪婪。现在我们是该认识到,世界、国家和家庭的安全和幸福,是建立在道德和精神观念的约束基础之上。"②这里,美国以基督教文化价值观为衡量标准,对重大惨案的受害者表示同情,对法西斯暴行表达憎恨,体现了美国一贯宣称的人道主义立场。美国还特别强调,国家间的战争起源于物质贪欲和缺乏统一的道德标准来约束。因此,为了制止日本法西斯对无辜平民的杀戮,有效的途径就是以基督教的道德法则和精神观念作为约束其行为的准则。换言之,以基督教关爱生命、呵护生命的道德标准和精神观念来制约日本法西斯的行为,才能有效限制无辜平民被肆意屠杀的事件。然而,对日本军国主义而言,以道德标准

---

① [美]约瑟夫·C.格鲁著,《使日十年》,第234页。

② America Foreign Policy, Relating of Political Relations Between China and Japan, 1930-1944, File Number:793.94/13317.

来限制它的军事行动,无疑是苍白无力的。这仅是美国的一厢情愿罢了。

3. 应对惨案的外交抉择

日军对中国不设防城市的狂轰滥炸,重大惨案接二连三发生,数以万计的生灵惨遭涂炭,严重威胁到美国在华利益,挑战其道德和法律底线。然而,如何应对重大惨案既是一个棘手的国际问题,又是一个复杂的国内问题。在综合各方面因素的基础上,美国以维护国家利益为指引,有张有弛、渐进式地应对日军的暴行。

一是表示强烈抗议与严正谴责。1937 年 8 月至 11 月淞沪会战期间,为了迅速攻陷上海及周边地区,日军惨无人道地对无辜平民实施空中杀戮,重大惨案接连发生。1937 年 8 月 28 日,日机轰炸上海南北车站,造成无数平民死伤。英美驻上海外交组织向日本政府提出强烈的抗议。① 10 月 5 日,国际反轰炸大会在英国伦敦召开。在会上,当时世界上最强大的六个国家,即英国、美国、法国、苏联、德国和意大利,对日军在华实施的无差别轰炸非战斗人员的暴行提出抗议。② 由于侨民伤亡以及国家利益遭受损失,美国对日军制造的轰炸暴行保持强硬的外交政策。但随着日本承诺保证侨民安全,尊重在华利益,美国处置日机轰炸暴行的政策又趋于温和。1938 年 5 月底 6 月初,日机疲劳轰炸广州,重大惨案频繁发生,数千市民的生命被日军投掷的炸弹吞噬。针对日本法西斯的残酷暴行,美国民众、舆论一片惊愕哗然,特别是部分教会组织向

---

① Transmitting Special Supplement of Oriental Affairs Regarding Hostilities in the Shanghai Area(Shanghai, China, October 15, 1937), Relating of Political Relations Between China and Japan, 1930 - 1944, File Number: 793. 94/11128.

② Anti-Japanese Feeling (London, October 8, 1937), Relating of Political Relations Between China and Japan, 1930 - 1944, File Number: 793. 94/10740.

政府施压,要求罗斯福政府向日本提出外交抗议,制止日机轰炸暴行持续发生。6 月 8 日,费尔菲尔德博士(Wynn C. Fairfield)在给美国国务院的信中写道:5 月 31 日,广州长老会的消息称:哈克特医院住满了遭日机轰炸受伤的平民。基于上帝的缘故,政府需要保护他们的安全,并要求向日本政府提出抗议。① 6 月 9 日,美国基督教联邦执行委员会秘书处在写给国务卿赫尔的信中再次强调:由于教会组织的良知,我们强烈抗议日机惨无人道地屠杀中国平民,并要求政府通过抗议阻止日军暴行。② 为了回应国内舆论,美国国务院积极响应。6 月 13 日,美国远东事务司组织广州岭南大学奥林·D. 万纳梅克先生(Olin D. Wannamaker)、中国国际交流协会伯爵叶先生(Earl H. Leaf)、《美亚》(Amerasia)杂志编辑菲利普·贾菲先生(Philip Jaffe)、南方卫理公会教堂莫里斯·帕蒂(Morris Paty)和抵制日本侵略委员会罗伯特·诺顿(Robert Norton)等讨论日军轰炸广州平民问题。③ 在引导舆论和权衡利弊的基础之上,美国政府最终采取了有别于英国和罗马教廷向日本提出正式抗议的另一种做法:由国务卿和副国务卿在国内发表公开声明,表示严正的谴责。④ 美国采取在国内发表严正的谴责的做法虽耐人寻味,但从维护国家利益角度来讲却是合情合理的。6 月 14 日,美国政治关系顾问斯坦利·K. 霍恩本(Stanley K.

---

① Committee on the Far East(June 8, 1938), Relating of Political Relations Between China and Japan, 1930 - 1944, File Number: 793. 94116/54.

② Department of International Justice and Goodwill(June 9, 1938), Relating of Political Relations Between China and Japan, 1930 - 1944, File Number: 793. 94116/56.

③ Bombing of Civilian Populations (June 13, 1938), Relating of Political Relations Between China and Japan, 1930 - 1944, File Number: 793. 94116/68.

④ [美]约瑟夫·C. 格鲁著:《使日十年》,第 253 页。

Hornbook)在发给克里斯蒂安·F.海斯纳（Christian F. Heisner）的电报中指出："根据 6 月 13 日你发来的电报，我确信政府制定的规则和政策，最根本的立场是为了维护国家利益，包括用正义保障和平。"①1939 年 5 月 3 日、4 日，日机空袭重庆，美国使馆遭炸，上千平民伤亡。针对日军的残暴行为，美国国务院指示驻日大使格鲁向日本政府提出交涉。5 月 8 日，格鲁向日本外务省表示口头抗议。他指出，基于对非战斗的无辜平民的人道主义关怀，以及可能危及侨民的生命和财产安全，美国政府坚决反对日军最近无差别轰炸重庆。在国内，对日机屠杀重庆市民的罪行，美国政府仍采用固有做法，即由国务卿在国内发表声明，表示严正的谴责。② 直至太平洋战争爆发，美国应对日机在华制造的重大惨案的常用外交策略：美国驻日大使向日本外务省提出抗议，国务卿或副国务卿在国内发表公开谈话，谴责日本军国主义暴行。

二是主张用法律维护人权和正义。"世界上代表法律秩序的力量都直接关心如何制止侵略和无视法律的行为。"③美国正是按照这种逻辑来行事的。中日战争全面爆发前，针对西班牙内战中出现的飞机对不设防城市轰炸问题，美国呼吁缔约国遵守战争法，禁止使用航空器屠杀平民。1937 年 6 月 22 日，卡尔顿·萨维奇（Carlton Savage）在写给美国国务院秘书处摩尔（Moore）的

---

① From Stanley K. Hornbook to Christian F. Reisner telegram(June 14,1938), Relating of Political Relations Between China and Japan, 1930 – 1944, File Number：793. 94116/67.

② Japan's Raids Bring Another U. S. Protest, Relating of Political Relations Between China and Japan,1930 – 1944, File Number：793. 94/15010.

③ ［美］孔华润著：《美国对中国的反应——中美关系的历史剖析》，上海：复旦大学出版社 1989 年版，第 129 页。

信中指出：在美国同他国缔结的条约中明文规定，禁止使用航空器屠杀无辜平民。这封信还以附件的形式系统地梳理了1899年至1937年间，战争法中有关禁止空袭不设防城市，特别是屠杀妇女和儿童的条文。① 在美国看来，在战争中应该尊重人权、维护正义，缔约国应以战争法作为行动准则和底线。日本作为缔约国理应遵守这些法规。但事与愿违，抗战初期日本就利用强大的现代化空军，空袭中国天津、上海、南京和广州等不设防城市，炸死炸伤无数平民，制造了上百次惨绝人寰的重大惨案。据在英国伦敦召开的国际反轰炸会议评估，1937年10月5日的前几天，日军空袭中国87个不设防城市，重大惨案频繁发生，7 563名平民被屠杀。② 正是如此，包括美国在内的国际社会，一致呼吁以战争法禁止日军对中国非战斗人员的杀戮。国际社会的呼吁并没有阻止日军轰炸平民的暴行。1938年5月底至6月初，日军持续轰炸广州，重大惨案频繁发生。针对日本在远东地区的恣意妄为，1938年6月3日，美国在其制定的外交政策中再次重申以国际法维护人权和正义的主张，并提出：第一，孤立政策达不到预期目标，相反会导致战争；第二，法律依赖于强大的力量和正义的意图，但最重要的是在一个良好社会中得到认可并执行；第三，一定程度的国际合作是建立法治秩序的前提条件；第四，强化法治建

① From Carlton Savage to Moore on Letter (June 22, 1937), RG59 Department of State Decimal File: 1930 – 1939. Box 3 611, File Number: 700. 00116/325.

② Anti-Japanese Feeling(London , October 8, 1937), Japan's War on Civilians, Relating of Political Relations Between China and Japan, 1930 – 1944, File Number: 793. 94/ 10740.

设不能无为而治，要有所作为。① 对于以武士道为精神支柱的日本法西斯而言，这种以文明、法治对抗暴力的方案是脆弱的，甚至是很难奏效的。日本人把它看成是纯粹"墨守法规"的态度，即"一种见树不见林，不能高瞻远瞩的立场"。② 但它却是美国立足西方文化传统提出的，符合自身国家利益。美国驻日大使格鲁这样说道："在整个历史上，仅仅是作为两次战争间的一个插曲的那种和平，并不是能够稳步发展世界文明的环境，甚或连保存文明都（原文空一格，作者加'都'字）不行。""解决国际纠纷的有效办法，与其说是在于仅仅放弃使用武力，倒不如说是在于断绝一切立即或终将使用武力的念头"，这样才能"使全人类共有的良知良能得到明智而实际的运用"。他还强调："那个极其复杂的世界经济体制，有一个基本要求，那就是，在自由竞争的条件下，各国能够随意在各地做买卖——如果有人要在某些地区专为一个国家的国民索取先买权并维护这种特权，这些地区便不可能有自由竞争的条件。"③这段话可以看出，美国提出以法律维护人权、正义的主张，表面上是为了延续人类文明、坚守人类良知，实质则是站在道德制高点上维护在华利益。在谈到日机轰炸暴行时，格鲁的真实意图清楚明晰、显而易见。他说："对日军在中国滥施轰炸，美国人民确是深感震惊，这不仅是基于人道，也是因为随着美国公民被炸死炸伤，美国人的生命财产正受着直接威胁；对在华日军侵犯和损害美国权益，他们愈来愈看得很严重，认为是蔑视美日两国所订的条约和协定，蔑视有日本参加的多边条约和

---

① America Foreign Policy, Relating of Political Relations Between China and Japan, 1930 - 1944, File Number：793. 94/13317.

② ［美］约瑟夫・C.格鲁著：《使日十年》，第 291 页。

③ ［美］约瑟夫・C.格鲁著：《使日十年》，第 292、293 页。

协定。"①

三是联合英法等大国向日方施压。鸦片战争以来,英美法等列强通过不平等条约窃取大量权益,在近代中国形成他们的共同利益。英美法等列强同受西方文化滋养,在价值观念和宗教信仰上具有很多相似之处。1937 年卢沟桥事变爆发后,日军大举进攻中国,英美法等国在华权益遭受损失和严重挑战。正是在这种背景下,为了在外交上争取主动权,美国在处置侵华日军无差别轰炸重大惨案问题上注重"合纵连横",在寻求最大公约数中维护自身在华利益。1937 年 8、9 月间,日军出动飞机频繁轰炸上海、南京和广州及其周边城市,制造了大量伤亡惨重的血案。这些消息传到英美等国后,民众义愤填膺,反日情绪高涨,纷纷要求政府对日本提出交涉。1937 年 9 月 30 日,美国驻东京大使格鲁同英法大使围绕解决中日冲突的建议和步骤进行磋商,抗议日机轰炸中国非战斗人员。特别是针对 9 月 25 日,日机对南京的轰炸,美英两国单独进行了商谈,强调日军轰炸必须避免伤及非战斗人员。② 1938 年 5 月底 6 月初,日机不间断地狂轰滥炸广州,炸死炸伤上千无辜市民。日军的倒行逆施引起美英法等国的强烈不满。美国同英国、法国互相共享情报,一致对日施压,加重了日本政府的外交危机。③ 1939 年 5 月 3 日、4 日,日军轰炸重庆,数千无辜平民被炸死,甚至

---

① [美]约瑟夫·C. 格鲁著:《使日十年》,第 293、294 页。

② Recommendations Made and Steps Taken by the America Embassy and Steps Taken by the British and French Embassies in Tokyo with Respect to the Sino-Japanese Conflict(American Embassy Tokyo, September 30, 1937), Relating of Political Relations Between China and Japan, 1930 - 1944, File Number:793. 94/10719.

③ From Gray(Tokyo)to Secretary of State(Washington)Telegram, Relating of Political Relations Between China and Japan, 1930 - 1944, File Number:793. 941 16/47 - 50.

伤及部分外籍人士。日军的暴行引起美英法等国的强烈不满，并纷纷向日本政府提出抗议。5 月 13 日，《纽约时报》刊登了休·拜亚士（Hugh Byas）的署名文章——《三国抗议日本》。文章指出：5 月 12 日，美国、英国和法国驻日大使一致向日本外务省提出抗议，坚决反对日机对重庆及其他城市的无差别轰炸。文章还对美英法抗议日军暴行的理由进行了分析。美国驻日大使格鲁基于人道主义的原则向日本政府提出抗议；英国驻日大使罗伯特·克雷吉（Robert Craigie）则因为使馆受损以及无差别轰炸的非正义性向日本政府提出抗议。面对强大的外交压力，日本外务省长官阿里塔（Hachiro Arita）被迫向英美等国作出承诺：事件调查清楚后给各国政府一个答复。① 英美法等国联合向日本政府施加压力，在一定程度上有助于限制日军在华实施轰炸暴行，但并没有从根本上阻止重大惨案持续发生。

　　侵华日军无差别轰炸制造的重大惨案是日本法西斯在近代中国犯下的滔天罪行之一。太平洋战争爆发前，美国通过所见所闻清楚知晓重大惨案的规模、惨景及发生地域。基于人道主义精神和宗教信仰，美国对受害者持以同情态度，对施害者表示愤慨。美国认定重大惨案与人类文明特别是基督教文明背道而驰，是一种反人类、反人道和违法的野蛮行为。美国高度关注侵华日军无差别轰炸重大惨案，不仅源于人道主义的同情和基督教对生命的尊重，更是为了维护其在华权益。面对在华权益日益遭受严重损害，美国通过外交抗议和谴责、强调尊重国际法以及国家间联合对日施压等，处置侵华日军无差别轰炸重大惨案，希冀最大限度地维护其在远东地区的国家利益。然而，美国在实施外交政策和策略的

---

① "Three protests to Japan by Hugh Byas", *New York Times*, May 13, 1939, p. 4.

过程中又是有限度的,即以不卷入战争为根本的原则立场。这是太平洋战争爆发前美国制定外交政策的根本立足点,也是美国当时最根本的国家利益。美国对侵华日军无差别轰炸重大惨案的认知、态度和政策昭示:国家利益决定国家的外交行为。这是国际政治的一个常识问题。正是如此,如果今天我们仍以绥靖日本侵略的观点,简单粗暴评判太平洋战争爆发前美国的对华政策,无疑是狭隘的、片面的。

二、西方媒体的报道

抗日战争爆发以来,为了在较短时间内摧毁中国坚持抗战的物质和精神力量,日军对中国不设防城市实施不区分军事和民用目标的轰炸,制造了大量的重大惨案。日军的这种行为是对国际法的公然践踏,严重违背人道主义精神,引起国际舆论的高度关注和强烈反响。1937 年 8 月 28 日,日军轰炸上海南北车站,平民死伤数百人,日军的行为遭到国际舆论的强烈谴责。美国《生活》(*Life*)杂志在封面上刊登了一个一两岁的小孩子凄惨地坐在废墟中的照片,以生动的形式报道了这次重大惨案,该报道迅速引起西方媒体的关注,并纷纷谴责日军的野蛮暴行。9 月 14 日,英国《泰晤士报》(*The Times*)以图文结合的形式报道了上海"八二八"大惨案,揭露日本法西斯的犯罪行为。① 1938 年 5 月至 6 月初,日军对广州实施了长达两周之久的轰炸,重大惨案频繁发生,大量平民惨遭杀戮。日军的暴行遭到西方媒体的无情揭露和强烈谴责。6 月 8 日,伦敦《新闻纪事报》(*News Chronicle*)发表社论:"这种野蛮的

---

① "The Struggle for Shanghai: Havoc in the Suburbs", *The Times*, Sep. 14, 1937, p. 16.

屠杀,全然为赤裸裸的恐怖主义,而无其他目的。日军继续不断加强空袭的作战计划,除表示其野蛮外,而其暴虐几亦昭然若揭。日本之侵略中国系欲中止中国之反日宣传,但任何反日宣传,熟有胜于此种对广州的屠杀之举,此为可想而知者。"9 日,《每日先驱报》(Daily Herald)评论:"轰炸非武装人民,系属暴行为文明人所最痛恶,各国宣言抗议,于事无济,英国人民宜要求英政府贷款于中国,以巩固防空,此为谴责日本之最有效行动。"同日,法国共产党《人道报》(L' Humanité)也称:"外交上的抗议,毫无效力,我们必须抵制日货,以扼日本侵略者的咽喉,并援助中国,接济中国,俾克战胜日本,且须迅速为之。"①西方媒体主要从三个角度对重大惨案进行报道:一是日本法西斯针对中国平民的无差别轰炸属于赤裸裸的战争犯罪,与人类文明背道而驰,违反国际战争法,违背人道主义精神。二是日机对中国平民的杀戮不但不能摧毁中国人民坚持抗战的意志,相反极大地激发了他们的爱国主义情感,促进了中国人民的大团结和大联合。三是英法政府抗议日本法西斯罪行,既要在道义上支持中国,又要在物质上援助中国。需要指出的是,在对侵华日军无差别轰炸重大惨案进行报道的西方媒体中,美国《纽约时报》(The New York Times)刊载的文章数量较多,价值导向鲜明,为研究本课题提供了一个典型样本。基于此,本部分重点探讨美国《纽约时报》对侵华日军无差别轰炸重大惨案的报道。《纽约时报》对侵华日军轰炸天津、上海、南京、武汉、广州、重庆和成都,造成的 44 个重大惨案进行了报道,涉及 72 篇文章。本书以此为样本,通过典型案例剖析,揭示西方主流媒体对侵华日军无差别轰炸重大惨案报道的多重面相和逻辑理路。

---

① 张明养:《日本疯狂轰炸广州的反响》,《东方杂志》1938 第 35 卷第 11 期,第 2—5 页。

1. 重大惨案报道的样本考察

全面抗战爆发后，侵华日军对河北、河南、山东、安徽、江苏、湖北、湖南、广东、广西、四川、云南和贵州等千余个城镇实施狂轰滥炸，制造了大量的重大惨案。其中，发生在天津、上海、南京、武汉、广州、重庆和成都等城市的重大惨案有62个。这些重大惨案凸显了日军的野蛮和残忍，惨案中大量无辜平民受伤或死亡，其中包括部分外籍人士。因此，这些重大惨案受到了西方主流媒体的高度关注。据笔者统计，从全面抗战开始至太平洋战争爆发前，《纽约时报》刊发翔实报道重大惨案的文章多达72篇，对44个重大惨案进行跟踪报道，报道重大惨案的数量占实际发生重大惨案总数量的71％。

重大惨案的总数量与《纽约时报》报道的数量

城市 总数	天津	上海	南京	武汉	广州	重庆	成都	总数
实际总数量	1	2	2	16	17	17	7	62
报道数量	1	2	2	7	12	16	4	44

数据来源：作者对《纽约时报》相关报道的统计

通过对文本的梳理和分析可知，《纽约时报》在报道时间、报道地域、报道体裁和报道标题等方面呈现鲜明的特征。

第一，不同年份对重大惨案的报道数量呈卧"7"字状（如下图）。1937年7月29日，侵华日军出动大量飞机对天津市区进行狂轰滥炸，炸死炸伤无辜平民上千人。7月29日和30日，《纽约时报》连续两天对天津"七二九"重大惨案进行跟踪报道。此后，随着侵华日军无差别轰炸战略的实施，在中国的中心城市重大惨案不断发生。《纽约时报》刊发大量文章对其进行翔实、集中报道。从图中可以看出，1937年至1941年间，《纽约时报》报道中国中心城市发生的重大惨案的文章数量呈卧"7"字状。1938
年《纽约时报》刊发文章 23 篇,为历年之最多;1941 年《纽约时
报》刊发文章数量最少,仅 7 篇。报道文章数量呈现这种样态,究
其原因,主要同日本的侵华战略及战争进程密切相关。全面抗战
爆发以后,侵华日军以攻陷中心城市为战略目标。天津、上海、南
京、广州和武汉等先后沦陷,日军取得了侵华战争的重大胜利。
从 1939 年初开始,日军放缓对正面战场军事进攻的步伐,采取政
治诱降为主、军事打击为辅的方针,以强大的空中力量对国民政
府陪都重庆,及抗战大后方重要城市成都进行肆意轰炸,企图动
摇中国政府和人民的抗战决心和信心。《纽约时报》刊发重大惨
案文章的数量变化趋势,从侧面反映了日军侵华战略的演进及中
日战争发展走势。

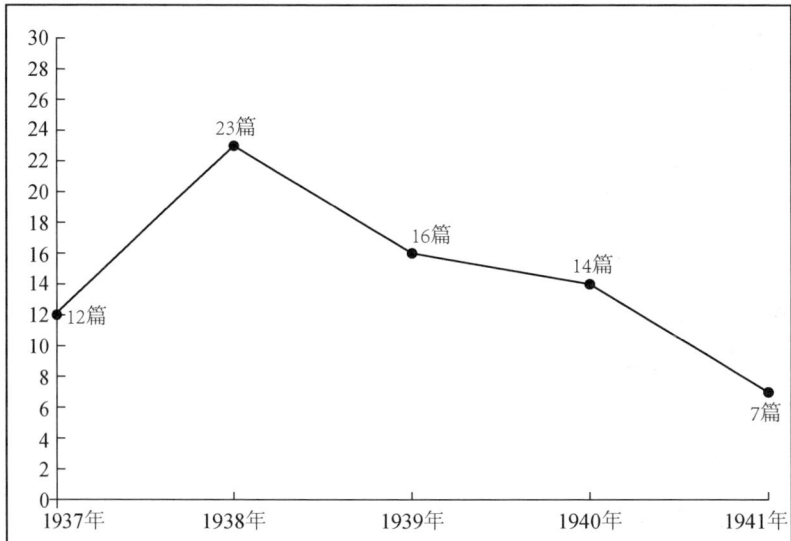

不同年份《纽约时报》报道重大惨案的文章篇数
数据来源:作者对《纽约时报》相关报道的统计

第二，集中报道少数中心城市的重大惨案。《纽约时报》上刊发的重大惨案，并非一篇文章报道一个重大惨案，呈一一对应关系。通常情况下，一篇文章报道一个或多个重大惨案，或者多篇文章报道一个或多个重大惨案。笔者以文本的核心内容作为划分标准，对《纽约时报》上72篇文章按地域分布进行统计。

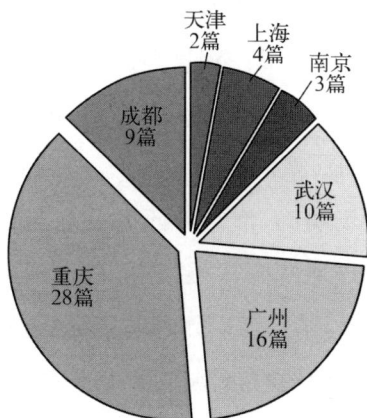

《纽约时报》对各大城市重大惨案报道的篇数

数据来源：作者对《纽约时报》相关报道的统计

根据统计的结果，《纽约时报》报道重庆重大惨案的文章为 28 篇，报道广州重大惨案的文章为 16 篇，其篇数排前两位，分别占总数的 39％和 22％。究其原因，这与两座城市在中国近代社会中享有重要的政治、经济、文化和外交地位密切联系。1937 年 11 月，随着国民政府迁都重庆后，重庆成为中国战时首都、大后方政治、军事、经济、文化和外交中心以及世界反法西斯战争的远东指挥中枢。因此，重庆成为日机轰炸的重点城市之一。重庆发生的重大惨案自然受到国际社会高度关注。广州作为中国近代开埠通商最早的城市之一，其商业比较发达，大批外国人在此经商和传教。广州也是战时中国的贸易重镇，国际交通线上的重要城市，对抗战大后方的物资供给起保障作用。正是如此,广州成了日机轰炸的重点城市,广州发生的重大惨案也必然会引起英美等国的高度关注。

第三,重大惨案的报道体裁多样。加强对报道体裁的分析有助于准确把握《纽约时报》对重大惨案报道的特点和逻辑。按照新闻报道形式,《纽约时报》报道重大惨案的体裁主要包括消息类、评论类和图片类。据统计,72篇报道中消息类报道68篇、评论类报道4篇、图片类报道4篇,其中消息类报道最多。这些消息类报道,内容翔实,全面记录了重大惨案发生过程,详尽、立体地向西方政府和民众展现了日机野蛮的轰炸暴行。《纽约时报》刊发的评论类报道,态度鲜明、立场明确,形塑着西方民众对重大惨案的认知和情感。《纽约时报》还通过图片类报道,以直观形象的形式揭露日军惨绝人寰的大屠杀,给读者以强烈的视觉震撼力,唤起读者最原始的同情心。总之,《纽约时报》坚持以消息类报道为主体,同时把消息类报道同评论类报道、图片类报道相结合,全景式展现日军野蛮的轰炸暴行,对西方政府和民众详尽、直观地了解和把握日军制造的无差别轰炸重大惨案发挥了重要作用。

第四,重大惨案报道标题价值取向明显。新闻报道的标题是文章的眼睛,主导着文章的基调,反映了媒体的立场和价值取向。英国学者普兰·热特拉(Puleng Thetela)就认为:“新闻标题通常能操控一篇文章的观点,所以它也是研究报纸意识形态立场的极佳材料。”[1]笔者对《纽约时报》19篇报道重大惨案文章的典型标题作分析,剖析其媒体立场和价值倾向。

---

[1] Puleng Thetela, “Critique Discourses and Ideology in News-paper Reports: A Discourse Analysis of the South African Press Reports on the 1998 SADC-s Military Intervention in Lesotho”, *Discourse & Society*, 2001, 12(3):351.

惨案报道标题选辑

序号	惨案名称	报道时间	中文标题	英文标题
1	1937 年天津 "七二九"大惨案	1937 - 7 - 30	平民伤亡惨重	Human Toll Heavy
2	1937 年上海 "八二八"大惨案	1937 - 8 - 30	日机再次来袭	Tokyo Planes Take New Civilian Toll
3	1937 年上海 "九五"大惨案	1937 - 9 - 5	日机屠杀大量平民	Planes Kill More Civilians
4	1937 年上海 "九五"大惨案	1937 - 9 - 6	轰炸难民	Fleeing Civilians Bombed
5	1937 年南京 "九二五"大惨案	1937 - 9 - 26	南京遭大编队日机轰炸	Nanking Bombed by Big Fleet
6	1938 年广州 "五二八"大惨案	1938 - 5 - 29	日机对广州轰炸,炸死平民 600 人	600 Die in Canton in Japanese Raids
7	1938 年广州 "六五"大惨案	1938 - 6 - 6	日机第七次轰炸广州,造成 300 多人死亡	CantonIs Bombed For Seventh Time; 300 More Killed
8	1938 年广州 "六六"大惨案	1938 - 6 - 7	4 架日机轰炸广州,造成大量平民伤亡	4 Japanese Raids on Canton Inflict Huge Civilian Toll
9	1938 年广州 大惨案(5 月底至 6 月初)	1938 - 6 - 12	死于空袭	Death from the Air
10	1938 年广州 "八八"大惨案	1938 - 8 - 10	日机空袭广州,两天死亡 200 人	Canton's Toll 200 in 2 Days of Raids

序号	惨案名称	报道时间	中文标题	英文标题
11	1938 年武汉"七一二"大惨案	1938 - 7 - 13	日机空袭汉口附近地区，造成 500 人遇难	Japanese Planes Raid Near Hankow: 500 Victims Found
12	1938 年武汉"七一九"大惨案	1938 - 7 - 20	日军大机群空袭武汉，500 人遇难	Big Air Raid Kills 500 in Wuhan Area
13	1938 年武汉"八一二"大惨案	1938 - 8 - 13	70 架飞机再次蹂躏武汉市区	70 Planes Ravage Wuhan Cities Again
14	1939 年成都"六一一"大惨案	1939 - 6 - 28	为日本提供战争原料	War Material for Japan
15	1939 年重庆"五三"大惨案	1939 - 5 - 4	日机空袭重庆，数百人丧生	Hundreds Killed in Chungking Raid
16	1939 年重庆"五三""五四"大惨案	1939 - 5 - 8	日机炸死的重庆市民数量仍在激增	Chungking's Toll of Dead Is Rising
17	1939 年重庆"五三""五四"大惨案	1939 - 5 - 13	美英法向日本提出抗议	Three Protects to Japan by Hugh Byas
18	1941 年重庆"六二"大惨案	1941 - 6 - 3	重庆遭受严重空袭	Chungking Suffers Severe Air Attack
19	1941 年重庆"六五"大惨案	1941 - 6 - 7	700 中国人在防空洞中窒息身亡	700 Chinese Killed in Air Raid Shelter

数据来源：作者对《纽约时报》相关报道的统计

从报道文章的标题看，《纽约时报》以事实为依，通过刊登具体的伤亡数据揭露日军的轰炸暴行，大大增强报道的说服力、感染力和影响力。公正评论是《纽约时报》秉持的职业操守。其报道的标题用语，便可窥见一斑。在报道 1938 年武汉"八一二"重大惨案时，它在标题中运用了"蹂躏"一词。与此同时，在标题中一组组数据，凸显了日本法西斯的残酷暴行。带有感情色彩的词语及其冰冷的数据，从侧面展现出《纽约时报》关注生命的人道主义立场。然而，任何媒体想要做到绝对的"价值中立"都是不可能的。《纽约时报》毕竟是在美国出版的一份报纸，国家利益是其新闻报道的鲜明底色。在报道 1939 年重庆"五三""五四"大惨案时，该报以"美英法向日本提出抗议"为标题，强调其捍卫人道主义的立场，同时也是其维护在华利益的需要。在报道 1939 年成都"六一一"大惨案时，该报以"为日本提供战争原料"为标题，批评了美国部分企业为日本提供战略物资，威胁美国国家利益的行为。

2. 重大惨案报道的内容分析

抗战期间，部分西方媒体记者坚持留在中国，以"第三方"的视角报道中日战争战况和进程，客观地记录了侵华日军在华犯下的罄竹难书的罪行。尤为值得关注的是，当时美国主流媒体《纽约时报》对日军无差别轰炸暴行进行密切关注和大量报道。《纽约时报》从重大惨案的伤亡人员、场景描述、施救情形和英美对日交涉等方面进行多维度报道，为美国政府和社会全面了解和认知侵华日军的轰炸暴行发挥了重要作用。

第一，惨案中巨大的人员伤亡。日军实施轰炸暴行最直接的后果就是造成大量的无辜平民伤亡。面对日军野蛮的空中杀戮，《纽约时报》刊登大量文章，以一个个醒目的数据对日军的轰炸暴行进行无情揭露和控诉。1937 年 8 月 30 日，《纽约时报》刊文以

"东京飞机造成新的平民死亡"为标题,对日机轰炸上海市区造成的人员伤亡进行报道:昨天下午,日机空袭靠近国际安全区和闸北相邻的北站地区,炸死炸伤数百人。① 1938 年 5 月底至 6 月初,日机对中国南部经济文化中心——广州进行持续狂轰滥炸,多次制造震惊中外的重大惨案,引起了国际社会的普遍关注。5 月 29 日至 31 日,《纽约时报》连续三天刊登文章对日机轰炸广州城区进行报道。5 月 29 日,《纽约时报》以标题为"日机空袭广州,造成 600 人死亡"的文章,报道了大批日机炸死炸伤广州市民的情况:"香港,5 月 28 日,今天广州遭受全面抗战爆发以来最严重的一次空袭,据可靠消息,约 600 名无辜市民被炸死,大约 1 000 人被炸伤。"②5 月 31 日,《纽约时报》再以"广州又遭空袭,炸死市民 100人"为标题,报道了最近三天日机炸死炸伤广州市民的最新情况:"香港,5 月 30 日,今天广州再次遭受日机空袭,至少炸死市民 100人和炸伤 200 人。最近三天,日机炸死市民 800 名和炸伤 1 400人,其中包括大量的妇女和儿童。"③《纽约时报》对重大惨案还采取跟踪报道的形式,实时更新伤亡人数。1939 年 5 月 3 日和 4 日,日军飞机连续两天轰炸战时中国首都——重庆,仅 5 月 4 日,日机炸死市民 3 318 名、炸伤市民 1 973 人。④ 面对日机疯狂野蛮的暴行,《纽约时报》于 5 月 4 日、5 日、6 日、7 日、8 日、9 日和 13 日连续 7天对重庆"五三""五四"大惨案进行跟踪报道,及时更新伤亡人员数据。5 月 4 日,《纽约时报》以"日机空袭重庆,数百人被炸死"为标题,报道了 5 月 3 日,日机空袭重庆市民的伤亡情况:"重庆,中

① "Tokyo Planes Take New Civilian Toll", *The New York Times*, Aug 30, 1937, p. 1.

② "600 Die in Canton in Japanese Raids", *The New York Times*, May 29, 1938, p. 15.

③ "New Raid Kills 100 in Canton", *The New York Times*, May 31, 1938, p. 1.

④ 重庆市委党史研究室编:《重庆市抗日战争时期人口伤亡和财产损失》,第 392 页。

国，5月3日，今天日机对重庆进行了自一月以来最为残酷的一次轰炸，炸死炸伤市民 1 000 人以上。"①5 月 5 日，《纽约时报》以"日机空袭重庆，大使馆遭破坏"为标题，对 5 月 4 日，日机滥炸重庆市民进行了报道："重庆，中国，星期五，5 月 5 日，日机 5 月 3 日和 4 日两天对重庆进行空袭，炸死炸伤无辜市民估计多达 2 000 余人。"②5 月 9 日，《纽约时报》又以"日本拒绝接受对空袭抗议"的文章，更新了重庆"五三""五四"大惨案市民伤亡的数字，认为日机这两次轰炸炸死炸伤市民人数大体在 4 000 至 5 000 人之间。③ 实际上，这两天被日机炸死炸伤的市民人数已经超过 6 000 人。④ 虽然《纽约时报》报道的数据同中方统计的数字仍有较大的差距，但是这早已大大超出西方人的精神承受能力。

侵华日军对中国中心城市实施的无差别轰炸，不仅炸死炸伤无数无辜中国平民，而且一些外籍人士也不能幸免。《纽约时报》对此进行了大量报道。1938 年 6 月 7 日，《纽约时报》以"4 架日机轰炸广州，造成大量平民伤亡"为标题，报道了一位法国外科医师被炸伤的情况：香港，6 月 6 日，日军今天第三次空袭广州，炸死炸伤无辜中国平民数百人，其中一名法国外科医生被轻微炸伤。⑤ 1939 年 5 月 5 日，《纽约时报》刊登消息：在重庆"五四"大惨案中，6 名英国大使馆工作人员在日机轰炸中受伤严重，大使卡尔（Clark Kerr）和秘书约翰·塔霍丁（John Tahourdin）两人同时被一枚弹片

---

① "Hundreds Killed in Chungking Raid", *The New York Times*, May 4, 1939, p. 16.

② "Embassies Ruined in Chungking Raid", *The New York Times*, May 5, 1939, p. 1.

③ "Japan Will Reject Protests on Raids", *The New York Times*, May 9, 1939, p. 12.

④ 重庆市委党史研究室编：《重庆市抗日战争时期人口伤亡和财产损失》，第 392 页。

⑤ "4 Japanese Raids on Canton Inflict Huge Civilian Toll", *The New York Times*, Jun 7, 1938, p. 1. 10.

击中受伤。① 可见,《纽约时报》对轰炸惨案报道不仅关注美国人,也涉及其他国家的公民,不仅关注上层政治人物也涉及普通外国公民,这彰显了其报道的全面性。

　　第二,惨案现场恐怖、血腥和悲惨。侵华日军实施的无差别轰炸极其凶狠和野蛮,轰炸后的惨景极为恐怖、血腥和悲惨。《纽约时报》对此刊登大量文章进行描述和刻画,详实、生动地记录了日本法西斯在中国犯下的反人道罪行。1938 年 6 月 6 日,《纽约时报》刊登题为“日机第七次轰炸广州,造成 300 多人死亡”的文章,详细报道了广州“六五”大惨案的情况:“香港,6 月 5 日,今天日机的轰炸同昨天一样残酷,这是日军对广州一周来的第七次大轰炸。日机连续七天轰炸广州,已经造成市民 750 人死亡,1 350 人受伤。今天,日机在中山大学校门口投下一枚 500 磅炸弹(大约 225 公斤),炸出一个深 35 英尺(大约 10.5 米)、宽 45 英尺(大约 13.5 米)的大坑。一枚更小的炸弹落入校园一处防空洞,当场炸死 6 名学生。一名妇女被埋到 15 英尺(大约 4.5 米)的废墟下,救护人员虽能听到她的呻吟声,却用了四个小时才把她营救出来。在一条街道上,遇难者尸体排成长龙,长度足足 100 码(大约 91 米)。一个泣不成声的男孩正在给一位被一块大石头压住的母亲喂水。”②一组组具体数据,真实再现了惨案的惨烈程度;一个个鲜活生命的悲惨境遇,展现了惨案的悲惨场景。这篇文章内容详实,场面生动,是一篇对日本法西斯轰炸罪行进行有力控诉和无情声讨的战斗檄文。8 月 10 日,《纽约时报》又刊登了题为“日机连续轰炸广州,炸

---

① “Embassies Ruined in Chungking Raid”, *The New York Times*, May 5, 1939, p. 1.

② “Canton is Bombed For Seventh Time; 300 More Killed”, *The New York Times*, Jun 6, 1938, p. 1. 7.

死平民200多人"的文章,报道了日机轰炸造成人们家破人亡的真实场景:"广州,中国,8月9日,自昨天至今的广州大轰炸,炸死平民200多人,炸伤300多人。一位战地记者对最近一次日机的空袭这样写道:我看到一位发狂的父亲向路人求救,帮助他营救埋在30英尺深(9米)的废墟下的妻儿。最后,妻子被营救出来,安然无恙,但她背上背的孩子和胸前吃奶的孩子却被炸死。"①这篇文章以亲历者的口吻诉说惨案,场面描述的悲惨、残酷,表现手法入情细微,让人身临其境,有助于激发读者对受难者的同情和对日本法西斯的痛恨。

为了揭露日军的野蛮暴行,《纽约时报》还通过刊登图片新闻的形式,再现重大惨案发生的恐怖氛围及凄惨场景。1938年5月底6月初"广州大惨案"发生后,《纽约时报》刊出题为"轰鸣的轰炸机在西班牙和中国上空寻找目标"的日机轰炸平民图片。② 1939年成都"六一一"大惨案发后,《纽约时报》刊登题为"为轰炸机守丧"的一组图片,其中有两张尤为凄惨:一张是一位幸存妇女因家破人亡撕心裂肺哭泣的场景;另一张是成都街头防护队员搬运殉难者尸体的场面,图片下方配有说明重大惨案恐怖的文字。③ 报道图文并茂,直观、细致地描述了重大惨案的凄惨场面,给读者强烈的震撼。

第三,各界积极参与救治伤者。日机惨无人道的轰炸,造成了巨大的人员伤亡。面对历次惨绝人寰的灾难,中国政府和社会各界都站在尊重生命、关爱生命的立场,以高度的社会责任感积极支

---

① "Canton's Toll 200 in 2 Days of Raids", *The New York Times*, Aug 10, 1938, p. 10.

② "High over Spain and China the Roaring Bombers Seek out Their Targets", *The New York Times*, Jun. 12, 1938, p. 63.

③ "In the Bombers' Wake", *The New York Times*, Jul. 23, 1939, p. RP8.

持救治伤者的工作。《纽约时报》对此刊发大量文章,报道和记录了许多动人的场景。1938年6月3日,《纽约时报》在题为"广州增加空袭防护"的文章中写道:"为了保障人们的生命财产安全,广州市政府决定把救护队从600人扩充到1 000人。但从当时的救援任务看,这支队伍的数量是远远不能胜任的。因此,被日机轰炸掩埋在废墟下的许多平民,在被挖掘出来之前已经死亡。"①6月6日,《纽约时报》又刊发题为"日机第七次空袭广州,300多人被炸死"的文章,对惨案救援任务的艰巨性与救援队人力物力的有效性之间的矛盾进行了详细报道。文章写道:"今天当日机又来袭击广州时,救援队仍在营救昨天被日机轰炸,掩埋在废墟下的平民。他们在油气灯和手电筒微弱的灯光下夜以继日地工作。由于救援队无法处理大量坍塌的建筑物,在废墟下掩埋了一夜的数百名无辜群众被认为已经死亡。受伤人数太多,医院已人满为患。"②这则材料翔实地反映了中国政府处置重大轰炸惨案的情况。救护队兢兢业业、恪尽职守,但由于日机轰炸异常惨烈、救援人力物力极其有限,无数无辜生命在时间的流逝中,被日本法西斯的野蛮行径无情吞噬。此外,由于受伤人数太多,许多伤者也很难得到妥善医治。1939年5月3日、4日,日机对国民政府陪都重庆进行集中轰炸,造成巨大的人员伤亡。为了最大限度地减少人员伤亡和减轻伤者的痛苦,国民政府采取积极措施应对惨案。1939年5月4日,《纽约时报》刊发题为"数百人在日机空袭重庆中丧生"的文章,报道:"日机一枚炸弹击中一幢三层建筑物,300多名难民被掩埋。日机一经

---

① "Canton Adds to Air Defense", *The New York Times*, June 3, 1938, p. 8.

② "Canton Is Bombed for Seventh Time; 300 More Killed", *The New York Times*, June 6, 1938, p. 1.

离开,救护队便开始挖掘被掩埋在废墟中的同胞。"《纽约时报》还特别报道:"5 月 3 日下午,蒋介石的夫人宋美龄亲自到惨案现场,参与救护工作。"①1939 年 5 月 8 日,《纽约时报》又刊登题为"日机炸死的重庆市民数量仍在激增"的文章,对医院治疗伤者和转移伤者进行报道:"截至星期六晚上(5 月 6 日),在三天的时间里,医院救治了数以千计的轻伤者。对于重伤者,由六家医院负责,把他们从市区转移到乡村。蒋介石还下令准备好 700 张床,目的是让即将在日机空袭中受重伤的市民能得到及时医治。"②国家元首在实质上或形式上代表一个国家对内、对外的最高权力,其一举一动关乎国家形象。《纽约时报》对蒋介石及其夫人宋美龄参与大惨案救护的报道,无疑具有非常特殊的象征意义,向国际社会展现了一个抗战勤政、亲民爱民的国家形象。换言之,通过《纽约时报》的新闻报道,国民政府良好的国家形象在英美国家中得到一定程度的展现。

在重大惨案中,面对大量无辜市民的伤亡,在华外籍人士以人道主义的胸襟和情怀积极投身救护工作。《纽约时报》也刊发文章对此进行报道。1938 年 6 月 9 日,《纽约时报》刊发题为"在日机新一轮的轰炸下,广州一片火海,伤亡人数达到 8 000 多人"的文章,指出 8 位外籍医生参加了惨案的救护工作。③ 1939 年 5 月 4 日,《纽约时报》刊发题为"数百人在日机空袭重庆中丧生"的文章,对加拿大籍传教士参与救治伤员和处置遗体进行报道,"在日机空袭结束后的两小时中,加拿大籍传教士和市区医院共救治伤员 200

①　"Hundreds Killed in Chungking Raid", *The New York Times*, May 4, 1939, p. 16.

②　"Chungking's Toll of Dead Is Rising", *The New York Times*, May 8, 1939, p. 4.

③　"Canton Is Ablaze under New Raids; Casualties 8 000", *The New York Times*, Jun 9, 1938, p. 1.

多人,处置遇难者 400 多人"。① 材料不仅展现了加拿大籍传教士救死扶伤的精神,同时也揭露了日本法西斯的残暴。

第四,国际社会对日本表示强烈谴责和抗议。面对一桩桩惨绝人寰的大惨案,西方政府和爱好和平的外籍人士给予极大的关注和同情,并对日军的轰炸暴行进行无情揭露和强烈谴责。1938 年 6 月 9 日,《纽约时报》报道了日本法西斯的野蛮轰炸造成数百市民惨遭杀害的事件,并刊发 8 位外籍医生谴责日机暴行的联合声明。《纽约时报》指出,8 位外籍医生发表联合声明强调,日方宣称广州防空是导致大量无辜市民伤亡的理由是极为荒谬和可笑的。这就是说:"日机无情地轰炸造成市民大量伤亡和破坏无数公共建筑、私人住所,这是显而易见的。"②换言之,日军实施的无差别轰炸是造成无数广州市民伤亡的根本原因,而把国民政府的防空自卫说成是造成大量人员伤亡的原因,完全颠倒黑白、是非不分。8 位外籍医生的联合声明从第三方的角度,戳穿了日本法西斯恶魔的无耻谎言。日机对广州平民实施空中杀戮,不但严重背离人道主义精神,而且违反了国际社会普遍遵循的国际法规和准则。6 月 12 日,《纽约时报》又刊发题为"空袭死亡"的评论文章,强调日机轰炸广州平民无视人权,是对 1932 年日内瓦国际裁军会议精神的肆意践踏。③《纽约时报》这样说道:"空袭平民应该被坚决地禁止;缔约双方应同意,从空中轰炸的所有行为应禁止。上周,日机对广东的轰炸造成数千人员伤亡,是极为不人道的。"并对这种无视人权的行径表

---

① "Hundreds Killed in Chongqing Raid", *The New York Times*, May 4, 1939, p. 16.

② "Canton is Ablaze under New Raids; Casualties 8 000", *The New York Times*, Jun 9, 1938, p. 1.

③ "Death from the Air", *The New York Times*, Jun 12, 1938, p. 63.

示"愤慨"。"愤慨"一词鲜明地表达了美国媒体对日本法西斯残暴罪行的无情控诉和强烈谴责。与此同时,《纽约时报》还专门刊载了以"在西班牙和中国领空中咆哮的轰炸机,正在寻找他们的轰炸目标"为标题的图片。《纽约时报》通过图文并茂的形式,直观、翔实地揭露了日机在广州犯下的残暴罪行,向美国社会充分展现了日本法西斯的违法性和反人道性。进入抗战相持阶段后,日机轰炸的重点转向抗战大后方,特别是对国民政府陪都重庆实施地毯式、疲劳式的空袭。1939 年 5 月 3 日、4日,日机连续两天空袭重庆市区,数千市民被炸死炸伤。针对日本法西斯灭绝人性的屠杀,5 月 13 日,《纽约时报》刊载文章对英美法等国抗议日机暴行进行了报道:东京,5 月 12 日,美国、英国和法国对日机轰炸重庆和中国其他地方,向日本政府表达了强烈的抗议,并进行严正的交涉。其中,美国驻日大使格鲁明确指出,日机的轰炸暴行已背离了人道主义立场。① 西方国家就日机轰炸中国平民纷纷向日本政府提出抗议,体现出正义与邪恶之间的较量。

　　侵华日军的无差别轰炸不仅导致大量中国平民的伤亡,也炸死炸伤了部分在华外籍人士。面对在华外籍人士生命受到严重威胁,甚至惨遭不幸的情况,西方政府纷纷向日本政府提出抗议和严正交涉。《纽约时报》对此刊登大量文章给以报道。1938 年 6 月 7日,《纽约时报》报道,6 月 6 日,日机空袭广州,造成中国平民 1 500人丧生,一名法国外科医生受伤,同时英国租界也受到威胁。针对日本法西斯的肆意妄为,法国政府迅速向东京表达强烈不满,并进行了严正交涉。英国政府也对日机飞越英租界威胁在华人员生命

---

① "Japanese Invade a Concession Area", *The New York Times*, May 13, 1939, p. 4.

安全的挑衅行为,向日本政府提出抗议。① 1939 年 5 月 7 日,《纽约时报》报道,5 月 3 日和 4 日连续两天,日军出动飞机共计 68 架,对重庆实施疯狂袭击,不仅炸死炸伤 2 000 多名中国平民,而且英国使馆也遭到严重毁坏,部分人员被炸伤。针对这种恣意妄为的行径,英国政府向东京提出了严正抗议。②《纽约时报》的报道表明:日本法西斯的轰炸暴行不仅给中国人民带来深重灾难,也危及部分西方在华外籍人员的生命财产安全。西方国家从维护国家利益和保护国民安全的角度,对日军的轰炸暴行进行强烈谴责和提出严正抗议。这种外交努力在一定程度上对日本法西斯在华扩张起到一定程度的遏制作用。

3. 重大惨案报道的话语特征

《纽约时报》作为西方社会中极具影响力的媒体,高度重视对侵华日军无差别轰炸重大惨案的报道,有深层次的利益取向因素。它的报道内容翔实,形式直观,为读者展现了相对客观、真实的场景,但在字里行间隐约可见新闻从业者的价值取向。其报道虽以人道主义的视野强调尊重生命,但议题设置和解读仍围绕西方国家的国家利益展开。

第一,读者本位与资本逐利的互惠共生。《纽约时报》是美国创刊较早的报纸之一。1851 年,由政治家亨利·贾维斯·雷蒙德在美国纽约创办,原名《纽约每日时报》(*The New York Daily Times*),1857 年更名为《纽约时报》(*The New York Times*)。《纽约时报》从创刊伊始就提出"适应读者"的口号,把坚持以读者为本

① "4 Japanese Raids on Canton Inflict Huge Civilian Toll", *The New York Times*, Jun 7,1938,p. 1.

② "Abroad: Their Majesties Sail Triumphal March Problems for Franco Chungking Bombed", *The New York Times*, May 7,1939,p. E2.

位作为它的生存之道和立业之本。面对竞争日益激烈的从业环境,《纽约时报》建立起严格的新闻业标准:最优质的报纸"……只有那些准确、充分地呈现新闻,抓住越来越多的忠实读者的报纸,才能生存下去。"①正是坚持走这样一条道路,到 20 世纪二三十年代,《纽约时报》成为世界最具影响力的报纸。1929 年,弗兰克·普雷斯布利(Frank Presbrey)在《广告的历史与发展》一书中说道:《纽约时报》作为世界最具影响力的报纸,这个论断"恐怕没有多少人会反对"。② 在战争环境中,报纸如何才能有效地抓住越来越多的忠实读者? 其中,报道战争的残酷性和野蛮性无疑是一条重要路径。因此,为了高质量地满足读者对战争信息的渴求,《纽约时报》高度重视报道中日战争进程,特别关注侵华日军无差别轰炸重大惨案。然而,在美国社会中,高质量地满足读者的信息需要并非媒体的终极目标。报纸关注消费群体和媒介市场,究其根本原因在于实现自身利益的最大化。正如迈克尔·舒德森(Michael Schudson)在《发掘新闻:美国报业的社会史》一书中所言:新闻从业者如此信奉客观性是"因为想要这样做、必须这样做"。③换言之,"庄重意味着赚钱"。④ 真切报道侵华日军无差别轰炸重大惨案,无疑成为《纽约时报》一个重要卖点。正是这样,《纽约时报》在读者群体的扩大和商业广告飙升中实现了资本增量。

　　第二,客观报道与媒体倾向的融合。确保报道客观和信息真实,是《纽约时报》遵循的职业操守和原则立场。1896 年,阿道

---

① [美]迈克尔·舒德森著,陈昌凤、常江译:《发掘新闻:美国报业的社会史》,北京:北京大学出版社 2009 年版,第 95 页。

②③④ [美]迈克尔·舒德森著:《发掘新闻:美国报业的社会史》,第 95、145、95 页。

夫·奥克斯(Adolph Simon Ochs)在谈到《纽约时报》办报宗旨时强调:"我衷心希望《纽约时报》能够以文明得体的语言、简洁生动的形式将所有新闻呈现给读者,争取更早提供新闻,若不能更早,至少也与其他任何一家可靠媒体一样早;希望《时报》能够不偏不倚,不畏惧、不徇私,不受任何政党、教派和利益关系左右;希望《时报》的这些专栏成为一个论坛,供公众讨论重大的公共话题,集思广益。"①在阿道夫·奥克斯看来,《纽约时报》在世界上要赢得良好声誉,不但要做到报道形式的生动性和内容的实效性,更重要的是应遵循信息准确和报道客观的原则。其中,新闻报道的准确性和客观性关乎《纽约时报》的生死存亡。正是如此,《纽约时报》在报道侵华日军无差别轰炸暴行时,高度重视对这些重大惨案的规模和惨景的报道,一组组数据、一张张图片和一个个故事,为读者提供了真实、客观和立体的惨案图景,有助于帮助他们对重大惨案的全面了解和深刻把握。为了确保信息的准确性和庄重性,《纽约时报》还采取跟踪报道的形式,及时更新信息,让读者在动态中把握惨案的进展。比如,1938 年 5 月底至 6 月初,日机对广州实行长达三个多星期的疲劳轰炸,重大惨案频繁发生。为了让读者真实了解案情,《纽约时报》大量刊登了报道广州重大惨案的文章。也正是新闻报道具有的准确性和客观性特征,《纽约时报》刊载的大量文本和图片成为揭露侵华日军无差别轰炸罪行有力的第三方证据,其具有的史料价值不言而喻。然而,绝对的新闻客观性是不存在的。美国学者利奥·罗斯顿(Leo C. Rosten)指出"新闻的'客观性'无异于梦的客观性",特别是记者的社会价值传承、"职业反应"、个人禀性和经济地位对新闻的客观性产生至关重要的影

---

① [美]迈克尔·舒德森著:《发掘新闻:美国报业的社会史》,第 99 页。

响。① 也就是说，新闻报道的客观性根本无法克服从业人员的主观性。纵观前文，《纽约时报》报道的话语基调为：对中国无辜平民伤亡表现出极大的同情和怜悯，对日本军国主义的暴行采取无情揭露和批评。这是以美国人秉持的宗教观点、民主理念和世界主义作为评判标准得出的结论。正是这样，《纽约时报》的报道才能真正打动受众，赢得西方民众的认可和首肯。

第三，惨案议题与国家利益表里相应。资本主义体系是《纽约时报》报道侵华日军无差别轰炸重大惨案的外部生态和制度底色。正是如此，《纽约时报》在报道重大惨案中，对在华外籍人士的生命安全和西方政府的政治反应给予了极大的关注：既包括对外籍人员伤亡情况的详细报道，又包括对他们实施人道主义救援的热情讴歌，还包括对西方政府谴责和抗议日军暴行的正义伸张。这些报道固然有对中国人民悲惨命运的同情以及对中国抗战的道义支持，但这不能掩盖《纽约时报》报道的国家利益诉求，即西方国家和政府不愿意看到、更不愿意接受所谓的"民主、开放的中国"为日本所独占，危及乃至严重损害它们在华的利益和特权。1937 年 8 月 22 日，《纽约时报》第 E4 版右侧刊出题为"上海街道——日机轰炸的目标"的巨幅图片：一张描述的是日机正将一枚巨型炸弹投向外滩街道上密集的人群；另一张描述的是公共租界街道上车水马龙、人来人往的场景。② 左侧则发表莱伊史密斯（W. F. Leysmith）的署名文章《英国遭受重创》。文章指出：目前，对于欧洲国家来说，最为迫切、最为关键的问题就是处置远东繁荣港口——上海的贸易

---

① ［美］迈克尔·舒德森著：《发掘新闻：美国报业的社会史》，第 141 页。

② "Shanghai Streets—Targets for Bombs of the Japanese", *The New York Times*, Aug 22, 1937, p. E4.

瓶颈问题。英国在上海的投资总数为 1.8 亿英镑,相当于 9 亿美元。通过这个港口,进口德国的产品 1.5 亿美元,英国的产品大约 1.1 亿美元,法国产品 0.18 亿美元。俄罗斯、意大利和荷兰也在不同程度上从这个繁荣贸易港口中获利。文章还特别声明:英国政府带领欧洲国家处置中日冲突的目的,不是煽动同日本政府的公开冲突和对抗。相反,只要公民和国家在华权益受到尊重和保护,大英帝国愿意为维护和平做出不懈努力。① 《纽约时报》把惨案议题同国家利益表达相互关联,图片展现轰炸惨景,文字表达利益诉求,一表一里,寓意不言自明。1938 年 6 月 9 日,《纽约时报》在刊发的《轰炸整个中国》一文中又指出:日机轰炸广州造成成百上千平民伤亡,场面恐怖、悲惨。接着话锋一转,《纽约时报》强调:针对日本拒绝接受各国提出的严正抗议,日机在广州投下的任何一枚炸弹意味着,友好的西方世界与日本政府缔结的协议的破坏。② 面对在华权益受到日本挑战,西方国家表现出极大不安和不满。这也表明,《纽约时报》报道重大惨案无疑成为它表达国家利益诉求的脚注。

　　综上所述,《纽约时报》对侵华日军无差别轰炸重大惨案的报道,事实清楚、内容翔实、场面逼真,为揭示日本法西斯的残暴罪行提供了第三方权威史料,为回击日本右翼势力否认侵略罪行的谬论增添了新的证据,用铁证捍卫了历史正义。同时,通过《纽约时报》对侵华日军无差别轰炸重大惨案的报道,也让我们明晰了西方媒体报道中国议题的逻辑理路。换言之,媒体标榜的新闻自由和"价值中立",无疑是西方国家制造的一种"神话"。因此,在中国同

---

① "Britain Hit Hard", *The New York Times*, Aug 22, 1937, p. E4.

② "Bombs Over China", *The New York Times*, Jun 9, 1937, p. 22.

世界联系越来越紧密、中国经济对世界经济影响越来越大的新时代,增强中国国际话语权的使命不容忽视。

此外,惨案发生后,部分国际组织、国际友人也采取了积极的应对措施。1939 年贵阳“二四”轰炸后,世界红十字会中华各会联合总办事处来贵阳办理救济并筹设贵阳分会。2 月 25 日,分会成立。贵阳分会以“促进世界和平,救济灾患”为宗旨,举办救济队、赈济队、施诊、施药、施棺、栖流所、小本借贷及其他慈善事业。① 同年 6 月 11 日,日军在成都制造“六一一”大惨案,6 月 12 日美国纽约青年会干事费休(Louis Fisher)、华西联合大学教授美国人李秋门、成都金陵大学教授史密士(Lewis S. C. Smythe)等联合致电罗斯福总统和赫尔国务卿等,请求关注日机滥炸成都的行为。② 同年 8 月 19 日,乐山“八一九”大惨案发生后,加拿大人文幼章(James G. Endicott)闻讯,带领数名医生,从重庆赶到乐山,积极参与救援。③ 同年 9 月 11 日,泸县“九一一”大惨案发生后,文幼章先生带领医疗救护分队,再次从重庆出发赶到泸县协助救治伤员,1940 年 2 月医院工作全部结束后,他才离开泸县。④

全面抗战期间,根据实际需要,国民政府通过成立组织领导机关和建章立制,形成了一套应对重大惨案的常规和应急机制。这套机制在实践中不断健全和完善,为有序应对重大惨案发挥了重

---

① 贵阳市地方志编纂委员会编著:《贵阳通史》中卷,贵阳:贵州人民出版社 2011 年版,第 482 页。

②《美侨致电赫尔报告》,上海《申报》,1939 年 6 月 13 日,第 4 版。

③ 中央党史研究室第一研究部编:《抗日战争时期全国重大惨案》8,第 156 页。

④ 朱花朝:《日机轰炸泸州文幼章率医疗队前来抢救》,政协泸州市市中区委员会文史资料工作委员会编:《江阳文史资料》第 3 辑,1989 年版,第 151—153 页。

要促进作用。但这套体制在运作中也存在中央与地方和基层、应然与实然的内在张力,特别是基层救护组织的渎职和失职,削弱了政府的救灾实效及其公信力。当然,国民政府应对重大惨案的主导作用不容否定。在爱国主义和民族主义的旗帜下,中共各级组织和社会团体也积极投身重大惨案的处置工作,成为应对重大惨案的重要助推力量。基于人道主义精神和维护在华利益的需要,以美国为代表的西方国家高度关注侵华日军无差别轰炸重大惨案,认为这是一种反人道的、违法的战争罪行。美国采取提出抗议、表达谴责和国际合作等举措应对侵华日军无差别轰炸重大惨案,但其强度是以维护国家利益为根本遵循。以《纽约时报》为代表的西方媒体,高度关注中日战争,对侵华日军无差别轰炸重大惨案进行了大规模、长时段报道。刊发的文章揭露了日本法西斯的残暴罪行,表达了对中国人民的道义支持,但报道底色仍以坚持国家利益至上为根本立场。

第七章　重大惨案的历史记忆与纪念

　　记忆是指保持在头脑里的对过去事物的印象,是个体对过去经验的反应,是人类生活不可缺少的组成部分。历史记忆指亲历者或专业人士对历史事件的回忆、记录与编纂,包括个人记忆、集体记忆和国家民族记忆等。侵华日军无差别轰炸重大惨案的历史记忆不应该仅仅是亲历者、幸存者的个人记忆,或者是亲历者与少数研究者的集体记忆,还应该是中华民族,乃至世界人民的共同记忆。本章试运用新文化史,特别是记忆史的研究方法,重点探讨以下三个问题:重大惨案是如何从个体记忆演变为集体记忆的? 如何系统构建普通民众的社会记忆? 如何实现国家民族记忆向世界记忆的升华?

第一节　个体记忆到集体记忆的变奏

　　个体记忆即个人记忆,指"把个人生活史作为对象的记忆行为"①。只涉及个人的过去,原则上不能获得关于其他人或事的知

---

① [美]保罗·康纳顿著,纳日碧力戈译:《社会如何记忆》,上海:上海人民出版社 2000年版,第 19 页。

识。抗日战争时期,侵华日军制造了一桩桩惨无人道的无差别轰炸重大惨案,给中国人民造成了严重的身心创伤和难以忘却的记忆。战争期间,这些幸存者和亲历者用不同的形式保存了这些创伤记忆,大量个人的苦难记忆应运而生。鉴于侵华日军无差别轰炸重大惨案发生的时间逐渐久远,记忆逐渐淡化,甚至遗忘,改革开放以来,尤其是进入 21 世纪以后,中国政府和社会各界高度重视惨案记忆的保留与传承。以抗战胜利 40、50、60 和 70 周年为契机,幸存者、亲历者的回忆和日记不断被发掘和传播,个体记忆不断向集体记忆转变,集体记忆不断被强化、被传承。

一、个体记忆的表达

抗战时期,日军对中国城乡实施大规模的狂轰滥炸,制造了大量惨绝人寰的重大惨案,给中国民众带来了严重的创伤,在他们的内心深处留下难以忘却的伤痛。

抗战初期,面对日机大规模的空中杀戮,部分知识精英即以报告文学、报道通讯等形式回忆了日机的暴行,保存了部分个人记忆。1937 年 8 月 16 日,日机对苏州进行大肆轰炸,数百人当场被炸死。社会活动家、指挥家刘良模写了《日本飞机和中国小孩》一文,详细叙述了侵华日军无差别轰炸重大惨案给他的伤痛记忆。他指出:"最凄惨的是一个女人,正抱着一个小孩在那里喂奶。那女人的胸部已经炸成一个大洞,孩子的小脑袋也炸裂了,然而这女人还抱着那孩子不放,那孩子还含着他母亲的奶头。还有一个小孩的肚子给炸破了,他手里面还抓紧一只皮球。一个戴眼镜的中年男子,扑在地上死了,等我们拉开这个男尸,才发见(应为"现",笔者注)这边活着的一个四五岁的小姑娘。这好像是一个小家庭,现在全家都炸死了,而这个小姑娘是因为受了父亲的保护,才没有炸死,可是她也被炸得浑身是血了!"①在刘良模的记忆中,日机的暴行是残酷的,场景是凄凉的。这种伤痛记忆激发了他对日本军国主义的无比愤怒。他在文章末尾写道:"全世界的母亲们! 对于这一群屠杀人类母亲和孩子的凶手,我们应该给他们一个有力的制裁。我们应该劝丈夫们不要再买日本货。看他们那里再有钱来制造屠杀无辜妇孺的炸弹? 日本帝国主义的末日到了,因为他们的暴行已经激动了世界的公愤。"②1938 年 5 月底至 6 月初,日军对广州城区实施大规模的狂轰滥炸,制造了六次重大惨案,数千名无辜平民被屠杀。对于这场惨无人道的空中杀戮,夏衍根据自己的经历写下《广州在轰炸中》的回忆文章。他控诉说:

> 每日轰毁几百民家,学校,医院,每天屠杀几千非武装平民,妇孺的场所! 广州是被连续无目的地轰炸了十二日了,要轰炸到什么时候为止,谁也不能知道! 广州街上尽是半疯狂状态地号哭着的失了丈夫和儿子的女人,尽是装在运货汽车上的一列列的白木棺材,残砖碎瓦,倒坏了烧毁了的民房,炸弹片,一排排的用芦蓆盖着的尸首,和由红变褐,由褐变黑了的血迹! 晚风吹过来,空气中充满了火药气和血腥!③

这篇回忆文章,真实记录了侵华日军无差别轰炸重大惨案的残酷场景,对夏衍内心产生了难以磨灭的伤痛。

抗战相持阶段,日军调整战略方针和政策,对中国抗战大后方特别是对重庆、成都等地实施大规模轰炸,制造了大量的重大惨案。1939 年 5 月 3 日和 4 日,日机连续两天对重庆市区实施轰炸,

---

① 曹聚仁等:《轰炸下的南中国》,第 78 页。

② 曹聚仁等:《轰炸下的南中国》,第 80 页。

③ 夏衍:《广州在轰炸中》,《新华日报》(汉口),1938 年 6 月 12 日,第 2 版。

造成大量无辜平民伤亡。其中,仅 5 月 4 日这天,日机的轰炸就造成数千无辜平民的伤亡,灾情异常的惨烈,现场无比凄凉。知识界目睹了这场灾难,以报告文学、诗歌、日记等形式真实地记述了日本军国主义的暴行。秋江在《血染的两天》一文中写下这样悲惨的一幕:

> 中央公园,变成了人的海。每个人的眼前,放着一串悲痛的事,父亲想着儿子,母亲想着女儿,儿女想着父母,哥哥想着弟弟,妹妹想着姊姊。他们死得太惨了! 他们怎样死的? 我相信三岁的孩子,忘记不了鲜红的血,毁灭的火!①

在秋江的内心世界中,"五三""五四"是悲愤的记忆。

老舍在《五四之夜》一文中也写道:

> 七时了,解除警报。由洞里慢慢出来,院里没有灯光,但天空全是亮的。不错,这晚上有月;可是天空的光亮并非月色,而是红的火光! 多少处起火,不晓得;只见满天都是红的。这红光几乎要使人发狂,它是以人骨,财产,图书,为柴,所发射的烈焰。灼干了的血,烧焦了的骨肉,火焰在喊声哭声的上面得意的狂舞,一直把星光月色烧红!

他还这样写道:

> 朋友们,继续努力,给死伤的同胞们复仇;记住,这是五四! 人道主义的,争取自由解放的五四,不能接受这火与血的威胁:我们要用心血争取并必定获得大中华的新生! 我们活着,我们斗争,我们胜利,这是我们五四的新口号!②

---

① 秋江:《血染的两天》,《七月》1939 年第 1 期,第 12 页。
② 老舍:《五四之夜》,《七月》1939 年第 1 期,第 11、12 页。

在老舍的记忆中，五四之夜是血泪之夜、人道之夜，也是中国人民争取自由解放、在斗争中获得新生之夜。

郭沫若目睹这种惨状，于5月12日写下短诗《惨目吟》：

> 五三与五四，寇机连日来。渝城遭惨炸，死者如山堆。中见一尸骸，一母与二孩。一儿横腹下，一儿抱在怀。骨肉成焦炭，凝结难分开。鸣呼慈母心，万古不能灰！①

在郭沫若那里，"五三""五四"的记忆可以用"残酷""悲惨"给予概括。

5月4日，梅林的日记对日机投下的燃烧弹记忆深刻：

> 丧失了人性的日本军阀所派遣的刽子手，昨天（五三）在重庆滥炸的罪恶火焰，我们刚刚扑灭，今天——这血债深仇的"五四"黄昏时候，又从朦胧的天空丢下将近三百颗的燃烧弹！于是，代表日寇的罪恶的火舌，从人口稠密的商业区住宅区的××街，××街，××场，×街，××岗，××街……从四面八方伸出来，腥味的浓烟卷上半天，火光耀红了整个重庆市。

> 整千的良善人民死亡在敌人的炸弹机抢轰击下了，难以统计的财产毁灭在敌人所投放的罪恶火焰中了。

商业区、住宅区的熊熊大火，进一步燃烧蔓延到了梅林的心中，铸成了他满腔的怒火。他进一步写道：

> 我同未遇难者走出了防空壕，在耀天的火光下，我看见他们的脸庞痉挛着，而且磨动着牙齿；没有哭泣，没有叹息，没有为自己未遇难而存"幸免"之感，即连父母兄弟姊妹儿女亲戚

---

① 刘元树主编：《郭沫若抒情诗》，合肥：安徽文艺出版社1997年版，第154页。

　　朋友是否遭了毒手也来不及细想,只是在每个人的心头那么迅速的猛烈的燃烧起仇恨的火,对放火者,刽子手,杀人犯的日本军阀的火山样炽烈的仇恨的火!……逼之以死地,仍以死相威胁,这是枉然的!因为新"五四"的血债深仇,连和平的月亮也愤恨红了脸庞。①

　　这是梅林对侵华日军无差别轰炸重大惨案的悲痛记忆。他认为,日军飞机的轰炸暴行是无比残忍的,但它却没能征服重庆人民的坚强意志,相反,点燃了人们对日本军国主义的无限愤恨。这种愤怒与仇恨汇聚成了实现民族自由和解放的强大的精神动力。正是如此,梅林把这场血案同1919年"五四"爱国学生运动类比,并赋予它特殊的时代意蕴。

　　1941年7月27日,日军出动大批飞机轰炸成都,炸死炸伤无辜群众上千人。部分幸存者将自己的亲身经历写成通讯和回忆等,揭露日本军国主义罪行。秋池在《"七二七"血债录——记敌机第三次狂炸成都市区》一文中记录了日机轰炸过后的重灾区:

　　　　每人的脸上都带着不正常的表情,行动非常慌张,大概分析起来,不外去探视他们的亲人或朋友,以及凭吊和慰问被灾或落难的同胞,各人的目的虽然不同,而同仇敌忾之心情,全是一样,每个人的心里莫不燃着怒火,切齿痛恨那万恶的日寇,房屋被炸塌的人家,躺在路旁。待人认验,有些木棺长盖,一家大小围绕棺前,痛哭不已,真是一幅悲惨的画面啊。②

---

① 梅林:《以亲爱团结答复敌人的狂炸——新"五四"血债三日记》,《抗战文艺》1939年第4卷第3—4期,第107页。

② 秋池:《"七二七"血债录——记敌机第三次狂炸成都市区》,《防空月刊》1941年8月号,四川省档案馆:180-1218。

　　恐慌、悲惨和仇恨是秋池对成都"七二七"重大惨案的深刻记忆。"血影"是余戾林对1941年成都"七二七"惨案的情感体念。他写道："'七二七'与'六一一'，鲜血染成的惨痛日子，让人血手编导的'七二七'这一幕血剧，毁灭我无数财产，吞噬我无数人民的生命，永远给成都市深深地烙下一重血印，在中华儿女们心灵中，浓浓地映成一片不会磨灭的血影。"这种"血影"市内、市郊随处可见。城中少城公园原本是数十万成都市民休闲散步的区域，但此时"园中惨剧更加使人心碎胆寒，那许多死难同胞的尸，散布于园中各处，折臂断腿，血肉模糊，树下更有大堆僵卧的尸身，尸旁凄咽欲绝的哭音，不由人眼泪不似珍珠般下滴，看着那一种凄惨的画面，不堪入目"。大街上也是一片惨景，整个成都市成了一座"黑暗的死城，真似古战场文云'鸟无声兮山寂寂，夜一长兮地淅淅，魂魄结兮天沈沈，鬼神聚兮云幕幕'的悲惨景象"。[①] 可以说，"悲惨"是余戾林对成都"七二七"惨案不可磨灭的记忆。

　　亲身经历惨案后，一苹也写下《暴行》一文。他在文中这样控诉：

　　　　我从距城市四五里路远的一个防空壕回来的时候，映上我眼来的是敌人炸弹的伤痕，是躺在血泊里的我们同胞的尸身，进入我鼻孔里来的是敌人轰炸后余剩下的一股弹药味，是我们同胞的血腥。……今天，敌人使用了我们无数同胞的血液，给我们记下了一篇更大的仇恨，敌人使用了我们无数同胞的生命，给我们种下了更多的报复的种子。[②]

在一苹的内心中，成都"七二七"惨案的记忆是血腥与仇恨的交织。

---

① 余戾林：《成都血影》，《防空月刊》1941年8月号，四川省档案馆藏：180-1218。
② 一苹：《暴行》，《防空月刊》1941年8月号，四川省档案馆藏：180-1218。

　　抗战胜利后，国际社会根据同罪不究的原则，日军在华犯下的无差别轰炸罪行没有受到应有的审判和追究，重大惨案也没有受到应有重视和传播，受害者独自忍受着日机轰炸给他们带来的身体和心理的伤痛。随着时间的推移，亲历者和受害者的个人记忆也渐趋淡化，甚至被长期尘封。1978 年十一届三中全会之后，在国家的大力支持下，文史工作者、专家学者和史学爱好者等，走访了大量的抗战亲历者。通过采访，亲历者尘封的记忆逐渐被激活。接着，大量幸存者、亲历者的回忆性文章和口述资料出版、发行。这些作品的传播使侵华日军无差别轰炸重大惨案逐渐为更多人所知晓，个人记忆逐渐向集体记忆转化。

二、集体记忆的生成

　　个人记忆虽然很重要，但是也很薄弱，必须通过集体记忆大框架的承载，才可能被激活起来，才能使记忆更加清晰。最早完整提出集体记忆概念的是法国社会学家莫里斯·哈布瓦赫（Maurice Halbwachs），他认为：“集体记忆不是一个既定的概念，而是一个社会建构的概念。”“尽管集体记忆是在一个由人们构成的聚合体中存续着，并且从其基础中汲取力量，但也只是作为群体成员的个体才进行记忆。”“个人记忆仍然是群体记忆的一个部分或一个方面。”①这就是说，集体记忆是源于群体成员对他们相似的、过去的回忆，是个体对集体所经历的事件拥有的相似回忆。

　　个人记忆在一定的历史背景下，才可能构建集体记忆，并显示个人特色。个人记忆一旦被回顾、被叙述、被阅读，就必然激活群

---

① ［法］莫里斯·哈布瓦赫著，毕然、郭金华译：《论集体记忆》，上海：上海人民出版社 2002 年版，第 39—40、94 页。

体成员的集体记忆。20世纪八九十年代,特别是以抗战胜利40、50周年为契机,各地政协文史资料研究委员会纷纷组织抗战的亲历者、幸存者(包括侵华日军无差别轰炸重大惨案的亲历者),回忆、口述他们自身的经历和见闻,激活他们大脑中对重大惨案的记忆,最终以"亲历、亲见、亲闻"的形式大量刊载亲历者、受害者的回忆性文章。侵华日军无差别轰炸造成重大惨案的历史逐渐被集体唤醒,成为集体伤痛记忆。文史资料也成为保存这些历史记忆的重要载体,关于重大惨案的集体记忆得以传播和延续。

　　抗战时期,国民政府迁都重庆,重庆、四川成为抗战大后方的核心,基于其特殊的地位,日机频繁地对其进行政略轰炸,这两地成为重大惨案的高发区,文史资料大量刊载了相关重大惨案的回忆性文章。关于重庆1939年"五三""五四"大惨案和1941年"大隧道惨案",文史资料先后刊载亲历者、幸存者的文章包括:张连均《日本侵略者轰炸重庆的暴行》、倪市潮《日军对重庆灭绝人性的大轰炸》、康心如和康心之《记重庆大隧道窒息惨案》、陈理源《重庆"六五"大隧道惨案采访记》、胡仁友《我所知道的隧道窒息惨案》和覃川阁《忆重庆隧道大惨案》等。这些文章详细回忆了"五三""五四"惨案和"大隧道惨案"发生的过程、惨景及原因等,悲愤地控诉了日本军国主义的暴行。张连均在《日本侵略者轰炸重庆的暴行》一文中回忆道:5月3日下午,日机在陕西街一带投下了大量炸弹和燃烧弹,该处居民稠密,商店林立,一些银行和钱庄也多设于此,是当时重庆的闹市。日机轰炸引起大火,致使这一地区近二十条街道全化为灰烬。5月4日,日机再次对市中心督邮街、会仙桥至小什字一线最繁华的商业中心,大肆轰炸。"五三""五四"惨案"死伤人数,无法统计。"有不少全家被炸死、烧死。有的电杆上树上都挂有炸飞的血肉，真是惨不忍睹。"①张连均的文章再现了惨案概况，也表达了对日本军国主义的无限仇恨。倪市潮在《日军对重庆灭绝人性的大轰炸》一文中对大隧道惨案的原因和过程进行这样记述："由于人太多，空袭时间过长，洞内气闷，加之越来越多的人挤向洞口，使洞口通入的空气逐渐减少，洞里内层的人呼吸紧张，被迫向洞口冲挤。因洞口小，在冲挤中，压踏在走道上的人越来越多，顷刻间人尸叠成一条人肉长城，空气流通因此中断阻塞。此时洞内秩序大乱，凄惨挣扎的呼喊声震彻全洞。一小时后，洞内陷于死水般沉寂，毫无声息，防空洞大隧道变成活埋万人的大坟墓，酿成骇人听闻的大惨案。"②这段话动态地还原了惨案发生的过程。尽管几十年过去，倪市潮对这场悲剧仍记忆犹新、历历在目。王正国和马士弘《抗战时期跑警报——日机轰炸成都暴行录》、李天治《回忆日军侵华战争轰炸成都的罪行》、桑应禄《莫忘日机轰炸苦牢记日寇侵略仇》、廖开藩《目击成都遭受敌机最惨重的一次轰炸》、李运焕《敌机两次轰炸成都目击记》、尹鸣皋《日寇飞机狂轰滥炸目击记》和王季伦《我经历的"七·二七"大轰炸》等，详细回忆了成都1939年"六一一"大惨案、1940年"一〇二七"大惨案和1941年"七二七"大惨案等。在他们的记忆中，这些惨案无比凄凉，异常残酷。尽管时间过去四五十年，但当他们想起在惨案中悲惨死去的无辜群众，仍然充满无限的伤感和惆怅。李运焕当日正在"川大"投考，他回忆：这一天，新东门外猛追湾弹如雨下，死伤最惨，《（郭）秋白诗集》中的一首长诗《哀七二七》是历史的见证，他仍然能背："啊！

---

① 张连均：《日本侵略者轰炸重庆的暴行》，山东省人民政府参事室、山东省文史研究馆编：《文史资料》第1期，1987年版，第62页。

② 全国政协文史和学习委员会编：《血腥纪事》2，北京：中国文史出版社2005年版，第17页。

柳梢头挂着一双纤腻的臂膀,那馋嘴的奶娃娃死吊着乳房!"惨案
现场,"倩女惨死,母子双亡,真是惨绝人寰"。文末他哀叹:"今天,
有多少人记得,猛追湾游泳池和儿童游乐园的旧址上,五十年前曾
发生过悲剧啊!"①侵华日军还对泸县、乐山、南充、松潘、梁山和合
川等地实施大规模的空中杀戮,制造了许多惨绝人寰的重大血案。
亲历者、幸存者纷纷撰写回忆文章,记述惨案发生经过及其后果,
揭露日军的暴行。这些文章包括:陈中林等《泸州"九一一"大轰炸
访问记录》、姜继皋《泸县"九·一一"大惨案回忆》、王志康《日机轰
炸乐山目击记》、同如和盛隆《惨痛难忘的"八一九"——1939年日
机轰炸乐山采访记》、徐雨深《"八·一九"日机轰炸乐山城的前前
后后》、谈宗昌《乐山被炸杂忆》、叶代洲《回忆"九·三"日机轰炸南
充惨案》、马俊修《日本飞机轰炸松潘县实况》、李明《回忆"三·二
九"日机轰炸梁山城纪实》和郑家槐《血债——"七·二二"日机大
轰炸纪实》等。

　　侵华日军无差别轰炸重大惨案在云南、贵州、湖北等地也有大
规模的发生。基于此,这些省份的文史资料也征集和出版了亲历
者、幸存者的回忆文章。在云南,段国富等《保山"五·四"被炸惨
案见闻》、李德洪《保山"五·四"目睹》和田惠龄《保山"五·四"被
炸见闻》等,回忆了1942年保山"五四"惨案的发生过程及惨痛后
果,揭露了日本军国主义的野蛮行径。段国富等人这样说道:"我
辈是这场浩劫的幸存者,虽四十年过去了,但仍记忆犹新;痛定思
痛,仍令人不寒而栗。"②田惠龄强调:"这场浩劫虽已过去四十五年

---

① 李运焕:《敌机两次轰炸成都目击记》,政协遂宁市委员会文史资料委员会编:《遂宁文
　史资料》第9辑《纪念抗日战争胜利50周年专辑》,第46页。
② 政协云南省保山市委员会文史资料研究委员会编:《保山市文史资料选辑》第2辑,
　1985年版,第14页。

了，但当时的惨景仍历历在目，我们决不能忘记日本军国主义者对保山欠下的这笔血债。"①这表明这次浩劫对他们的伤害异常深重。在贵州，王起华在《记日机"二·四"轰炸贵阳的罪行》一文中义愤填膺地记述：1939 年 2 月 4 日，这天是我们贵阳人民永远不能忘记的日子。它是日本侵略者对贵阳人民犯下残酷轰炸罪行的一天。这是日本军国主义在中国犯下的千万条罪行之一。我们要让这段惨痛历史牢记不忘，教育后代，要和曾受灾难的日本人民共同携手，友好相处，共同防止战争的重演。② 王起华的叙述既包括对过去的悲痛回忆，又体现对维护和平、反对战争的坚定决心。此外，王家骧《记贵阳"二·四"轰炸》、肖子有《"二·四"轰炸——日本侵略者欠贵阳人民的血债》、宋述湘《日机"二·四"轰炸贵阳的惨状》、彭国桢等《"二·四"轰炸目击记》、杜适《难忘的贵阳"二·四"轰炸》、蔡林久《"二·四"轰炸给贵阳人民造成的损失和灾难》和谢凡生《"二·四"轰炸亲历记》等，以亲身经历及其遭受的痛苦控诉了日本军国主义的罪行。在湖北，张汶川和张天民在《"三·二八"大轰炸回忆》一文中饱含深情地述说：1939 年 3 月 28 日（农历四月二十八日）。日军轰炸老河口，可以说是对老河口人民一次灭绝性的大屠杀。"这一笔血债，我们永远不会忘记。同时我们也要教育后代，不要忘记这笔血债。"③在张汶川、张天民的记忆中，这场惨案是血腥的。在惨案发生四五十年后，他们的内心仍充满仇恨。陕

---

① 政协云南省保山市委员会文史资料研究委员会编：《保山市文史资料选辑》第 4 辑，1987 年版，第 318 页。

② 政协贵阳市南明区委员会文史资料研究委员会编：《南明文史资料选辑》第 4 辑，1986 年版，第 149 页。

③ 政协老河口市委员会文史资料研究委员会编：《老河口文史资料》第 8 辑，1982 年版，第 13 页。

西、甘肃、湖南、河南和安徽等的文史资料也整理出版大量纪念文章,回忆了惨案的悲惨情形。这些文章包括:李香普《日机轰炸西安目击记实》、郭继泰《记日寇飞机轰炸平凉的暴行》、尹祖全《弹坑血肉——日机轰炸沅陵记实》、王永川《日寇首次轰炸郑州目击记》和翟其寅《回忆芜湖沦陷前后的一段经历》等。

进入 21 世纪,口述史作为研究底层民众的历史,受到国内外学者的广泛重视。加之,抗战亲历者、幸存者逐渐变老,人数越来越少,国家开始重视抢救这段历史。以抗战胜利 60、70 周年为契机,在中共党史研究室的主持下,各地党史研究室组织了一批专家、学者、党史工作者等,进行田野调查,积极寻找抗战亲历者、幸存者,并对他们进行口述采访。与此同时,部分历史学专家学者也将研究兴趣集中于口述资料的整理和研究。大大地激活了受害者和见证人尘封已久的抗战记忆。他们以"证言证词"的形式,控诉侵华日军无差别轰炸造成的重大惨案。中共党史出版社还大量整理、出版了各省、各地市在抗战时期的人员伤亡和财产损失资料丛书,集体记忆得到更广泛的传播。

四川和重庆的侵华日军无差别轰炸重大惨案口述资料率先得到挖掘和传播。2007 年,成都市政协文史学习委员会编的《成都文史资料选编·抗日战争卷下·天府抗战》刊载了目击者曾光耀对1941 年成都"七二七"大惨案的证言。他写道:1941 年 7 月 27 日,日机轰炸后的成都,血肉横飞,肢体散乱,满地血迹。在日机狂轰滥炸过的少城公园和保路纪念碑等,尸体成堆,脑迸肠流,肢断躯裂,血肉模糊,惨不忍睹。"炸断的树枝,就压在尸体堆上,枝丫上到处挂着碎肉碎布,叫人毛骨悚然。"①几十年后,曾光耀对这场恐

---

① 曾光耀:《108 架日机轰炸成都》,成都市政协文史学习委员会编:《成都文史资料选编·抗日战争卷下·天府抗战》,成都:四川人民出版社 2007 年版,第 167 页。

怖浩劫的记忆仍然是毛骨悚然、不堪回首。2010 年,中共成都市委党史研究室编辑的《抗日战争时期成都市人口伤亡和财产损失资料选编》,刊载了马有清、黎光惠、付先群和安绪清等的 1941 年成都"七二七"惨案的口述证言。在他们的记忆中,这场大杀戮是灭绝人性的。2011 年,周勇等主编的《重庆大轰炸档案文献:证人证言》一书,收录了 1938 年至 1944 年重庆地区侵华日军无差别轰炸重大惨案受害者、当事人和目击人口述证言。这些口述资料在不同程度上还原了侵华日军对重庆人民犯下的罪行,对塑造侵华日军无差别轰炸重大惨案集体记忆发挥了重要作用。在纪念抗战胜利 70 周年之际,2015 年《浙江档案》第 7 期刊载了《惨绝人寰:侵华日军重庆和四川大轰炸受害者口述实录》一文,详细记录了高键文、高荣彬、刘文藻和苏良秀等在川渝侵华日军无差别轰炸重大惨案中的痛苦经历。这场浩劫让他们或失去亲人、或身心受伤。尽管惨案已过去 70 年,但当他们回忆日军的暴行时,或泪流满面,或情绪激昂,或咬牙切齿。

与此同时,浙江、山东、安徽、广西和湖南等侵华日军无差别轰炸重大惨案口述资料也得到充分挖掘和传播。2014 年由中央党史研究室第一研究部编《抗日战争时期全国重大惨案》,收录了从 1931 年 9 月起至 1945 年 8 月侵华日军无差别轰炸重大惨案大量口述资料。在浙江,该书登载了 1937 年 11 月 30 日浙江萧山轰炸惨案亲历者陈铭珊、徐树林等的回忆以及杨法顺、王宝康等的访谈。在他们的记忆中,这场灾难是惨痛的。2006 年 8 月 8 日,杨法顺这样回忆惨案:"听说,人死最多的是江寺后面有个地下室,是铁路部门造的。和现在的铁路不同,地下室上面是轨道,下面是枕木,这样搭起的空间是很大的。大家都朝这个地下室里逃,日本佬的飞机发觉了,朝着那门扔了炸弹,里面的人全部都被闷死了,死了有好几百人。"①数百人在日机轰炸的瞬间便灰飞烟灭,对于死难者亲人来说是多么的残忍和惨痛,反之也表明了日本法西斯的异常残忍。在山东,该书收录了1938年5月12日山东日照南湖轰炸惨案亲历者王茂义、朱靖信、牟乃堂、费立录、安丰聚、王名伦和王明林等的证言及照片。在他们的记忆里,日机轰炸行径是残暴的,底层民众生存是痛苦的。王茂义谈到惨案时说:"哎!现在回想起来真是悲惨极了,日本鬼子真是太可恨了!"②一个"哎"字,显示他对无辜群众惨遭屠杀的哀叹。一个"恨"字,表明他对日本法西斯的无比愤慨和仇恨。在安徽,该书刊载了1938年5月24日安徽阜阳轰炸惨案幸存者靳秀芝的同事谢其侠、王爱华等的口述回忆。作为幸存者靳秀芝生前的朋友和同事,她们多次听她这样叙述:1938年5月24日是她出嫁的日子,当天北大街、鼓楼底下有两座花轿,她坐在后面的花轿里,前面的花轿被日军飞机炸没了。③ 在幸存者的记忆中,这场灾难是恐怖和残忍的。2009年2月28日,尽管这场灾难已过去70多年,但王爱华在提及阜阳"五二四"惨案时,脸上仍充满痛苦。在广西,该书刊发了1939年7月26日广西梧州"七二六"轰炸惨案亲历者李石泉、梁瑞金、陈秀珍和曾伟贤等的证言口述。2007年4月9日,陈秀珍回忆:1939年7月26日(农历六月初九),"那天特别难忘,因为我的亲人两个表姐,三个亲家都同一日死的。我姑妈抱着一个孩子,孩子也死了,因为跑不快,就被炸死了"。④ 在陈秀珍的内心中,惨案记忆就是亲人忌日的记忆。这字里行间揭露了日本法西斯罄竹难书的暴行。在湖南,该

---

① 中央党史研究室第一研究部编:《抗日战争时期全国重大惨案》4,第178页。

② 中央党史研究室第一研究部编:《抗日战争时期全国重大惨案》6,第49页。

③ 中央党史研究室第一研究部编:《抗日战争时期全国重大惨案》6,第120—121页。

④ 中央党史研究室第一研究部编:《抗日战争时期全国重大惨案》8,第109页。

书收录了 1941 年 11 月 3 日湖南益阳轰炸惨案幸存者杨润贞、刘震君和彭淑云等的口述回忆。2009 年 3 月 24 日,彭淑云回忆:在日机轰炸中,"那些来不及躲空袭的人,有的被炸死在街上,血肉模糊,缺手少脚,有的人连肠子都炸飞到树丫上。我所看到的被炸死的人有十几人,其中就有我的舅舅杨海棠,当时他才 21 岁。还有上百数不同程度受伤的人,有的炸破了头,有的炸断了手脚,一个个痛苦不堪的样子。这一惨状,我至今都难以忘记。"①对于亲历者来说,这场灾难凄惨绝伦、触目惊心。因此,血案发生后 60 余年,幸存者回忆起往事仍难以让人忘怀。

　　进入 21 世纪以后,随着抗战史研究的不断深入,抗战时期时人日记经历搜集、整理和出版,再次唤起人们对重大惨案的记忆。2014 年 9 月,社会科学文献出版社出版的《陈克文日记(1937—1952)》一书,记录了日军在重庆制造的一系列无差别轰炸重大惨案。关于 1939 年重庆"五三""五四"惨案,陈克文写道:"晨间六时还未起床,已经红日满市。天气如此晴朗,大家心中早已有敌机恐将来袭的预感⋯⋯午饭未完,果闻警报,大家躲到附近防空洞。约半小时后,敌机已到,隐闻轰炸声。不过两三分钟,便归沉寂。远望城里,但见黑烟数起,直冲霄汉,知城里已遭殃矣。"5 月 4 日,他又写道:"昨夜听到好些人说城市内被焚毁的惨状⋯⋯来往途中,经过许多被焚炸的地点,有些死尸还没收殓,灾民抱着婴儿在破瓦烂木堆中,一面哭泣一面扒找甚么东西,惨状不能笔述。"②在陈克文的笔下,侵华日军无差别轰炸重大惨案凄凉、悲惨和恐惧。《陈

---

① 中央党史研究室第一研究部编:《抗日战争时期全国重大惨案》10,第 162 页。
② 陈克文著、陈方正编:《陈克文日记:1937—1952》上,北京:社会科学文献出版社 2014 年版,第 390、391 页。

克文日记》的公之于众及广泛传播,有助于揭露日本军国主义的残暴罪行,对强化其集体记忆起到重要的促进作用。

2014 年 11 月,云南人民出版社出版的《马力生日记(1940—1943)》一书,被称为"中国的《拉贝日记》"。该书详细记录了日军在云南保山制造的无差别轰炸重大惨案。关于 1941 年保山"一·三"大惨案,《日记》记载:日机飞走后,为了去看岳父一家,我急忙返回城里,"才一进城门,便觉有异常的味。刚至二福街口,就见墙倒屋落,一棺南面停着。张培书老师家门前街心落一弹,入地八九尺,宽丈许。弹落近东廊,一层东向背墙及屋顶被炸飞,只有向东门窗尚存。复行至酒街东口,呀! 竟成一片瓦砾,迎门街心落一弹入地之深,为积水难量其深,宽有二三丈……一直到了南头街口,只见死尸枕藉,听说此地除掘出者外,尚不知还有几许埋于土中。出巷西上朱市街,左右之屋歪斜倾倒,无一间完全,一直到关庙附近皆然"。他还以《日寇轰炸图》怒斥日军暴行,并题词:"残酷的轰炸,折栋断梁,血肉横飞!!! 繁盛的都市顿成瓦砾,平民的住宅变成废墟!!!"①关于 1942 年"五四"大惨案,马力生写道:"这天正值'五四运动'纪念日,突然敌机数十架滥肆轰炸,城内死伤巨重。后闻吾兄沙明及侄儿永全二人丧命,此外岳丈刘学斋亦死。""当敌机自北来时,经本市空中,声震屋动摇,市众均认为是本国飞机,齐出仰空指画。彼时吾居楼写读,闻声异常,即探头自楼窗上视,后惊是敌。继则炸弹声响,乃疾出走。"②《马力生日记(1940—1943)》一书栩栩如生地记录了日机在云南保山制造的一系列重大浩劫,对

---

① 马力生著:《马力生日记(1940—1943)》,昆明:云南人民出版社 2014 年版,第 43—44 页。

② 马力生著:《马力生日记(1940—1943)》,第 200 页。

日本法西斯残酷暴行进行有力控诉。该书的搜集、整理和出版,对强化侵华日军无差别轰炸重大惨案集体记忆发挥了重要的推动作用。

此外,对日民间索赔是个人记忆上升为集体记忆的另一途径。重大惨案的亲历者不断组织起来,以战争索赔团的形式,向日本政府诉讼索赔。福建永安高熊飞1995年开始,对1943年永安"一一·四"大惨案中自己变成残疾一事起诉日本政府。1999年高熊飞在《看世界》杂志上发表《我把日本政府推上被告席》和《中国二战受害人呼吁书》。文章发表后至2000年4月,高熊飞本人收到1 000多封信、几十个包裹和五六万人的签名声援。① 高熊飞的个人记忆通过对日民间索赔转化成为集体记忆。2003年10月14日,"重庆大轰炸"索赔行动启动。2004年起,重庆大轰炸受害者及其家属组成对日索赔团,团长粟远奎是1940年重庆"八一九"大惨案的受害者。随后成都、乐山和松潘等地的受害者也纷纷加入。2006年3月,对日索赔团正式向东京地方法院提起诉讼。② 2009年11月24日,松潘县佛教协会、伊斯兰教协会、工商联合会和羌族学会联合组成"中国少数民族民间对日本国战争索赔团"。2010年1月25日,松潘县"中国少数民族民间对日本国战争索赔团"一行7人,到日本东京参加地方法院开庭审理"重庆大轰炸"第12次松潘轰炸诉讼。1月27日,索赔团在东京地方法院门口,用喇叭轮流讲述1941年松潘"六二三"大惨案,日本友人用日语进行翻译。新华社驻东京记者站记者到现场进行了采访并录制电视节目。开庭结

---

① 重庆市政协学习及文史委员会、西南师范大学重庆大轰炸研究中心编著:《重庆大轰炸》,重庆:西南师范大学出版社2002年版,第457—468页。

②《"重庆大轰炸"民间索赔团要求日本认罪 "重庆大轰炸"民间对日诉讼案二审再开庭,受害人要求"做出公正裁决"》,《新华每日电讯》,2017年3月18日,第3版。

束以后，索赔团在首相府、国会大厦、参议会大厦、外务省大厦等外围游行，并轮流喊口号："反对战争""维护和平""为松潘负责""为成都乐山负责"。① 2015年2月，东京地方裁判所一审判定索赔团败诉。随后索赔团向东京高等法院提起上诉。2016年11月，东京高等法院二审开庭。2017年12月14日，东京高等法院对"重庆大轰炸"民间索赔案作出二审判决，即维持一审判决结果，承认"重庆大轰炸"历史事实，但是驳回原告要求日本政府谢罪、赔偿的请求。"重庆大轰炸"直接受害者粟远奎、简全碧、陈桂芳3位老人已经年过八旬，他们到众议院议员会馆举行集会，对东京高等法院作出的不公正判决表示抗议，其中两位坐着轮椅。粟远奎团长表示，他听到当天的判决结果非常气愤，并下决心继续上诉，一定要为受害者讨回尊严和公道。② 虽然诉讼的结果不尽人意，但是诉讼团通过诉讼这种行为，激活了亲历者的个人记忆，构建起更为丰满的集体记忆，重庆、成都、乐山、松潘等地发生的重大惨案也逐步为更多人认知和了解。

第二节　国家民族记忆的传承

个人记忆和集体记忆通过媒介，即文学、艺术、口述、遗迹等形式保存和延续下来，也随着最初记忆载体的逝世而消失。如何将个人记忆和集体记忆进行延续和传承呢？康纳顿（P. Connerton）强调："控制一个社会的记忆，在很大程度上决定了权力的等级。"③

---

① 张翔里编著：《松潘大轰炸》，第163页。
②《东京高院承认历史事实驳回"谢罪赔偿"请求索赔团抗议》，《沂蒙晚报》，2017年12月16日，第B3版。
③［美］保罗·康纳顿著：《社会如何记忆》"导论"，第1页。

也就是说控制记忆的权力等级越高，越有力，对记忆的传承就越有效。因此，集体记忆如果通过国家政权的力量加以记录、创造，集体记忆将得到强化和传承，并上升为国家民族层面上的记忆，即国家民族记忆。

随着时间的流逝，侵华日军无差别轰炸重大惨案的集体记忆随着抗战的亲历者和幸存者的逝世而逐渐淡化。哈布瓦赫认为："通过和现在一代的群体成员一起参加纪念性的集会，我们就能在想象中通过重演过去来再现集体思想，否则，过去就会在时间的迷雾中慢慢地飘散。"①因此，纪念仪式和实践是传承集体记忆的有效形式。也就是说，国家、机关和团体等，通过举行周期性的纪念活动，如举办典礼、设定法定纪念日等，可以激活、保持和传承侵华日军无差别轰炸重大惨案的集体记忆。改革开放以后，特别是21世纪以来，中国政府以及社会组织等通过设立纪念日、修建纪念设施和举办纪念活动等，维持和传承了侵华日军无差别轰炸重大惨案的国家民族记忆。

一、设立纪念日及修建纪念设施

侵华日军在无差别轰炸重大惨案中剥夺了无数无辜平民宝贵的生命。蒋介石曾指出："我市民在后方惨烈之牺牲，实无异于疆场殉职之战士，其光荣壮烈，宜受百世无穷之崇敬。"②这些无辜殉难者理应受到后世的尊重和祭奠。改革开放以后，在社会各界的强烈呼吁下，有的地方通过法规，设立死难者纪念日和修建纪念设施进行纪念，极大地强化了人们对侵华日军无差别轰炸重大惨案

①［法］莫里斯·哈布瓦赫著：《论集体记忆》，第43页。
②广东各界追悼被炸死难同胞大会编印：《敌机惨炸广州市痛史》，1938年版，第51页。

的记忆。

1. 设立纪念日。抗战相持阶段后,重庆成为侵华日军无差别轰炸重大惨案的高发地区,无辜百姓的伤亡异常惨烈。20 世纪 90 年代以后,在社会各界特别是社科界的强烈呼吁下,重庆按照法定程序率先设立侵华日军无差别轰炸重大惨案死难者纪念日。1941 年 6 月 5 日,日机对重庆市区进行轮番轰炸,制造了震惊中外的“大隧道惨案”,导致上千无辜市民死亡。为了纪念遇难的同胞,1998 年 12 月 26 日,重庆市人民代表大会常务委员会通过的《重庆市人民防空条例》规定:每年 6 月 5 日组织一次全市防空警报试鸣放。防空警报由预先警报、空袭警报、解除警报和灾情警报组成。预先警报:鸣 36 秒,停 24 秒,反复 3 遍为 1 个周期,时长 3 分钟。空袭警报:鸣 6 秒,停 6 秒,反复 15 遍为 1 个周期,时长 3 分钟。解除警报:连续鸣 3 分钟。灾情警报:鸣 3 秒,停 3 秒,反复 30 遍为 1 个周期,时长 3 分钟。《条例》之所以把 6 月 5 日确定为每年重庆市的防空警报日,就是为了延续社会对侵华日军无差别轰炸重大惨案的历史记忆,警示后人勿忘历史,反对战争,珍爱和平。

四川作为抗战大后方重要的战略基地,同样是侵华日军无差别轰炸重大惨案发生的重灾区。1939 年 8 月 19 日,日军出动大批飞机对乐山城区进行狂轰滥炸,造成数千名无辜群众伤亡。为了纪念无辜的死难者,2002 年,乐山市人民政府通过人民防空条例,把 8 月 19 日确定为防空警报纪念日。抗日战争时期,日军频繁轰炸成都城区,先后制造了 1939 年“六一一”大惨案、1940 年“七二四”大惨案和 1940 年“一〇二七”大惨案等。为了铭记历史,2003 年 1 月,全国政协委员、成都市人大常委会副主任、抗日名将邓锡侯之子邓宇民,在成都市第十四届人大一次会议上提出了《关于成都市“九一八”拉防空警报的议案》。经过成都市委人民政府批准,市人民防空办公室把 9 月 18 日确定为每年成都市防空警报日,告诫人们不忘国耻,牢记历史,珍爱和平。此后,经四川省人民政府批准,省人民防空委员会把 9 月 18 日确定为除乐山市以外其他市每年的防空警报日,以纪念和缅怀抗日战争中殉难的英烈和同胞,其中包括侵华日军无差别轰炸重大惨案中的殉难同胞。

此外,广西南宁为纪念 1939 年"八三〇"惨案,把 8 月 30 日设为"防空警报鸣放日";陕西安康为纪念 1940 年"九三"轰炸中遇难的同胞,把 9 月 3 日设为"防空警报纪念日"。还有部分省份尚未专门单独设立侵华日军无差别轰炸重大惨案纪念日,大多把"九一八"国耻日作为纪念日,鸣放防空警报,进行纪念,警示后人珍爱和平,居安思危。

2. 修建纪念设施。纪念空间主要由纪念物和历史环境构成。根据奥地利艺术史家李格尔(Alois Riegl)对纪念物的分类,纪念空间一般划分为"非意图性纪念空间"与"意图性纪念空间"两大类型。"非意图性纪念空间"就是历史遗址遗迹,如战场遗址、生活旧址;"意图性纪念空间",即人造建筑物,比如纪念碑、纪念馆、纪念堂、纪念亭、纪念园等。"纪念空间的功能是创造历史(英雄和历史事件)的永恒价值,这需要通过物质性的营造和空间策略的运用来建构。"意图性纪念空间的功能体现为:"通过建筑、雕塑、碑、柱、门、墙等元素来进行空间的限定和形象的塑造",并"运用隐喻、暗示、联想等环境手段来引导人们的思考,启发人们的想象力,从而表达出空间的纪念性"。[1] 侵华日军无差别轰炸惨案发生以后,幸存者就开始通过修缮"意图性纪念空间"进行纪念。1938 年 5 月 30 日,日机轰炸广州黄华塘(今黄华路)。惨案发生之后,幸存者于

---

① 陈蕴茜:《纪念空间与社会记忆》,《学术月刊》2012 年第 7 期,第 135 页。

1946年在该村村头立一块石碑,碑刻"血泪洒黄华"五个大字,以永远铭记此深仇大恨。[①] 改革开放以后,面对岁月流逝带来对抗日战争历史遗忘的问题,中国各级地方政府和社会组织更加重视修缮或创建"非意图性纪念空间"与"意图性纪念空间",强化人们对侵华日军无差别轰炸重大惨案的历史记忆。

抗日战争期间,作为国民政府的陪都,重庆遭到日机大规模、长时间的无差别轰炸,发生了一系列惨绝人寰的重大惨案。改革开放以来,重庆市政府率先通过修建纪念碑、打造历史遗址和塑造纪念群雕等方式,强化人们对侵华日军无差别轰炸重大惨案的历史记忆。其中,最为典型的是修建了1941年6月5日重庆"大隧道惨案"的纪念空间。1987年7月6日,为了纪念"七七"事变五十周年,重庆市在较场口"大隧道惨案"旧址处,修建了"日本侵略者轰炸重庆纪事碑"。2000年3月,重庆市人防办公室出资40多万修复,重塑石雕,内部装饰,布展对广大民众开放。"大隧道惨案"纪念空间的设计凸显了"非意图性纪念空间"与"意图性纪念空间"的有机统一,即在"大隧道惨案"遗址上建造"日本侵略者轰炸重庆纪事碑"。"日本侵略者轰炸重庆纪事碑"由三面浮雕群和纪念碑构成。纪念碑雕刻着"勿忘一九四一·六·五"的碑文。正面浮雕中间雕刻着"重庆大轰炸惨案遗址"八个大字,顶部中间雕刻了一只挂着泪水、硕大的眼睛和"1941年6·5",其中"6·5"字样较大,左边和右边雕刻了一男一女的雕像;男性两手抱脸,口、眼张得硕大;女性袒胸露乳,两手猛抓胸口,张着极大的嘴巴。这是对大隧道窒息惨案典型、生动的写照。两侧浮雕刻画了少妇、老人、小孩等窒息死亡的复杂情景,场面痛苦、惨烈,给观众以生与死的体验和

---

① 广州市地方志编纂委员会编:《广州市志》卷十三"军事志",第339页。

感悟。

　　抗日战争时期,为了彻底征服四川人民的抗战决心和意志,侵华日军派出大量飞机对合川、乐山、成都、松潘等地进行疯狂轰炸,制造了一桩桩惨无人道的重大惨案。改革开放后,为了纪念殉难的同胞,部分地方政府先后修建了殉难同胞纪念碑和纪念墙等。1940 年 7 月 22 日,日军出动大批飞机轰炸合川,当场炸死数百人。为了纪念无辜殉难者,1989 年 10 月 1 日,合川文化局在日本飞机轰炸最严重的久长街立下纪念碑。碑文内容为:"侵华日军曾九次轰炸合川,以 1940 年 7 月 22 日最为残暴。当天中午,日军连续出动重型轰炸机三批 108 架次,轮番轰炸合川县城,投弹 500 余枚,炸死居民 700 余人,伤 2 000 余人,大火燃烧一天一夜,梓桥街、明月街、久长街全部化为灰烬;柏树街、苏家街、大南街和嘉陵江沿岸街巷被毁大半,江边木船也被炸沉 90 余只,近 2 000 户人无家可归。全县人民同仇敌忾,集资购得三架驱逐机,捐献国家,以反击侵略者。历史的经验证明:只有国家的富强,才有人民的康乐。"①碑文详细记载了日机对合川的浩劫,其场面之惨烈,让观众在丰富的历史认知中形成深刻的记忆。为纪念中国人民抗日战争暨世界反法西斯战争胜利 70 周年,2015 年合川区委、区政府对其进行重建,强调纪念碑对合川人民"牢记史实、反抗侵略,发扬坚韧不拔、创新求变、奋勇争先的'合川精神'"②的重要意义。

　　1939 年 8 月 19 日,日军出动大批飞机对乐山实施轮番轰炸,造成数千无辜市民被炸死炸伤。为了纪念这场浩劫,2002 年 2 月

---

① 政协重庆合川市委员会文史资料委员会编:《合川文史资料》第 16 辑,出版时间不详,第 149 页。

②《合川"7·22"大轰炸纪念碑建成》,《合川日报》,2015 年 10 月 14 日,第 A1 版。

25 日,乐山市国防运动委员会向全市人民发出倡议:修建空难纪念碑。在此倡议下,乐山各界人士纷纷响应,通过捐款、写信、电话等支持这项爱国主义工程。同年 9 月 3 日,即抗日战争胜利纪念日,乐山 1939 年"八一九"空难纪念碑正式落成在城区高北门。纪念碑由主碑和浮雕两部分组成:主碑设计为一本翻开但已经被炸烂的日历,时间停留在 1939 年 8 月 19 日这一天;浮雕由日军投下的炸弹以及惨案概况等内容组成,真实再现了当年日军屠杀乐山人民的场景。

　　1941 年 7 月 27 日,日军对成都市区进行轰炸,炸死炸伤市民上千人。2011 年 7 月 27 日,恰逢"七二七"惨案发生 70 周年,为了纪念死难同胞,"成都大轰炸受难者纪念碑"在建川博物馆奠基。2015 年,在抗日战争胜利 70 周年之际,民革成都市委提交《关于在我市开展隆重纪念抗日战争胜利 70 周年活动的建议》的提案,建议建造"成都大轰炸死难纪实"群雕墙,以纪念在大轰炸中的死难同胞,保存抗战历史记忆。该建议很快得到市政府的采纳和落实。"成都大轰炸死难纪实"群雕墙,成为公祭侵华日军无差别轰炸重大惨案殉难者的主要活动场所,从而在保存和延续人们的历史记忆中发挥了积极作用。

　　抗日战争时期,江苏、河北、河南和广西省等也纷纷遭到日机的狂轰滥炸,同样发生了大量的重大惨案。改革开放以后,为了缅怀死难同胞,铭记历史,珍惜和平,这些省份纷纷修建了纪念碑和纪念园等。1937 年 11 月 29 日,日军对江苏溧水县城实施狂轰滥炸,造成上千无辜市民被炸死。1997 年 9 月,为了牢记日军暴行,加强爱国主义教育,推动社会进步,中共江苏溧水县委和政府修建了"侵华日军轰炸溧水遇难同胞纪念碑"。纪念碑高 3.2 米、宽 1 米、厚 0.4 米,正面刻有"遇难同胞纪念碑"七个大字,背面刻有 348

字的碑文。碑顶以高举的拳头为造型,寓意溧水人民不忘国耻、同仇敌忾的英雄气概,给观众留下难以磨灭的印象。

1941年9月24日,日军对河北盐山县小山乡等进行轰炸,当场炸死无辜村民上百人。为了铭记这一伤痛历史,笃行报国之志,1997年10月,小山乡人民政府建立惨案纪念碑。2015年9月1日,恰逢抗日战争胜利70周年,中共海兴县委、海兴县人民政府重新打造大惨案纪念空间。纪念空间由纪念园和纪念碑构成。纪念园占地面积234平方米,纪念碑高2.4米、宽0.86米,正面镌刻"小山惨案纪念碑"七个大字,碑记由中共海兴县委、海兴县人民政府撰写敬立。纪念碑位于幽静茂密的丛林之中,显得格外庄严肃穆。

1938年2月14日,日机对郑县(今郑州)城区游玩、赏灯的无辜民众实施轰炸,造成数百同胞死伤。为了纪念抗战胜利60周年,在郑州社会各界的支持和资助下,"郑州日军大轰炸死难同胞纪念碑"于2005年在"原日本驻郑州领事馆"旧址内落成,3月5日举行揭牌仪式。纪念碑正面镌刻"1938年2月14日、星期一、农历正月十五"的字样;背面用中、英两种文字刻下这次惨案的情况,碑文中文为:"1938年2月14日(农历正月十五)上午,正是元宵佳节,日本侵略军15架飞机分三批侵入郑州上空,对正在观灯的市民进行轰炸,火车站、二马路、大同路、南菜市一带被炸毁民房数百间,炸死炸伤500余人,陇海、平汉两路及郑州火车站被炸毁,城中商业区悉成灰烬,郑州几成废墟。"①纪念碑把历史事件同历史纪念相结合,让人们在参观时获得翔实的历史认知,对延续历史记忆起到了重要作用。2015年,在纪念抗战胜利70周年之际,"郑州日军

---

① 《死难同胞纪念碑记录日军轰炸郑州历史》,《郑州晚报》,2015年5月28日,第E08版。

大轰炸死难同胞纪念碑"被迁往郑州市繁华的钱塘路和大同路交叉口处。这样有助于充分发挥纪念碑的保存记忆和价值认同功能。

1941 年 2 月 11 日,日军对河南宝丰县黄山寨西高皇村、褚庄村、武庄村等进行轰炸,炸死无辜群众数百人。这就是著名的河南"黄山惨案"。为了缅怀死难者,铭记历史,勿忘国耻,2006 年,中共平顶山市新华区委、区政府出资在黄山寨立起"殉难同胞纪念碑",2015 年命名为"平顶山市爱国主义教育示范基地"。此后,区政府又对大惨案遗址黄山寨寨门进行重建,修建了"黄山寨惨案纪念馆"以及黄山寨同胞殉难处碑林等。纪念空间更为丰富、内容更为详实,对唤醒和延续历史记忆具有重要的作用。

1940 年 5 月 14 日(农历四月初八),日机对广西南宁邕宁县坛洛乡进行疯狂轰炸,造成上千人被炸死炸伤。2015 年 9 月,为了纪念这些被日军滥杀的同胞,在抗战胜利 70 周年之际,"侵华日军轰炸吞榄罹难同胞纪念碑"在坛洛镇吞榄坡落成。"侵华日军轰炸吞榄罹难同胞纪念碑"由碑体和碑座构成。碑体正面刻着"侵华日军轰炸吞榄罹难同胞纪念碑"十五个大字,碑座正面碑文记述了这场惨案发生的概况及其坛洛人民反抗日本法西斯的斗争。碑体和碑座以文字的形式为坛洛人民提供了详细的记忆资源,对强化历史记忆具有极其重要的价值。

二、开展纪念活动

纪念活动一般在特定的时间和空间中开展,通过各种形式让参加者体验和感知历史事件,从而激活和强化他们的历史认知。改革开放以来,为了保存和延续人们对侵华日军无差别轰炸重大惨案的历史记忆,弘扬以爱国主义为核心的民族精神,中国政府和社会组织等通过举行纪念集会、开展文艺活动、推出学术成果和开展宣传教育等形式,激励人们铭记历史、珍爱和平、发愤图强,从而为实现中华民族的伟大复兴提供精神动力。

1. 举行集会纪念。"仪式,通常被界定为象征性的、表演性的、由文化传统所规定的一整套行为方式。""通过仪式,生存的世界和想象的世界借助于一组象征形式而融合起来,变为同一个世界,而它们构成了一个民族的精神意识。"①也就是说,仪式作为一套结构化的实践活动,它具有把客观世界同主观世界相融合起来的功能价值。正是如此,中国政府和社会组织等通常在惨案纪念日或抗战胜利纪念日时举行集会,保存和延续人们的伤痛记忆,激发人们的爱国主义情感,培养自强不息的民族精神。2010年6月5日,在重庆"大隧道惨案"发生69周年之际,重庆市各界500余人在惨案遗址举行集会,悼念死难同胞。在会场,遗址雕塑前拉起"重庆市各界悼念抗战时期重庆大轰炸死难同胞仪式"的横幅,两侧竖起"牢记历史,不忘过去""珍爱和平,开创未来"的条幅,雕塑底部摆放着洁白的花圈,群体拉着"勿忘国耻,振兴中华"等标语,人们手持菊花,庄严肃立。当空袭警报响起时,重庆市相关领导、幸存者及家属代表、各界群众依次向死难者献花,表达对他们的无限哀思和怀念。② 在四川乐山,从"八一九"惨案纪念碑建立后,政府和社会各界每年组织纪念集会,悼念遇难同胞。2017年8月19日,中共乐山市中区上河街道工作委员会、乐山"八

---

① 郭于华主编:《仪式与社会变迁》,北京:社会科学文献出版社2000年版,第1、2页。
②《重庆市举行仪式悼念抗战时期重庆大轰炸死难同胞》,新华社2010年6月5日。
http://www.gov.cn/jrzg/2010-06/05/content_1621366.htm

一九"史实研究会、乐山"八一九"轰炸对日诉讼团、"八一九"亲历者代表和各界群众等，集体向"八一九"纪念碑敬献花圈，表达对遇难同胞的哀思。①

2015年，以抗战胜利70周年为契机，各地纷纷举行了侵华日军无差别轰炸重大惨案纪念集会，悼念死难同胞。6月23日，四川松潘县在南门瓮城遗址举行了祭奠松潘大轰炸惨案遇难同胞暨纪念抗战胜利70周年纪念集会，亲历者代表、赴日索赔团代表、社会各界群众代表等600余人出席活动。会场悬挂着"牢记历史、不忘过去、珍惜和平、奋发图强"的标语，防空警报拉响警示人们"铭记历史、珍惜和平"，驻地武警官兵向遇难同胞敬献花篮、各界群众依次向殉难同胞敬献鲜花，表达对他们的悼念。② 9月1日，广西南宁西邕宁县坛洛乡举行"侵华日军轰炸吞榄罹难同胞纪念碑"揭牌及纪念仪式，坛洛乡友会代表和社会各界群众近200人参加纪念集会，并向死难者敬献鲜花。③ 11月28日，江苏南京市委宣传部、南京市地方志办公室、南京晓庄学院和溧水区人民政府联合在"侵华日军轰炸溧水遇难同胞纪念碑"广场前，举行溧水惨案78周年遇难同胞悼念集会，各界群众参加了纪念活动。④

2. 开展文艺创作。历史记忆的生成，路径是多方面的。对于

---

① 《我市举行纪念"8·19"大轰炸78周年活动》，《乐山日报》，2017年8月21日，第二版。

② 《松潘举行祭奠"松潘大轰炸"遇难同胞纪念活动》，新华网四川频道，2015年6月24日。http://www.xinhuanet.com//politics/2015-06/24/C_127944798.htm

③ 《铭记历史勿忘国耻侵华日军轰炸吞榄罹难同胞纪念碑揭幕》，广西文网，2015年9月2日。http://gx.wenming.cn/whcl/201509/t20150902_2836124.htm

④ 《南京晓庄学院师生参加溧水大轰炸七十八周年遇难同胞悼念仪式暨史料发布活动》，江苏高等教育网，2015年12月2日。http://www.jsgjxh.cn/newsview/22601

艺术家来说,他们用自己特有的方式讲述过去、引导回忆,在春风化雨、润物无声中构建历史事件,塑造人们的历史记忆。改革开放以来,为了保存和延续侵华日军无差别轰炸重大惨案的社会记忆,文艺界通过创作文艺作品的形式再现历史场景,警示后人勿忘历史、维护和平。抗战时期,重庆作为国民政府的陪都,长时间遭到日机的狂轰滥炸,发生17次重大惨案。正是如此,艺术家们高度关注重庆大轰炸中的重大惨案,通过绘画、雕刻、影视等强化历史记忆。在绘画方面,为了纪念抗日战争胜利60周年,从2003年至2005年,油画家陈可之及其创作团队合作完成大型油画《重庆大轰炸》,该画长7米、高2米,由"救护篇""精神篇"和"隧道篇"等10余篇组成,有力地揭露日本军国主义的暴行,弘扬人道主义精神。油画还配上诗人诗句,诗与画珠联璧合,生动地展现了惨案场景,以别开生面的形式告慰死者、昭示未来。[①] 这幅巨型油画凭借高超的艺术性和强烈的现实性,在日本获得了"和平贡献奖"。在雕刻方面,从2003年1月至2005年5月,耗时一年半,著名雕塑家郭选昌领衔创作了《大隧道惨案》青铜群雕。2005年6月18日,群雕在新落成的重庆中国三峡博物馆开馆之日,同观众见面。群雕由《空袭警报》、《生死隧道》(一)、《生死隧道》(二)、《生死之门》四部分组成;分为两组:一件"总体"、一件"局部"、一件"地面"、一件"地下",彼此补充、相互映照;集圈雕、高浮雕、浅浮雕、阴刻于一体,长25米、高29米,塑造了210多个人物,生动地展现了重庆人民血与泪的悲痛历史。特别是"160多个艺术人物像洪峰般地拼挤在闷气的隧道里,在生与死地挣扎着给人以强烈的震撼力,让人感受到战争

---

① 张帆:《〈诗与画的和平宣言·重庆大轰炸(1938—1943)〉出版》,《文艺报》,2007年4月7日,第1版。

带给中国人民的深重苦难"。① 这种强大的震撼力有助于强化观众形成永久性记忆,增强他们的民族自信心和责任感。在影视方面,2001 年 4 月,红岩革命纪念馆工作人员在北京搜集中共中央南方局文献资料时,偶然发现一批侵华日军轰炸重庆的纪录片。他们从这批纪录片中精选出 51 分钟的内容,编辑制成"重庆大轰炸"纪录片。6 月 5 日,这部纪录片在重庆"大隧道惨案"纪念日当天首播。这部纪录片是日军轰炸暴行的铁证,公映有力地揭露了日本法西斯的罪行。② 2011 年,中央电视台《纪录片》栏目历经一年,拍摄完成了 5 集纪录片《重庆大轰炸》。这部纪录片通过详实的影像资料以及对历史见证者的采访,重现了侵华日军在重庆的无差别轰炸重大惨案。2015 年,为了纪念抗日战争胜利 70 周年,重庆广电纪实传媒有限责任公司创作了 12 集、每集 50 分钟的纪录片《大后方》,通过电视镜头对日军在重庆制造的无差别轰炸重大惨案进行再现与解读。与此同时,西南大学重庆抗战大后方研究中心通过艰苦努力,把奥斯卡获奖彩色纪录片《苦干》(Kukan)引入中国。这部纪录片由美籍华人李灵爱(Li Ling-Ai)与美国记者雷伊·斯科特(Rey Scott)合作完成,是反映侵华日军无差别轰炸重庆的铁证。在这部纪录片中,"难能可贵的是,在 1940 年 8 月 19 日至 20 日期间,雷伊·斯科特在美国大使馆的屋顶上,冒着生命危险拍下了日军出动 370 多架次飞机,对重庆

---

① 凌承纬:《血与火铸就的历史警示——走近〈重庆大轰炸〉半景画和〈大隧道惨案〉群雕》,《美术》2005 年第 8 期,第 16—21 页。郭选昌:《再现历史的警示——记〈重庆大轰炸·大隧道惨案〉青铜群雕》,《美术》2005 年第 8 期,第 30—37 页。

② 范伟国:《日军侵华滔天罪行又一铁证历史纪录片〈重庆大轰炸〉在渝首播》,《人民日报》,2001 年 6 月 6 日,第 2 版。

实施无差别轰炸的滔天罪行"。① 8 月 19 日和 20 日，日机连续两天在重庆制造重大惨案。这部纪录片生动、形象地再现了这两次重大惨案的实况，还原了日本法西斯的罪恶行径。2015 年 6 月 11日，中央电视台《新闻频道》推出系列报道《抗战影像志之重庆大轰炸》，以珍贵的原始影像，真实地还原了发生在重庆城区的侵华日军无差别轰炸重大惨案。7 月 25 日，中央电视台《新闻调查》栏目播出《重庆大轰炸》，把原始影像资料同口述资料相结合，深度解读了侵华日军无差别轰炸重庆造成重大惨案的前因后果。2016 年 7月 4 日至 8 日，西南大学重庆抗战大后方研究中心与凤凰卫视联袂，在《凤凰大视野》栏目推出系列纪录片《不屈之城：重庆 1938—1944》，通过对原始、详实资料的深入挖掘，生动再现了日军在重庆制造的无差别轰炸重大惨案。重庆大轰炸重大惨案罪行也受到日本媒体的高度关注。2017 年 1 月，多次荣获日本传媒大奖的清水洁纪录片制作团队一行 5 人来渝拍摄《重庆大轰炸》。该纪录片制作完成后在日本电视台（NTV）黄金时间播出，对构建侵华日军无差别轰炸重大惨案的世界记忆具有开创意义。

在四川乐山，每逢"八一九"惨案纪念日，艺术家们用诗词和书画等悼念死难同胞，控诉日军侵华暴行。2012 年 8 月 19 日，民间艺术家史君缄以著名抗战歌曲《松花江上》为曲调，以乐山"八一九"惨案为蓝本，创作歌曲《嘉州祭》："我的家，在嘉州三江之畔……819、819，日机轰炸我的家乡，嘉州城人民遭灾殃……"② 2014 年 8 月 19 日，在纪念广场上，抗战远征军老兵、"八一九"惨案

---

① 田文生：《真实记录抗战时期重庆大轰炸奥斯卡获奖纪录片〈苦干〉引入中国》，《中国青年报》，2015 年 4 月 9 日，第 5 版。
② 《铭记乐山"8·19"大轰炸老人自编〈嘉州祭〉》，《三江都市报》，2015 年 8 月 20 日，第 3 版。

亲历者廖沛林，通过举行书画义卖让人铭记历史，表达对死难者的哀悼。乐山诗书协会成员自创诗词，铭记国耻，缅怀死难同胞。"八月十九嘉州难，大队日机临空间，枪扫炮轰烧夷弹，血染两江诗满滩。……苦尽甘来当纪念，国难家伤留心田。"①此诗让过往市民很受感触，并呼吁让年轻一代铭记这段历史。2017 年 8 月 19 日，著名画家李云创作《乐山"8·19"大爆击》系列油画，控诉日军侵华暴行，有助于让人们铭记中华民族的苦难历史。

3. 推进学术研究。学术界通过学术研究和学术传播唤醒被遗忘的记忆，在构建社会记忆中发挥了重要作用。

一是成立研究机构。还原侵华日军无差别轰炸事实，唤醒人们对重大惨案的记忆是一项艰巨的任务，需要充分发挥集体的力量。1998 年，为了推动对侵华日军无差别轰炸暴行的研究，西南大学成立了重庆大轰炸研究中心。这个中心的成立很好地整合了抗战大后方的研究队伍，壮大了重庆地区侵华日军无差别轰炸重大惨案的研究力量。在此基础上，2011 年 11 月，中共重庆市委宣传部和西南大学共建重庆中国抗战大后方研究中心。这个中心在整合研究队伍的基础上推出了大量的学术成果，对构建重大惨案的社会记忆发挥了重要作用。2008 年，四川乐山市成立"八一九"大轰炸研究会。研究会的宗旨是围绕乐山大轰炸及抗日战争史实开展研究，目的在于让人们铭记历史、珍爱和平。2001 年 9 月 18 日，在"九一八"事变爆发 70 周年之际，湖南文理学院成立了日本细菌战研究所，后改为"细菌战罪行研究所"。作为中国大陆高校目前唯一的研究日本侵华细菌战史及罪行的研究所，该机构成立以来

---

① 《四川乐山民众纪念"8·19"大轰炸 75 周年》，中国新闻网，2014 年 8 月 19 日。http://www.sc.chinanews.com/zxjzzsc/2014-08-19/54107.html

通过持之以恒的学术研究,推出了大量的高质量研究成果,对揭露
侵华日军细菌轰炸造成重大惨案的罪行、保护重大惨案历史记忆
发挥了重要的作用。

二是举办学术会议。召开学术研讨会对保持和强化社会记
忆起了促进作用。2003 年 12 月 21 日至 24 日,由日本东亚教育
文化学会、韩国东亚教育文化学会以及中国殖民地研究中心主
办,并由西南师范大学承办的"殖民主义研究第 6 届年会暨重庆
大轰炸 65 周年纪念国际研讨会"在重庆举行,来自中国、日本、韩
国、美国等的专家学者 50 余人,围绕重庆大轰炸暴行、重大惨案
等问题进行深入交流和探讨。中外学者公正、严肃研讨,对构建
重大惨案的社会记忆奠定了良好的基础。2007 年 9 月 18 日至
20 日,为了纪念"七七事变"爆发 70 周年,由西南大学、重庆市地
方史研究会、重庆市档案馆等主办的"重庆大轰炸暨日军侵华暴
行国际学术讨论会"在重庆举行,来自日、美、韩三国以及全国 20
多个省、市、自治区和台湾地区 100 多位专家莅临会议,围绕侵华
日军无差别轰炸暴行等展开讨论。在这次学术会上,专家学者用
铁的事实揭露日本法西斯残暴的轰炸罪行,戳穿了日本右翼歪曲
历史、美化侵略的险恶用心,达到了让人们"牢记历史、不忘过去、
珍爱和平、面向未来"的目的。① 2017 年 5 月 19 日至 21 日,由中
共重庆市委党史研究室、西南大学主办的"侵华日军无差别轰炸
及其暴行学术研讨会"在西南大学举行,近 100 名国内外专家学
者出席会议。这是第一次以"侵华日军无差别轰炸及其暴行"为
主题的学术研讨会,学者们围绕侵华日军在中国各省制造的无差

---

① 《重庆大轰炸暨日军侵华暴行国际学术讨论会开幕》,搜狐网,2007 年 9 月 19 日。
　 http://news. sohu. com/20070919/n252238987. shtml

别轰炸重大惨案等开展全面深入讨论与交流,对厘清侵华日军无差别轰炸重大惨案史实,揭露日本军国主义残酷罪行发挥了重要作用。与此同时,侵华日军无差别轰炸中的细菌惨案也受到中外学界高度关注。2002年11月、2006年12月和2015年5月,湖南文理学院主办了第一、二、三次"日本细菌战罪行国际学术研讨会",来自中、日、美等国的专家学者对日本细菌战罪行进行了研讨,其中包括侵华日军无差别轰炸重大细菌惨案,澄清了历史事实,揭露了日军暴行,强化了社会记忆。

三是推出研究成果。改革开放以来,随着抗战史研究的不断深入,学界先后推出了大量侵华日军无差别轰炸重大惨案的研究成果。其中,特别是2004年中共党史研究室作出开展"抗日战争时期中国人口伤亡和财产损失调查"的决定后,各省、市、县级的党史研究室和档案局(馆)陆续出版《抗战时期人口伤亡和财产损失》系列丛书。在这些图书中最引人注目的是,2014年由于中央党史研究室第一研究部编写出版的12卷本《抗日战争时期全国重大惨案》,其中涉及部分侵华日军无差别轰炸重大惨案。该书对抗战时期侵华日军无差别轰炸造成伤亡800人以上的重大惨案进行系统梳理和全面考察,对保存和传播历史记忆发挥了重要作用。与此同时,重庆大轰炸重大惨案受到学界的高度关注,其中潘洵等著的《抗日战争时期重庆大轰炸研究》一书影响最大。该书2012年入选《国家哲学社会科学成果文库》出版资助,2014年获国家社科基金中华学术外译项目,2016年由日本著名出版机构岩波书店出版日文版。该书在日本出版后受到日本学界、民间机构和重要媒体的高度关注。2016年4月17日,日本著名学者前田哲男教授在日本报纸《赤旗》上发表书评:"本书最大特色在于:遵循'自地面回看'得来的记录与考证,从被害者民众的视角出发凝视这场'空中的侵略战争',它的出现也为'加害者的空袭观'带来振聋发聩的发问。"2017 年 1 月 29 日,日本著名评论家、精神病理学家野田正彰教授在《熊本日日新闻》发表书评:该书"对一手档案资料严密的论证分析着实令人钦佩","对重庆大轰炸中的国内反应与国际影响作了极具说服力的考察"。① 该书的出版及其传播,有助于日本普通民众了解抗战时期重庆大轰炸重大惨案真相,对建构惨案的世界记忆发挥了非常重要的作用。学界也高度重视抗战时期侵华日军无差别轰炸中细菌大惨案的研究。2014 年,中国社会科学出版社出版陈致远教授著的《日本侵华细菌战》一书。该书是目前国内学界对侵华日军无差别轰炸细菌大惨案研究最系统、最全面的著作,入选中宣部"百种经典抗战图书",重印发行,传至海外。2015 年,中国社会科学出版社出版《侵华日军常德细菌战研究丛书》,分为《纪实》《伤痕》《控诉》《罪证》4 册。丛书运用大量日本、苏联、美国、中国等国的档案资料,全面系统地考察和剖析了侵华日军常德无差别轰炸细菌大惨案,以铁的事实揭露侵华日军的暴行。该书的出版及其传播,有助于唤醒人们的伤痛记忆,增强中华民族的民族认同。

4. 进行宣传教育。宣传是推动社会记忆延续和传承的重要手段。改革开放以来,口头宣传、报纸宣传和互联网宣传等有力地推动了侵华日军无差别轰炸重大惨案记忆的延续和强化。在口头宣传方面,每年重庆"大隧道惨案"纪念日,重庆各级政府和社会组织都会开展一系列纪念活动,向市民介绍惨案的概况,让他们了解历史、铭记历史、珍惜和平。2016 年 6 月 5 日,重庆市

---

① 张国圣:《西南大学教授专著〈重庆大轰炸研究〉在日本出版一年热度不减》,《光明日报》,2017 年 4 月 5 日,第 3 版。

人民防空办公室在市区观音桥步行街举行纪念活动，通过现场宣讲和发放宣传资料，吸引了众多市民，并教育市民勿忘历史、珍惜现在。① 在四川，每年乐山"八一九"惨案纪念日，乐山都会组织纪念活动，向市民宣传这段血与火的惨痛历史。2014 年 8 月 19 日，乐山"八一九"史实研究会、乐山诗书协会及远征军老兵团体等在"八一九"轰炸纪念广场举行了活动。"八一九"轰炸亲历者徐良泽结合自身的亲身经历，向市民详细介绍了惨案的情形。② 2017 年 8 月 19 日，乐山市"八一九"轰炸史实研究会、乐山"八一九"轰炸对日诉讼团等展示了大量惨案最新图片资料，吸引许多市民前来观看。志愿者拿着当时日本媒体刊载的惨案老照片说道："这里是当时的乐山城中心，这里是乐山大佛，这里是乌尤寺，冒着浓烟的地方就是日军轰炸的现场……"市民赵先生在现场向女儿讲解惨案照片时语重心长地强调："日军侵华的历史，我们每一代人都不能忘记。"③在报纸宣传方面，2001 年 6 月 6 日，《人民日报》刊登《历史纪录片〈重庆大轰炸〉在渝首播》一文，通过对纪录片首播的报道，追忆了 1941 年重庆"大隧道惨案"的惨痛历史。2007 年 12 月 18 日，《人民日报》又发表《重庆大轰炸受害者出庭陈述》一文，用亲历者的证言揭露了侵华日军轰炸制造重大惨案的罪行。2005 年 8 月 23 日和 2014 年 7 月 9 日，《光明日报》先后刊登《重庆大轰炸及其遗留问题》和《日军重庆大轰炸首批遇难同胞名单确认》等文章，对

①《6·5 大轰炸纪念日重庆市人防办举办防空防灾知识宣传》，龙华网，2016 年 6 月 5 日。http://cq. cqnews. net/cqqx/html/2016 - 06/05/content_37131917. htm
②《四川乐山民众纪念"8·19"大轰炸 75 周年》，中国新闻网，2014 年 8 月 19 日。http://www. chinanews. com/sh/2014/08 - 19/6509420. shtml
③ 张斯炜：《我市举行纪念"8·19"大轰炸 78 周年活动》，《乐山日报》，2017 年 8 月 21 日，第 2 版。

侵华日军在重庆大轰炸中制造的重大惨案进行报道。特别是《日军重庆大轰炸首批遇难同胞名单确认》一文，以详实、一手的史料揭露了侵华日军的暴行。进入 21 世纪后，《重庆日报》对侵华日军无差别轰炸重庆造成的重大惨案给予高度关注。从 2000 年至 2015 年先后刊登了《重庆将还原"侵华日军无差别轰炸"真相》《不应忘记的侵华日军重庆大轰炸暴行》《我市各界深切缅怀重庆大轰炸惨案死难同胞》和《日军侵华暴行最新铁证现身重庆》等 79 则纪念文章。这些文章通过纪念报道、意义诠释等，对维系和强化侵华日军无差别轰炸重大惨案的社会记忆发挥了重要的作用。① 1939 年乐山"八一九"惨案也受到《乐山日报》的持续关注。从 2000 年至 2015 年先后刊载了《两次大轰炸：古城乐山之殇》《证据再现遥祭 70 年前死难同胞》《日军为何轰炸乐山》《"卖身契"见证乐山大轰炸》《〈战斗概报〉：日军轰炸乐山的铁证》等文章。这些文章围绕"苦难"和"国耻"两大主题叙述和阐释"八一九"惨案，通过纪实性和纪念性报道避免历史遗忘、延续社会记忆。在互联网宣传方面，人民网、中国网和省、市、地等党史办网站等纷纷推出侵华日军无差别轰炸重大惨案文章。2014 年 9 月 2 日新华网刊登了《制造了对中国城市无差别轰炸的新纪录——重庆大轰炸惨绝人寰的历史一页》一文，2014 年 12 月 22 日湖北党史网站刊登了《抗日战争时期湖北重大惨案：京山惨案》一文，2015 年 6 月 5 日凤凰资讯刊登了《"六·五"惨案》一文，2015 年 7 月 9 日贵阳网刊登了《关于贵阳"二·四"轰炸伤亡人数的说明》一文，2016 年 2 月 18 日中国网刊登了《1941 年河南"黄山惨案"：日军轰炸造成 600 多人死亡》一文，

---

① 贺建平、王永芬、马灵燕：《受难与国耻建构："重庆大轰炸"集体记忆的媒介话语策略》，《国际新闻界》2015 年第 12 期，第 89—104 页。

等等。这些文章有助于网民对侵华日军无差别轰炸重大惨案的了解，对延续社会记忆起促进作用。

第三节　国家民族记忆到世界记忆的升华

2014 年 2 月 27 日，第十二届全国人大常委会第七次会议通过决定：把每年的 12 月 13 日设立为南京大屠杀死难者国家公祭日。有学者认为："设立南京大屠杀国家公祭日不仅是为了悼念在南京大屠杀中死难的同胞，更是对整个在抗日战争时期，对所有中国死难同胞的纪念，以及对日军暴行的控诉。"①换言之，设立南京大屠杀死难者国家公祭日，不但是对南京大屠杀死难者的纪念，也是对抗战期间所有遇难同胞的纪念。因此，这就包括对侵华日军无差别轰炸重大惨案中死难者的纪念，这标志着对侵华日军无差别轰炸造成重大惨案的记忆，逐步上升为国家民族记忆。2015 年，南京大屠杀档案入选世界记忆名录，南京大屠杀正式被列入世界记忆。近年来，部分海外高校也通过学术讲座的形式向学生介绍南京大屠杀，南京大屠杀受到世界的关注。但是，侵华日军无差别轰炸造成重大惨案的历史，目前还没有引起国际社会的广泛关注，没有成为世界记忆。因此，搜集、整理和出版档案资料，把"侵华日军无差别轰炸惨案档案"列入世界记忆名录，使之从国家民族记忆升华为世界记忆已刻不容缓。只有这样才能警醒世人，更好地防止无辜百姓再次遭遇空中杀戮。

目前，推动侵华日军无差别轰炸重大惨案由国家记忆向人类

---

① 匡丽娜、张珂：《国家公祭日不仅是对南京也是对重庆死难同胞的纪念》，《重庆日报》，2014 年 12 月 12 日，第 11 版。

共同记忆升华,有着充分的国内外条件。首先是中国坚持走和平发展的道路的需要。1840 年鸦片战争爆发至 1949 年中华人民共和国建立,中国一直致力于民族独立和人民解放,但帝国主义屡次发动侵华战争,导致中国始终处于积贫积弱的状态。改革开放以后,中国共产党领导中国人民高举中国特色社会主义旗帜,坚持走和平的发展道路,经济发展取得骄人成绩。据统计,1978 年我国工农业总产值为 5689.8 亿元,2000 年全年国内生产总值达到 89404 亿元,2005 年全年国内生产总值达到 182321 亿元,2008 年全年国内生产总值达到 314045 亿元,2010 年全年国内生产总值达到 397983 亿元,2020 年全年国内生产总值达到 1015986 亿元。[①] 中国经济的高速发展对世界经济发展作出了重要贡献,国内生产总值在世界的位次逐步提高,1978 年居世界第十,2000 年居世界第六,2005 年居世界第四,2008 年居世界第三,2010 年居世界第二。[②] 改革开放以来,中国之所以在经济上取得巨大的成绩,主要得益于中国坚持走和平发展的道路,得益于相对稳定的国际环境。换言之,维护世界和平、反对战争是中国国力持续增长的重要保证。推动侵华日军无差别轰炸重大惨案的历史记忆由国家记忆上升为世界记忆,同中国坚持走和平发展的道路在本质上高度契合。

其次是警惕日本军国主义复活的需要。自明治维新以后,随着日本向现代化的推进,日本军国主义得到迅速抬头。19 世纪末20 世纪初以来,日本军国主义借口"生存危机",频繁发动对外侵略

[①] 国家统计局.全国年度统计公报,http://www.stats.gov.cn/tjsj/tjgb/ndtjgb/index.html

[②] 国家统计局.国际统计年鉴.http://www.stats.gov.cn/ztjc/ztsj/gjsj/

战争,给亚洲人民带来了深重的灾难。有鉴于此,1945 年,《波茨坦公告》第 6 条规定:"欺骗及错误领导日本人民使其妄欲征服世界之威权及势力,必须永久剔除。盖吾人坚持非将负责之穷兵黩武主义驱出世界,则和平安全及正义之新秩序势不可能。"①但二战以后,为了维护国家利益,美国对日本军国主义采取"怀柔"政策。大批战犯重返日本政界、商界和学界,从而形成一股强大的鼓吹战争、否定侵略的右翼势力。1957 年,二战甲级战犯岸信介竟出任日本首相。1978 年 10 月,在日本右翼势力的推动下,东条英机、板垣征四郎、土肥原贤二和松井石根等 14 位二战甲级战犯的灵位被移入靖国神社,并以"昭和殉难者"的身份供人祭奠。这样,参拜靖国神社就与为军国主义招魂紧密联系了起来。1985 年 8 月 15 日,中曾根康弘以"内阁总理大臣"身份参拜靖国神社,公然为日本军国主义招魂。2001 年至 2006 年,小泉纯一郎以首相身份多次参拜靖国神社,推动参拜活动"合理化",日本军国主义活动猖獗。2013 年,安倍晋三以首相身份参拜靖国神社,公然践踏国际社会的社会良知,大肆伤害亚洲人民的情感。日本军国主义还通过篡改教科书等向国民灌输"皇国史观",宣扬殖民统治和美化对外扩张。② 针对日本军国主义的嚣张气焰,2014 年 7 月 7 日,习近平在纪念全民族抗日战争爆发 77 周年仪式上的讲话中强调:"历史就是历史,事实就是事实,任何人都不可能改变历史和事实。""纵观世界历史,依靠武力对外侵略扩张最终都是要失败的。这是历史规律。中国将坚定不移走和平发展道路,并且希望世界各国共同走和平发展

①　王斯德主编:《世界现代史参考资料》上册,北京:高等教育出版社 1988 年版,第430 页。
②　吕耀东:《日本的军国主义残存及现实危害》,《人民论坛》2015 年第 16 期,第 44—47 页。

道路,让和平的阳光永远普照人类生活的星球。"①总之,推动侵华日军无差别轰炸重大惨案记忆由国家记忆升华为世界记忆,是为了在国际社会上调动一切可以调动的积极因素、团结一切可以团结的进步力量,遏制日本军国主义复活,同破坏世界和平的行为作斗争。

最后是借鉴设立国际大屠杀纪念日的做法。第二次世界大战期间,纳粹德国在国内和被占领区修建许多集中营,推行惨绝人寰的种族灭绝政策。其中,位于波兰境内的奥斯威辛集中营,是纳粹德国在二战期间修建的最大的集中营。据统计,二战期间奥斯威辛集中营死亡人数大约为180万人,其中"1942年以前为不足1万人,1942年为20万左右,1943年为40万以上,1944年为100万左右,包括撤退途中死去的1万人左右"。关于死亡原因,"75％以上死于毒气室,大约120万上下;其余的死因包括:劳累过度、营养不良、冻死、生病不得医治、毒打或虐待及刑讯、火烧、注射毒剂、枪杀、绞刑以及用囚犯替代动物进行残忍的医学试验等,合计50—60万人左右"。② 为了铭记这一人类历史上的浩劫,防止悲剧重演,德国、英国和意大利等国纷纷把1月27日设定为"大屠杀纪念日"。1979年,联合国教科文组织把奥斯威辛集中营列为世界文化遗产名录,警示世界"维护和平、反对战争"。2005年11月1日,联合国在第60届大会上一致通过决议:每年的1月27日为"国际大屠杀纪念日"。奥斯威辛集中营记忆由国家记忆升华为世界记忆。由此可见,推动侵华日军无差别轰炸重大惨案列入世界文化遗产名

---

① 习近平:《在纪念全民族抗战爆发七十七周年仪式上的讲话》,《人民日报》,2014年7月8日,第2版。

② 鲁力:《奥斯维辛集中营死难人数新说》,《国外社会科学》1998年第3期,第83页。

录,设立"国际空中大屠杀纪念日"有其历史的必然和现实的可能。

　　然而,推动侵华日军无差别轰炸重大惨案列入世界文化遗产名录,设立"国际空中大屠杀纪念日"绝非一日之功,必将是一项艰巨、复杂和长期的系统工程。抗日战争时期,侵华日军无差别轰炸重大惨案同其他地面大屠杀一样,给中华民族和中国人民带来了深重的灾难。2015 年 10 月,通过中国政府和社会各界的努力,日军在地面进行疯狂大屠杀的最为重要的史料——"南京大屠杀档案"成功入选联合国教科文组织遴选的《世界记忆名录》。这标志着"南京大屠杀"纪念由国家记忆升华为世界记忆。日军在空中进行疯狂大屠杀的记忆也同样需要受到中国政府和社会各界的高度关注,并积极推动"侵华日军无差别轰炸重大惨案档案"申请《世界记忆名录》工作。与此同时,中国学界在推动侵华日军无差别轰炸重大惨案由国家记忆升华为世界记忆中也应发挥积极作用。换言之,中国学界要通过举办和参加国际学术会议以及在国际刊物上发表学术成果,同国际学界深入交流和研讨,让更多外国学者了解侵华日军无差别轰炸重大惨案,为推动侵华日军无差别轰炸重大惨案由国家记忆升华为世界记忆营造良好的国际环境。

　　侵华日军野蛮的无差别轰炸制造的一桩桩惨绝人寰的重大惨案,给中华民族和中国人民带来前所未有的灾难和痛苦。死者的尸骨早已化为灰烬,轰炸的现场早已不复存在,但是痛苦的记忆却深深地烙在人们的心中。从重大惨案发生至今,人们对侵华日军无差别轰炸重大惨案的记忆经历了三个发展阶段:第一阶段是从个体记忆向集体记忆转变阶段,第二阶段是国家民族记忆的强化阶段,第三阶段是国家记忆向世界记忆升华阶段。抗日战争时期,面对侵华日军对无辜群众实施空中杀戮，大批知识分子通过报告文学、诗歌和通讯等记述自己的亲身经历，保持大量的个人记忆。新中国成立以后，由于受"左"倾思想干扰，在一段时间内这段历史被淡忘，个人记忆被尘封。随着改革开放的开启及其现代化建设的推进，大量亲历者的回忆被出版和传播，侵华日军无差别轰炸重大惨案由个人记忆向集体记忆转变。历史拒绝遗忘，为了避免遗忘历史，进入 21 世纪以后，中国政府和社会各界通过各种各样的方式推进侵华日军无差别轰炸重大惨案国家民族记忆的构建。历史是人类最好的老师和教科书。为了防止历史悲剧重演，侵华日军无差别轰炸重大惨案完全有理由升华为人类的共同记忆。总之，侵华日军无差别轰炸重大惨案记忆实质上是中华民族和中国人民的伤痛记忆，同时也是人类社会的灾难记忆。纪念是为了更好的前行，中国政府和社会各界之所以高度重视对这段历史的纪念，归根到底就是为了培养中国人民，尤其是青年的忧患意识，从而催人奋进、有所作为，推动中华民族伟大复兴的进程。"前事不忘后事之师"，这也给世界人民警示：珍爱和平，反对战争。

结　语

　　"战争既然是迫使对方服从我们意志的一种暴力行为,它所追求的就必然始终是而且只能是打垮敌人,也就是使敌人无力抵抗。"①然而,从性质上讲,战争分为正义战争和非正义战争。1931年至1945年,日本发动的侵华战争在本质上属于非正义战争。在这场战争中,日本军国主义凭借强大的现代航空力量,依据阴险、毒辣、恐怖的战争计划,对中国不设防城镇和乡村实施大规模、持久的无差别轰炸,制造了数以百计的重大惨案,造成了数十万以上的平民伤亡。这些重大惨案是对国际战争法的公然践踏,严重背离了人道主义精神,这与以美国为首的盟军轰炸日本造成的平民伤亡有本质区别。"前事不忘,后事之师。"研究这段历史不是为了延续、制造仇恨,而是要从战争中汲取惨痛教训,为推动中日两国关系健康发展提供镜鉴。

　　第一,日机肆意轰炸屠杀平民和非战斗人员,践踏国际战争法,背离人道主义精神。19世纪末20世纪初期,在瓜分殖民地和称霸世界的过程中,帝国主义国家之间矛盾重重,冲突不断,甚至

---

① ［德］克劳塞维茨著:《战争论》第1卷,第48页。

不惜发动战争解决争端。为了防止战争造成的严重伤害,1899 年
和 1907 年,国际社会在荷兰海牙先后两次召开和平会议,尝试通
过外交手段解决国际争端。1899 年举行的第一次海牙和平会议,
与会国 26 个。这次会议发表的《禁止从气球上或用其他新的类似
方法投掷投射物和爆炸物宣言》指出:在之后五年,缔约国间禁止
从气球或通过其他类似的新方法向地面投掷投射物和爆炸物;禁
止轰炸不设防城镇。包括美、英、法、德、俄、日、中在内的绝大数与
会国,先后通过了这个宣言。日本于 1900 年通过,清政府于 1904
年通过。1907 年举行的第二次海牙和平会议,与会国 44 个。这次
会议通过的《禁止从气球上投掷投射物和爆炸物宣言》重申了第一
次海牙和平会议精神,强调第三次海牙和平会议结束后,中止缔
约。包括在美、法、德、英、俄、日、中在内的 32 个国家通过了这个
宣言。在"文明国家"主导下制定的海牙公约,规定了在空战条件
下交战国的义务,体现了人类社会的公理和正义。进入 20 世纪,
科学技术的进步,现代航空器的发明,大大强化了战争的规模和烈
度。尤其在第一次世界大战期间,缔约国违反海牙和平会议精神,
频繁使用现代航空器袭击不设防城镇、村庄、住所和建筑物,造成
大量的平民伤亡。在法国,1914 年、1916 年、1917 年和 1918 年,德
军在巴黎分别投弹 15 枚、61 枚、14 枚和 396 枚,死伤 1 211 人,其
中炸死 402 人,伤亡者多为平民。最惨烈的加莱,被炸 220 次,伤亡
549 人,其中炸死 185 人。在英国,伦敦遭德军 21 次空袭,死伤 2
722 人,其中炸死 680 人。[①] 残酷的战争现实迫使国际社会再次呼
吁:各国恪守国际战争法,禁止轰炸平民和非战斗人员。1922 年

---

① Aerial Bombardment. RG59 Department of State Decimal File:1930 - 1939. Box 3611,
　 File Number:700.00116/325.

12月11日至1923年2月19日,根据华盛顿会议决定,美、英、法、意、日和荷等法学家组织委员会,起草了《空战规则草案》,对轰炸进行详细规定。

第二十二条规定:以恐怖威胁平民、破坏或损害非军事目标的私人财产、伤害非战斗人员为目的的轰炸,应予禁止。

第二十四条规定:

(1)只有直接针对军事目标的轰炸才是合法的。也就是说,破坏或损毁的目标属于交战国明显的军事利益。

(2)合法的轰炸目标包括:军队;军事工程;军事建筑物或仓库;制造武器弹药或生产具有明显军需品性质的重要工厂;用于军事目的的交通运输线。

(3)对不在陆军行动附近的城市、城镇、乡村、住所或建筑物进行轰炸,应予禁止。在轰炸本条第二款军事目标过程中,没有免除平民遭受无差别轰炸,不能实施轰炸,航空器不应进行轰炸。

(4)对陆军行动附近的城市、城镇、乡村、住所或建筑物进行轰炸是合法的,条件是存在这样一种合理假设,即轰炸对于军事集结非常重要,但要以考虑到造成平民危险为限度。

(5)交战国的任何军官和部队违反这一规定,造成人身伤害或财产损失,应予赔偿。①

《草案》之第二十二、二十四条明确规定了交战国实施轰炸必须履行的战争义务和恪守的道义底线:一是交战国以针对或恐怖威胁平民和非战斗人员为轰炸目标的任何军事行动都是一种战争

---

① Aerial Bombardment. RG59 Department of State Decimal File:1930-1939, Box 3611, File Number:700.00116/325.

犯罪;二是交战国在轰炸军事目标和军事集结中,实施无差别轰炸平民和非战争人员同样属于一种战争犯罪;三是交战国在实施轰炸中,造成平民和非战斗人员人身伤害和财产损失理当赔偿。

1924年1月26日,驻法、英、意、日和荷等国的外交使节向相关政府阐明美国立场,强调国际社会签订《空战规则草案》对在战争条件下维护国际正义具有独特的作用。尽管多数国家以各种借口拒绝了美国的要求,但日本却以积极的态度给予回应。

1932年1月28日,日军出动大量飞机轰炸上海,造成大量平民伤亡,震惊国际社会。在这种背景下,同年2月,国际裁军会议在日内瓦召开。美、法、德、英、日、苏和中等国纷纷表示:反对、禁止轰炸是保护平民的有效途径。6月1日,美国代表再次重申:1923年海牙《空战规则草案》可能仍是比较有效保护平民的国际规则,建议废止轰炸机生产应当同禁止轰炸平民联系起来考虑。这表明,国际社会普遍把轰炸平民和非战斗人员看成是一种战争犯罪。任何针对平民和非战斗人员的野蛮轰炸必将受到国际社会的道义谴责和正义审判。

1931年,日本发动侵华战争以来,日军凭借现代化的航空力量对中国不设防城市和乡村实施空袭,投下大量炸弹、燃烧弹甚至细菌弹,制造了数百起重大惨案,造成大量的平民伤亡。在这些重大惨案中,日军运用其轰炸战略和战术,残忍野蛮地屠杀平民和非战斗人员,致使伤亡人数众多,场景惨烈。这是对国际社会公认的战争法规和人道主义精神的粗暴践踏。特别是日军在南京、广州、武汉和重庆等地轰炸制造的重大惨案,更是激起国际社会的愤怒和抗议。1937年9月25日,日军出动大批飞机空袭国民政府首都南京,造成巨大的人员伤亡。针对日军的野蛮暴行,苏联驻日大使斯拉夫斯基向日本政府表示坚决抗议,认为日军的军事行动属于"非法行为",任何结果都"应由日本负其全责"。① 1938 年 5 月底 6 月初,日军连续轰炸广州,制造了一系列重大惨案。面对日军的战争犯罪,法国执政党和在野党都坚决反对日本法西斯的野蛮暴行,要求日本政府迅速采取措施制止这种战争犯罪行为。美国向国际社会公布了 1917 年至 1923 年美日秘密谅解备忘录,证明日本已保证"决不在华夺取特殊利益",以示对日本违背人道主义精神表示强烈愤慨。国际反侵略运动大会第十次执行委员会作出援华决议案,表达对日本军国主义践踏人类公理与正义的严正抗议。② 日军造成的无差别轰炸重大惨案是日本法西斯践踏国际战争法规、违反人道主义精神犯下的无耻罪行,是人类历史上的一场重大浩劫。

第二,侵华日军无差别轰炸重大惨案与以美国为首的盟军轰炸日本造成的人员伤亡有本质区别。1944 年 6 月开始,美军对日本的九州、东京、广岛、长崎等地实施战略轰炸,甚至实施核武器打击,无数平民在战争中被吞噬。美军原子弹轰炸广岛后,居广岛的东京公教大学德国神父施穆斯目睹了这悲惨恐怖的一幕:河岸遍布着死亡人员,潮水已经冲走了许多尸体,赤裸烧焦的尸体特别多,他们中间有的受伤仍旧活着,少数人从烧完的汽车和电车中爬出来。1945 年 9 月 1 日,日本官方统计:广岛遭受原子弹轰炸,死亡 7 万多人,不包括失踪人员;受伤 13 万,其中重伤 43 500 人。据观察者推测,把乡村伤亡人员统计在内,炸死者大约 10 万余人。之后,联合国最高统帅部公布的数据为:死亡78 150人,失踪13 983

---

① 《苏联对日提出轰炸中国首都抗议》,《国际言论》1937 年第 4 集,第 141 页。
② 《世界反侵略运动大会》《反对日本法西斯的野蛮轰炸》,《中山周刊》1938 年第 18 期,
　　第 16 页。

人,重伤 9 428 人,轻伤 27 997 人。①

以美国为首的盟军轰炸日本城市情况表

地点	广岛	长崎	东京	其他城市
飞机数(架)	1	1	279	173
炸弹装载量	1 枚(原子弹)	1 枚(原子弹)	1 667 吨	1 129 吨
死亡及失踪人数(人)	70 000—80 000	35 000—40 000	83 600	1 850
受伤人数(人)	70 000	40 000	102 000	1 830

数据来源:《原子弹轰炸日本所收的效果(下)》,《国防月刊》1947 年第 2 卷第 3 期,第 86 页。

　　侵华日军无差别轰炸重大惨案与以美国为首的盟军对日本轰炸造成的人员伤亡的性质是否相同? 换言之,在中日战争、太平洋战争中,日本究竟是加害方还是受害方? 究竟谁应当承担战争责任? 1975 年,在日本战败 30 周年之际,当记者问到中日战争、太平洋战争的责任时,昭和天皇这样回答:"对这种用词,我在文学方面没有研究,很不明白,所以对这个问题难以回答。"②天皇的回答含糊其辞,其实质是否定日本政府的战争责任、否定战争的侵略性。作为国家象征的日本天皇,其回答从某种程度上反映出日本政府对反省战争的态度。对于部分国民而言,他们的历史认知更是颠倒黑白,甚至否定东京审判的合法性和正义性。据统计,1986 年 7月至 1987 年 8 月间,《朝日新闻》在《战争》专栏中刊登 1 025 篇文章,认为日本是受害方的 863 篇,占 84%;是加害方的 104 篇,占

---

① [德]施穆斯著,林树惠译:《原子弹轰炸广岛目击记》,《大中》1946 年第 1 卷第 4 期,第 27—30 页。

② [日]江口圭一著,杨栋梁译:《日本十五年侵略战争史(1931—1945)》,南京:江苏人民出版社 2016 年版,第 233 页。

10％；其他文章 58 篇，占 6％。① 为什么日本国民对战争认知出现与历史事实根本背离？原因是多方面的。首先，战后为了对抗以苏联为首的社会主义国家，以美国为首的资本主义国家对日本法西斯势力清算不彻底，甚至采取纵容态度。其次，战后昭和天皇和日本政府对战争责任一直保持暧昧态度，缺乏对战争责任、战争犯罪及其暴行的反省，甚至在学校教育、社会舆论中歪曲历史，混淆是非。在 1989 年 2 月 18 日的众议院预算委员会上，日本共产党副议长不破哲三提出"希特勒和战争难道不是侵略吗"的质问，时任日本首相的竹下这样问答："总的说，所谓侵略战争应留给后世史家评论。"②最后，战后由于受国家利益和意识形态等因素的影响，以中国、朝鲜、韩国、印度等遭受侵略的亚洲国家在督促日本政府及其政要反省战争责任问题上，长期没有形成持久的合力和强大的舆论。

侵华日军无差别轰炸重大惨案与以美国为首的盟军对日本轰炸造成的人员伤亡的性质上存在根本区别，国际社会及其进步人士早有公论，即这些重大惨案是日本法西斯在侵华战争中犯下的战争罪行，而以美国为首的盟军轰炸日本造成的人员伤亡，则是为了制止侵略战争、维护人类文明的延续而采取的正义行动所产生的结果。1946 年 2 月，德国神父施穆斯发表在美国《时代周刊》（Time）上的《原子弹轰炸广岛目击记》一文写道："我们自己对于使用原子弹曾有一番讨论，许多的责备他用在人民身上，别的人认为在全体战争，市民和士兵没有实在的区别，并且炸弹本身是一个有

---

① ［日］江口圭一著：《日本十五年侵略战争史（1931—1945）》，第 234—235 页。
② ［日］江口圭一著：《日本十五年侵略战争史（1931—1945）》，第 235 页。

力的力量来警告日本去投降。如此避免整个的毁灭……"①1946
年至1948年,远东国际军事法庭在日本东京对日本战犯起诉内容
明确指出,日本对上海、南京、广州、汉口、长沙、衡阳、桂林等地的
作战,甚至使用毒气作战,是一种赤裸裸的侵略和战争犯罪。具体
而言,"侵略战争就是犯罪":"(一)违反和平罪,即指违反国际条约
或协定,从而计划、准备、及进行侵略战争(不论其是否经过宣战手
续或不宣而战)之罪行。(二)违反战争法规或战争习惯罪。即指
虐待俘虏、杀害无辜人民及人质,掠夺财物,任意破坏城市或非军
事上必须之摧残。(三)违反人道罪,即指作战期间杀害、奴役或放
逐无辜人民,不论其基于政治上、人种上或宗教上之理由,加以虐
待之罪行。"②以江口圭一、前田哲男等为代表的日本学者也强调日
本对华战争的侵略性质,认为侵华日军制造无差别轰炸重大惨案
是一种战争犯罪行为,同以美国为首的盟军轰炸日本造成的人员
伤亡存在本质区别。江口圭一指出:"十五年战争是一场侵略战
争,其根本原因在日本为推行帝国主义国家利己主义而武力压制
中国的恢复主权与民主解放要求。"③前田哲男进一步强调:"日本
在亚洲对非战斗人员实施无差别大量杀戮的战略轰炸,最终导致
广岛长崎的被轰炸,日本必须面对自己国家走过的道路。"④潘洵同
样认为,尽管以美国为主导的东京审判执行"彼此同犯不究"的原

---

① [德]施穆斯著,林树惠译:《原子弹轰炸广岛目击记》,《大中》1946年第1卷第4期,第
　　30页。
② 袁祥基:《东京战犯审判之回顾与检讨》,《新中华》1948年复刊第6卷第13期,第
　　10页。
③ [日]江口圭一:《日本十五年侵略战争史(1931—1945)》,第230页。
④ [日]前田哲男著:《从重庆通往伦敦、东京、广岛的道路:二战时期的战略大轰炸》,第
　　364页。

则,没有起诉和追究侵华日军无差别轰炸暴行,但当时的国家组织、西方主流媒体、反法西斯国家元首乃至普通民众对其有深刻认识,这与以美国为首的盟国对日本本土轰炸的性质存在"天壤之别","前者是扩大侵略、扩大战争的重要手段,后者是为了制止侵略,制止战争的军事行动,前者是因,后者是果,是侵略者自食其果"。其行为的本质区别决定结果的根本差异。因此,侵华日军无差别轰炸重大惨案与以美国为首的盟军对日本轰炸造成的人员伤亡的性质存在根本区别,不容置疑。

　　第三,尊重历史事实,检讨战争责任,加强对话交流,推动中日两国关系健康发展。历史就是历史,事实就是事实。任何国家、组织以及个人都不可能改变历史和事实。"一切否认侵略战争性质的言行,一切歪曲甚至美化侵略战争的言行,一切逃避侵略战争历史责任的言行,不论以什么形式出现,不论讲得如何冠冕堂皇,都是自欺欺人的。'得道者多助,失道者寡助。'否认侵略历史,是对历史的嘲弄,是对人类良知的侮辱,必然失信于世界人民。"①这是中国政府和中国人民对待侵华日军无差别轰炸重大惨案的政治立场和历史底线,也是维护中日关系健康发展的前提条件。研究侵华日军无差别轰炸重大惨案不是要延续仇恨,更不是要制造新的矛盾,而是为了揭示历史真相,从历史中汲取经验教训,以史为鉴、面向未来。但是,必须清醒看到,目前在日本国内右翼势力对这段历史缺乏起码的认知。否定侵略性质、歪曲甚至美化侵略以及逃避战争责任的言行此起彼伏,影响乃至绑架政府和民众,使中日关系跌宕起伏。为了防止轰炸平民的暴行重演,日本天皇、政府及政

---

① 习近平:《在纪念中国人民抗日战争暨世界反法西斯战争胜利 70 周年招待会上的讲话》,《人民日报》,2015 年 9 月 4 日,第 3 版。

要理应一以贯之地"坚守永不再战的誓言",深刻反省侵略行为,检讨战争责任,以负责国家的民族观、国家观和历史观教育国民、引导舆论。日本法学家横田喜三郎在反思东京审判时曾明确指出:"新的日本需要反省过去的日本的错误,必须要从改正这错误出发。如果充分反省过去的错误,新的再建目标也自然明白了。把这做一明确地显示实为东京审判的根本目的。实际上,日本的过去错误,在国际的方向是极端的军国帝国主义。""如果改正这个错误,就要尊重他国的利益,不去做掠夺其领土及资源的事,尤其是慎于行使武力,不从事侵略的军事行动和战争。"①横田喜三郎的谆谆告诫,至今仍需日本政府恪守和国民牢记。世界组织、西方主流媒体以及一切爱好和平的国家需要加强联合,无情揭露和批判企图否定东京审判判决、为侵略历史翻案的右翼言行。中国、韩国、朝鲜、印度等曾遭日军侵略的亚洲国家应注重合作,坚守历史正义,同否定侵略历史、美化侵略行为的右翼势力作斗争。加强中日两国文化交流,特别是学术和青少年交流,在研究中搞清事实、揭示真相,在交流中加强对话、增进了解、化解积怨,为推动中日两国关系发展做出贡献。

历史是一面镜子,也是最好的教科书。回望历史,研究历史,反思历史,目的在于牢记战争的惨痛教训,珍爱和平,维护和平,让中日两国人民永远友好下去,让世界人民永享太平。

---

① [日]横田喜三郎著,王福田译:《东京审判在国际上的意义》,《亚洲世纪月刊》1948年第3卷第5期,第34页。

参考文献

1. 未刊档案

中国第二历史档案馆档案

四川省档案馆档案：全宗号 180、全宗号 41

重庆市档案馆档案：全宗号 0053、全宗号 0061、全宗号 0344、全宗号、0081

贵州省档案馆档案：全宗号 M1、全宗号 M2、全宗号 M5

云南省档案馆档案：全宗号 1106、全宗号 1044

湖北省档案馆档案：全宗号 LS3

湖南省档案馆档案：全宗号 46

台北"国史馆"档案：全宗号 002—090200

2. 已刊档案与资料

资料汇编

王柏龄. 积极防空. 南京：正中书局，1934.

曹聚仁等. 轰炸下的南中国. 出版地不详：战时出版社，1938.

航空委员会防空总监部. 民国二十九年度全国空袭状况之检讨. 时间不详.

航空委员会防空总监部. 民国三十年度全国空袭状况之检讨. 1942.

航空委员会防空总监部. 民国三十一年度全国空袭状况之检讨. 1943.

日本防卫厅防卫研究所战史研究室. 中国事变陆军作战史（第 1 卷第 1、

第 2 分册).北京:中华书局,1979、1981.

日本防卫厅防卫研究所战史研究室.中国事变陆军作战史(第 2 卷第 1、第 2 分册).北京:中华书局,1979、1980.

日本防卫厅防卫研究所战史研究室.中国事变陆军作战史(第 3 卷第 1、第 2 分册).北京:中华书局,1981、1983.

日本政府防卫厅防卫研究所战史研究室等著,昭和十七、八(1942、1943)年的中国派遣军(上、下).北京:中华书局,1984.

复旦大学历史系.日本帝国主义对外侵略史料选编 1931—1945.上海:上海人民出版社,1983.

日本防卫厅战史室编纂,《大本营陆军部》摘译.日本军国主义侵华资料长编(上、中、下卷).成都:四川人民出版社,1987.

中共河南省委党史工作委员会.侵华日军在河南的暴行.郑州:河南人民出版社,1989.

中央档案馆等.日本帝国主义侵华档案资料选编·华北历次大惨案.北京:中华书局,1995.

《近代史资料》编辑部,中国人民抗日战争纪念馆.日军侵华暴行实录(2、3、4).北京:北京出版社,1997.

中共江苏省委党史工作办公室.侵华日军在江苏的暴行.北京:中共党史出版社,2000.

四川省档案馆.川魂:四川抗战档案史料选编.成都:西南交通大学出版社,2005.

云南省档案馆.日军侵华罪行实录·云南部分.昆明:云南人民出版社,2005.

张中华.日军侵略广东档案史料选编.北京:中国档案出版社,2005.

中央档案馆,湖北省档案馆.侵华日军在湖北暴行史料.北京:中国档案出版社,2005.

中共临安市委党史研究室.临安市抗战时期人口伤亡和财产损失.北京:中共党史出版社,2010.

中共金华市委党史研究室. 金华市抗战时期人口伤亡和财产损失资料汇编. 北京：中共党史出版社,2010.

中共河南省委党史研究室. 河南省抗战损失调查(二、三). 北京：中共党史出版社,2010.

湖南省课题组. 湖南省抗战时期人口伤亡和财产损失. 北京：中共党史出版,2010.

云南省课题组. 云南省抗战时期人口伤亡和财产损失调研成果选辑. 北京：中共党史出版社,2010.

中共贵州省党委研究室,贵州省档案局(馆). 贵州省抗战损失调查(上). 北京：中共党史出版社,2010.

中共成都市委党史研究室. 抗日战争时期成都市人口伤亡和财产损失资料选编. 内部资料,2010.

唐润明. 重庆大轰炸档案文献·轰炸经过与人员伤亡(上). 重庆：重庆出版社,2011.

周勇. 重庆大轰炸档案文献：证人证言. 重庆：重庆出版社,2011.

中共江西省委党史研究室. 江西省抗战时期人口伤亡和财产损失(上、下卷). 南昌：江西人民出版社,2011.

福建省委党史研究室. 福建省抗日战争时期人口伤亡和财产损失. 北京：中共党史出版社,2015.

云南省课题组. 云南省抗战时期人口伤亡和财产损失历史简编. 北京：中共党史出版社,2013.

四川省档案馆. 抗战时期的四川——档案史料汇编(中). 重庆：重庆出版社,2014.

江苏省委党史工作办公室. 江苏省抗日战争时期人口伤亡和财产损失. 北京：中共党史出版社,2014.

安徽省委党史研究室. 安徽省抗日战争时期人口伤亡和财产损失. 北京：中共党史出版社,2014.

浙江省委党史研究室. 浙江省抗日战争时期人口伤亡和财产损失. 北京：

中共党史出版社,2014.

江西省委党史研究室.江西省抗日战争时期人口伤亡和财产损失.北京:中共党史出版社,2014.

湖北省委党史研究室.湖北省抗日战争时期人口伤亡和财产损失.北京:中共党史出版社,2014.

广西壮族自治区委党史研究室.广西抗日战争时期人口伤亡和财产损失.北京:中共党史出版社,2014.

中央党史研究室第一研究部.抗日战争时期全国重大惨案(1、3、4、6、7、8、9、10).北京:中共党史出版,2014.

北京市委党史研究室.北京市抗日战争时期人口伤亡和财产损失.北京:中共党史出版社,2014.

河南省委党史研究室.河南省抗日战争时期人口伤亡和财产损失.北京:中共党史出版社,2014.

重庆市委党史研究室.重庆市抗日战争时期人口伤亡和财产损失.北京:中共党史出版社,2014.

唐润明.重庆大轰炸档案文献·轰炸经过与人员伤亡(区县部分)(上、下).重庆:重庆出版社,2015.

宁夏回族自治区委党史研究室.宁夏抗日战争时期人口伤亡和财产损失.北京:中共党史出版社,2015.

湖南省委党史研究室.湖南省抗日战争时期人口伤亡和财产损失.北京:中共党史出版社,2015.

山东省委党史研究室.山东省抗日战争时期人口伤亡和财产损失.北京:中共党史出版社,2017.

3. 报刊

大公报.1938—1946.

国民公报.1937—1945.

申报.1931—1945.

新华日报.1938—1945.

中央日报.1937—1945.

东方杂志.1931—1945.

防空杂志(南京).1935—1937.

防空季刊(成都).1938—1945.

现代防空(重庆).1942—1944.

4. 地方史志

临海市志编纂委员会.临海县志.杭州:浙江人民出版社,1989.

仙桃市地方志编纂委员会.沔阳县志.武汉:华中师范大学出版社,1989.

江苏省常熟市地方志编纂委员会.江苏省常熟市志.上海:上海人民出版社,1990.

武义县志编纂委员会.武义县志.杭州:浙江人民出版社,1990.

溧水县地方志编纂委员会.溧水县志.南京:江苏人民出版社,1990.

江西省星子县县志编纂委员会.星子县志.南昌:江西人民出版社,1990.

公安县志编纂委员会.公安县志.上海:汉语大词典出版社,1990.

湖北省南漳县地方志编纂委员会.南漳县志.北京:中国城市经济社会出版社,1990.

湖北省京山县志编纂委员会.京山县志.武汉:湖北人民出版社,1990.

益阳市志编纂委员会.益阳市志.北京:中国文史出版社,1990.

盐山县地方志编纂委员会.盐山县志.天津:南开大学出版社,1991.

河南省地方史志编纂委员会.河南省志・公路交通志.郑州:河南人民出版社,1991.

光山县史志编纂委员会.光山县志.郑州:中州古籍出版社,1991.

景县志编纂委员会.景县志.天津:天津人民出版社,1991.

崇阳县志编纂委员会.崇阳县志.武汉:武汉大学出版社,1991.

余干县志编纂委员会.余干县志.北京:新华出版社,1991.

临安县志编纂委员会.临安县志.上海:汉语大词典出版社,1992.

湖北省当阳市地方志编纂委员会.当阳县志.北京:中国城市出版社,1992.

浠水县地方志编纂委员会. 浠水县志. 北京：中国文史出版社，1992.

金寨县地方志编委会. 金寨县志. 上海：上海人民出版社，1992.

溧阳县志编纂委员会. 溧阳县志. 南京：江苏人民出版社，1992.

黄陂县县志编纂委员会. 黄陂县志. 武汉：武汉出版社，1992.

洪湖市地方志编纂委员会. 洪湖县志. 武汉：武汉大学出版社，1992.

平湖县志编纂委员会. 平湖县志. 上海：上海人民出版社，1993.

江西省新余市地方志编纂委员会. 新余市志. 上海：汉语大词典出版社，1993.

湖北省麻城市地方志编纂委员会. 麻城县志. 北京：红旗出版社，1993.

湖北省阳新县县志编纂委员会. 阳新县志. 北京：新华出版社，1993.

蒲城县志编纂委员会. 蒲城县志. 北京：中国人事出版社，1993.

芷江侗族自治县县志编纂委员会. 芷江县志. 北京：生活·读书·新知三联书店，1993.

常德市志编纂委员会. 常德市志. 北京：中国科学技术出版社，1993.

湖南省茶陵县地方志编纂委员会. 茶陵县志. 北京：中国文史出版社，1993.

四川省阆中市地方志编纂委员会. 阆中县志. 成都：四川人民出版社，1993.

南京市地方志编纂委员会. 南京人民防空志. 深圳：海天出版社，1994.

奉化市志编纂委员会. 奉化市志. 北京：中华书局，1994.

丽水市志编纂委员会. 丽水市志. 杭州：浙江人民出版社，1994.

安吉县地方志编纂委员会. 安吉县志. 杭州：浙江人民出版社，1994.

山东省日照市史志编纂委员会. 日照市志. 济南：齐鲁书社，1994.

湖南省平江县志编纂委员会. 平江县志. 北京：国防大学出版社，1994.

湖南省云梦县志编纂委员会. 云梦县志. 北京：生活·读书·新知三联书店，1994.

湖北省襄樊市地方志编纂委员会. 襄樊市志. 北京：中国城市出版社，1994.

湖北省监利县县志编纂委员会. 监利县志. 武汉:湖北人民出版社,1994.

湖北省武穴市地方志编纂委员会. 广济县志. 上海:汉语大词典出版社,1994.

浦城县地方志编纂委员会. 浦城县志. 北京:中华书局,1994.

永安市地方志编纂委员会. 永安市志. 北京:中华书局,1994.

四川省广安县志编纂委员会. 广安县志. 成都:四川人民出版社,1994.

四川省地方志编纂委员会. 四川省志·交通志. 成都:四川科学技术出版社,1995.

湖南省江永县志编纂委员会. 江永县志. 北京:方志出版社,1995.

开封市地方志编纂委员会. 开封市志. 郑州:中州古籍出版社,1996.

山东省地方史志编纂委员会. 山东省志·军事志. 济南:山东人民出版社,1996.

桐乡市《桐乡县志》编纂委员会. 桐乡县志. 上海:上海书店出版社,1996.

金乡县地方史志编纂委员会. 金乡县志. 北京:生活·读书·新知三联书店,1996.

独山县地方志编纂委员会. 独山县志. 贵阳:贵州人民出版社,1996.

湖北省蕲春县地方志编纂委员会. 蕲春县志. 武汉:湖北科学技术出版社,1997.

桂林市地方志编纂委员会. 桂林市志. 北京:中华书局,1997.

安徽省地方志编纂委员会. 安徽省志·交通志. 北京:方志出版社,1998.

广西壮族自治区地方志编纂委员会. 广西通志·大事记. 南宁:广西人民出版社,1998.

密云县志编纂委员会. 密云县志. 北京:北京出版社,1998.

莒县地方史志编纂委员会. 莒县志. 北京:中华书局,1999.

天水市地方志编纂委员会. 天水市志(上、中、下). 北京:方志出版社,2004.

5. 日记

[美]约瑟夫·C. 格鲁. 使日十年. 北京:商务印书馆,1992.

［德］维克特. 拉贝日记. 北京：新世界出版社，2009.

陈克文. 陈克文日记（1937—1952）. 北京：社会科学文献出版社，2014.

马力生. 马力生日记. 昆明：云南人民出版社，2014.

6. 口述史料与回忆录（文史资料）

蔡林久. "二·四"轰炸给贵阳人民造成的损失和灾难. 政协贵州省贵阳市委员会文史资料研究委员会. 贵阳文史资料选辑（第 6 辑）. 1982.

李大光. 贵阳"二·四"空袭亲历记. 政协贵州省贵阳市委员会文史资料研究委员会. 贵阳文史资料选辑（第 6 辑）. 1982.

宋述湘. 日机"二·四"轰炸贵阳的惨状. 政协贵州省贵阳市委员会文史资料研究委员会. 贵阳文史资料选辑（第 6 辑）. 1982.

谢凡生. "二·四"轰炸亲历记. 政协贵州省贵阳市委员会文史资料研究委员会. 贵阳文史资料选辑（第 6 辑）. 1982.

肖子有. "二·四"轰炸——日本侵略者欠贵阳人民的血债. 政协贵州省委员会文史资料研究委员会. 贵州文史资料选辑（第 13 辑）. 贵阳：贵州人民出版社，1983.

胡同如等. 难忘的"八·一九"——记 1939 年日机轰炸乐山. 政协四川省委员会文史资料研究委员会. 四川文史资料选辑（第 32 辑）. 成都：四川人民出版社，1984.

郑家槐. 血债——"七·二二"日机大轰炸纪实. 政协合川县委员会文史资料研究委员会. 合川文史资料选辑（第 2 辑）. 1984.

林家祥. "七·二二"大轰炸目击记. 政协合川县委员会文史资料研究委员会. 合川文史资料选辑（第 2 辑）. 1984.

彭国桢等. "二·四"轰炸目击记. 政协贵阳市云岩区委员会文史资料研究委员会. 云岩文史资料选辑（第 3 辑）. 1985.

李德洪. 保山"五·四"目睹. 政协云南省保山市委员会文史资料研究委员会. 保山市文史资料选辑（第 2 辑）. 1985.

段国富等. 保山"五·四"被炸惨案见闻. 政协云南省保山市委员会文史资料研究委员会. 保山市文史资料选辑（第 2 辑）. 1985.

邓铣."七·二七"敌机轰炸成都目击记.政协四川省成都市委员会文史资料研究委员会.成都文史资料选辑(第12辑).1985.

杜适.难忘的贵阳"二·四"轰炸.政协贵阳市南明区委员会文史办公室.南明文史资料选辑(第3辑).1985.

吴汝成."五·三"、"五·四"重庆大轰炸的回忆.政协四川省射洪县委员会文史资料研究委员会.射洪文史资料(第4辑).1985.

吴嘉陵.日本帝国主义空军轰炸四川的罪行.政协四川省成都市委员会文史资料研究委员会.成都文史资料选辑(第12辑).1985.

吴汝成.目睹"五·三"、"五·四"重庆大轰炸.政协遂宁市委员会文史资料研究委员会.遂宁市文史资料(选刊第1集).1986.

王起华.记日机"二·四"轰炸贵阳的罪行.政协贵阳市南明区委员会文史资料研究委员会.南明文史资料选辑(第4辑).1986.

邹锡汇.抗日时期泸州的防空和被轰炸.政协泸州市市中区委员会文史资料工作委员会.江阳文史资料(第1辑).1986.

陈自祥.千古惨闻——妇女抬棺送葬.政协云南省保山市委员会文史资料研究委员会.保山市文史资料选辑(第4辑).1987.

王志康.日机轰炸乐山目击记.政协乐山市委员会文史资料委员会.乐山文史选辑(第3辑).1987.

徐雨深."八·一九"日机轰炸乐山城的前前后后.政协乐山市委员会文史资料委员会.乐山文史选辑(第3辑).1987.

田惠龄.保山"五·四"被炸见闻.政协云南省保山市委员会文史资料研究委员会.保山市文史资料选辑(第4辑).1987.

姬兰阶.保山"五·四"被炸前后笔记数则.政协云南省保山市委员会文史资料研究委员会.保山市文史资料选辑(第5辑).1987.

李民."三·二九"日机轰炸梁山城纪实.梁平县政协文史资料委员会.梁平县文史资料(第2辑).1989.

夏守玉.日机轰炸泸州之惨状.政协四川省泸县委员会文史资料委员会.泸县文史资料选辑(第2辑).1989.

姜继皋.泸县"九·一一"大惨案回忆.政协泸县委员会文史资料工作委员会.泸县文史资料选辑(第7辑).1995.

翟其寅.回忆芜湖沦陷前后的一段经历.政协安徽省芜湖市委员会文史资料研究委员会.芜湖文史资料(第6辑).1995.

7. 中文论著(含译著)

抗大政治文化教育科研究室编.中国地理读本第1分册.华北新华书店,1941.

抗大政治文化教育科研究室编.中国地理读本第2分册.华北新华书店,1942.

抗大政治文化教育科研究室编.中国地理读本第3分册.华北新华书店,1943.

中国地理读本第4分册.编者、出版社、出版时间不详.

韩启桐.中国对日战事损失之估计(1937—1943).上海:中华书局,1946.

龚学遂.中国战时交通史.上海:商务印书馆,1947.

总参谋部军训部.战术学基础.北京:解放军出版社,1987.

福建省公路局编辑组.福建公路史(第1册).福州:福建科学技术出版社,1987.

王正华.抗战时期外国对华军事援助.台北:环球书局,1988.

江苏省交通史志编纂委员会.江苏公路交通史(第1册).北京:人民交通出版社,1989.

王立显.四川公路交通史(上册).成都:四川人民出版社,1989.

杨鸿年、欧阳鑫.中国政制史.合肥:安徽教育出版社,1989.

毛泽东.毛泽东选集(第一、二、三卷).北京:人民出版社,1991.

刘长茂.人口结构学.北京:中国人口出版社,1991.

李世平、程贤敏.近代四川人口.成都:成都出版社,1993.

中国史学会、中国社会科学院近代史研究所.血证:侵华日军暴行纪实日志.成都:成都出版社,1995.

唐守荣.抗战时期重庆的防空.重庆:重庆出版社,1995.

李秉新等. 侵华日军暴行总录. 石家庄:河北人民出版社,1995.

武月星. 中国抗日战争史地图集. 北京:中国地图出版社,1995.

肖银章. 抗战期间日本飞机轰炸陕西实录. 西安:陕西师范大学出版社,1996.

中共桐柏县委党史工作委员会. 中共桐柏县历史第1卷. 北京:中共党史出版社,1997.

章伯锋、庄建平. 抗日战争. 成都:四川大学出版社,1997.

郭于华. 仪式与社会变迁. 北京:社会科学文献出版社,2000.

唐学锋. 中国空军抗战史. 成都:四川大学出版社,2000.

牛翰杰. 日本侵华史大事记(1358—1945). 香港:香港天马图书有限公司,2000.

中共宿州市委党史研究室. 中国共产党宿州史(1919—1949). 北京:中共党史出版社,2001.

徐朝鉴等. 重庆大轰炸. 重庆:西南师范大学出版社,2002.

王群生. 中日学者"重庆大轰炸"论文集. 北京:中国三峡出版社,2004.

袁成毅. 浙江通史(民国卷下)第12卷. 杭州:浙江人民出版社,2005.

钟启河等. 湖南抗日战争日志. 长沙:国防科技大学出版社,2005.

刘景山. 侵华日军大屠杀暴行. 北京:人民日报出版社,2005.

乐山市人民防空办公室. 乐山大轰炸. 内部资料,2005.

谢世廉. 川渝大轰炸:抗战时期日机轰炸四川史实研究. 成都:西南交通大学出版社,2005.

汪民安. 身体、空间与后现代性. 南京:江苏人民出版社,2005.

傅林祥、郑宝恒著. 中国行政区划通史·中华民国卷. 上海:复旦大学出版社,2007.

成都市人民防空办公室等. 成都大轰炸. 北京:中国和平出版社,2009.

中共浙江省委党史研究室. 日军侵略浙江罪行大事记(1937—1945). 北京:中共党史出版社,2010.

白寿彝. 中国交通史. 北京:团结出版社,2011.

古琳晖. 抗日战争时期中国反空袭斗争研究. 北京：军事科学出版社，2012.

张翔里. 松潘大轰炸. 香港：中国香港东方出版社，2012.

何一民. 中国城市史. 武汉：武汉大学出版社，2012.

潘洵等. 抗日战争时期重庆大轰炸研究. 北京：商务印书馆，2013.

彭明生. 倭戮略：侵华日军制造的大屠杀事件罪行辑录. 广州：中山大学出版社，2015.

张瑾. 日本侵华图志·无差别轰炸（第 14 卷）. 济南：山东画报出版社，2015.

赵静蓉. 记忆. 广州：暨南大学出版社，2015.

李桂芳. 四川抗战全史·防御空袭. 成都：四川人民出版社，2015.

袁成毅. 抗日战争时期国民政府对日防空研究（1931—1945）. 北京：中国社会科学出版社，2016.

［英］托马斯·赫胥黎. 进化论与伦理学. 北京：科学出版社，1971.

［德］克劳塞维茨. 战争论（第 1 卷）. 北京：商务印书馆，1997.

［意］朱里奥·杜黑. 制空权. 北京：解放军出版社，1986.

［日］今井武夫. 今井武夫回忆录. 北京：中国文史出版社，1987.

［日］服部卓四郎. 大东亚战争全史. 北京：商务印书馆，1984.

［苏］别德尼亚克. 日本对华侵略与美国的态度 1937—1939. 北京：生活·读书·新知三联书店，1959.

［法］福柯. 福柯集. 上海：上海远东出版社，2003.

［美］孔华润. 美国对中国的反应. 上海：复旦大学出版社，1989.

［英］威廉·麦独孤. 社会心理学导论. 杭州：浙江教育出版社，1997.

［美］保罗·康纳顿. 社会如何记忆. 上海：上海人民出版社，2000.

［法］莫里斯·哈布瓦赫. 论集体记忆. 上海：上海人民出版社，2002.

马克思、恩格斯. 马克思恩格斯全集（第 3 卷）. 北京：人民出版社，2002.

［美］罗尔夫·迪特·米勒. 大轰炸（1939—1945）. 北京：中国人民大学出版社，2005 年.

［德］哈拉尔德·韦尔策. 社会记忆：历史、回忆、传承. 北京：北京大学出版社，2007.

［日］前田哲男. 从重庆通往伦敦、东京、广岛的道路：二战时期的战略大轰炸. 重庆：重庆出版社，2015.

［美］迈克尔·舒德森. 发掘新闻：美国报业的社会史. 北京：北京大学出版社，2009.

［日］江口圭一. 日本十五年侵略战争史（1931—1945）. 南京：江苏人民出版社，2016.

8. 外文档案、报纸与论著

The U. S. National Archives and Records Administration, RG 59

The Hoover Institution Library & Archives

The New York Time, 1937 - 1945

Frank Dorn, *The Sino-Japanese War*, 1937 - 41: *from Marco Polo Bridge to Pearl Harbor*. New York: MacMillan Publishing Co. 1974.

Mark Peatties, Edward J. Drea, and Hans Van de Ven, eds. *The Battle for China*: *Essays on the Military History of the Sino-Japanese War of 1937—1945*. Stanford, Calif. : Stanford University Press. 2011.

アジア歴史資料センター

山田新吾『爆撃対防空：現代空中戦に於ける都市攻防』、厚生閣、1933 年.

国民同盟『漢口及び広東に対する無差別爆撃を決行すべし』、研文社出版部、1938 年.

田邊平学『上海・南京ニ於ケル我ガ爆撃ト敵ノ防空』、富山社交倶楽部、1938 年.

三島助治所『重慶の死相』、国民政治経済研究所、1941 年.

永松浅造『海軍航空隊』、東水社、1942 年.

和田秀穂『海軍航空史話』、明治書院、1944 年.

牧野喜久男『日本航空史』、毎日新聞社、1979 年.

9. 期刊、学位论文

日军轰炸南京路. 中国档案, 1995(8). (作者不详)

徐勇. 日军对自贡井盐基地的轰炸与中国的防御. 抗日战争研究, 1998 (1).

曾庆榴、官丽珍. 侵华战争时期日军轰炸广东罪行述略. 抗日战争研究, 1998(1).

潘洵. 抗战时期重庆大轰炸对重庆城市社会变迁的影响. 西南师范大学学报(人文社会科学版), 2005(6).

凌承纬. 血与火铸就的历史警示——走近《重庆大轰炸》半景画和《大隧道惨案》群雕. 美术, 2005(8).

官丽珍. 侵华日军对广东的轰炸及其性质. 广州大学学报(社会科学版), 2005(8).

杨夏鸣. 美国《时代周刊》1937—1941 年有关日军轰炸南京和大屠杀的报道. 民国档案, 2006(4).

谭刚. 重庆大轰炸中的难民救济(1938—1943). 西南大学学报(社会科学版), 2007(6).

张瑾、陈微. 西方主流媒体对重庆大轰炸的报道分析——以《时代》周刊为例. 重庆大学学报(社会科学版), 2008(3).

秦文志. 抗战时期中共新闻媒体对重庆大轰炸的反应. 西南大学学报(社会科学版), 2008(3).

周勇. 抗战时期"重庆大轰炸"几个基本问题的探讨. 重庆大学学报(社会科学版), 2009(1).

张瑾、高瑜. 西方主流媒体对重庆大轰炸的报道分析——以《基督教科学箴言报》为例. 西南大学学报(社会科学版), 2009(1).

鲁克亮、刘琼芳. 抗战时期重庆民众对日军轰炸的意识演变——以1938—1943 年《国民公报》等报刊为主体的考察. 西南大学学报(社会科学版), 2009(1).

张瑾、王爽. 西方主流媒体对重庆大轰炸的报道分析——以《纽约时报》为例. 重庆大学学报(社会科学版),2010(5).

古林晖. 抗日战争中的中国地面防空部队. 世纪桥,2010(14).

袁成毅. 国民政府防空建设史料整理与研究述评. 抗日战争研究,2011(3).

金明. 重庆大轰炸中的日本国家责任——从大轰炸受害平民对日索赔的角度分析. 四川大学学报(哲学社会科学版),2012(6).

郑文琳. 对日民间索赔国内诉讼的法理基础及其法律适用——以"重庆大轰炸"案为例. 甘肃社会科学,2012(1).

潘洵. 论抗战大后方战略地位的形成与演变——兼论"抗战大后方"的内涵和外延. 西南大学学报(社会科学版),2012(2).

潘洵. 抗争中的嬗变:重庆大轰炸的国际影响. 史学集刊,2012(3).

金明、张鲁鲁. 重庆大轰炸与国际法. 西南大学学报(社会科学版),2013(4).

杜俊华、刘洪彪. 论抗战时期重庆自来水公司的日机"大轰炸"应对. 抗日战争研究,2013(1).

贺建平、洪晓彬. 创伤叙事与集体记忆的建构——以纪录片《重庆大轰炸》为例. 中国广播电视学刊,2014(5).

潘洵. 视野·理念·史料:关于深化重庆大轰炸研究的思考. 西南大学学报(社会科学版),2014(4).

潘洵. 抗战时期重庆大轰炸人口伤亡数量再研究. 四川师范大学学报(社会科学版),2015(5).

古琳晖. 日本全面侵华战争中的无差别轰炸及其罪行之探究. 南京社会科学,2015(10).

贺建平、王永芬、马灵燕. 受难与国耻建构:"重庆大轰炸"集体记忆的媒介话语策略. 国际新闻界,2015(12).

潘洵. 深化侵华日军无差别轰炸研究的方法论思考. 抗日战争研究,2016(2).

耿密. 1937年"巴纳号"事件再议——从检视侵华日军无差别轰炸所作的

观察.历史教学(下半月刊),2017(1).

朱海嘉.封锁与毁灭:抗战时期侵华日军轰炸滇缅公路述论.云南民族大学学报(哲学社会科学版),2017(3).

雷娟利.侵华日军滇西无差别战略轰炸考(1940—1944年).历史教学(下半月刊),2017(4).

姚旭.重庆大轰炸中外国机构受损及应对措施初探.民国档案,2017(4).

吴光会、潘洵.近40年来侵华日军无差别轰炸惨案研究的回顾与展望.抗日战争研究,2017(2).

周志强.环境史视野下近代重庆城市灾害及其社会应对.保山学院学报,2017(6).

潘洵、高佳.抗战时期侵华日军"轰炸记忆"的演变与建构——以"重庆大轰炸"为中心的考察.西南大学学报(社会科学版),2018(6).

高佳.绝命航班:1938年"桂林"号事件与美英两国的因应.日本侵华南京大屠杀研究,2018(3).

程亚运.日军对大后方自流井的战略轰炸.日本侵华南京大屠杀研究,2018(4).

闫立光、郭永虎.抗战期间《泰晤士报》关于日军无差别轰炸重庆报道探析.重庆师范大学学报(社会科学版),2018(6).

吴光会、潘洵.抗战大后方侵华日军无差别轰炸重大惨案的时空分布考察.西南大学学报(社会科学版),2019(1).

王建建.抗日战争时期日军对重庆大轰炸述论.兰州:西北大学,硕士学位论文,2003.

易霞.二战无差别战略轰炸及其遗留问题——以重庆大轰炸为中心的考察.重庆:重庆师范大学,硕士学位论文,2007.

彭兴华.论重庆大轰炸中重庆报界的反轰炸斗争.重庆:西南大学,硕士学位论文,2007.

关孜言.重庆大轰炸期间的人口疏散研究.重庆:重庆师范大学,硕士学位论文,2010年.

杨红霞.抗战时期日本轰炸甘肃研究.兰州:西北师范大学,硕士学位论文,2014.

周文涛.大轰炸与作家创作概述.重庆:西南大学,硕士学位论文,2014.

何毅.重庆大轰炸时期《新华日报》的新闻报道研究.重庆:西南大学,硕士学位论文,2014.

管仕超.浅谈对日索赔中的国家管辖豁免问题——以重庆大轰炸案为例.重庆:西南政法大学,硕士学位论文,2014.

杨东晓.抗战时期日军对河南轰炸研究.重庆:西南大学,硕士学位论文,2017.

李佳.侵华日军对成都的无差别轰炸研究.重庆:西南大学,硕士学位论文,2017.

罗欣.《抗日战争时期重庆大轰炸研究》(节选)翻译报告.成都:四川师范大学,硕士学位论文,2017.

田园.《抗日战争时期重庆大轰炸研究》翻译报告.成都:四川师范大学,硕士学位论文,2017.

谢夏清.《抗日战争时期重庆大轰炸研究》翻译报告.成都:四川师范大学,硕士学位论文,2017.

李昕.基于权利话语理论的《抗日战争时期重庆大轰炸研究》翻译报告.成都:四川师范大学,硕士学位论文,2017.

张入心.论日军对阆中的大轰炸(1941).南充:西华师范大学,硕士学位论文,2017.

周湘琳."重庆大轰炸"集体记忆的媒介再现研究——以中央电视台报道为对象(2009—2017).重庆:西南大学,硕士学位论文,2018.

索　引

后　记

　　本书系在我的博士论文基础上，修改、补充而成，也是西南大学潘洵教授主持的国家社科基金重大项目"侵华日军无差别轰炸史料整理与研究"（项目编号：14ZDB048），和我主持的重庆市社科规划项目"抗战大后方侵华日军无差别轰炸重大惨案研究"（2017YBKZ01）的研究成果。本选题确定后，我奔走于国内外多个档案馆、图书馆搜集资料，对档案文献资料进行分类、整理、研读、辨伪等，在吸收同行学者研究成果的基础上撰写提纲、完成书稿，历时4年。博士毕业后，我又根据专家意见作了进一步的修改和完善。

　　本书在撰写和出版过程中得到了许多师友和同行专家的热情帮助。感谢我的博士研究生导师潘洵教授的精心指导和辛勤付出。感谢西南大学抗战大后方研究团队提出的意见和建议。感谢重庆市档案馆、四川省档案馆、湖北省档案馆、广东省档案馆、云南省档案馆、美国国家档案馆、斯坦福大学胡佛研究中心等领导和工作人员在查阅档案文献资料中提供的方便。

　　为了纪念中国共产党成立100周年，南京大学联合中国大陆著名大学和部分台湾学者合作研究抗日战争史，推出"抗日战争专题研究"。该项目得到了教育部哲学社会科学重大委托项目和国家出版基金的支持。本书有幸入选该研究项目,感谢张宪文教授、洪小夏教授和张燕萍教授等编委会成员为本书出版付出的辛勤劳动。

吴光会

2021 年 3 月于西南大学